Le Routard

Restos et bistrots de Paris

2022/23

Cofondateurs : Philippe GLOAGUEN et Michel DUVAL

Directeur de collection et auteur
Philippe GLOAGUEN

Secrétaire général
Gavin's CLEMENTE-RUIZ

Rédacteurs en chef
Amanda KERAVEL (France)
Benoît LUCCHINI (Étranger)

Directrice administrative
Bénédicte GLOAGUEN

Conseiller à la rédaction
Pierre JOSSE

Responsable voyages
Carole BORDES

Direction éditoriale
Élise ERNEST

Rédaction
Isabelle AL SUBAIHI
Emmanuelle BAUQUIS
Mathilde de BOISGROLLIER
Marie BURIN des ROZIERS
Camille CAMPET
Diane CAPRON
Véronique de CHARDON
Laura CHARLIER
Florence CHARMETANT
Fiona DEBRABANDER
Géraldine LEMAUF-BEAUVOIS
Alain PALLIER
Anne POINSOT
Alexia POULAIN

hachette

Remarque importante aux hôteliers et restaurateurs

Les enquêteurs du *Routard* travaillent dans le plus strict anonymat. Aucune réduction, aucun avantage quelconque, aucune rétribution n'est jamais demandé en contre-partie. Face aux aigrefins, la loi autorise les hôteliers et restaurateurs à porter plainte.

Avis aux lecteurs

Le *Routard,* ce n'est pas comme le bon vin, il vieillit mal. On ne veut pas pousser à la consommation, mais évitez de partir avec une édition ancienne. Les modifications sont souvent importantes.
Les réductions accordées à nos lecteurs ne sont jamais demandées par nos rédacteurs afin de préserver leur anonymat. Les hôteliers et restaurateurs sont sollicités par une société de mailing, totalement indépendante de la rédaction, qui reste donc libre de ses choix. De même pour les autocollants et plaques émaillées.

Avec routard.com, choisissez, organisez, réservez et partagez vos voyages !

✓ Rejoignez la plus grande communauté francophone de voyageurs : ***plusieurs millions d'internautes.***

✓ Échangez avec les routarnautes : forums, photos, avis d'hôtels.

✓ Retrouvez aussi toutes les informations actualisées pour choisir et préparer vos voyages : plus de 300 guides destinations, une centaine de dossiers pratiques et un magazine en ligne pour découvrir tous les secrets de votre destination.

✓ Enfin, comparez les offres pour organiser et réserver votre voyage au meilleur prix.

Pictogrammes du *Routard*

Établissements

- Restaurant
- Spécial burger
- Pizza
- Boulangerie, sandwicherie
- Glacier
- Pâtisserie
- Café, salon de thé
- Café, bar
- Bar musical
- Terrasse
- Faim de nuit

I.S.B.N. 978-2-01-712956-1

TABLE DES MATIÈRES

Recommandation à ceux qui souhaitent profiter des réductions et avantages proposés dans *Le Routard* par les hôteliers et les restaurateurs.

À l'hôtel, pensez à les demander au moment de la **réservation** ou bien lors de votre **arrivée.** Ils ne sont valables que pour les réservations en direct et non cumulables avec d'autres offres promotionnelles (notamment sur Internet). Au restaurant, parlez-en **au moment** de la commande et surtout avant que l'addition soit établie. Poser votre *Routard* sur la table ne suffit pas : le personnel de salle n'est pas toujours au courant et une fois le ticket de caisse imprimé, il est souvent difficile de modifier le total. En cas de doute, montrez la notice relative à l'établissement dans ***Le Routard* de l'année** et, bien sûr, ne manquez pas de nous faire part de toute difficulté rencontrée.

☎ **112 :** c'est le numéro d'urgence commun à la France et à tous les pays de l'UE, à composer en cas d'accident, d'agression ou de détresse. Il permet de se faire localiser et aider en français, tout en améliorant les délais d'intervention des services de secours.

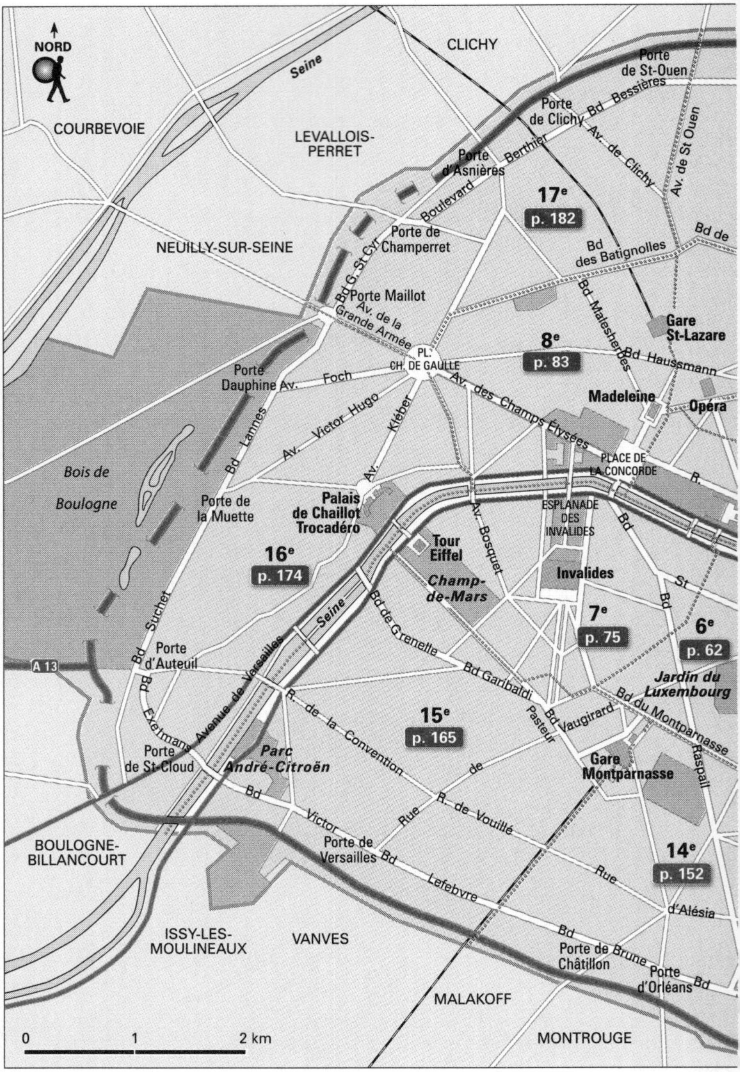
NORD
CLICHY
Seine
COURBEVOIE
LEVALLOIS-PERRET
NEUILLY-SUR-SEINE
Porte de St-Ouen
Bd Bessières
Porte de Clichy
Av. de St Ouen
Av. de Clichy
Porte d'Asnières
Berthier
Boulevard
17e
p. 182
Porte de Champerret
Bd G. St-Cyr
Bd des Batignolles
Bd de
Porte Maillot
Av. de la Grande Armée
Bd Malesherbes
Gare St-Lazare
8e
p. 83
PL. CH. DE GAULLE
Bd Haussmann
Porte Dauphine
Av. Foch
Av. des Champs Élysées
Madeleine
Opéra
Av. Victor Hugo
Kléber
Bd Lannes
Bois de Boulogne
PLACE DE LA CONCORDE
Av.
R.
Porte de la Muette
Palais de Chaillot Trocadéro
ESPLANADE DES INVALIDES
Av. Bosquet
Bd
Tour Eiffel
16e
p. 174
Invalides
Champ-de-Mars
St
Bd Suchet
Seine
7e
p. 75
6e
p. 62
Porte d'Auteuil
A 13
Bd de Grenelle
Bd Garibaldi
Jardin du Luxembourg
Avenue de Versailles
Bd du Montparnasse
Bd Exelmans
R. de la Convention
15e
p. 165
Pasteur
Bd Vaugirard
Raspail
Porte de St-Cloud
Parc André-Citroën
Gare Montparnasse
Rue de Vouillé
Bd Victor
Porte de Versailles
Bd Lefebvre
BOULOGNE-BILLANCOURT
14e
p. 152
Rue d'Alésia
ISSY-LES-MOULINEAUX
VANVES
Bd Brune
Porte de Châtillon
Porte d'Orléans
Bd
MALAKOFF
MONTROUGE
0
1
2 km

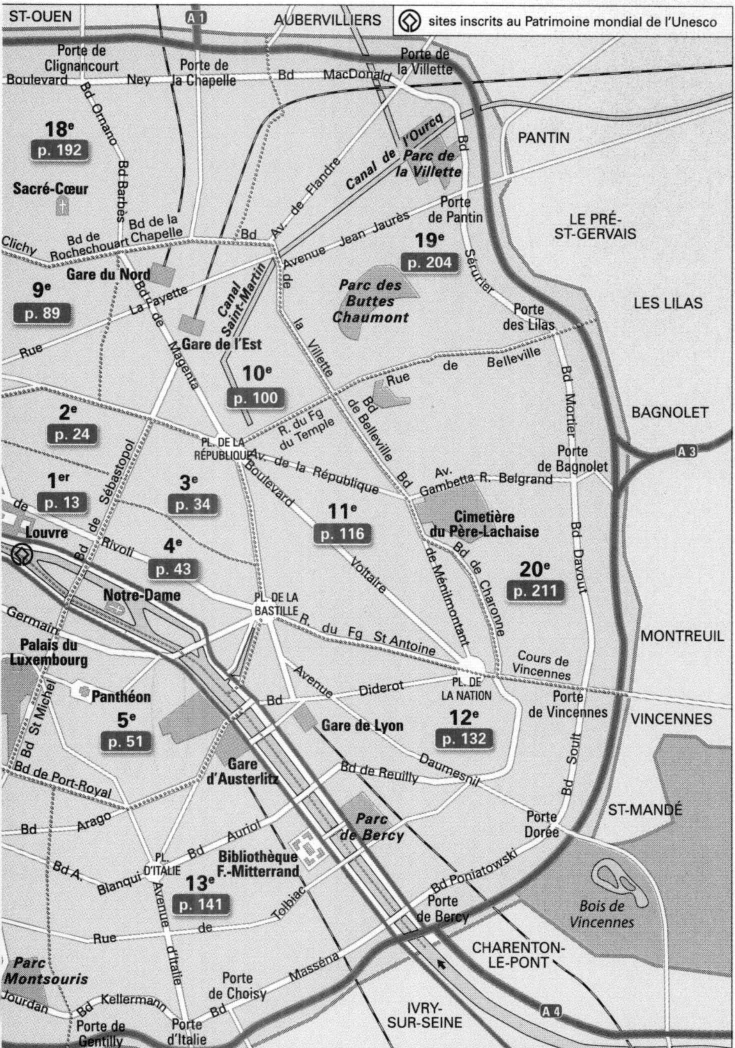

ST-OUEN
A 1
AUBERVILLIERS
sites inscrits au Patrimoine mondial de l'Unesco
Porte de Clignancourt
Boulevard
Ney
Porte de la Chapelle
Bd
MacDonald
Porte de la Villette
Bd Ornano
18e
p. 192
Canal de l'Ourcq
Parc de la Villette
Bd
PANTIN
Bd Barbès
Sacré-Cœur
Av. de Flandre
Porte de Pantin
LE PRÉ-ST-GERVAIS
Clichy
Bd de Rochechouart
Bd de la Chapelle
Bd
Avenue Jean Jaurès
19e
p. 204
Sérurier
Gare du Nord
9e
p. 89
La Fayette
Canal Saint-Martin
Parc des Buttes Chaumont
LES LILAS
Bd de Magenta
Porte des Lilas
Rue
Gare de l'Est
de la Villette
10e
p. 100
Rue de Belleville
Bd Mortier
2e
p. 24
Bd de Belleville
BAGNOLET
R. du Fg du Temple
PL. DE LA RÉPUBLIQUE
Av. de la République
A 3
Porte de Bagnolet
Bd de Sébastopol
Av. Gambetta
R. Belgrand
1er
p. 13
3e
p. 34
Boulevard
11e
p. 116
Cimetière du Père-Lachaise
Louvre
de Rivoli
4e
p. 43
Voltaire
Bd de Ménilmontant
Bd de Charonne
20e
p. 211
Bd Davout
Notre-Dame
PL. DE LA BASTILLE
Germain
R. du Fg St Antoine
MONTREUIL
Palais du Luxembourg
Cours de Vincennes
Avenue Diderot
PL. DE LA NATION
Panthéon
Bd
Porte de Vincennes
VINCENNES
5e
p. 51
Gare de Lyon
12e
p. 132
Bd St Michel
Gare d'Austerlitz
Bd de Port-Royal
Bd de Reuilly
Daumesnil
Bd Soult
ST-MANDÉ
Bd Arago
Parc de Bercy
Porte Dorée
PL. D'ITALIE
Bd Auriol
Bibliothèque F.-Mitterrand
Bd A. Blanqui
13e
p. 141
Tolbiac
Bd Poniatowski
Bois de Vincennes
Porte de Bercy
Avenue d'Italie
Rue de
CHARENTON-LE-PONT
Parc Montsouris
Masséna
Porte de Choisy
Jourdan
Bd Kellermann
Bd
IVRY-SUR-SEINE
A 4
Porte de Gentilly
Porte d'Italie
A 6a
A 6b
LE KREMLIN-BICÊTRE
VITRY-SUR-SEINE

PARIS

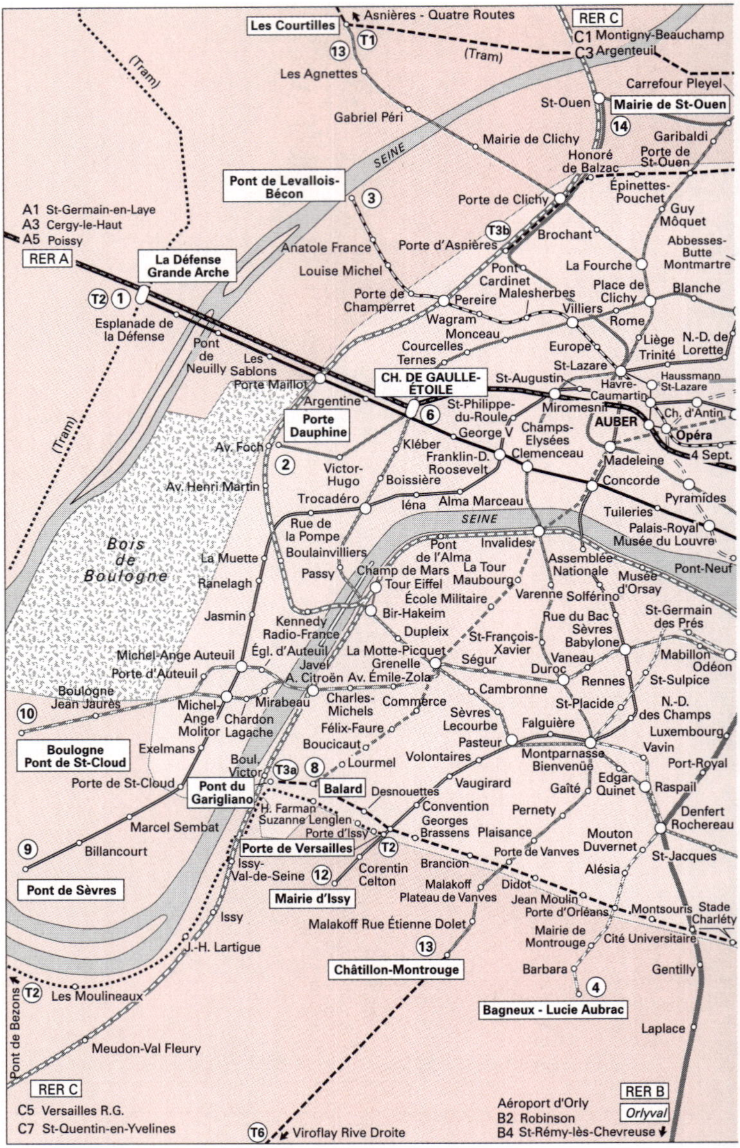
Les Courtilles
Asnières - Quatre Routes
RER C
C1 Montigny-Beauchamp
C3 Argenteuil
(Tram)
Les Agnettes
Carrefour Pleyel
St-Ouen
Mairie de St-Ouen
Gabriel Péri
Mairie de Clichy
Garibaldi
SEINE
Honoré de Balzac
Porte de St-Ouen
Pont de Levallois-Bécon
Épinettes-Pouchet
Porte de Clichy
Guy Môquet
A1 St-Germain-en-Laye
A3 Cergy-le-Haut
A5 Poissy
RER A
Brochant
Abbesses-Butte Montmartre
Anatole France
Porte d'Asnières
La Défense Grande Arche
Louise Michel
La Fourche
Pont Cardinet
Place de Clichy
Blanche
Porte de Champerret
Pereire
Malesherbes
Villiers
Esplanade de la Défense
Wagram
Rome
Monceau
Liège
N.-D. de Lorette
Pont de Neuilly
Courcelles
Europe
Trinité
Les Sablons
Ternes
St-Lazare
Haussmann St-Lazare
Porte Maillot
CH. DE GAULLE-ÉTOILE
St-Augustin
Havre-Caumartin
Argentine
St-Philippe-du-Roule
Miromesnil
Ch. d'Antin
Porte Dauphine
AUBER
Opéra
George V
Champs-Elysées Clemenceau
Av. Foch
Kléber
4 Sept.
Franklin-D. Roosevelt
Madeleine
Victor-Hugo
Av. Henri Martin
Boissière
Concorde
Trocadéro
Pyramides
Iéna
Alma Marceau
Tuileries
Rue de la Pompe
SEINE
Palais-Royal Musée du Louvre
Boulainvilliers
Pont de l'Alma
Invalides
Bois de Boulogne
La Muette
Assemblée Nationale
Pont-Neuf
Passy
Champ de Mars Tour Eiffel
La Tour Maubourg
Musée d'Orsay
Ranelagh
École Militaire
Varenne
Solférino
Jasmin
Bir-Hakeim
Rue du Bac
St-Germain des Prés
Kennedy Radio-France
Dupleix
St-François-Xavier
Sèvres Babylone
Michel-Ange Auteuil
Égl. d'Auteuil
La Motte-Picquet Grenelle
Ségur
Vaneau
Mabillon
Odéon
Javel A. Citroën
Av. Émile-Zola
Duroc
Porte d'Auteuil
Rennes
St-Sulpice
Boulogne Jean Jaurès
Cambronne
Michel-Ange Molitor
Mirabeau
Charles-Michels
Commerce
St-Placide
N.-D. des Champs
Chardon Lagache
Sèvres Lecourbe
Falguière
Félix-Faure
Luxembourg
Exelmans
Boucicaut
Pasteur
Vavin
Boulogne Pont de St-Cloud
Volontaires
Montparnasse Bienvenüe
Port-Royal
Boul. Victor
Lourmel
Porte de St-Cloud
Balard
Vaugirard
Edgar Quinet
Raspail
Pont du Garigliano
Desnouettes
Gaîté
H. Farman
Convention
Pernety
Denfert Rochereau
Suzanne Lenglen
Georges Brassens
Marcel Sembat
Porte d'Issy
Plaisance
Mouton Duvernet
Porte de Versailles
Porte de Vanves
St-Jacques
Billancourt
Issy-Val-de-Seine
Corentin Celton
Brancion
Alésia
Pont de Sèvres
Malakoff Plateau de Vanves
Didot
Mairie d'Issy
Jean Moulin
Montsouris
Stade Charléty
Porte d'Orléans
Issy
Malakoff Rue Étienne Dolet
Mairie de Montrouge
Cité Universitaire
J.-H. Lartigue
Châtillon-Montrouge
Barbara
Gentilly
Pont de Bezons
Les Moulineaux
Bagneux - Lucie Aubrac
Laplace
Meudon-Val Fleury
RER C
C5 Versailles R.G.
C7 St-Quentin-en-Yvelines
Viroflay Rive Droite
Aéroport d'Orly
RER B
Orlyval
B2 Robinson
B4 St-Rémy-lès-Chevreuse

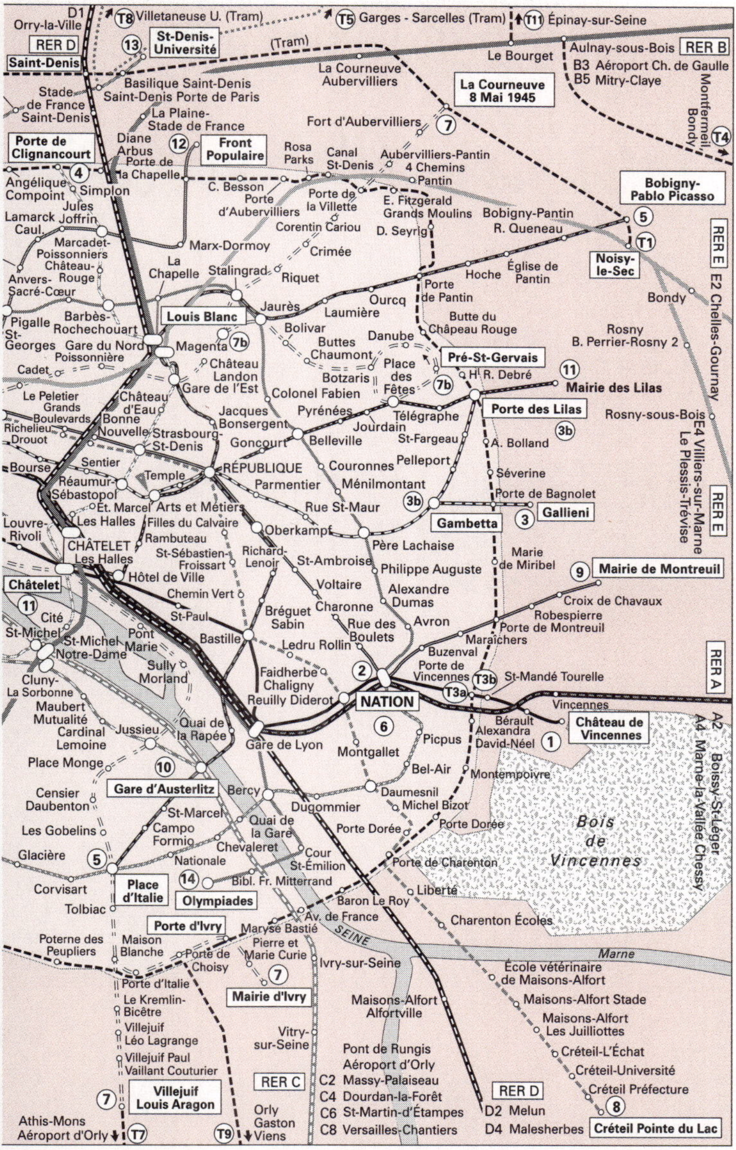

D1
Orry-la-Ville
T8 Villetaneuse U. (Tram)
T5 Garges - Sarcelles (Tram)
T11 Épinay-sur-Seine
RER D
Saint-Denis
13
St-Denis-Université
(Tram)
Le Bourget
Aulnay-sous-Bois
RER B
B3 Aéroport Ch. de Gaulle
B5 Mitry-Claye
La Courneuve Aubervilliers
La Courneuve 8 Mai 1945
Montfermeil Bondy
T4
Stade de France Saint-Denis
Basilique Saint-Denis
Saint-Denis Porte de Paris
La Plaine-Stade de France
Fort d'Aubervilliers
7
Porte de Clignancourt
Diane Arbus
12
Front Populaire
Rosa Parks
Canal St-Denis
Aubervilliers-Pantin 4 Chemins
Porte de la Chapelle
4
Pantin
Bobigny-Pablo Picasso
Angélique Compoint
Simplon
C. Besson
Porte d'Aubervilliers
Porte de la Villette
E. Fitzgerald Grands Moulins
Bobigny-Pantin R. Queneau
5
Lamarck Caul.
Jules Joffrin
Corentin Cariou
D. Seyrig
T1
Marcadet-Poissonniers
Marx-Dormoy
Crimée
RER E
Château-Rouge
Noisy-le-Sec
Anvers-Sacré-Cœur
La Chapelle
Stalingrad
Riquet
Hoche
Église de Pantin
E2 Chelles-Gournay
Porte de Pantin
Bondy
Pigalle
Barbès-Rochechouart
Louis Blanc
Jaurès
Laumière
Ourcq
St-Georges
Gare du Nord
Butte du Châpeau Rouge
Magenta
7b
Bolivar
Danube
Rosny B. Perrier-Rosny 2
Poissonnière
Buttes Chaumont
Pré-St-Gervais
Cadet
Château Landon
Place des Fêtes
Botzaris
H. R. Debré
11
Le Peletier
Gare de l'Est
Colonel Fabien
Mairie des Lilas
Grands Boulevards
Château d'Eau
Jacques Bonsergent
Pyrénées
Télégraphe
Porte des Lilas
Rosny-sous-Bois
Bonne Nouvelle
Jourdain
3b
Richelieu Drouot
Strasbourg-St-Denis
Goncourt
Belleville
St-Fargeau
A. Bolland
E4 Villiers-sur-Marne Le Plessis-Trévise
Bourse
Sentier
RÉPUBLIQUE
Couronnes
Pelleport
Temple
Séverine
Réaumur-Sébastopol
Parmentier
Ménilmontant
Porte de Bagnolet
Et. Marcel
Arts et Métiers
Rue St-Maur
Gambetta
3
Gallieni
Louvre-Rivoli
Les Halles
Filles du Calvaire
Oberkampf
CHÂTELET Les Halles
Rambuteau
Père Lachaise
St-Sébastien-Froissart
Richard-Lenoir
St-Ambroise
Marie de Miribel
9
Mairie de Montreuil
Châtelet
Hôtel de Ville
Philippe Auguste
Chemin Vert
Voltaire
Alexandre Dumas
Croix de Chavaux
11
Cité
St-Paul
Bréguet Sabin
Charonne
Robespierre
St-Michel
Pont Marie
Bastille
Rue des Boulets
Avron
Porte de Montreuil
St-Michel Notre-Dame
Ledru Rollin
Maraîchers
Buzenval
Sully Morland
Faidherbe Chaligny
2
Porte de Vincennes
T3b
St-Mandé Tourelle
RER A
Cluny-La Sorbonne
Reuilly Diderot
NATION
T3a
Vincennes
Maubert Mutualité
Quai de la Rapée
Bérault
Château de Vincennes
A2 Boissy-St-Léger
A4 Marne-la-Vallée Chessy
Cardinal Lemoine
Jussieu
6
Alexandra David-Néel
1
Gare de Lyon
Picpus
Place Monge
Montgallet
10
Bel-Air
Montempoivre
Censier Daubenton
Gare d'Austerlitz
Bercy
Daumesnil
Dugommier
Michel Bizot
St-Marcel
Les Gobelins
Campo Formio
Quai de la Gare
Porte Dorée
Bois de Vincennes
Glacière
5
Nationale
Chevaleret
Cour St-Émilion
Porte de Charenton
14
Bibl. Fr. Mitterrand
Corvisart
Place d'Italie
Olympiades
Liberté
Baron Le Roy
Tolbiac
Av. de France
Charenton Écoles
Porte d'Ivry
Maryse Bastié
Poterne des Peupliers
Maison Blanche
SEINE
Pierre et Marie Curie
Porte de Choisy
Marne
Ivry-sur-Seine
École vétérinaire de Maisons-Alfort
Porte d'Italie
7
Le Kremlin-Bicêtre
Mairie d'Ivry
Maisons-Alfort Alfortville
Maisons-Alfort Stade
Villejuif Léo Lagrange
Vitry-sur-Seine
Maisons-Alfort Les Juilliottes
Pont de Rungis Aéroport d'Orly
Créteil-L'Échat
Villejuif Paul Vaillant Couturier
Créteil-Université
C2 Massy-Palaiseau
Créteil Préfecture
7
Villejuif Louis Aragon
RER C
C4 Dourdan-la-Forêt
RER D
8
Athis-Mons Aéroport d'Orly
T7
Orly Gaston Viens
T9
C6 St-Martin-d'Étampes
D2 Melun
C8 Versailles-Chantiers
D4 Malesherbes
Créteil Pointe du Lac

LE MÉTRO

1er ARRONDISSEMENT

• Plan p. 14-15

Le jardin des Tuileries, le Louvre, la place Vendôme... sont des joyaux historiques qui contrastent avec le forum des Halles relooké et qui attirent les touristes du monde entier. Côté restos, la cuisine française occupe le devant de la scène. Ici, une poignée de petites adresses où manger sur le pouce, mais surtout des troquets contemporains bons (voire très bons !) mais assez chics et relativement chers. Si vos papilles aspirent à des mets plus exotiques, dirigez-vous vers le quartier du Palais-Royal, où de nombreux restos japonais maintiennent leur solide réputation depuis des années. Si vous comptez poursuivre la soirée dans le coin, il est difficile de trouver un bar sympa où se poser vers la bruyante (voire grouillante) rue de Rivoli : remontez plutôt vers Étienne-Marcel, bien pourvu en adresses de nuit !

Où manger ?

Sur le pouce

Le Stube (*plan C1,* **2**) **:** *31, rue de Richelieu, 75001.* ☎ *01-42-60-09-85.* Ⓜ *Palais-Royal-Musée-du-Louvre ou Pyramides. Lun-sam, le midi seulement (jusqu'à 17h30 sam). Fermé dim. Formules déj 14,50-20 € ; en-cas et plats 6,50-18 €.* Dans cette petite enclave germanique à 2 pas du Louvre, on savoure, sur le pouce ou confortablement installé au resto, une choucroute garnie avec une saucisse artisanale, une *Currywurst* ou encore des harengs Bismack. Côté liquides, une Beck's, un verre de pinot gris de Baden ou un Fritz-Cola feront bien l'affaire. Pour conclure (ou pour le goûter), beau choix de pâtisseries traditionnelles : strudel, forêt-noire, épais cheese-cake...

La Guinguette d'Angèle (*plan C2,* **7**) **:** *34, rue Coquillère, 75001. Pas*

Où manger ?

- **2** Le Stube (C1)
- **3** Yasube (B1)
- **4** On The Bab (B1)
- **5** La Cantine des Tsars (C2)
- **6** Ravioli Nord-Est (D2)
- **7** La Guinguette d'Angèle et San (C2)
- **8** Kodawari Ramen (C2)
- **9** Salon du Fromage Hisada (C1)
- **10** Au Petit Bar (B1)
- **11** Higuma (B1)
- **12** Kunitoraya (C1)
- **13** Bistrot Victoires (C1)
- **14** Le Comptoir de Tunisie (C1)
- **15** La Fresque (D2)
- **16** La Mousson (B1)
- **17** Le Petit Bouillon Pharamond (D2)
- **18** Yahmi (D3)
- **19** Au Vieux Comptoir (D2-3)
- **20** Les Artizans (D2)
- **21** Eats Thyme et Le Comptoir Montevideo (C1-2)
- **22** Joe Allen (D2)
- **23** Lai'Tcha (D2)
- **24** Uno (C-D2)
- **25** Zen Restaurant (B2)
- **26** Nodaïwa (B2)
- **30** À l'Épi d'Or (C2)
- **31** Odette, l'Auberge Urbaine (D2)
- **32** La Régalade Saint-Honoré (C2)
- **33** L'Absinthe (B1)
- **35** Champeaux (D2)
- **36** Le Soufflé (A1)
- **38** La Poule au Pot (C2)
- **43** À la Cloche des Halles (C2)

Bars à vins

- **37** Les Fines Gueules (C1)
- **40** Le Rubis (B1)
- **41** Le Garde-Robe (C2)
- **42** Willi's Wine Bar (C1)

Restaurants de nuit

- **50** Au Pied de Cochon (C-D2)
- **52** À la Tour de Montlhéry, Chez Denise (C-D2)

Où boire un verre ?

- **61** Le Café Marly (C2)
- **63** Le Fumoir (C2)

1er

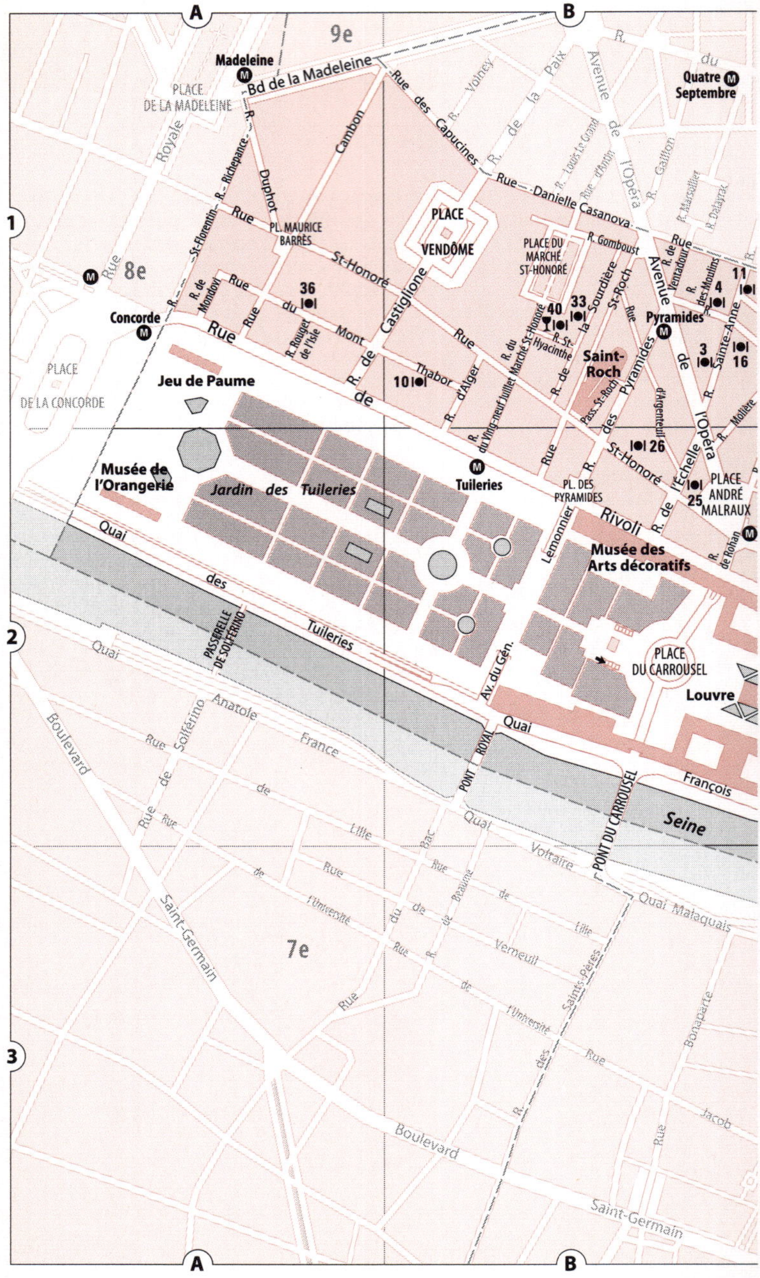
Madeleine
Bd de la Madeleine
9e
Quatre Septembre
PLACE DE LA MADELEINE
PLACE VENDÔME
PLACE DU MARCHÉ ST-HONORÉ
8e
Concorde
Pyramides
Saint-Roch
PLACE DE LA CONCORDE
Jeu de Paume
Musée de l'Orangerie
Jardin des Tuileries
Tuileries
PLACE ANDRÉ MALRAUX
Musée des Arts décoratifs
PLACE DU CARROUSEL
Louvre
Seine
PONT ROYAL
PONT DU CARROUSEL
PASSERELLE DE SOLFÉRINO
7e
Rue de Rivoli
Rue St-Honoré
Rue de Castiglione
Quai des Tuileries
Quai Anatole France
Quai Voltaire
Quai Malaquais
Boulevard Saint-Germain
36
40
33
11
4
3
16
10
26
25

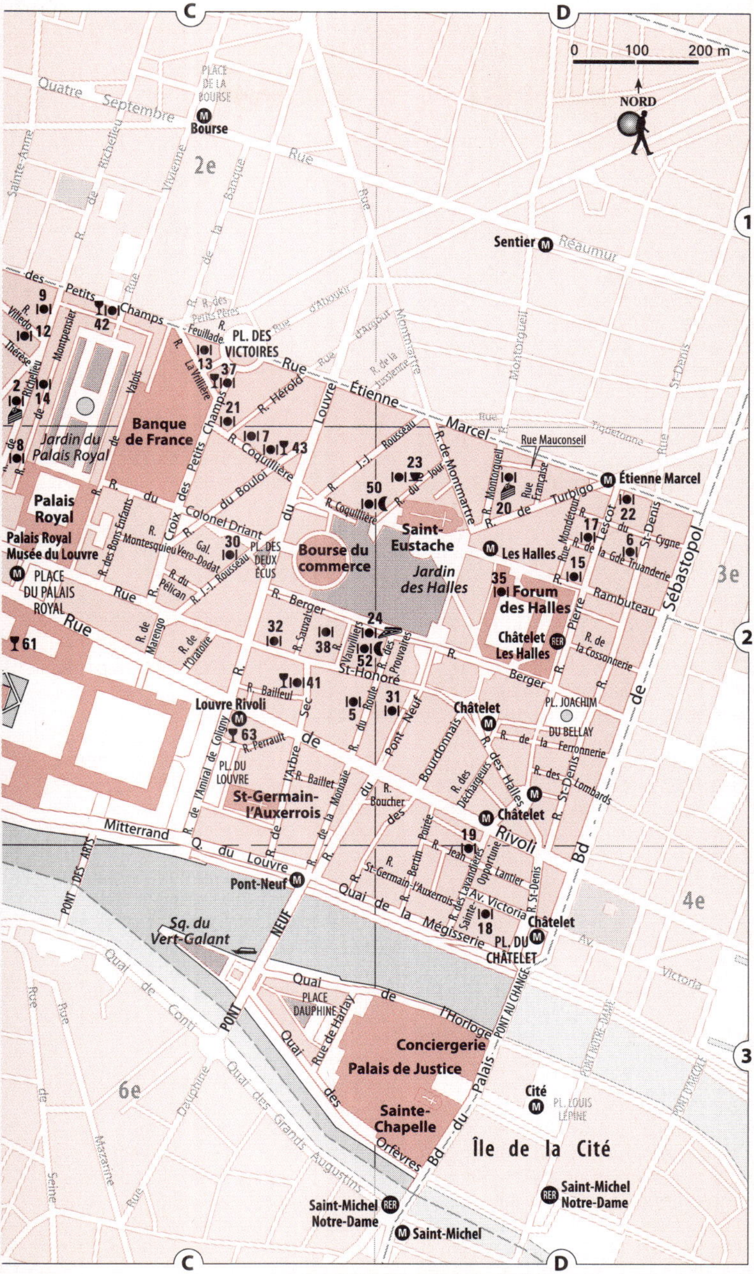

1er ARRONDISSEMENT

1er

de tél. Ⓜ *Les Halles, Louvre-Rivoli ou Palais-Royal-Musée-du-Louvre. Lun-ven, le midi seulement. Fermé w-e. Congés : août.* Lunchbox *ou plat chaud 7 €.* Cette petite échoppe à la devanture champêtre, ouverte sur la rue, ne propose que de la vente à emporter... Cela limite l'expérience aux beaux jours (le jardin des Halles est à deux enjambées), à moins de rentrer avec son panier garni chez soi ou au bureau ! Sur l'ardoise, les propositions variées changent tous les jours : plats, soupes et *lunchbox* à base de super aliments, desserts végans ou pas (tartes, crèmes et généreux cookies), jus et smoothies détox (préparés à l'avance, c'est moins top). Un bain de verdure et de fraîcheur revigorant.

Eats Thyme *(plan C1-2,* ***21****) : 44, rue Coquillière, 75001. ☎ 01-42-33-21-15.* Ⓜ *Palais-Royal-Musée-du-Louvre ou Sentier. Tlj midi et soir (jusqu'à 16h dim). Formules déj 13-15 € ; brunch dim.* Carla, après une carrière dans la finance, s'est reconvertie en restauratrice hors pair en mettant à l'honneur la cuisine de son pays. Moult *mezze* libanais (houmous, *moudardara,* falafels) aux douces saveurs épicées. Spécialité de la maison : la *mann'oushe,* sorte de pizza libanaise à base de farine bio, déclinée en plusieurs versions. Accueil attentionné. Longue vie à cette enclave libanaise drôlement sympathique ! *NOUVEAUTÉ.*

Très bon marché

|●| ***La Cantine des Tsars*** *(plan C2,* ***5****) : 21, rue du Roule, 75001. ☎ 09-82-44-48-48.* Ⓜ *Louvre-Rivoli. Mar-sam midi et soir. Fermé dim-lun. Pas de résa. Menus 12,50-15,50 € ; carte 18-20 €.* Dans cette rue où les restos font voyager, celui-ci nous transporte dans l'intimité d'une cuisine russe. Juste quelques tables, mais un cadre pimpant et des formules qui tournent autour du plat phare, les *pelmeni,* ces raviolis farcis au porc ou à l'agneau. Simple et délicieux ! Comme le bortsch ou les pirojki, ils sont faits par la maman, qui s'active aux fourneaux avec de bons produits fermiers. En salle, accueil charmant du fils.

|●| ***Ravioli Nord-Est*** *(plan D2,* ***6****) : 115, rue Saint-Denis, 75001. ☎ 09-81-17-19-08.* Ⓜ *Les Halles ou Étienne-Marcel. Lun-sam midi et soir (en continu sam). Fermé dim. Formules 9-12 €.* Grillés ou à la vapeur, les raviolis se déclinent ici en une dizaine de versions, toutes bien préparées, pleines d'arômes et juteuses à souhait. Parfait pour un en-cas sur le pouce (ça tombe bien, le cadre basique n'incite pas à jouer les prolongations). Un must dans sa catégorie !

|●| ***On The Bab*** *(plan B1,* ***4****) : 18, rue Thérèse, 75001. ☎ 01-47-03-94-38.* Ⓜ *Pyramides. Tlj midi et soir. Formule déj en sem 15 € ; plats 13-18 €.* Fraîchement débarquée de Londres, cette chaîne de *street food* coréenne s'est exportée à Paris et remporte un franc succès. Pas de réservation possible, il faut donc arriver tôt ou patienter pour avoir une table. Dans un décor de cantine industrielle, on se régale de bonnes spécialités coréennes (*bibimbap,* riz sauté au *kimchi,* ragoûts épicés, barbecue coréen, *baos* garnis, poulet frit...). Service agréable.

|●| ***Yasube*** *(plan B1,* ***3****) : 9, rue Sainte-Anne, 75001. ☎ 01-47-03-96-37.* Ⓜ *Palais-Royal-Musée-du-Louvre. Mar-sam midi et soir. Fermé dim-lun. Menu « Bento » 16 € sur place.* C'est toujours bon signe de voir une table japonaise plébiscitée par des Japonais. Ici, on sert une cuisine authentique dans une échoppe à la déco zen et classique. On retient l'adresse pour ses fameux bentos, ces plateaux-repas traditionnels composés de diverses préparations (légumes, salade, fritures) et brochettes. Portions copieuses et petits prix, à l'entrée du quartier japonais. *NOUVEAUTÉ.*

|●| ***Higuma*** *(plan B1,* ***11****) : 32 bis, rue Sainte-Anne, 75001. ☎ 01-47-03-38-59.* Ⓜ *Pyramides. Tlj midi et soir. Fermé 1er janv, 14 juil et 25 déc. Menus 11-14 € ; carte 8-12 €.* C'est une cantine basique et sans charme, où les employés du quartier débarquent en masse pour se sustenter rapidement et copieusement. Au programme, bols de bouillon variés qui ne vous laissent pas sur votre faim, bons raviolis grillés, ou

encore de généreuses nouilles sautées à la commande. À déguster au comptoir, face aux cuistots en action, ou dans les 2 salles embaumant le graillon. Parmi les moins chers du coin !

Bon marché

Le Petit Bouillon Pharamond (plan D2, **17**) : *24, rue de la Grande-Truanderie, 75001. ☎ 01-40-28-45-18. Ⓜ Étienne-Marcel ou Les Halles. Tlj 12h-minuit. Pas de résa. Carte env 20 €.* À 2 pas des Halles, la façade à colombages rappelle les origines normandes de ce resto dont le splendide décor Belle Époque (inscrit à l'inventaire des Monuments historiques) vaut le détour. Miroirs, émaux, dorures, motifs végétaux... Le cadre ne manque pas de panache ! À présent, c'est un vrai bouillon avec au menu, simple et concret, des poireaux-vinaigrette, le célèbre œuf-mayo, ainsi que des plats de brasserie qui célèbrent le terroir. En amoureux ou pour une occasion spéciale, pensez à réserver l'un des salons confidentiels du 2e étage *(+ 20 €/pers).*

Salon du Fromage Hisada (plan C1, **9**) : *47, rue de Richelieu, 75001. ☎ 01-42-60-78-48. Ⓜ Pyramides ou Palais-Royal-Musée-du-Louvre. Mer-sam 12h-17h (dernière commande). Fermé dim-mar, plus 1er janv et 25 déc. Congés : août. Formules sandwichs à emporter 8-10 € ; plateau 6 fromages 20 €.* L'accueillante Mme Hisada affiche fièrement son diplôme de maître fromager. Au rez-de-chaussée, la minuscule fromagerie traditionnelle, où sont également vendus des produits d'épicerie fine à emporter. À l'étage, le « salon » où sont servis de beaux plateaux de fromages, ainsi que des plats du jour, des salades et des en-cas comme des quiches maison. Un bon plan original pour le quartier. Mais le plus fun, c'est de participer au repas avec fromage à volonté pendant 70 mn chrono *(sur résa ; compter 35 € avec un verre de vin).* Avis aux voraces !

Au Petit Bar (plan B1, **10**) : *7, rue du Mont-Thabor, 75001. ☎ 01-42-60-62-09. Ⓜ Tuileries. Lun-sam midi et soir. Fermé dim et j. fériés. Congés : août. Plat 11,50 €.* Caché derrière le luxueux hôtel *Meurice,* un minuscule bistrot de quartier comme on n'en fait plus, un vrai résistant dans un secteur très huppé. Et la gentillesse est au rendez-vous. Papa est à la caisse, maman en cuisine et les fistons au service. Clientèle de fidèles où se côtoient employés du quartier, prolos venus en amis et jeunes branchés égarés, le tout dans une ambiance de cantine vieille école. Simple (omelette, plat du jour...) et bon même si pas hyper copieux, et servi dans des assiettes vintage ! Venir tôt ou tard car la salle est vite pleine.

Kunitoraya (plan C1, **12**) : *1, rue Villedo, 75001. ☎ 01-47-03-33-65. Ⓜ Bourse ou Palais-Royal-Musée-du-Louvre. Lun-ven midi et soir. Fermé w-e. Udon 14-26 €.* C'est très branché. Ce qui signifie que c'est toujours bondé, et pas donné. Cela dit, LE spécialiste des *udon,* ces fameuses nouilles japonaises épaisses à la farine de blé, fait bien les choses. Tout est préparé sur place et cuisiné à l'instant : bonne élasticité, bonne température du bouillon, bonnes saveurs. Quant aux tempura, ils sont également intégralement réalisés à la commande. Une expérience intéressante, où l'on mange au coude-à-coude sur des tables communes, dans une salle étroite à la déco brute de décoffrage façon New York.

À la Cloche des Halles (plan C2, **43**) : *28, rue Coquillière, 75001. ☎ 01-42-36-93-89. Ⓜ Louvre-Rivoli ou Les Halles. Lun-ven 7h30-minuit. Fermé w-e. Congés : 3 sem en août. Formules déj 16,90-21 € ; assiette de charcuterie ou de fromages et plat du jour 12-16 €.* Une cloche qui, du temps des Halles, annonçait le début et la fin des marchés surplombe la façade. Aujourd'hui, les habitués se retrouvent toujours avec plaisir dans ce petit bistrot à l'ancienne pour profiter, dans une ambiance sans chichis, d'honnêtes menus du jour ou de solides assiettes de charcuterie, accompagnés d'un petit verre de derrière les fagots.

Kodawari Ramen (plan C2, **8**) : *12, rue de Richelieu, 75001. ☎ 09-84-30-99-26. Ⓜ Palais-Royal-Musée-du-Louvre. Tlj 12h-23h. Pas de résa. Ramen 13-18,50 € ; carte env 25 €.* *Konichiwa* et bienvenue au marché aux poissons de Tsukiji ! Une reconstitution plus vraie que nature de ce marché désormais fermé dans la capitale nippone mais qui revit ici, à 2 pas de la Comédie-Française. On s'attable entre les balances et les étals de poissons pour savourer un bol de *ramen,* cette soupe de nouilles maison délicieusement parfumée. Un décor bluffant et un service qui dépote. Tant mieux, car les candidats au dépaysement sont nombreux, en particulier le soir. D'ailleurs, leur adresse du 6e *(29, rue Mazarine),* spécialisée dans les *ramen* au poulet, fait aussi carton plein !

🍽 ***Le Comptoir de Tunisie*** *(plan C1, **14**) : 30, rue de Richelieu, 75001. ☎ 01-42-97-14-04. Ⓜ Pyramides ou Palais-Royal-Musée-du-Louvre. Lun-ven, le midi seulement ; le soir, réservé aux privatisations (à partir de 15 pers). Fermé w-e. Formules 16-19 €. Couscous ts les mer et ven, sur place, à emporter ou en livraison.* Un concept vraiment sympa et dépaysant, dans un secteur traditionnellement investi par les cantines japonaises. Chaque jour, en fonction du marché et de l'inspiration, le menu propose de savoureuses spécialités comme la *mloukhia,* de l'agneau cuit dans la jarre, ou de la daurade avec sa *tastira,* cuisinés uniquement avec des produits issus d'une ferme biologique tunisienne et servis dans de la vaisselle traditionnelle. Fait également épicerie fine et salon de thé l'après-midi (pâtisseries maison). Décor plaisant, à mi-chemin entre la salle à manger cosy et la belle boutique. Accueil charmant.

🍽 ***Bistrot Victoires*** *(plan C1, **13**) : 6, rue La Vrillière, 75001. ☎ 01-42-61-43-78. Ⓜ Bourse ou Palais-Royal-Musée-du-Louvre. Tlj 12h-23h. Plats 11-13,50 €. Vin au verre 3,40 €.* À 2 pas de la place du même nom, ce petit bistrot Belle Époque est une aubaine, autant pour son atmosphère vivante que pour sa cuisine honorable, servie généreusement et surtout à prix démocratiques pour le quartier. Le cadre, lui, nous plonge dans un roman de Maupassant avec ses belles boiseries sombres, ses grands miroirs et son antique comptoir en étain. Carte courte mais efficace. Une pépite dans sa catégorie.

🍽 ***Uno*** *(plan C-D2, **24**) : 37, rue Berger, 75001. ☎ 01-42-36-20-47. Ⓜ Châtelet, Louvre-Rivoli ou Les Halles. Tlj midi et soir. Plats du jour 15-16 €, pizzas 10-21 € ; carte env 35 €.* Dans l'effervescence des Halles, une joyeuse trattoria baignée de lumière, prolongée par quelques tables en terrasse face au jardin et à la Fondation Pinault. Autour du bar central et du four à pizzas, c'est l'accent chantant de l'Italie qui fuse. Un régal que les pizzas bien soufflées, garnies de produits frais : un parfum de Naples ! Les pâtes, forcément maison et cuites al dente, déclinent quelques recettes subtiles. C'est bon, efficace, et on apprécie le service enjoué.

🍽 ***La Fresque*** *(plan D2, **15**) : 100, rue Rambuteau, 75001. ☎ 01-42-33-17-56. Ⓜ Étienne-Marcel ou Les Halles. Lun-sam midi et soir (service jusqu'à minuit). Fermé dim. Congés : 2 sem autour du 15 août. Formule déj 16 € ; carte env 30 €.* Un bistrot de quartier sympa, avec terrasse le long des Halles, installé dans la boutique d'un ancien marchand d'escargots : antiques carreaux de faïence blancs et luminaires Art déco, fresques colorées, longues tables en bois, etc. Le midi, une formule rapide mais consistante. Tous les jours, des entrées qui tiennent la route, 4 ou 5 plats, et toujours une assiette végétarienne (excellente tourte aux légumes en l'occurrence). Ambiance très animée.

🍽 ***La Mousson*** *(plan B1, **16**) : 9, rue Thérèse, 75001. ☎ 01-42-60-59-46. Ⓜ Pyramides ou Palais-Royal-Musée-du-Louvre. Lun-sam midi et soir. Fermé dim. Congés : 3 sem en août. Résa conseillée. Menus 12,90-17,95 € le midi, 17,90-22,90 € le soir ; carte env 25 €.* Dans une rue calme, un petit resto de spécialités cambodgiennes (khmères). Le cadre est simple et convivial, la musique rappelle les bords du Mékong, et vous dégusterez une cuisine joliment parfumée, accompagnée de vin de palme ou de gingembre. C'est copieux sans jamais être trop relevé. *Autre maison dans le 15e.*

Prix moyens

🍽 ***Au Vieux Comptoir*** *(plan D2-3, **19**) : 17, rue des Lavandières-Sainte-Opportune, 75001. ☎ 01-45-08-53-08.*

Ⓜ *Châtelet. Mar-sam midi et soir. Fermé dim-lun. Congés : 2 sem en août. Plat du jour le midi 18 € ; carte 35-40 €.* Dans ce joli petit bistrot d'angle, l'accueil est une qualité naturelle. On s'y sent tout de suite à l'aise, d'autant que le cadre rustique est charmant et que la cuisine est savoureuse, dans un registre traditionnel classique. Avec un bon petit verre conseillé avec justesse par la maison, vous ne ferez guère monter l'addition.

Le Comptoir Montevideo *(plan C1-2, **21**) : 44, rue Coquillère, 75001. 06-82-25-74-82.* Ⓜ *Palais-Royal-Musée-du-Louvre ou Les Halles. Lun-sam midi et soir jusqu'à 2h (cuisine jusqu'à 22h30). Fermé dim. Formules déj 18-22 € ; plats 24-37 €.* Cette sympathique cantine uruguayenne est une aubaine pour les amateurs de viande et une découverte culinaire de ce petit pays, coincé entre les géants argentin et brésilien : viandes fondantes et goûteuses, issues d'élevages traditionnels, original *chivito* (burger local), *empanadas,* mais aussi ceviche... à accompagner d'un nectar du pays. Tout est fait maison, présenté avec soin, et délicieux ! Même le service, quasi en v.o., est sympathique comme tout. Également une formule tapas toute la soirée.

À l'Épi d'Or *(plan C2, **30**) : 25, rue Jean-Jacques-Rousseau, 75001. ☎ 01-42-36-38-12.* Ⓜ *Louvre-Rivoli. Lun-ven midi et soir. Fermé w-e. Formules et menu 27-36 €.* Murs patinés jaunis par le temps, banquettes de moleskine et carrelages mosaïques attestent de l'ancienneté de ce bistrot des années 1930 repris par Jean-François Piège et Élodie, son épouse. Dans ce décor de toujours, la cuisine reste immuable, à ceci près que les produits de saison intègrent le réseau de choix des fournisseurs du grand chef ! Au menu, les « incontournables » pâté en croûte, croque-madame, poisson pané et steak tartare, ainsi qu'un semainier qui revisite des recettes traditionnelles. Un lifting qui s'inscrit dans la modestie. On *like* ! *NOUVEAUTÉ.*

San *(plan C2, **7**) : 32, rue Coquillère, 75001. ☎ 01-42-60-41-02.* Ⓜ *Louvre-Rivoli ou Palais-Royal-Musée-du-Louvre. Lun-ven midi et soir. Fermé w-e. Formules déj 17-19 € ; le soir, carte env 35 €.* Le petit resto thaï de quartier qu'on aurait presque envie de garder pour soi. Les plats sont copieux, savoureux et pleins d'élégance. Élégance et raffinement que l'on retrouve dans le décor et l'atmosphère de cet écrin chaleureux, et dans la douceur du service. Plusieurs plats végétariens goûteux complètent le menu, véritable carte d'embarquement pour emmener vos papilles en voyage.

Les Artizans *(plan D2, **20**) : 30, rue Montorgueil, 75001. ☎ 01-40-28-44-74.* Ⓜ *Les Halles ou Étienne-Marcel. Tlj 12h-23h en continu. Formule déj en sem 18 € ; carte env 40 € ; pâtisserie env 9 € (6 € à emporter).* On aime bien ce concept original de « bistrot-gâteaux », fruit d'une association – bienfaitrice – entre un chef cuisinier (Patrick Canal) et un « champion de France du dessert » (Mathieu Mandard). Dans un joli décor d'aujourd'hui, on savoure, à toute heure (important de le préciser), une bonne cuisine de marché, suivie de succulentes pâtisseries : traditionnels éclairs au chocolat (ou autres parfums), babas au rhum et millefeuilles à la minute, ou les créations du moment. On peut s'asseoir aussi seulement pour un dessert. Généreux... et diablement bon.

Yahmi *(plan D3, **18**) : 25, av. Victoria, 75001. ☎ 01-45-08-09-51.* Ⓜ *Châtelet. Lun-ven midi et soir, plus sam soir. Fermé dim. Carte 14-19,50 € le soir.* Le QG des gens de théâtre (l'entrée du Châtelet est à 2 pas) est aussi une table orientale réputée, tenue par 2 sœurs, l'une en cuisine, l'autre à l'accueil. Spécialités traditionnelles à dominante marocaine : tajines, couscous, pastillas, grillades, *briouats* fins et savoureux. Tout comme la fine semoule fondante à souhait. Le tout servi dans un cadre élégant et contemporain, aux murs peints à la chaux et aux lumières tamisées. Dans le petit coin épicerie, sélection de produits pointue. Une belle adresse.

Lai'Tcha *(plan D2, **23**) : 7, rue du Jour, 75001. ☎ 01-40-26-05-05.* Ⓜ *Châtelet-Les Halles. Mar-sam 12h-22h en continu. Fermé dim-lun. Congés : 1 sem à Pâques, 3 sem en août et 2 sem à Noël. Résa conseillée sam. Carte env 25 € en sem, env 30 €*

sam. Non content de voir scintiller une étoile du côté de son restaurant de la rue Saint-Honoré *(Yam'Tcha)*, le couple franco-hongkongais offre une escale aux accents tout aussi asiatiques dans une tonnante salle cathédrale réchauffée par la pierre apparente, le pisé et la mezzanine. *Wonton bar* du jour (raviole hongkongaise en soupe) et carte bistronomique chinoise : on se régale ! Puis on revient le samedi pour savourer la cuisine préparée par la cheffe elle-même. Équipe pro et très sympa. Petite terrasse. Vente à emporter.

Joe Allen *(plan D2,* ***22****) : 30, rue Pierre-Lescot, 75001. ☎ 01-42-36-70-13. Ⓜ Étienne-Marcel. Tlj midi et soir (bar jusqu'à env 2h). Carte env 28 €.* Ouvert en 1972, tenu et fréquenté par des Américains (toujours bon signe), c'est LE resto *US* historique de Paris, QG des expats les soirs d'élection ou pour les grosses fêtes comme Thanksgiving ou Halloween. Hors mode, *Joe Allen* reste fidèle à son style *old New York* : murs de brique placardés de vieilles affiches de Broadway, écrans TV vissés au-dessus du comptoir... On y sert une honnête *comfort food* (cuisine de tous les jours) traditionnelle et maison, arrosée de Brooklyn Lager ou d'un verre de vin de Coppola.

Zen Restaurant *(plan B2,* ***25****) : 8, rue de l'Échelle, 75001. ☎ 01-42-61-93-99. Ⓜ Pyramides ou Palais-Royal-Musée-du-Louvre. Tlj midi et soir. Congés : 3 sem en août. Menus 24 € le midi, 30-58 € le soir.* Dans le quartier du Palais-Royal, ce restaurant un poil élégant grouille de monde à midi. Clientèle nippone et parisienne, soucieuse de déjeuner rapidement pour un excellent rapport qualité-prix. Dans l'assiette à midi, les classiques de la cuisine japonaise : *donburi* (bol de riz garni), makis, sushis, et des suggestions plus originales. Le soir, la carte est plus élaborée, et l'addition grimpe vite si on se laisse aller à goûter différents petits plats *(izakayas)*, comme les boulettes de racines de lotus, sauce kumquat et foie gras... Difficile de s'arrêter, c'est ludique et délicieux !

Nodaïwa *(plan B2,* ***26****) : 272, rue Saint-Honoré, 75001. ☎ 01-42-86-03-42. Ⓜ Pyramides. Lun-sam midi et soir. Fermé dim. Congés : 1re quinzaine d'août. Menus 23-95 € ; carte env 40 €.* Ce minuscule resto monomaniaque est l'antenne parisienne d'un restaurant réputé de Tokyo qui, depuis le XVIIIe s, ne sert que de l'anguille. Déco sobre et raffinée, ikebana et petites estampes. L'anguille, d'une exquise délicatesse, est préparée selon un processus complexe : d'abord grillée, elle est ensuite cuite à la vapeur, puis de nouveau grillée pour obtenir un résultat à la fois fondant et caramélisé. Servie avec une sauce sur un lit de riz avec consommé chaud et légumes salés (c'est le *kabayaki*), ou encore en sushi, elle fond littéralement dans la bouche.

De chic à plus chic

Odette, l'Auberge Urbaine *(plan D2,* ***31****) : 25, rue du Pont-Neuf, 75001. ☎ 01-44-88-92-78. Ⓜ Châtelet ou Pont-Neuf. Tlj midi et soir. Formules déj en sem 24-35 € ; carte 32-40 €.* L'empire Rostang s'est étoffé d'une nouvelle adresse, pensée comme une auberge urbaine. Il y a bien une grande table d'hôtes pour rappeler l'auberge, mais pour le reste, c'est surtout très urbain : décor soigné tout en courbes sensuelles, recoins très cosy façon lounge, et, dans les assiettes, une cuisine de saison moderne, légère et inspirée, servie en portions réduites pour faciliter le partage et la dégustation (à moins de se laisser tenter par les « belles pièces » au format plus généreux !). Tout est délicieux, jusqu'aux madeleines servies encore tièdes avec le café ! Excellent accueil, pro et décontracté.

La Régalade Saint-Honoré *(plan C2,* ***32****) : 106, rue Saint-Honoré, 75001. ☎ 01-42-21-92-40. Ⓜ Louvre-Rivoli. ♿ Mar-sam midi et soir. Fermé dim-lun. Congés : 3 sem en août. Menu déj 29 € ; le soir, formule 43 €.* Pas évident d'y dégotter une table au débotté ! Il faut dire que la salle en longueur n'est pas bien grande, avec ses banquettes colorées qui tranchent sur les murs bruts (décorés quand même du bœuf en costard !), et que le menu-carte a ses adeptes. Bien équilibré, très court, il ne s'encombre pas d'une litanie de plats et préfère donner l'avantage aux produits de saison. Et les grands classiques qui ont fait le succès de la maison campagnarde (terrine, riz au lait) côtoient de belles assiettes, généreuses et inventives, et des plats de rôtisserie. Service tout sourire.

La Poule au Pot *(plan C2, **38**) : 9, rue Vauvilliers, 75001. ☎ 01-42-36-32-96. Ⓜ Louvre-Rivoli ou Les Halles. Mer-dim midi et soir. Fermé lun-mar, plus 1er janv et 25 déc. Toujours beaucoup de monde : résa conseillée. Menus 44-82 € ; plats 30-62 € ; carte 56-90 €.* Cette belle et vieille institution prend un petit coup de jeune sous la houlette de Jean-François Piège, le nouveau patron ! Cela dit, dans ce décor immuable d'affiches anciennes, de lumières rétro ménageant une certaine intimité et d'innombrables plaques dorées incrustées dans les boiseries, portant les noms des célébrités venues y manger, pas question de toucher aux valeurs sûres de la tradition française, avec notamment la fameuse poule au pot qui justifie l'enseigne. Le tout généreux et répondant aux exigences du grand chef (excellents fournisseurs).

L'Absinthe *(plan B1, **33**) : 24, pl. du Marché-Saint-Honoré, 75001. ☎ 01-49-26-90-04. Ⓜ Tuileries ou Pyramides. Lun-ven midi et soir, plus sam soir. Fermé dim. Résa conseillée. Carte env 50 €.* Ce bistrot chic de la famille Rostang est dirigé par Caroline, la fille. Décor élégant mêlant sobriété et éléments chinés délicieusement vintage, le tout prolongé par une belle terrasse. Ardoise de suggestions classiques revisitées, ce qui donne dans l'assiette du bon, du neuf, du créatif. Tout est à base de produits frais, parfois transcendé par quelques touches asiatiques. Le vendredi, c'est gratin de macaronis (au homard quand même !). Et en dessert, un incontournable : les petits pots de crème au chocolat en hommage au paternel. Service un peu long en cas d'affluence.

Champeaux *(plan D2, **35**) : 12, passage de la Canopée (Forum des Halles), 75001. ☎ 01-53-45-84-50. Ⓜ Les Halles. Tlj midi et soir (service jusqu'à minuit – 1h ven-sam ; en continu sam-dim). Carte 40-50 € ; soufflé 10 €.* Alain Ducasse a installé sa brasserie à l'entrée de la Canopée ondoyante, face à l'église Saint-Eustache. Son architecture adopte le même credo que le centre commercial métamorphosé : l'ouverture ! Larges vitres en arrondi pour jouir de l'extérieur, volumes imposants, long bar, déco et mobilier design... Le cadre est réussi, l'animation continue sans cacophonie, et les plats, à défaut d'être copieux, tiennent les promesses d'une brasserie très parisienne : enlevés mais chers. Le soufflé, qui tient le haut du pavé, est aussi décliné en version sucrée. En zieutant le monumental tableau d'affichage (oui, le même que dans les gares !) qui annonce les sorties du four à la minute, vous éviterez peut-être les 20 mn d'attente réglementaires pour ce plat irrésistible.

Le Soufflé *(plan A1, **36**) : 36, rue du Mont-Thabor, 75001. ☎ 01-42-60-27-19. Ⓜ Concorde. Lun-sam midi et soir. Fermé dim et j. fériés. Congés : 3 sem en août. Formule déj en sem 30 € (avec boisson) ; menus 37-46 € ; carte 40-45 €.* Un petit resto connu de longue date pour ses bonnes spécialités de soufflés : une douzaine de versions salées et autant pour le sucré se partagent la vedette ! Pour les fans, il y a même un menu tout soufflé. Sinon, on peut se laisser tenter par quelques plats traditionnels de viande ou de poisson. Une adresse conviviale, au cadre classique gentiment désuet, très prisée par les touristes des grands hôtels alentour.

Bars à vins

Les Fines Gueules *(plan C1, **37**) : 43, rue Croix-des-Petits-Champs (angle rue La Vrillière), 75001. ☎ 01-42-61-35-41. Ⓜ Palais-Royal-Musée-du-Louvre, Bourse ou Pyramides. Lun-ven midi et soir. Fermé w-e. Formules déj 19-23 € ; le soir, carte seulement, env 50 €.* Un resto-bar à vins de poche à la déco monacale. Ici, on va droit au but : la qualité, garantie par des produits en provenance des meilleurs producteurs. Résultat, on se pâme d'aise devant des plats aussi basiques que le tartare au couteau de bœuf charolais. Aucun tape-à-l'œil, mais un bon tour de main en cuisine. Vins bio de petits propriétaires à déguster au verre, accoudé au bar en zinc.

Le Rubis *(plan B1,* ***40****)* **:** *10, rue du Marché-Saint-Honoré, 75001. ☎ 01-42-61-03-34. Ⓜ Pyramides ou Tuileries. Lun-sam 8h-2h ; service midi et soir. Fermé dim, le soir des j. fériés, ainsi que Jour de l'an et Noël. Congés : 2 sem en août. Plats du jour 17-24 € ; carte env 32 €.* Le voilà, le Paris canaille, avec ses joyeux sires, ses petits plats bien tradi et costauds, ses vins « en direct de la propriété » qu'on s'arrache... C'est la vie, la vraie, celle qu'on croyait disparue à jamais dans ce quartier huppé. En été, il y a tant de monde entassé sur les vieilles banquettes qu'on déguste dehors, accoudé aux tonneaux.

Le Garde-Robe *(plan C2,* ***41****)* **:** *41, rue de l'Arbre-Sec, 75001. ☎ 01-49-26-90-60. Ⓜ Louvre-Rivoli. Lun-ven midi et soir, plus sam soir. Fermé dim. Le midi, formule et menu 15,50-19 € ; le soir, planches à partager 15-18 €.* À 2 pas du Louvre, un caviste attentionné qui anime un joli petit espace tout en longueur, mi-boutique, mi-resto. Planches de charcuterie ou de fromages le soir, plats du jour soignés... que du frais et du bon. Vins nature essentiellement.

Willi's Wine Bar *(plan C1,* ***42****)* **:** *13, rue des Petits-Champs, 75001. ☎ 01-42-61-05-09. Ⓜ Palais-Royal-Musée-du-Louvre ou Pyramides. ♿ Lun-sam midi et soir. Fermé dim. Congés : 2 sem en août. Résa conseillée. Formules déj 21-26 € ; le soir, menu 36 €.* Derrière les jardins du Palais-Royal, cette excellente adresse au cadre sobre et agréable est bien connue des amateurs de vin. Le bien-boire fait dans l'exception, mais le bien-manger n'est pas en reste : chaque jour, le chef concocte une savoureuse cuisine du marché, élaborée avec de bons ingrédients et joliment présentée. La formule au comptoir vaut le coup : un plat servi avec un verre de bon vin. Impec pour un repas rapide. Une adresse bien conviviale, mais il faut prendre la précaution de réserver.

Restaurants de nuit

À la Tour de Montlhéry, Chez Denise *(plan C-D2,* ***52****)* **:** *5, rue des Prouvaires, 75001. ☎ 01-42-36-21-82. Ⓜ Louvre-Rivoli, Châtelet ou Les Halles. Lun-ven midi et soir (service jusqu'à 0h45). Fermé w-e. Plats 24-28 €.* L'un des plus anciens restos de nuit de Paris, bondé à toute heure. Même si le train n'apporte plus les légumes depuis Montlhéry, l'endroit a conservé de cette époque son beau zinc à l'entrée, sa caisse hors d'âge, son perco qui en a vu d'autres et sa salle patinée. Atmosphère ! Habitués de toujours, touristes et noctambules s'y restaurent dans un joyeux brouhaha. Les plats de tradition sont servis en quantités plus que généreuses, qu'il s'agisse des rognons de veau, des tripes ou de l'andouillette AAAAA, le tout accompagné de frites maison de préférence aux petits légumes. Du solide, quoi ! L'accueil est du même tonneau, franc et direct. Aux murs, nombreux dessins et affiches de Raymond Moretti, dont on retrouve le trait jusque sur les sets de table. Ça vaut le coup d'œil !

Au Pied de Cochon *(plan C-D2,* ***50****)* **:** *6, rue Coquillière, 75001. ☎ 01-40-13-77-00. Ⓜ Louvre-Rivoli ou Les Halles. ♿ Tlj 3h-minuit. Formule déj 19,90 € ; carte env 50 € ; plateaux de fruits de mer 29-79 €.* Tout le monde connaît le *Pied de Cochon.* Depuis 1947, cette vénérable institution a bâti sa réputation sur ses horaires hors normes et sur sa carte de brasserie pléthorique. Aujourd'hui encore, la soupe à l'oignon gratinée se défend bien, de même que l'andouillette AAAAA, ou encore la Tentation de saint Antoine, plat qui réunit museau, oreilles, pieds et queue de porc grillés. Rien de gastronomique ici, mais des plats de tradition simples et convenables, bien en adéquation avec un cadre archi-classique tout en moulures et dorures. En revanche, les prix n'ont rien de populaire, et s'offrir un repas dans ce monument nécessite d'alléger le petit cochon ! Accueil pro et sympathique.

Où boire un verre ?

Le Café Marly *(plan C2,* ***61****) : 93, rue de Rivoli, 75001. ☎ 01-49-26-06-60. Ⓜ Palais-Royal-Musée-du-Louvre ou Louvre-Rivoli. Tlj 8h-2h (cuisine jusqu'à 0h30). Pour déjeuner ou dîner, résa préférable. Café 5 € ; sodas 6-8 € ; apéritifs 8-20 €.* Le décor est somptueux (dorures et mobilier contemporain), mais ce qui motive vraiment la visite, c'est la vue imprenable sur la cour du Louvre depuis la terrasse sous la galerie. Profitez de ce lieu magique – aux 1ers ou aux derniers rayons du soleil surtout – pour boire un verre (en dehors des heures de repas) face à la pyramide !

Le Fumoir *(plan C2,* ***63****) : 6, rue de l'Amiral-de-Coligny, 75001. ☎ 01-42-92-00-24. Ⓜ Louvre-Rivoli. En principe, tlj 9h-1h.* Ambiance mode garantie dans ce vaste et beau café stratégiquement situé sur la place du Louvre. Le coin salon-bibliothèque très cosy et la vue sur la place encadrée par de longs rideaux justifient à eux seuls le détour. Une occasion de goûter aux excellents cocktails.

2e ARRONDISSEMENT

• Plan *p. 26-27*

De la place de l'Opéra au boulevard de Sébastopol, les bars et restos du 2e représentent un véritable patrimoine de la vie parisienne. Comptoirs patinés en acajou, lustres et carrelages d'antan, banquettes de moleskine rouge et chaises Thonet, du petit troquet à la brasserie chic, la tradition bistrotière parisienne s'impose à tous les coins de rue. Si les adresses s'étendent sur tout l'arrondissement, le quartier animé des Grands Boulevards (autour du passage des Panoramas) remporte les faveurs des Parisiens. Dans ce périmètre, qui s'étend jusqu'à la Bourse, les petites adresses de cuisine rapide, fréquentées par les travailleurs du coin, ne désemplissent pas. Rue Montorgueil, rue des Petits-Carreaux ou encore rue d'Argout, on apprécie les nombreuses terrasses qui jalonnent ces agréables voies piétonnes truffées d'adresses bobos-branchées ! Le quartier est animé à toute heure, et idéal pour un dîner entre amis ou en amoureux. Pour prolonger la soirée, il faut faire le grand écart entre les Grands Boulevards et le secteur d'Étienne-Marcel.

Où manger ?

Sur le pouce

BollyNan (plan C2, **1**) **:** *12, rue des Petits-Carreaux, 75002. ☎ 01-45-08-40-51. Ⓜ Sentier ou Les Halles. Lun-sam 11h-23h30. Fermé dim. Formules à emporter plat + dessert ou boisson 9,50-11,50 € ; naans 2-4 €, sur place ou à emporter.* Quoi de meilleur qu'un naan préparé et cuit sur commande dans un vrai *tandoor* (four en terre), comme en Inde, sous vos papilles alléchées ? À base de farine bio, nature, au fromage, à l'ail ou version sucrée au Nutella. Également des « nanwichs », galettes garnies faites à la minute. Le comptoir propose aussi des plats à composer soi-même, le tout délicatement épicé. Excellent lassi et bière indienne. Petite terrasse sur la rue piétonne, salle voûtée au sous-sol. Accueil gentil tout plein.

Grillé (plan B1, **2**) **:** *15, rue Saint-Augustin, 75002. ☎ 01-42-96-10-64. Ⓜ Richelieu-Drouot ou Bourse. Lun-sam 12h-16h (21h mer-ven, 18h sam). Fermé dim. Menus kebab 9,50-13,50 €, petite portion de frites 3,50 €.* Agneau, veau ou bœuf du boucher star Hugo Desnoyer, dans un *take away* sans fioritures (néons au plafond, azulejos bleu et blanc aux murs). Le tout est roulé dans une galette de farine blanche et d'épeautre bio cuite sous vos yeux, relevé de coriandre et de sauces maison. Un kebab de qualité, à déguster sur le pouce ou sur la petite terrasse. *Autre adresse rue des Petits-Carreaux, dans le 2e.*

Rice & Fish (plan D2, **3**) **:** *16, rue Greneta, 75002. ☎ 01-42-36-63-72. Ⓜ Réaumur-Sébastopol. Mar-sam midi et soir. Fermé dim-lun. Congés : août. Résa possible seulement mar-jeu ; les autres j., mieux vaut arriver tôt. Formules déj 10-15 € ; carte env 20 €.* Un petit bar à sushis pas comme les autres. Le chef manie le sushi et le maki avec dextérité, et il réalise avec son équipe des gourmandises d'une belle fraîcheur. Bonnes bières japonaises et... addition toute douce. Aux beaux jours, on s'installe en terrasse sur le trottoir. Juste à côté, au no 22, la maison a ouvert un bar à grillades. Concept tout aussi bon et sympa. *Autre adresse, **Fish and Chill,** au 39, rue des Vinaigriers, dans le 10e.*

Joyeux (plan B1, **4**) **:** *23, rue Saint-Augustin, 75002. Ⓜ Quatre-Septembre. Lun 11h-15h,* *mar-ven 9h-18h, sam 11h-18h. Fermé dim. Menus 15-16 €.* À côté du passage Choiseul, un *coffee shop* pimpant et atypique, qui emploie des jeunes, au service comme en cuisine, ayant un handicap mental. À l'ardoise, soupes, salades et tartes, préparées avec des produits frais et servies avec un sourire rayonnant. Une adresse qui réchauffe le cœur ! Ça tombe bien, une annexe a ouvert au 87, passage Choiseul, pour la vente à emporter *(mar-ven 11h-14h30).*

Riha Durum *(plan C2,* ***5****) : 1, rue des Petits-Carreaux, 75002. Ⓜ Sentier. Lun-sam 11h30-23h30. Fermé dim. Sandwichs, sur place ou à emporter, 6,50-8,50 €.* Une petite échoppe où le four et le barbecue ne laissent guère de place qu'à quelques tables basses. De toutes les façons, ce n'est pas le genre d'endroit où l'on s'attarde. Même si assister à la fabrication des *dürüm* et des *lahmacun* peut s'avérer un véritable spectacle. Brochettes d'agneau, de poulet, de sardine et boulettes de lentilles viennent fourrer de moelleuses galettes maison, également garnies de légumes frais. Pour un en-cas au bon goût de Kurdistan.

Friterie De Clercq *(plan C1,* ***7****) : 169, rue Montmartre, 75002. ☎ 01-42-21-49-57. Ⓜ Grands-Boulevards. Tlj 11h-minuit (2h ven-sam). Cornets 3 tailles 3-5,50 € ; menus 7,50-11 €.* Une vraie friterie à la belge. Et les règles sont respectées : des *bintjes* fraîches importées du plat pays, coupées à la main, calibrage idéal, cuisson en 2 temps dans la graisse de bœuf. Résultat : de succulentes frites tendres, dorées et croustillantes à l'extérieur. Différentes sauces et snacks en accompagnement : croquettes de fromage, fricadelle, boulette, poulet pané, burgers. Génial pour les faims tardives !

Blend *(plan C2,* ***8****) : 44, rue d'Argout, 75002. ☎ 01-40-26-84-57. Ⓜ Étienne-Marcel, Sentier ou Les Halles. Tlj midi et soir (en continu le w-e). Formules déj en sem 14,90-19 € ; burgers 9-14 €.* Le secret d'un hamburger gourmet, c'est la qualité des ingrédients et le *blend* (mélange de différents morceaux de bœuf : persillé, maigre, tendre, etc.), la fusion des saveurs. Cette petite cantine branchée prend ça très au sérieux. La viande de bœuf vient de chez Yves-Marie Le Bourdonnec. Et tout est maison, du bun fourni par un MOF au ketchup en passant par les frites, tradi ou de patate douce (hmm la sauce à l'ail qui va avec). Souvent plein, mais le service est rapide.

FTG *(plan C-D1-2,* ***9****) : 9, rue du Nil, 75002. ☎ 01-42-21-96-92. Ⓜ Sentier. Tlj 11h-22h. Congés : 2 sem en août. Sandwichs, plats 8-21 €.* Un espace agréable pour s'attabler (ou pas) et goûter à la version *street food* du chef étoilé Greg Marchand. Les produits viennent des mêmes fournisseurs qu'au gastro voisin. Rien n'est laissé au hasard dans la qualité. Les sandwichs sont copieux, et les *fried chicken* se dégustent légèrement épicés. Salades en été et cookies à se damner. Si vous êtes en fonds, goûtez la cuisine gastro *(résa indispensable sur Internet : • frenchie-ruedunil.com • ; menus 65 € le midi, 105 € le soir),* formidable. Beau succès aussi au bar à vins juste en face !

Le Dénicheur *(plan D2,* ***14****) : 4, rue Tiquetonne, 75002. ☎ 01-42-21-31-01. Ⓜ Étienne-Marcel. Tlj 18h-2h. Carte env 25 €. Verres de vin 6-8 €. Café offert sur présentation de ce guide.* Tout petit troquet rigolo comme tout, avec sa déco de bric et de broc mêlant mobilier vintage et toutes sortes de bibelots chinés à une joyeuse mosaïque. Ambiance sympa et relax donc, à l'image d'une cuisine sans façon et de la sélection de vins naturels. Idéal pour se retrouver entre copains.

Très bon marché

Adar *(plan C1,* ***17****) : 49, passage des Panoramas, 75002. 📱 06-64-49-18-68. Ⓜ Grands-Boulevards. Lun-ven, le midi seulement. Fermé w-e. Congés : 3 sem en août. Résa possible entre 12h et 12h30 uniquement ; après c'est au petit bonheur la chance... ou pas. Carte 20-30 €.* Panorama sur la Méditerranée du côté de la cantine de Tamir Nahmias, qui concocte une cuisine levantine, pétrie de ses origines multiples d'enfant hongro-égyptien qui a grandi en Israël. Des recettes

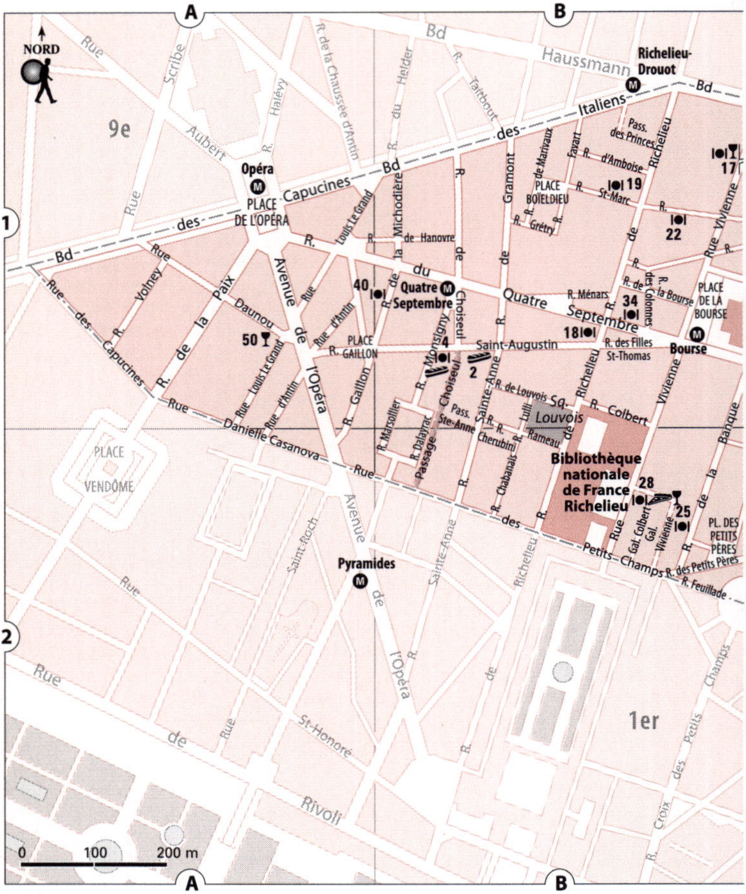

Où manger ?

1 BollyNan (C2)
2 Grillé (B1)
3 Rice & Fish (D2)
4 Joyeux (B1)
5 Riha Durum (C2)
7 Friterie De Clercq (C1)
8 Blend (C2)
9 FTG (C-D1-2)
11 Mûre (C1)
12 Casa Picaflor – Piscobar (D2)
14 Le Dénicheur (D2)
16 Cali Sisters (C1)
17 Adar (C1)
18 Le Mesturet (B1)
19 Aux Lyonnais (B1)
20 La Grille Montorgueil (C2)
22 Le Gavroche (B1)
23 La Cevicheria (C2)
24 Breizh Café (C2)
25 Le Bougainville (B2)
26 L'Apibo (C2)
27 Pollop (C2)
28 Daroco (B2)
30 Restaurant Circonstances (C1)

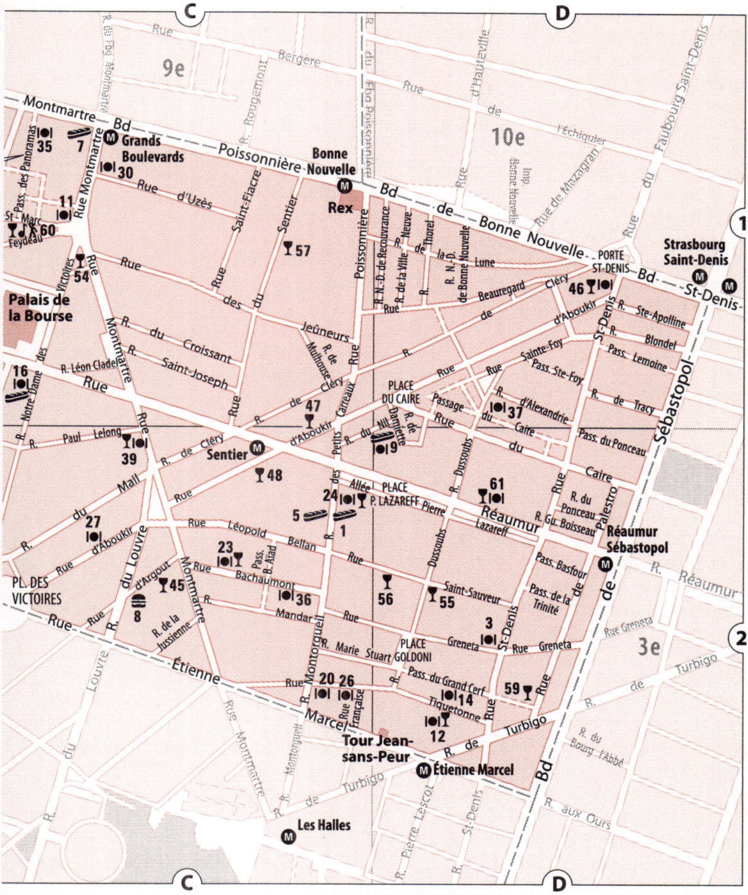

2e ARRONDISSEMENT

34 A Noste (B1)
35 Racines (C1)
36 Aux Crus de Bourgogne (C2)
37 Edgar (D1)
40 Vivre Opéra Garnier (A-B1)

Bar à vins

39 Pépère Jean (C2)

Où boire un verre ?

24 Breizh Café (C2)
28 Danico (B2)
45 La Jaja (C2)
46 Hero (D1)
47 Lockwood (C1-2)
48 Mabel (C2)
50 Harry's Bar (A1)
54 Dédé la Frite (C1)
55 Avek (D2)
56 Experimental Cocktail Club (D2)
57 Jacques' (C1)
59 Les Cariatides (D2)
60 Le Truskel (C1)
61 Uma Nota (D2)

familiales revisitées qui changent souvent, où *zaatar, baharat,* fines herbes, citrons confits, pickles viennent twister de bons produits hexagonaux. Des influences qu'il associe pour le meilleur dans plats et *mezze.* Pour patienter, on trempe la *focaccia* maison encore tiède à l'huile d'olive dans un tzatziki de chou-rave ou un *labne* au sumac, avant d'accueillir avec curiosité l'entrée puis le plat du jour. Ne vous avisez pas d'y débarquer en smala, car *Adar* est de poche et le succès au rendez-vous !

Mûre *(plan C1,* ***11****) : 6, rue Saint-Marc, 75002. Pas de tél. Ⓜ Grands-Boulevards ou Bourse. Lun-ven 8h30-16h, sam 11h-17h ; service 11h45-15h30. Fermé dim. Congés : 1re quinzaine d'août et dernière sem de déc. Formules en sem 11,60-14,70 € ; brunch sam 25 €.* Tout bon, tout bio, voilà le credo de cette adresse bio-bobo à dominante végétale, pour un petit déjeuner ou un déjeuner savoureux. Les chanceux s'installeront dans les canapés moelleux, les autres sur des tabourets hauts. Dans l'assiette, c'est bien frais : tous les produits (bio) proviennent directement de leur ferme cultivée en permaculture (à côté de Paris) ! Hyper pratique à tout moment de la journée, sur place ou à emporter.

Casa Picaflor – Piscobar *(plan D2,* ***12****) : 5, rue Tiquetonne, 75002. ☎ 09-81-77-32-00. Ⓜ Étienne-Marcel ; RER A et B : Châtelet-Les Halles. Ouv le soir seulement : lun-jeu 18h30-minuit, ven-sam 18h-1h (minuit pour la cuisine). Fermé dim. Tapas 5-12 €, ceviches 12-15 €.* Succursale du restaurant *El Picaflor,* situé près du Jardin des Plantes, cette « *cantina peruana* » tranquille propose des spécialités andines sous forme de tapas à partager et d'une belle déclinaison de ceviches. À découvrir avec un vin sud-américain, une bière péruvienne ou un cocktail maison à base de *pisco* bien s(o)ûr !

Bon marché

Le Mesturet *(plan B1,* ***18****) : 77, rue de Richelieu, 75002. ☎ 01-42-97-40-68. Ⓜ Bourse ou Quatre-Septembre. Tlj 12h-23h non-stop. Fermé les 3 premiers w-e d'août. Au comptoir, formule plat du jour + boisson + café 14 € ; au resto, menus 26,50-32 €.* Ce bistrot au cadre classique et chaleureux a calé ses horaires d'ouverture sur ceux du palais Brongniart ! Dès le matin, il mouline avec des formules petit déj, il frôle la surchauffe le midi, il continue de servir jusqu'au soir les estomacs décalés et il ferme ses portes juste avant minuit pour refaire sereinement les stocks. Une affaire qui roule, où l'on travaille en famille dans la bonne humeur : le mari cuisine des plats traditionnels goûteux avec de bons produits et recettes du terroir, pendant qu'en salle sa femme veille au grain. Belle carte des vins et desserts irrésistibles ! Plus cosy le soir. Super accueil.

Cali Sisters *(plan C1,* ***16****) : 17, rue Notre-Dame-des-Victoires, 75002. 06-64-28-15-55. Ⓜ Bourse. Tlj midi et soir jusqu'à 22h30. Repas env 25 €.* Un petit bout de Californie à une encablure de la Bourse, joyeusement mené par 2 sœurs, tombées en amour avec la capitale. Pari(s) réussi avec des plats colorés, *healthy* et savoureux... à déguster à tout moment de la journée. Pour planter le décor : immense verrière, palmiers géants, façade bleu flashy, ambiance bohème, accueil enjoué. De la bonne *feel good food,* quoi ! *Autre adresse,* **Cali Uptown,** *au 36, rue de Paris (10e).* NOUVEAUTÉ.

La Grille Montorgueil *(plan C2,* ***20****) : 50, rue Montorgueil, 75002. ☎ 01-42-33-21-21. Ⓜ Les Halles ou Étienne-Marcel. Lun-mer midi et soir, jeu-dim service continu jusqu'à 23h. Fermé à Noël. Formule déj en sem 17 € ; carte env 30 €.* Ce bougnat plus que centenaire, joliment rénové à l'identique, propose une honnête cuisine classique de bistrot de toujours. Le comptoir en zinc, qui ondule gentiment depuis 1904, fut le décor de scènes de *Gueule d'amour,* avec Jean Gabin. Aux beaux jours, agréable petite terrasse ensoleillée.

Le Gavroche *(plan B1,* ***22****) : 19, rue Saint-Marc, 75002. ☎ 01-42-96-89-70. Ⓜ Richelieu-Drouot ou Bourse. Lun-ven midi et soir, plus sam soir. Fermé dim. Formule déj 25 € ; carte env 30 €.*

Derrière sa devanture à l'ancienne, ce bistrot au charme vintage séduit les habitués avec sa belle sélection de beaujolais vendus au verre, à la ficelle ou en bouteille. Pour aller avec, des plats solides de terroir comme le petit salé, le filet de bœuf sauce vigneronne ou les andouillettes. Simple, goûteux, et servi dans la bonne humeur sur des nappes vichy.

Prix moyens

Le Bougainville (plan B2, **25**) : *5, rue de la Banque, 75002. ☎ 01-42-60-05-19. Ⓜ Bourse. Tlj 8h (10h w-e)-minuit. Plat du jour 15,50 € ; formule déj en sem 19,50 € ; carte 30-35 €.* Le long de la célèbre galerie Vivienne, découvrez ce bistrot hors du temps, offrant dans un cadre sans chichis une solide cuisine de terroir aux accents aveyronnais. Beaucoup de monde le midi. La salle du fond, avec ses banquettes de moleskine, est moins bruyante que celle du comptoir où les fidèles prennent l'apéro. Également quelques tables qui débordent dans la galerie. Bon choix de plats (petits farcis, terrine, faux-filet Salers, tendre rôti de cochon fermier...), le tout maison et servi généreusement ; viandes grillées et recettes plus légères en été. Ici, pas de tralala, pas besoin d'épater la galerie (Vivienne), service souriant et alerte. Un vrai bistrot comme on les aime !

L'Apibo (plan C2, **26**) : *31, rue Tiquetonne, 75002. ☎ 01-55-34-94-50. Ⓜ Étienne-Marcel ; RER A, B et D : Châtelet-Les Halles. Mar-ven midi et soir, plus sam midi. Fermé dim-lun. Formule et menu déj 22-30 € ; le soir, formule 32 € et menus 44-55 €.* Anthony Boucher, jeune chef talentueux, ne s'embarrasse pas d'intitulés ronflants et se contente d'annoncer sobrement les ingrédients travaillés : le saumon, le cabillaud... Une fausse simplicité qui cache une cuisine créative, fruit de son expérience et de ses voyages. Au déjeuner, il suffit de piocher parmi la carte très restreinte : 2 entrées, 2 plats, 2 desserts et basta ! Cette petite adresse a de sacrés atouts : une petite salle chaleureuse, un accueil d'une très grande gentillesse, une belle cuisine inventive à prix abordable et une terrasse sur la rue piétonne aux beaux jours. Carton plein !

La Cevicheria (plan C2, **23**) : *14, rue Bachaumont, 75002. ☎ 09-80-88-58-05. Ⓜ Sentier. Tlj 12h-23h30. Formule déj en sem 16 € ; plat env 17 € ; carte env 30 €.* Cette adresse décontractée arbore un décor branché avec ses tables bien espacées et son toit verrière, quand on ne profite pas de la belle terrasse. Dans l'assiette, le poisson cru est à l'honneur : on se régale de ceviches, délicieuse spécialité péruvienne qui a le vent en poupe, ou de *tiraditos,* où le poisson est servi en carpaccio. Frais et parfumé, malgré un léger arrière-goût de trop peu, d'autant plus que les accompagnements sont en supplément (sauf dans la formule du midi). Mais on apprécie autant la qualité que l'ambiance détendue.

Breizh Café (plan C2, **24**) : *14, rue des Petits-Carreaux, 75002. ☎ 01-42-33-97-78. Ⓜ Sentier. Mer-sam 11h-minuit, dim 10h-23h. Fermé lun-mar. Cave à cidres ouv le soir seulement et fermée 3 sem en août. Résa préférable. Formule déj 19 € ; le soir, carte 20-40 € selon appétit !* Le Breton de Cancale Bertrand Larcher a conquis la capitale avec ses crêperies gastro. Cette antenne Montorgueil est déjà la 5e à Paris, sans compter le Japon, qui a lui aussi succombé aux « *rolls* » de sarrasin. Ingrédients top (jambon blanc artisanal, beurre Bordier, œufs et saumon bio irlandais...) et créativité constituent la recette du succès. Dans la cave à cidres située au sous-sol sont proposés des cidres de Bretagne et d'ailleurs, ainsi que d'étonnants cocktails à base de cidre qui prouvent que ce breuvage n'a rien de ringard ! Pour accompagner, des assiettes terre-mer, amuse-galettes et *rolls* sucrés à grignoter sans façon dans une atmosphère tamisée.

Pollop (plan C2, **27**) : *15, rue d'Aboukir, 75002. ☎ 01-40-41-00-94. Ⓜ Sentier. Mar-ven midi et soir, plus lun midi et sam soir. Fermé dim. Formules et menus 21-24 € le midi, 32-36 € le soir.* L'étroite salle-couloir et la pièce bibliothèque du fond sont habillées d'un costume de bistrot contemporain, au design nordique délicat. Le piano est occupé par un chef qui joue une cuisine légère et goûteuse, raffinée et « asiatisante », au rapport qualité-prix épatant le midi. Même menu le soir, plus copieux (et plus cher). Une carte courte, un repas frais et un service gentil comme tout.

2e

Daroco (plan B2, **28**) : *6, rue Vivienne, 75002. ☎ 01-42-21-93-71. Ⓜ Bourse ou Pyramides. Tlj midi et soir. Résa conseillée. Menu 32 € ; pâtes et pizzas 12-16 € ; carte env 40 €.* À l'entrée de la galerie Vivienne, un lieu superbe, autrefois atelier de Jean-Paul Gaultier, où la lumière zénithale et la hauteur cathédrale (qui autorise une belle mezzanine) reflètent l'esprit de branchitude et la dolce vita à la parisienne. Jeunes et moins jeunes, Italiens en goguette, amoureux du pays... accourent pour les savoureuses pizzas cuites au feu de bois ou pour une excellente *pasta al dente.* Une carte courte mais avec des produits de 1re qualité ! Accueil chaleureux et professionnel.

Restaurant Circonstances (plan C1, **30**) : *174, rue Montmartre, 75002. ☎ 01-42-36-17-05. Ⓜ Grands-Boulevards ou Bourse. Mer-ven midi et soir, plus le soir lun-mar. Fermé w-e. Congés : août. Formule déj 23 € ; le soir, carte env 38 €.* Une belle adresse à 2 pas des Grands Boulevards. Pour rejoindre sa table auprès de l'arbre dans la salle chic et sobre, on passe d'abord devant le comptoir derrière lequel le chef et son équipe s'activent en cuisine. Ça donne envie ! Cet ancien de chez Guy Savoy et Alain Dutournier a quitté le monde des gastros pour créer ce lieu où une vraie terrine à l'ancienne fait patienter avant le plat. Pas mal de costumes-cravates le midi, qui cèdent la place aux amoureux en soirée.

De chic à plus chic

A Noste (plan B1, **34**) : *6 bis, rue du Quatre-Septembre, 75002. ☎ 01-47-03-91-91. Ⓜ Bourse ou Opéra. Tlj 12h-23h (22h dim). Tapas 6-25 €.* Bienvenue « chez nous » *(a noste)* ! Le nom traduit bien la convivialité des lieux. À commencer par la carte, constituée de généreuses tapas landaises à partager (ou pas !) entre amis sur de hautes tables d'hôtes en bois. On pioche parmi charcutailles (de chez Ospital, le charcutier vedette du Pays basque), nems de canard, chipirons frits servis dans un sabot des Landes ou *fish & chips,* qui assurent tout autant.

Racines (plan C1, **35**) : *8, passage des Panoramas, 75002. ☎ 01-40-13-06-41. Ⓜ Grands-Boulevards. Lun-ven 12h15-14h, 19h30-22h. Fermé w-e. Congés : 3 sem en août et 1 sem à Noël. Résa conseillée. Carte 45-60 €.* Ne pas se fier à l'enseigne « Marchand de vin », c'est bien d'un bistrot dont il s'agit. Le chef sarde, Simone Tondo, a investi les 4 m² de la cuisine de ce bistrot de poche. Il mixe traditions sarde et française, avec des produits de saison de 1re qualité. La carte est courte, la cuisine spontanée et pleine de goût. Pensez à réserver, c'est très petit !

Aux Crus de Bourgogne (plan C2, **36**) : *3, rue Bachaumont, 75002. ☎ 01-42-33-48-24. Ⓜ Sentier ou Étienne-Marcel. Lun-sam midi et soir. Fermé dim. Congés : 25 déc-1er janv. Formule déj en sem 25 € ; carte 45-50 €. Apéritif maison offert sur présentation de ce guide.* Cette brasserie historique a changé de mains, sans changer de décor : le temps s'est arrêté, et les banquettes de Skaï vert sont restées, tout comme les miroirs et les tables nappées. On pourrait presque s'attendre à voir André Malraux, qui y avait ses habitudes, pousser la porte ! Dans l'assiette aussi, la tradition est préservée, avec les œufs en meurette ou les bouchées feuilletées aux ris de veau, puis ce coq au vin... Et, s'il reste un peu de place, on terminera en beauté avec cette omelette norvégienne flambée. Le tout servi généreusement. Rien que du traditionnel, et on y vient aussi pour ça. Aux beaux jours, la terrasse sur la rue piétonne fait des envieux.

Edgar (plan D1, **37**) : *31, rue d'Alexandrie, 75002. ☎ 01-40-41-05-69. Ⓜ Sentier ou Strasbourg-Saint-Denis. Lun-sam midi et soir, plus dim midi ; sam-dim brunch 12h-15h. Fermé 23-26 déc, 30 déc-1er janv et le* *midi 4-18 août. Carte env 40 € ; brunch 28 €. Cocktails 10-14 €.* Un bar à cocktails avec une belle et paisible terrasse déployée sur la placette, un intérieur stylé sixties scandinave, cosy le soir, et une formule maligne, tendance et percutante : des entrées et plats à partager, ainsi que de savoureuses suggestions tournées vers la mer. Bon et frais. Pour changer, on peut aussi traverser la place et s'offrir une pizza à pâte fine (qui a levé pendant 3 jours !) au *Baretto,* l'autre enseigne de la maison.

Vivre Opéra Garnier *(plan A-B1,* ***40****) : 3, rue de la Michodière, 75002. ☎ 01-58-22-89-90. Ⓜ Quatre-Septembre, Opéra ou Pyramide. Lun-ven midi et soir. Fermé w-e. Congés : 3 premières sem d'août et fêtes de fin d'année. Résa conseillée. Formules déj en sem 25-32 € ; menu dégustation 66 €.* Vivre ? Prenons le temps, en effet, de goûter, de savourer, car ici tout est bon. La cuisine, moderne et soignée, est élaborée avec des ingrédients de petits producteurs (et amis) triés sur le volet. Délicieux ! Quant au vin, il est sélectionné avec précision et conseillé avec passion. Alors on se détend, et on profite d'un beau moment dans un cadre chaleureux, dans la petite salle du rez-de-chaussée ou dans la jolie cave prolongée par un salon cosy, avec des bouquins.

Aux Lyonnais *(plan B1,* ***19****) : 32, rue Saint-Marc, 75002. ☎ 01-42-96-65-04. Ⓜ Bourse, Quatre-Septembre ou Richelieu-Drouot. Mar-ven midi et soir, plus sam soir. Fermé dim-lun. Congés : août et 1 sem à Noël. Résa indispensable. Le midi, formule 24 € et menu 29 € ; le soir, menu 35 € ; carte env 50 €.* Un bouchon historique traditionnel plus que centenaire (cadre rétro superbe), tenu par un proche d'Alain Ducasse. La carte reprend les grands classiques lyonnais tels que ravioles, rognons et quenelles. Les produits sont frais. Dommage que les vins alourdissent tant l'addition !

2e

Bar à vins

Pépère Jean *(plan C2,* ***39****) : 3, rue Paul-Lelong, 75002. ☎ 01-40-26-12-36. Ⓜ Sentier ou Bourse. Mar-sam 18h-1h (plus le midi sur résa seulement). Fermé dim-lun. Congés : 2 sem en août. Vins au verre 5-9 € ; assiettes et planches 7-17 €.* On est à 2 pas de la Bourse et de la très fashion place des Victoires, et *Pépère,* lui, reste arc-bouté sur ses assiettes de terroir (terrine de campagne, filet de cochon-mayo, planche de charcutaille) à accompagner d'une petite pépite dénichée parmi les nombreuses références de vins de la maison, et sur ses tarifs sans dérives. Très convivial ! *NOUVEAUTÉ.*

Où boire un verre ?

La Jaja *(plan C2,* ***45****) : 56, rue d'Argout, 75002. ☎ 09-52-12-41-01. Ⓜ Sentier. Mar-sam 17h-2h. Fermé dim-lun.* Ce microbar ressemble à un joyau dans son écrin. Entre moulures dorées rococo, fresque baroque au plafond et imposants miroirs, l'esprit de Serge Gainsbourg rôde, sous des notes électro-rock ! Les trentenaires décontract' et branchés se pressent au comptoir circulaire à l'heure de l'apéro et débordent joyeusement sur la terrasse et la rue piétonne.

Hero *(plan D1,* ***46****) : 289, rue Saint-Denis, 75002. ☎ 01-42-33-38-01. Ⓜ Strasbourg-Saint-Denis. Tlj midi et soir. Fermé 24-25 déc et 31 déc-1er janv. Cocktails 11-13 €. Food 3-18 € ; formules déj 13-16 € ; carte env 20 €. Tt verre doit être accompagné d'une commande de nourriture (licence).* Ici voisinent sans tapage *street food* et cocktails exotiques, inspirés par les saveurs du pays du Matin calme : la Corée. Vous aurez ainsi le plaisir de goûter au *yangnyeom,* une spécialité de poulet grillé, à accompagner d'un subtil breuvage au *makgeolli* ou au *soju* (alcools de riz). Ces merveilles peuvent se déguster au comptoir du rez-de-chaussée avec les sympathiques mixologistes, comme dans la salle sobre à l'étage, organisée autour d'un évier central pour se rincer les mains. Une curiosité !

Uma Nota (plan D2, **61**) : 86, rue Réaumur, 75002. ☎ 01-42-33-07-71. Ⓜ Réaumur-Sébastopol. ♿ Mar-sam 18h30-1h. Fermé dim-lun. Caïpirinha 11 €, cocktail 13 €. Tapas 6-10 €, plat env 15 €. Ce joli bar-resto festif, installé dans un immeuble du XIXe s, jette un pont entre Brésil et Japon. En entrant, on est happé par les couleurs de l'escalier couvert de mosaïques, hommage réussi à Rio de Janeiro. Pour siroter, on choisit parmi une flopée de caïpirinhas ou de suaves cocktails, préparés à base de cachaça, saké ou whisky japonais ; pour grignoter, tapas et petits plats malins, entre *pasteis de carne*, yakitori ou ceviches bien relevés. Dépaysant !

Lockwood (plan C1-2, **47**) : 73, rue d'Aboukir, 75002. ☎ 01-77-32-97-21. Ⓜ Sentier. ♿ Mar-sam 18h-2h, brunch sam-dim 10h-16h. Fermé lun. Cocktails 11-14 €. Le *Lockwood*, c'est l'exemple parfait de la reconversion progressive du quartier du Sentier, voué autrefois à la confection. Dans cette belle adresse, on fête l'*aperitivo* comme à Turin à la sortie des bureaux (buffet offert à 18h). Mais le clou du spectacle intervient à partir de 19h30, au sous-sol : dans un réseau de magnifiques caves voûtées, on déguste des cocktails inventifs et suaves, sur fond de jazz lascif ou de folk illuminé. Plats à partager et brunch le week-end.

Mabel (plan C2, **48**) : 58, rue d'Aboukir, 75002. 📱 06-70-94-06-21. Ⓜ Sentier. Mar-sam 18h-1h (2h ven-sam). Fermé dim-lun. Cocktails 9-14 €. Grilled cheese 8 €. Ce bar relax et cosy concocte de fameux cocktails : les adeptes piocheront dans une carte bien fournie. Sympa aussi pour déguster des huîtres normandes ou bretonnes, à accompagner d'un verre de saké, sur les conseils du maître des lieux.

Harry's Bar (plan A1, **50**) : 5, rue Daunou, 75002. ☎ 01-42-61-71-14. Ⓜ Opéra. Lun-sam 12h-2h, dim 16h-1h. Cocktails à partir de 14 €. C'est le QG des Américains à Paris depuis 1911, et des célébrités comme Hemingway y avaient leurs habitudes. Le bar est également devenu célèbre pour l'organisation de ses votes fictifs la veille de l'élection présidentielle aux États-Unis. Il s'est rarement trompé depuis 1924... mais n'avait pas vu venir Trump ! Dans un décor de moleskine rouge et de boiseries, la clientèle, plutôt sage en début de soirée, tombe la veste au fil des heures et des verres... grâce à un choix de boissons vertigineux : plus de 500 cocktails (le fameux bloody mary a été créé ici !) et près de 300 whiskies. Idéal aussi pour finir la nuit, d'autant qu'il y a un super piano-bar planqué au sous-sol.

Danico (plan B2, **28**) : 6, rue Vivienne, 75002. Ⓜ Bourse ou Pyramides. ♿ Accès via le resto Daroco. Tlj 18h-2h. Cocktails 14-20 €. Intimiste et convivial, c'est le bar chic et hype du fameux resto *Daroco*. Les amateurs de cocktails s'y régalent de créations originales préparées avec dextérité. Décor classieux, transcendé par la vue sur la superbe galerie Vivienne.

Dédé la Frite (plan C1, **54**) : 135, rue Montmartre, 75002. ☎ 01-40-41-99-90. Ⓜ Grands-Boulevards ou Bourse. Lun-ven 8h-2h, sam 9h-2h, dim 9h-minuit. Snacks 4-15 €. Un repaire sûr du quartier des Grands Boulevards qui a ses adeptes et ses convertis. Bières, vins et snacks sont servis généreusement (très bonnes frites, Dédé !), en terrasse (sur 2 rues différentes), dans la grande salle colorée et datée façon bistrot parigot ou dans la salle à l'étage. Idéal pour l'apéro ou avant de sortir dans les clubs du quartier. Ambiance très relax.

Avek (plan D2, **55**) : 21, rue Saint-Sauveur, 75002. 📱 06-60-27-10-90. Ⓜ Sentier. Lun-sam 18h-2h. Happy hours jusqu'à 21h. Fermé dim. Cocktails 8-12 €. Dans une ruelle calme du très animé quartier Montorgueil, une excellente adresse pour un bon cocktail, en début comme en fin de soirée. Les poutres apparentes et la lumière douce invitent aux confidences quand la foule n'assaillit pas le comptoir. Attention, ce bar très prisé pourrait rapidement devenir votre QG !

Experimental Cocktail Club (plan D2, **56**) : 37, rue Saint-Sauveur, 75002. Ⓜ Sentier ou Réaumur-Sébastopol. Tlj le soir seulement, jusqu'à 2h (4h *ven-sam). Cocktails à partir de 13 €.* Derrière un lourd rideau de velours, on pénètre dans ce « laboratoire » soyeux et raffiné, tout en poutres et pierres apparentes. On y distille d'excellents cocktails à la manière de scientifiques. La carte suit les saisons et change donc très souvent. Une raison de plus pour revenir.

🍸 ***Jacques'*** *(plan C1,* ***57****) : 30-32, rue du Sentier, 75002. ☎ 01-85-65-75-75. Ⓜ Grands-Boulevards. Au fond de la cour, au 1er étage. Tlj 18h-1h (2h ven-sam). Cocktails 13-17 €.* L'hôtel *The Hoxton,* débarqué du Londres le plus branché, possède plusieurs bars recommandables. Vaste lounge dans le *lobby,* qui déborde dans le patio quand il fait beau, mais aussi un long comptoir installé au fond du resto (bruyant) et un bar à vins plus cosy. Notre préféré, c'est toutefois le *Jacques',* un bar à cocktails intime, caché en haut d'un majestueux escalier. La déco est fleurie, inspirée par Jacques Majorelle et sa villa marrakchie. Côté breuvages, belle carte tout en subtilité, qui change avec les saisons et l'humeur des accueillants barmen.

🍸 ***Les Cariatides*** *(plan D2,* ***59****) : 3, rue de Palestro, 75002. ☎ 01-42-36-19-72. Ⓜ Étienne-Marcel. Lun-sam 18h-4h (5h ven-sam). Happy hours 18h-minuit. Fermé dim. Cocktails 7-15 €.* Un petit bar atypique. On s'y sent vite à l'étroit, mais l'équipe assure une convivialité bon enfant. Bons cocktails et rhums arrangés. Priorité ici aux one-man-show et aux spectacles en tout genre (concerts acoustiques, expositions...), dans la petite salle voûtée au sous-sol.

🍸 ♪ ***Le Truskel*** *(plan C1,* ***60****) : 12, rue Feydeau, 75002. ☎ 01-40-26-59-97. Ⓜ Bourse ou Grands-Boulevards. ♿ Mar-sam 18h-5h. Fermé dim-lun. Consos 3-8 €.* C'est une adresse hybride entre le pub, la petite salle de concerts à tendance folk et le mini-*dancefloor* au pied levé. Les enfants du rock et de la pop-rock de tous âges, en majorité des 20-35 ans, se retrouvent pour y écouter live et DJs, sauf lorsqu'il s'agit de commenter les retransmissions sportives !

🍸 🍽 ***Breizh Café*** *(plan C2,* ***24****) : 14, rue des Petits-Carreaux, 75002. ☎ 01-42-33-97-78. Ⓜ Sentier. Mer-sam 11h-minuit, dim 10h-23h. Fermé lun-mar. Cave à cidres ouv le soir seulement et fermée 3 sem en août. Résa préférable.* Voir précédemment la rubrique « Où manger ? ». Pour leur cave à cidres.

2e

3e ARRONDISSEMENT

• Plan *p. 36-37*

Délimité à l'ouest par le boulevard de Sébastopol et à l'est par le boulevard du Temple, le 3e est l'arrondissement parfait pour un *road trip* culinaire. Auvergnats, bretons, basques, provençaux, les restos du coin mettent à l'honneur les bons plats de nos régions. Et pour qui voudrait voyager plus loin, le marché des Enfants-Rouges offre une belle palette de cuisines du monde (japonais, italien, marocain, etc.). On peut s'installer au coude-à-coude sur les grandes tablées ou, mieux, déguster son casse-croûte dans le square du Temple, juste à côté, aux beaux jours. Le quartier attire les foules le dimanche (les commerces y sont ouverts), alors laissez-vous tenter par un bon brunch, avant d'entamer une balade digestive dans les rues animées. Pour boire un verre, la rue Vieille-du-Temple et le Carreau du Temple remportent les suffrages des habitués et des jeunes branchés : suivez le mouvement !

Où manger ?

Sur le pouce

|●| ***Les stands du marché des Enfants-Rouges*** *(plan B2,* ***2****) : 39, rue de Bretagne, 75003.* Ⓜ *Filles-du-Calvaire. Mar-dim 8h30-19h (14h dim ; jusqu'à 23h en été). Fermé lun. Plats ou formules du jour env 13-16 €.* C'est la cantine préférée des amoureux du quartier, qui viennent avant le service humer les parfums se dégageant des différents stands pour voir ce qui se prépare de bon. Sous la grande halle du marché couvert, l'un des plus vieux de Paris, vous avez le choix des régions et des nationalités. Les cantines sont installées dans des sortes de grands box en métal cylindrique. Juste quelques tables par-ci par-là, mais surtout des comptoirs où s'accouder en bonne compagnie. Vous êtes plus Japon que burger, végétarien que libanais, italien qu'antillais ? Explorez !

|●| ***Taeko*** *(plan B2,* ***1****) : 39, rue de Bretagne, 75003. ☎ 01-48-04-34-59.* Ⓜ *Filles-du-Calvaire. Mar-dim 11h30-18h (17h sam, 16h dim). Fermé lun. Plats 14-16 €.* Cantine japonaise installée sous la grande halle du marché des Enfants-Rouges. Bentos savoureux à prix sages garnis d'ingrédients crus ou cuits, dans lesquels on plonge les baguettes avec délice. Service rapide et attentionné, comme à Tokyo.

|●| ***Le Ruisseau Burger Joint*** *(plan A2,* ***4****) : 22, rue Rambuteau, 75003. ☎ 01-43-70-02-21.* Ⓜ *Rambuteau. Tlj 12h-22h30. Congés : 1 sem mi-août, soir du 24 déc et 25 déc. Formule 14 € ; burger 11 €.* La viande est limousine, le pain est maison, et les frites sont préparées en 2 cuissons, comme il se doit. N'en jetez plus ! Ici, le burger n'est pas un pis-aller mais une préparation soignée dont les associations gourmandes permettent de se régaler à moindre coût, et sans y passer la moitié de la journée. En même temps, la microsalle façon couloir de bois n'est pas désagréable, mais elle n'incite pas non plus à prolonger les agapes. Accueil jeune et très sympa.

|●| ***Pontochoux*** *(plan C2,* ***3****) : 18, rue du Pont-aux-Choux, 75003. ☎ 09-86-70-77-00.* Ⓜ *Filles-du-Calvaire. Mar-dim 11h30-19h30. Fermé lun. Plats 12,50-16 €.* Taeko, du resto du même nom du marché des Enfants-Rouges, élargit notre conception de la cuisine japonaise avec le curry. Servi après avoir mijoté pendant des heures, il est accompagné de viande (poulet frit, porc pané, bœuf – voire en version végétarienne), de petits légumes (radis noirs, chou vert, jeunes pousses...) et de riz. Délicieux ! Accueil sympa, mais attendez-vous à patienter en période d'affluence (l'échoppe se résume à 8 places et quelques tabourets sur le trottoir !). Sinon, reste l'alternative à emporter *(jusqu'à 19h30 mar-sam, 18h dim).*

Gramme *(plan B2,* ***5****) : 84, rue des Archives, 75003. Pas de tél.* Ⓜ *Rambuteau. Mar-ven 9h-15h, sam-dim 10h-16h. Fermé lun. Plats 6,50-13 €.* Un *coffee shop* de poche qui propose une cuisine à emporter ou à consommer sur place dans la minisalle. De ses origines polonaises, la cheffe décline de délicieuses versions revisitées du traditionnel *placki,* une galette de pommes de terre et céleri accompagnée d'un œuf au plat, de bacon, de chou kale, d'herbes et de crème, ou encore la brioche *hokkaïdo,* un sandwich réalisé avec un bun brioché. En dessert, une batterie de gâteaux *home made* qui changent tous les jours. Le côté épicerie permet de trouver quelques bons produits. Équipe jeune et sympa. *NOUVEAUTÉ.*

Sâj *(plan A2,* ***6****) : 51, rue de Montmorency, 75003. ☎ 01-45-66-77-75.* Ⓜ *Rambuteau. Tlj midi et soir (en continu sam-dim). Mezze-galettes 5-12,50 € ; formule déj 13 €.* Le chef étoilé de *Qasti,* Alan Geaam, propose dans ce comptoir de vente à emporter ses galettes levantines, élément phare de la *street food* libanaise, à quelques pas seulement de son bistrot gastronomique. Garnies de houmous, de kefta ou de labneh, elles sont délicieuses. On les cuit sur une tôle bombée chauffante, le *sâj,* d'où le nom. Les *mezze,* accompagnés de pain libanais, ne sont pas en reste. En dessert, on se régale des verrines réalisées par Julien Noray, chef pâtissier du *Qasti. NOUVEAUTÉ.*

Neighbours *(plan C3,* ***7****) : 89, bd Beaumarchais, 75003. 📱 07-67-99-99-91.* Ⓜ *Saint-Sébastien-Froissart ou Chemin-Vert. Lun-ven 8h30-16h, sam-dim 9h-17h. Plats env 10-11 €.* Discret mais stratégiquement situé, ce petit local pimpant au mobilier rétro est une bonne halte à toute heure. Le matin, *granola* ou *banana bread* permettent de commencer la journée en fanfare, tandis qu'au déjeuner *crumpets* garnis et autres plats brunch sans frontière (les propriétaires sont australiens) font mieux que caler un petit creux. Quant au café, spécialité de *Neighbours,* il est toujours au top. Et si l'inspiration survient pendant la dégustation, il y a quelques crayons pour pondre un dessin qu'on ira punaiser aux toilettes !

Kitchen *(plan A2,* ***8****) : 74, rue des Gravilliers, 75003. ☎ 09-52-55-11-66.* Ⓜ *Arts-et-Métiers. Lun-ven 8h-15h, sam-dim 8h-16h. Congés : Noël-lun suivant le Jour de l'an. Compter env 15 € ; plats 6-14 €, sandwichs 4,50-12,50 €, pancake 9,50 €.* Un bastion new-yorkais grand comme un mouchoir de poche. Bon plan pour le petit déj : muesli, cookies, pancakes, *açai bowls,* muffins et autres douceurs *gluten free* et véganes. À moins que tout ça ne fasse office de dessert... Pour le déjeuner, *veggie stew* (riz complet, légumes, graines germées et sauce du jour), *pimped toast veggie* (avocat, houmous, feta et œuf), bagels, soupes, salades... À déguster sur de grandes tables dans une ambiance relax. Très bon, bio et bobo en diable !

Les Épiciers du Mazenais *(plan A2,* ***9****) : 33, rue de Montmorency, 75003. ☎ 09-50-50-20-67.* Ⓜ *Rambuteau. Lun-sam midi et soir. Fermé dim. Planches, sandwichs et salades 6-10 € ; formules 8,50-12,50 €.* Les 2 compères ont quitté la finance pour ouvrir cette épicerie-restaurant. Ils ont déniché dans toute la France ce que les petits producteurs locaux avaient de meilleur, que l'on retrouve maintenant sur leurs étals. Propositions généreuses (blanquette, risotto, saucisson brioché...) à emporter ou à grignoter sur les quelques tables au déjeuner. Le soir, c'est plutôt autour d'une planche de charcuterie ou de fromage, accompagnée d'un bon verre de vin. *NOUVEAUTÉ.*

Oultma *(plan C2,* ***13****) : 18, rue du Pont-aux-Choux, 75003. 📱 06-52-21-10-24.* Ⓜ *Rambuteau. Mar-dim 11h-17h. Fermé lun. Plats 10-15 €.* Un petit tour du côté d'Essaouira

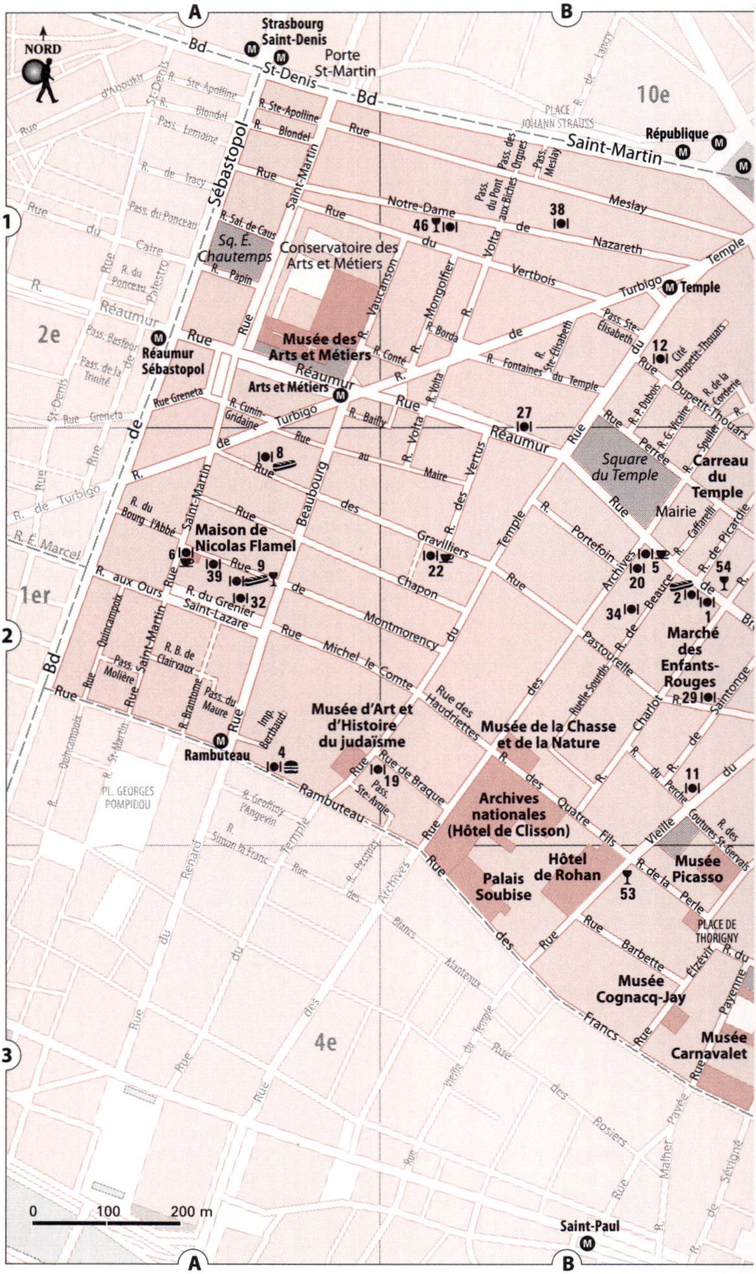
A
B
NORD
Strasbourg Saint-Denis
Porte St-Martin
Bd St-Denis
Bd Saint-Martin
10e
PLACE JOHANN STRAUSS
République
R. Ste-Apolline
R. Blondel
Pass. Lemoine
R. de Tracy
Pass. du Ponceau
Rue du Caire
R. du Ponceau
R. Palestro
Sébastopol
Rue Saint-Martin
Rue Notre-Dame de Nazareth
Rue Meslay
Pass. des Orgues
Pass. Meslay
Pass. du Pont aux Biches
R. Sal. de Caus
Sq. E. Chautemps
R. Papin
Conservatoire des Arts et Métiers
Musée des Arts et Métiers
R. Vaucanson
R. Conté
R. Borda
R. Montgolfier
Rue du Vertbois
Rue Volta
Turbigo
Temple
Rue Réaumur
Réaumur Sébastopol
Arts et Métiers
2e
Pass. Basfour
Pass. de la Trinité
Rue Greneta
R. Cunin-Gridaine
R. Bailly
R. Volta
Rue au Maire
Rue des Vertus
R. Fontaines du Temple
R. Ste-Élisabeth
Pass. Ste-Élisabeth
Cité Dupetit-Thouars
Rue Dupetit-Thouars
R. de la Corderie
R. P. Dubois
R. G. Vicaire
R. Spuller
Rue Perrée
Square du Temple
Carreau du Temple
Mairie
R. Caffarelli
R. de Picardie
R. de Bretagne
Rue Beaubourg
Rue des Gravilliers
Rue Chapon
Rue de Montmorency
Rue Michel le Comte
R. du Bourg l'Abbé
R. de Turbigo
R. E. Marcel
Maison de Nicolas Flamel
R. aux Ours
R. du Grenier Saint-Lazare
Rue Quincampoix
Pass. Molière
R. B. de Clairvaux
R. Brantôme
Pass. du Maure
Imp. Berthaud
Rue Rambuteau
Rambuteau
PL. GEORGES POMPIDOU
R. Geoffroy l'Angevin
R. Simon le Franc
Musée d'Art et d'Histoire du judaïsme
Rue des Haudriettes
Rue de Braque
Pass. Ste-Avoie
Musée de la Chasse et de la Nature
Archives nationales (Hôtel de Clisson)
Rue des Quatre Fils
Rue Vieille du Temple
Rue de Portefoin
Rue des Archives
Rue de Beauce
Rue Pastourelle
Ruelle Sourdis
Rue Charlot
Marché des Enfants-Rouges
Rue de Saintonge
R. du Perche
Coutures St-Gervais
Musée Picasso
R. de la Perle
Hôtel de Rohan
Palais Soubise
PLACE DE THORIGNY
Rue Barbette
R. Elzévir
R. du Payenne
Musée Cognacq-Jay
Musée Carnavalet
Rue des Francs Bourgeois
Rue des Blancs Manteaux
Rue du Renard
1er
4e
Rue des Rosiers
Rue Malher
Rue Pavée
R. de Sévigné
Saint-Paul
1
2
3
0
100
200 m
46
38
12
27
8
6
39
9
32
22
5
20
54
34
2
1
29
4
19
11
53

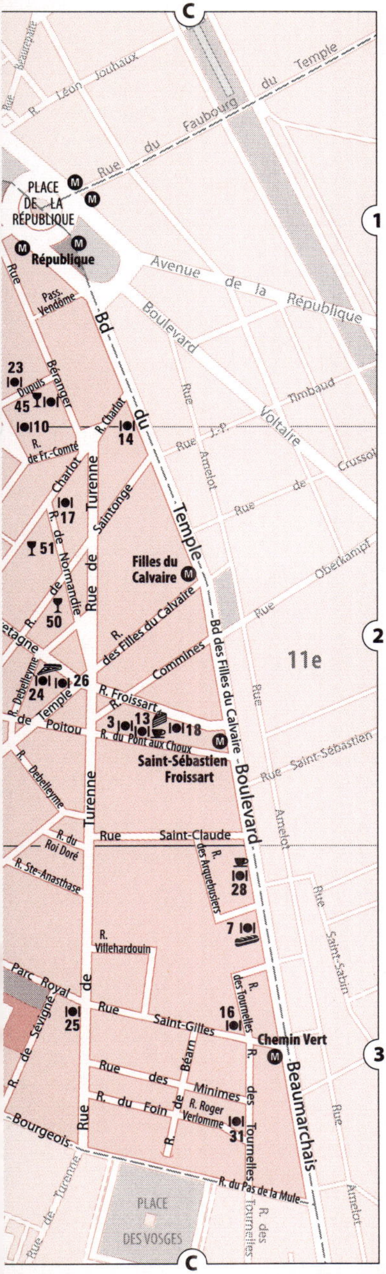

Où manger ?

1 Taeko (B2)
2 Les stands du marché des Enfants-Rouges (B2)
3 Pontochoux (C2)
4 Le Ruisseau Burger Joint (A2)
5 Gramme (B2)
6 Sâj (A2)
7 Neighbours (C3)
8 Kitchen (A2)
9 Les Épiciers du Mazenais (A2)
10 Gigi (C1-2)
11 Breizh Café (B2)
12 Máncora Cebicheria (B1)
13 Oultma (C2)
14 Goku Asian Canteen (C1-2)
16 Les Caves Saint-Gilles (C3)
17 La Briciola (C2)
18 Malro (C2)
19 Le Reflet Paris (A-B2)
20 Onii-San (B2)
22 Café Ineko (B2)
23 L'Aller-Retour (C1)
24 BigLove Caffè (C2)
25 Le Café des Musées (C3)
26 Le Progrès (C2)
27 Supernova (B1-2)
28 La Maison Plisson (C3)
29 Chez Nénesse (B2)
31 Chez Janou (C3)
32 L'Ambassade d'Auvergne (A2)
34 Les Enfants Rouges (B2)
38 Elmer (B1)
39 Auberge Nicolas Flamel (A2)

Bars à vins

45 Le Barav (C1)
46 NordMarais (B1)

Où boire un verre ?

50 Taquería Candelaria (C2)
51 Little Red Door (C2)
53 La Perle (B3)
54 Café Charlot (B2)

pour déguster les bons petits plats et pâtisseries de Malika et de sa sœur. Ou tout simplement une bonne boisson chaude accompagnée de tapas marocaines sucrées-salées. Minisalle à la marocaine, petites tables rondes et basses, tabourets ou banquettes. Service accueillant, comme là-bas. *NOUVEAUTÉ.*

De très bon marché à bon marché

|●| ⛱ ***Gigi*** (plan C1-2, **10**) : *4, rue de la Corderie, 75003. 📱 07-83-58-75-30. Ⓜ République ou Temple. Mer-ven 12h-15h, sam-dim 12h-18h. Fermé lun-mar. Congés : 2 sem en août. Formule déj en sem 13,50 € ; carte env 20 €.* Le nom fait référence à la crêperie *Gigi* dans *Les bronzés font du ski* ! Devanture toute blanche, terrasse avec tables communes et chauffage. À l'intérieur, on peut manger en tête à tête mais l'ambiance reste tout aussi chaleureuse, jeune et relax. À l'apéro, on se régale d'un assortiment de minicrêpes en bouchées. Puis on poursuit avec les délicieuses galettes, classiques ou aux préparations plus élaborées. Les crêpes dessert ne sont pas en reste ! Belle sélection de cidres d'artisans et de vins nature.

|●| ***Breizh Café*** (plan B2, **11**) : *109, rue Vieille-du-Temple, 75003. ☎ 01-42-72-13-77. Ⓜ Filles-du-Calvaire, Saint-Sébastien-Froissart ou Saint-Paul. Tlj 10h-23h. Résa conseillée. Galettes env 10,50-16,50 €, crêpes env 6-12 €.* Une crêperie célèbre, où les gourmands investissent en masse la salle au cadre sobre et tendance pour se régaler de galettes top niveau. Ici, le beurre est griffé Bordier, les charcuteries sont artisanales, la farine est bio (ainsi que les ingrédients quand c'est possible), et les cidres fermiers sont triés sur le volet (comme le très fameux Bordelet). Suggestions à l'ardoise qui sortent des crêpières battues. On comprend le succès. On peut faire un petit tour en sortant à l'épicerie de Bretagne (même maison) pour rapporter quelques produits.

|●| ⛱ ***Máncora Cebicheria*** (plan B1, **12**) : *16, rue Dupetit-Thouars, 75003. ☎ 01-43-48-47-65. Ⓜ Temple. Tlj midi et soir. Congés : 23 déc-5 janv. Attention, pas de résa. Formules déj en sem 16-22 € ; ceviches 12-16 € ; carte env 30 €.* Ce petit restaurant péruvien flanqué d'une conviviale terrasse fait voyager : ambiance hispanique chaleureuse, musique de fond et banquettes colorées. Un service vivant pour vous guider dans la carte, réduite oui, mais synonyme de fraîcheur. Si les ceviches sont à l'honneur, *anticuchos* et *causas* sont aussi proposés sous forme de tapas à partager ou en accompagnement. Cuisine copieuse et fine.

|●| ⛱ ***Goku Asian Canteen*** (plan C1-2, **14**) : *27, bd du Temple, 75003. ☎ 01-56-58-08-53. Ⓜ République. ♿ Tlj midi et soir. Congés : 1er janv et 2 sem en août. Plats env 14-20 € ; carte env 25 € ; burger à emporter 10 €.* C'est l'histoire de 2 potes, l'un d'origine asiatique, l'autre pas, fous de ce que l'Asie du Sud-Est propose à sa table. Ils se sont mis en tête de reproduire, avec succès, les morceaux choisis de l'art culinaire de toute la région, sans se cantonner à un pays. On navigue entre nems, bo bun, burgers américano-japonais au pain noir, viandes marinées et grillées à la thaïe, yakitoris, poulet à la coréenne... La carte s'envole d'un pays à l'autre avec allégresse, et l'atterrissage des papilles se fait en douceur. Le pancake thaï conclut avec délice cette escapade orientale dans ce petit resto jeune et relax au cadre sobre.

|●| ***Les Caves Saint-Gilles*** (plan C3, **16**) : *4, rue Saint-Gilles, 75003. ☎ 01-48-87-22-62. Ⓜ Chemin-Vert. Tlj 8h-2h. Formules déj 16-20 € ; tapas env 5-12 €, plats 22-24 €.* Une bodega espagnole en bordure du Marais avec déco typique d'affiches de corrida et murs d'azulejos. Tapas chaudes et froides à toute heure, charcuterie ibérique, poissons, calamar, seiches *a la plancha,* et paella le week-end. Vins de Catalogne, de Navarre et de Galice. Un classique dans sa catégorie.

|●| ***La Briciola*** (plan C2, **17**) : *64, rue Charlot, 75003. ☎ 01-42-77-34-10. Ⓜ Filles-du-Calvaire ou République. Lun-sam midi et soir. Fermé dim. Congés : 2 sem mi-août et 1 sem pdt les fêtes de fin d'année. Plats 10-15 € ;*

carte env 25 €. Digestif maison offert sur présentation de ce guide. Une adresse discrète, où les habitués venus en voisins investissent les tables en formica bien agencées. Côté cuisine, c'est du bon et de l'authentique, avec quelques *antipasti* en entrée, suivis d'un choix de pizzas garnies de produits bien frais ou de bons petits plats italiens. Vins de toute l'Italie et bon *vino della casa.*

Prix moyens

|●| ⛱ ***Le Reflet Paris*** *(plan A-B2,* ***19****) : 11, rue de Braque, 75003. ☎ 01-42-71-35-97. Ⓜ Rambuteau. Mar-ven 9h30-14h, plus le soir jeu-ven. Fermé sam-lun. Formules déj 17-20 € ; le soir, menus 28-32 €. Café offert le midi et apéritif maison offert le soir sur présentation de ce guide.* Un restaurant « extraordinaire » (sic), qui prolonge une belle aventure débutée à Nantes. Un lieu attendrissant où le service est assuré par une majorité de personnes atteintes de trisomie 21. On aimerait être accueillis dans tous les restaurants de la capitale avec autant de sourires, d'application et de professionnalisme ! Le cadre, au design nordique, est cosy et chaleureux, et la cuisine, maison et de saison, on ne peut plus savoureuse, traditionnelle, avec quelques touches exotiques. Cette jolie cantine de quartier fait souvent le plein, il est prudent de réserver.

|●| ☕ ⛱ ***Café Ineko*** *(plan B2,* ***22****) : 13, rue des Gravilliers, 75003. ☎ 09-67-87-23-10. Ⓜ Arts-et-Métiers. Mar-ven 9h-16h, sam 10h-16h (déj servi 12h-15h). Fermé dim-lun. Plats 19-24 €.* Paisible, lumineux et joliment champêtre, le *Café Ineko* est une enclave de sérénité au cœur d'une rue animée. Dans ces conditions, difficile de ne pas se sentir à l'aise sur la terrasse de poche (couverte), sous la verrière, ou à la table d'hôtes, d'autant que l'accueil est aussi efficace que souriant. Reste à piocher sur l'ardoise archi-courte parmi des plats de saison frais et soignés, qui ne font pas dans l'esbroufe mais traduisent le respect d'ingrédients top niveau. Tout est délicieux, de même que les desserts bien gourmands au goût de revenez-y ! C'est d'ailleurs ce que l'on fera pour le goûter.

|●| ***Malro*** *(plan C2,* ***18****) : 7, rue Froissart, 75003. ☎ 01-42-77-38-47. Ⓜ Saint-Sébastien-Froissart. Tlj midi et soir (service en continu le w-e). Plats 19-26 €.* Si tous les participants de *Top Chef* étaient du niveau de Denny Imbroisi, on ne saurait plus où donner de la fourchette ! Passé le côté branché-un peu bruyant-hall de gare le soir (bien plus tranquille à midi), on découvre avec bonheur une cuisine méditerranéenne au sens large, offrant de belles envolées gustatives. L'Italie est là (pizzas et *pasta* délicieuses et à prix doux), mais le reste de la grande bleue est bien présent avec par exemple une *chakchouka* du tonnerre et un houmous à lécher le plat. 2 autres points forts, rares dans les lieux mode : tout est servi avec générosité et sourire.

|●| ***L'Aller-Retour*** *(plan C1,* ***23****) : 5, rue Charles-François-Dupuis, 75003. ☎ 01-42-78-01-21. Ⓜ République ou Temple. Lun-sam midi et soir, plus dim midi. Fermé 23-25 déc et 31 déc-1er janv. Formule déj 13,90 € ; plats 14,50-24 € ; carte env 30 €.* Une petite adresse qui dépote dans la bonne humeur le midi, plus cosy le soir avec ses lumières douces et son fond de musique jazzy. Attention, végétariens, passez votre chemin car, ici, c'est un repaire de viandards ! La bidoche, sélectionnée et travaillée avec soin, est servie, si on le désire, avec de vraies frites maison. Et un bon choix de vins. On s'est régalés !

|●| 🍕 ***BigLove Caffè*** *(plan C2,* ***24****) : 30, rue Debelleyme, 75003. ☎ 01-44-78-08-97. Ⓜ Filles-du-Calvaire ou Saint-Sébastien-Froissart. Tlj midi et soir. Pas de résa. Plats 14-19 €.* Incroyable file d'attente qui s'allonge avant même l'ouverture. On devine que ce *caffè* archi-branché ne fait pas les choses à moitié. Il fleure bon le (ré)confort et la convivialité, et nous transporte quelque part, à mi-chemin entre trattoria napolitaine et épicerie d'un autre temps, grâce à un savant amoncellement de sachets d'épices, pots de légumes secs, conserves qui grimpent le long des murs et jambons de Parme en suspension. C'est beau

mais c'est bon aussi, qu'il s'agisse des pâtes ou des belles pizzas sans gluten, pour suivre la tendance du moment. Jolie sélection de cafés torréfiés sur place dans une superbe machine Belle Époque. Service sympa.

Supernova *(plan B1-2,* ***27****)* **:** *12, rue Réaumur, 75003. ☎ 01-40-09-03-01. Ⓜ Arts-et-Métiers, République ou Temple. Mar-sam midi et soir. Fermé dim-lun. Carte env 30 €.* Reconversion professionnelle réussie pour ce jeune patron qui s'est lancé dans l'aventure culinaire ! En souvenir des recettes de sa *nonna* (grand-mère) italienne, de son goût pour l'accueil et de sa passion pour la cuisine, Sacha a voulu en faire un lieu gourmand. Amateurs de pizza, passez votre chemin. Ici, on privilégie les produits frais et authentiques, surtout le poisson. Fraîcheur et créativité sont les maîtres mots de la maison. D'ailleurs, la carte est courte et varie en fonction des arrivages et des saisons. Magnifique canopée en bois et *terrazzo* au sol. Un savoureux morceau d'Italie à Paris.

Le Café des Musées *(plan C3,* ***25****)* **:** *49, rue de Turenne, 75003. ☎ 01-42-72-96-17. Ⓜ Chemin-Vert ou Saint-Paul. Tlj midi et soir. Formules déj en sem 19-21 € ; le soir, menus 28 € (en sem)-35 €.* Carrelages et boiseries rétro rappellent que ce beau café est en place depuis 1924. Un classique, donc, à l'image d'une carte de tradition... élaborée avec maestria par une équipe de Japonais ! Dans leur cuisine ouverte, les chefs se sont approprié les recettes de toujours en insistant sur la qualité des ingrédients et la présentation. Quant au bœuf bourguignon, il est parfait : viande fondante, carottes caramélisées, jus bien dense... *Arigato !*

Le Progrès *(plan C2,* ***26****)* **:** *1, rue de Bretagne, 75003. ☎ 01-42-72-01-44. Ⓜ Saint-Sébastien-Froissart ou Filles-du-Calvaire. Tlj 12h-minuit (service continu). Congés : vac de fin d'année. Plats 15,50-20 € ; carte 25-30 €. Café offert sur présentation de ce guide.* Une institution locale ! Ce bistrot de quartier typique, avec ses vieilles chaises et son lustre seventies, est un incontournable pour les habitués de toujours et les néobobos. Un conseil : commandez dès l'arrivée ! Cuisine généreuse de saison, bonnes viandes et, surtout, accompagnements très réussis : le patron a fait ses classes chez Robuchon ! Bons desserts maison. Service sympa. Une adresse devenue branchée, mais dont les prix restent raisonnables.

Onii-San *(plan B2,* ***20****)* **:** *82, rue des Archives, 75003. ☎ 01-45-35-14-60. Ⓜ Temple ou Filles-du-Calvaire. Mar-sam midi et soir. Fermé dim-lun. Plats 22-35 €.* Ces 3 voyageurs associés, mordus du Japon, ont écumé les *izakaya* tokyoïtes (l'équivalent de nos bistrots populaires) pour ouvrir cette petite parisienne. On vient ici pour déguster de petites assiettes, accompagnées de saké, qui se partagent (ou pas !). L'art de la « tapas » à la japonaise. La minisalle au design brut joue avec les codes du kitsch japonais. Un petit morceau de Tokyo à Paris. *NOUVEAUTÉ.*

La Maison Plisson *(plan C3,* ***28****)* **:** *93, bd Beaumarchais, 75003. ☎ 01-71-18-19-09. Ⓜ Saint-Sébastien-Froissart ou Chemin-Vert. Lun 9h30-21h, mar-sam 8h30-21h, dim 9h-20h (cuisine fermée 30 mn avt). Fermé 1er janv et 25 déc. Plats 15-18 €.* À la fois magasin d'alimentation générale, salon de thé et resto, *La Maison Plisson* répond à tous les critères du concept du bien-manger. Autrement dit, une carte courte de plats simples traditionnels, élaborés à partir de produits frais de saison et de qualité. Le service est efficace à l'intérieur comme en terrasse, dans les grandes vérandas (ce qui permet un bon turnover). Excellents jus de fruits frais et bonnes viennoiseries et pâtisseries pour le petit déj ou le goûter. Impossible de repartir sans remplir son panier, l'épicerie mitoyenne est aussi pointue dans sa sélection.

Chez Janou *(plan C3,* ***31****)* **:** *2, rue Roger-Verlomme, 75003. ☎ 01-42-72-28-41. Ⓜ Chemin-Vert ou Bastille. Tlj 8h-2h (minuit sam-dim et j. fériés) ; service 12h-15h (16h sam-dim et j. fériés), 19h-minuit. Résa conseillée. Formule déj en sem 17 € ; carte 30-40 €.* Un petit coin de Provence perdu dans ce bout de Marais tranquille ! Bel intérieur chaleureux, façon bistrot à l'ancienne coloré ; le tout flanqué d'une adorable terrasse le long du resto, sur une placette. Dans l'assiette, cuisine traditionnelle, ensoleillée et parfumée. Bonne sélection de vins et, pour les amateurs, des dizaines de pastis à la carte. Bref, une formule alléchante pour un succès fou !

🍽 ☂ ***L'Ambassade d'Auvergne*** (plan A2, **32**) **:** *22, rue du Grenier-Saint-Lazare, 75003. ☎ 01-42-72-31-22. Ⓜ Rambuteau. ♿ Tlj midi et soir. Formule déj en sem 22,50 € ; plats 19-27 € ; carte env 40 €.* Un classique depuis des lustres. Dans cette vieille auberge rustico-chic, le cochon du Cantal, l'agneau allaiton d'Aveyron, le veau du Ségala et le canard de Limagne (Puy-de-Dôme) tiennent le haut du pavé. C'est donc une Auvergne de tradition que la carte invite à découvrir, bien escortée par une carte des vins mettant à l'honneur le terroir local. Un peu plus de simplicité dans l'accueil, et tout serait parfait.

Chic

🍽 ***Les Enfants Rouges*** (plan B2, **34**) **:** *9, rue de Beauce, 75003. ☎ 01-48-87-80-61. Ⓜ Filles-du-Calvaire ou Temple. Jeu-lun midi et soir. Fermé mar-mer. Congés : août et 2 sem en fin d'année. Résa conseillée. Menus 40 € le midi en sem, 60 € le soir ; menu dégustation 85 €.* Un petit bistrot discret tenu par un chef japonais talentueux ayant fait ses classes au *Comptoir du Relais*, du chef Yves Camdeborde. Celui-ci élabore une cuisine de marché créative mixant astucieusement les traditions culinaires françaises et japonaises. Pensez à réserver, la salle n'est pas bien grande.

🍽 ☂ ***Chez Nénesse*** (plan B2, **29**) **:** *17, rue de Saintonge, 75003. ☎ 01-42-78-46-49. Ⓜ Filles-du-Calvaire. Lun-ven midi et soir. Fermé w-e et j. fériés. Congés : août et Noël-Jour de l'an. Résa nécessaire le soir. Le midi, plat 13,50 €, repas 20-25 € ; le soir, carte 45-50 €.* Rétro à souhait, ce bistrot convivial est un vrai résistant dans un quartier en ébullition. Son carrelage qui court au sol, ses nappes à carreaux et son bar en formica n'ont guère bougé depuis des lustres, ignorant les modes. Dans l'assiette, cuisine française évidemment de tradition, copieuse et réussie. Une vieille institution. Accueil familial sympa.

Plus chic

🍽 ***Elmer*** (plan B1, **38**) **:** *30, rue Notre-Dame-de-Nazareth, 75003. ☎ 01-43-56-22-95. Ⓜ Arts-et-Métiers ou Temple. ♿ Mar-ven midi et soir, plus sam soir. Fermé dim-lun. Congés : août. Formules déj 29-34 € ; le soir, carte 60-75 €.* Une salle moderne à la sobriété très tendance, avec de grandes tables d'hôtes en chêne, un carrelage polychrome et une vue imprenable sur la cuisine ouverte : le décor est planté ! Le chef, Simon Horwitz, a travaillé chez les grands (Gagnaire, Grébaut), avant de voguer vers l'Australie, l'Asie et le Pérou. Sa cuisine, créative et ambitieuse, reflète tous ces apprentissages. Il sublime le produit en le travaillant sans le dénaturer. Enfin, dans un registre convivial et généreux, on peut aussi se laisser tenter par les belles pièces à partager (cochon, agneau). Quant à l'apéro ou au digeo, on le prendra pour changer dans le bar à vins-caviste d'*Elmer* installé juste en face. Un bon complément !

🍽 ***Auberge Nicolas Flamel*** (plan A2, **39**) **:** *51, rue de Montmorency, 75003. ☎ 01-42-71-77-78. Ⓜ Rambuteau ou Arts-et-Métiers. Mar-sam midi et soir. Fermé dim-lun. Formule déj en sem 38 € ; menus dégustation 70-90 € ; carte env 60 €.* Le plus vieux restaurant de la capitale serait né en 1407, quand Nicolas Flamel, qui a levé les secrets de la pierre philosophale, décide d'ouvrir une auberge pour les indigents. On pénètre donc avec un brin d'émotion dans cette vénérable maison qui vient de faire totalement peau neuve tout en préservant son cachet. Des tables décemment espacées et des nappes immaculées, tout participe à l'ambiance romantique. D'autant plus que, dans l'assiette, il y a de la créativité sans débordements hasardeux et des présentations qui font mouche ! Le jeune chef, Grégory Garimbay, laisse sa créativité s'envoler vers l'étoile ! On cède volontiers à « l'alchimie de saveurs » !

Bars à vins

Le Barav *(plan C1, **45**) : 6, rue Charles-François-Dupuis, 75003. ☎ 01-48-04-57-59. Ⓜ République ou Temple. Lun-sam 17h (12h sam)-minuit (23h cuisine en terrasse). Fermé dim. Congés : 2 sem en août, plus 2 j. à Noël et 2 j. au Nouvel An. Plats 7,50-15 €, planche 15 € ; carte env 20 €.* On aime beaucoup ce petit bar à vins caché à l'angle d'une rue tranquille du haut Marais. Petite salle lumineuse vite pleine comme un œuf et quelques tables en terrasse où la fête se prolonge. Planches de charcuterie ou de fromages à base de bons produits du terroir. On fait son choix à la cave voisine (excellente sélection) et on paie un petit droit de bouchon pour consommer la bouteille sur place. Accueil sympathique et souriant.

NordMarais *(plan B1, **46**) : 39, rue Notre-Dame-de-Nazareth, 75003. ☎ 01-42-74-37-36. Ⓜ République, Temple ou Strasbourg-Saint-Denis. ♿ Lun-sam 17h (18h sam)-2h (19h-22h30 pour la cuisine). Fermé dim. Plats env 10-16 €.* Déco chaleureuse, coin bibliothèque, chaises d'école et tables de bois : les 25-35 ans se sentent à l'aise au *NordMarais,* aussi bien pour y descendre une bonne bière que pour profiter d'une cuisine concoctée à base d'ingrédients de qualité. Le chef propose de bonnes assiettes fromages-charcuterie, des soupes, mais aussi de bons burgers accompagnés de frites maison. Une affaire qui tourne.

Où boire un verre ?

Taquería Candelaria *(plan C2, **50**) : 52, rue de Saintonge, 75003. Ⓜ Temple ou Filles-du-Calvaire. Taquería ouv tlj 12h-22h30 (23h30 jeu-sam) ; bar (5, rue de Normandie, à 2 pas) tlj 18h-2h. Fermé 1er janv, 24-25 et 31 déc. Cocktail env 12 €. 2 tacos 7 € ; formule déj en sem 13 € ; brunch env 18 €.* Un endroit qu'on adore, tout droit sorti des quartiers chics de Mexico. Après avoir mangé au coude-à-coude dans une microsalle quelconque de délicieux tacos et goûté à une bière mexicaine, on pousse la petite porte du fond... pour tomber dans un cocktail-bar secret et apaisant. On vous conseille « La Guêpe Verte », une subtile mixture à base de tequila, agave, piment, citron, concombre et coriandre. Épicé et original.

Little Red Door *(plan C2, **51**) : 60, rue Charlot, 75003. ☎ 01-42-71-19-32. Ⓜ Temple ou Filles-du-Calvaire. Jeu-dim 18h-1h. Fermé lun-mer. Cocktails 11-15 €.* C'est un aller simple pour New York qui vous attend dans ce *speakeasy* planté au cœur du Marais. Une fois passé la *little red door* (on vous laisse découvrir !), vous vous installerez confortablement dans un profond sofa ou au bar. Très créatifs, les cocktails s'imposent parmi les meilleurs de la capitale. La musique soul et hip-hop vous transportera un peu plus vers les rues de New York, tout comme le décor *casual chic* tout de brique, pierre et tentures. Une belle adresse.

La Perle *(plan B3, **53**) : 78, rue Vieille-du-Temple, 75003. ☎ 01-42-72-69-93. Ⓜ Saint-Paul ou Saint-Sébastien-Froissart. Tlj 6h30 (8h w-e)-2h.* Un bar de quartier sans prétention mais qui a furieusement la cote ! Le principe est simple : les *beautiful people* branchés ou les bandes de copains commandent au comptoir une bière pas chère ou un cocktail très abordable et, l'été venu, refont le monde debout sur le trottoir ! *La Perle,* c'est un peu le pendant hétéro du *Cox,* fameux bar gay de la rue des Archives, à 2 pas.

Café Charlot *(plan B2, **54**) : 38, rue de Bretagne, 75003. ☎ 01-44-54-03-30. Ⓜ Filles-du-Calvaire. Tlj 7h-2h (cuisine 8h-minuit).* Ouvert sur l'artère principale du haut Marais, juste en face du marché des Enfants-Rouges, c'est le bistrot des gens du quartier, à toute heure. Carrelage blanc aux murs, qui rappelle que l'endroit fut autrefois une boulangerie. Terrasse branchée sur l'animation de la rue, blindée à l'heure de l'apéro.

4e ARRONDISSEMENT

• Plan *p. 44-45*

Du Centre Pompidou à la Bastille en passant par la place des Vosges, le 4e déploie ses charmantes rues bordées d'adresses, certaines branchées et originales, d'autres plus classiques, nichées dans des ruelles historiques et silencieuses.
En plein cœur de Paris, on peut en effet boire et manger sans se ruiner, que ce soit pour les amateurs de falafels dans le quartier juif, ou pour ceux préférant avaler sur le pouce un sandwich frais tout droit sorti d'une petite cantine bio. Le quartier regorge aussi de nombreux bistrots patinés et décorés avec des meubles de récup.
Le soir, l'animation se concentre autour de Saint-Paul, de la rue des Archives, de la rue Vieille-du-Temple et de son effervescent quartier gay. Les terrasses débordent vers la rue du Roi-de-Sicile, dans une ambiance parfois survoltée mais toujours bon enfant. Et justement, si vous aimez l'animation, gardez en tête que les boutiques sont ouvertes le dimanche, le quartier étant LE rendez-vous de nombreux promeneurs et *shoppers addict.* Idéal pour une balade avant ou après une pause gourmande.

Où manger ?

Sur le pouce et très bon marché

Eataly Paris Marais *(plan B1,* ***6****)* **:** *37, rue Sainte-Croix-de-la-Bretonnerie, 75004. ☎ 01-83-65-81-00. Ⓜ Hôtel-de-Ville. Tlj jusqu'à 22h30 (23h jeu-sam) ; marché 10h-21h. Resto tlj midi et soir jusqu'à 23h (voir « Bon marché » plus loin). À partir de 5 €.* Issu du mouvement Slow food italien, voici un concept confortablement installé et très apprécié dans le quartier. Pour caler une petite faim, rien de mieux que de piocher dans les appétissants comptoirs proposant pâtes fraîches, salades, *foccace,* pizzas ou *arrancini,* qu'on l'on peut déguster aux beaux jours sur la terrasse intérieure.

L'As du Fallafel *(plan C1,* ***1****)* **:** *34, rue des Rosiers, 75004. ☎ 01-48-87-63-60. Ⓜ Saint-Paul. ♿ Tlj 12h (18h30 sam)-23h (16h ven). À partir de 7 € (9 € en salle).* L'adresse incontournable pour déguster l'authentique falafel. Qu'est-ce qu'il met dedans,

Où manger ?

1 L'As du Fallafel et Mi-Va-Mi (C1)
3 Breakfast in America (C2)
4 Miznon (C1)
5 La Mangerie (C2)
6 Eataly Paris Marais (B1)
8 Schwartz's Deli (C1)
9 Thaï Spices (C2)
10 Au Bourguignon du Marais (C2)
11 Cucina Napoletana (D2)
12 Le Bistrot de l'Oulette (D2)
13 Brasserie Bofinger (D2)

Bars à vins

22 Le Bubar (D2)
23 La Tartine (C2)

Où boire un verre ?

30 L'Étoile Manquante (C1)
31 Le Petit Fer à Cheval (C1)
32 Le 1905 (C2)
33 The Auld Alliance (B2)
34 La Belle Hortense (C1)
35 Maria Loca (D2)
36 Résistance (B1)
37 L'Imprévu Café (A1)
38 Le Stolly's (B2)
39 Bar Demory Paris (B1)
40 Le Sherry Butt (C2)
41 Les 3 W Kafé (C2)
42 Le Griffon (C1)

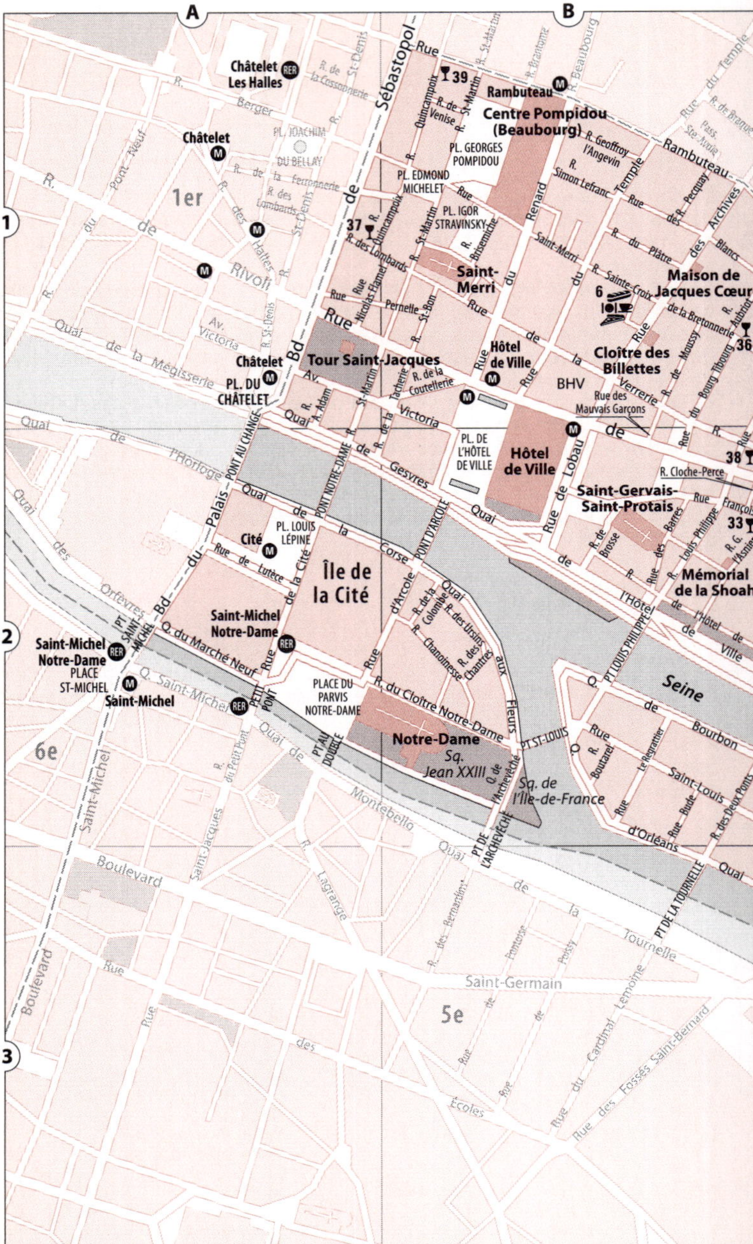
A
B
1
2
3
Châtelet Les Halles
Châtelet
1er
Rambuteau
Centre Pompidou (Beaubourg)
PL. GEORGES POMPIDOU
PL. JOACHIM DU BELLAY
PL. EDMOND MICHELET
PL. IGOR STRAVINSKY
Saint-Merri
Maison de Jacques Cœur
Cloître des Billettes
Tour Saint-Jacques
Hôtel de Ville
BHV
PL. DU CHÂTELET
PL. DE L'HÔTEL DE VILLE
Saint-Gervais-Saint-Protais
Mémorial de la Shoah
PL. LOUIS LÉPINE
Cité
Île de la Cité
Saint-Michel Notre-Dame
PLACE ST-MICHEL
Saint-Michel
PLACE DU PARVIS NOTRE-DAME
Notre-Dame
Sq. Jean XXIII
Sq. de l'Île-de-France
Seine
6e
5e
Rue de Rivoli
Bd de Sébastopol
Quai de la Mégisserie
Quai de Gesvres
Quai de l'Horloge
Quai des Orfèvres
Quai de Montebello
Quai de la Tournelle
Boulevard Saint-Germain
Boulevard Saint-Michel
Rue des Écoles
PONT AU CHANGE
PONT NOTRE-DAME
PONT D'ARCOLE
PT LOUIS PHILIPPE
PT ST-LOUIS
PT DE L'ARCHEVÊCHÉ
PT DE LA TOURNELLE
PT SAINT-MICHEL
PETIT PONT
PT AU DOUBLE
Rue Saint-Louis
Quai de Bourbon
Quai d'Orléans
Rue de Lobau
6
36
37
38
39
33

C
D
0
100
200 m
NORD
1
2
3
3e
11e
12e
Bibliothèque historique
PL. DU MARCHÉ STE-CATHERINE
PLACE DES VOSGES
Maison de Victor Hugo
Chemin Vert
Maison européenne de la Photographie
Saint-Paul
Saint-Paul-Saint-Louis
Hôtel de Sully
Pont Marie
Hôtel de Sens
Musée de la Magie
Bastille
PLACE DE LA BASTILLE
Île Saint-Louis
Saint-Louis-en-l'Île
Hôtel Lambert
Sq. Henri Galli
Sully Morland
PL. DU PÈRE TEILHARD DE CHARDIN
Pavillon de l'Arsenal
Bassin de l'Arsenal
Quai de la Rapée
Rue de Rivoli
Rue des Francs Bourgeois
Rue Saint-Antoine
Boulevard Beaumarchais
Boulevard Henri IV
Boulevard Bourdon
Boulevard Morland
Quai des Célestins
Quai Henri IV
Rue de Turenne
Rue Vieille du Temple
Rue des Rosiers
Rue de Sévigné
Rue de Birague
R. du Pas de la Mule
R. des Tournelles
R. du Pont aux Choux
Rue Saint-Gilles
R. du Parc Royal
R. de la Perle
Rue des Quatres Fils
Rue des Archives
Rue du Temple
Rue Charlemagne
Rue Saint-Paul
Rue Beautreillis
Rue du Petit Musc
Rue de la Cerisaie
Rue Castex
Rue de l'Arsenal
Rue de Sully
Rue Crillon
R. Mornay
R. de Schomberg
Rue de Lyon
Rue de Charenton
Bd de la Bastille
Bd Richard Lenoir
Rue du Chemin Vert
Rue Amelot
Rue de Bercy
PT DE SULLY
PONT MARIE
1
3
4
5
8
9
10
11
12
13
22
23
30
31
32
34
35
40
41
42

L'As ? Pois chiches, choux rouge et blanc, crème de sésame, aubergine, concombre, un chouia de harissa. Vous aimez ? Sinon, bonnes assiettes aussi variées et colorées, et bon *shawarma* à l'agneau. Mieux vaut le savoir : que ce soit à emporter ou pour s'attabler, presque à toute heure, il faut être prêt à faire la queue dehors ! Comptoir de vente à emporter au nº 44 de la même rue (moins de monde).

Mi-Va-Mi (plan C1, **1**) : *23, rue des Rosiers, 75004. ☎ 01-42-71-53-72. Ⓜ Saint-Paul ou Hôtel-de-Ville. Tlj 11h-minuit. Carte 9-19 €.* Le grand rival du voisin d'en face. Certes moins de monde au comptoir à emporter ; sans doute les gens préfèrent-ils déguster le falafel maison dans la salle de resto (plutôt que de s'en mettre plein les doigts et la chemise). Cadre coloré original pour une bonne cuisine orientale. Fourneaux au milieu où sont élaborés les petits plats typiques : boulettes fondantes, légumes parfumés. Copieuse « Assiette de Martine » conseillée pour goûter à tout. Service ultra-rapide, faut que ça tourne !

Bon marché

Breakfast in America (plan C2, **3**) : *4, rue Malher, 75004. ☎ 01-42-72-40-21. Ⓜ Saint-Paul. Tlj 8h30-23h. Formule déj en sem 12,50 € (9,95 € pour les étudiants avec carte) ; plusieurs petits déj max 11 € ; brunch dim 17,95 €.* Craig, un Américain étudiant en cinéma tombé amoureux de Paris, a eu l'idée d'ouvrir ce *diner* typique années 1950, et il propose des burgers convenables pour une poignée d'euros à une clientèle d'étudiants, de jeunes et de touristes... surtout américains. Le lieu est agréable, le service souriant – à l'américaine – et les prix sont vraiment attractifs. *Autre adresse au 17, rue des Écoles, dans le 5e.*

Miznon (plan C1, **4**) : *22, rue des Écouffes, 75004. ☎ 09-71-34-53-84. Ⓜ Saint-Paul ou Hôtel-de-Ville. Dim-ven 12h-23h (16h ven). Fermé sam. Plats 5,50-12 €.* Voici une cantine kasher, version *street food* branchée, à l'ambiance décontractée (murs en pierres apparentes, meubles de récup et cuisine ouverte). Ici, la vedette, c'est la pita. Autres produits phares de la maison : le chou-fleur grillé et l'excellente ratatouille mijotée. Une fois passé votre commande, on hurle votre prénom quand votre pitance est prête. À déguster au comptoir ou dans la charmante salle du fond, plus tranquille, c'est selon. *Autres adresses : **Miznon Canal,** du côté du canal Saint-Martin (37, quai de Valmy, dans le 10e), et **Miznon Grands Boulevards** (3, rue de la Grange-Batelière, dans le 9e).*

La Mangerie (plan C2, **5**) : *7, rue de Jarente, 75004. ☎ 01-42-77-49-35. 06-16-86-54-74 (résa). Ⓜ Saint-Paul. Lun-sam 18h-1h. Fermé dim. Tapas à partager 11-16 €, planches 12,20-14,80 €.* Un fond de décor réjouissant, et un accueil chaleureux, qui devient vite familier si on se laisse prendre au jeu. On coche soi-même sa commande sur la feuille-menu. Belle carte de tapas aussi appétissantes qu'originales. Profitez des jours de match (il y a moins de monde !) pour vous faufiler dans ce lieu qui cartonne, à la tombée de la nuit.

Eataly Paris Marais (plan B1, **6**) : *37, rue Sainte-Croix-de-la-Bretonnerie, 75004. ☎ 01-83-65-81-00. Ⓜ Hôtel-de-Ville. Resto tlj midi et soir. Résa conseillée. Pizzas 9-19 €, pâtes 9,50-19 €.* Plus qu'un marché et des stands pour italophiles (voir plus haut), c'est aussi un resto au dernier étage duquel on vient se régaler de pâtes et de pizzas généreuses réparties dans 2 espaces lumineux... et où la résa (surtout le week-end) est conseillée. Tout est 100 % italien, du croustillant de la pâte à pizza à la cuisson des pâtes, en passant par l'accent chantant du personnel. Le tout arrosé d'un verre de vin ou accompagné d'une bière italienne. Également un petit marché aux étalages de fruits et légumes, une boulangerie, un café, un bar, ainsi qu'une programmation d'événements et d'ateliers culinaires. Vivez l'Italie à 100 %. *Andiamo !*

Schwartz's Deli (plan C1, **8**) : *16, rue des Écouffes, 75004. ☎ 01-48-87-31-29. Ⓜ Saint-Paul ou Hôtel-de-Ville. Tlj midi et soir. Congés :*

3 premières sem d'août. Burgers 14-25 €, salades et plats 13-29 €. Un *deli* qui met en joie car on y retrouve tous les plats typiques qui font la popularité des recettes américaines et kasher : burgers bien épais et juteux (dont un au foie gras) servis généreusement avec des frites, copieux sandwichs au pastrami, savoureuse assiette saumon fumé-bagel (spécialité de la maison). Seul bémol : l'attente (pas de résa possible), mais grâce à une organisation optimale, on vous dégotte une table rapidement. Service parfois survolté mais toujours dans la bonne humeur. *Autres adresses dans le 16e (7, av. d'Eyleau) et dans le 17e (22, av. Niel).*

Thaï Spices *(plan C2,* ***9****) : 5-7, rue de l'Ave-Maria, 75004. ☎ 01-42-78-65-49. Ⓜ Sully-Morland ou Pont-Marie. Lun-ven midi et soir, plus sam soir. Fermé dim. Le midi, formule 13,90 € (côté snack, sans résa) et menu 20 € (côté resto) ; carte env 40 €.* Derrière la façade recouverte de lierre, 2 salles à l'atmosphère différente mais à la cuisine commune, distillant les saveurs raffinées de la Thaïlande. Ambiance informelle d'une part, avec quelques tables en bois et des mange-debout. À l'ardoise, les formules impeccables et pas ruineuses emportent tous les suffrages. Pour la version luxe dans une immersion au royaume de Siam, on pioche à la carte des spécialités parfumées, présentées avec le plus grand soin. Forcément plus cher, mais on n'est lésé ni sur le cadre ni sur la qualité. Une belle adresse !

Prix moyens

Au Bourguignon du Marais *(plan C2,* ***10****) : 52, rue François-Miron, 75004. ☎ 01-48-87-15-40. Ⓜ Saint-Paul ou Pont-Marie. Tlj 12h-23h (23h30 ven-sam ; service continu). Formules déj 20-25 € ; carte env 45 €. Café offert sur présentation de ce guide.* Dans une belle brasserie au comptoir patiné, on découvre une jolie carte d'incontournables bourguignons bien travaillés (œufs en meurette, bœuf bourguignon, escargots en hiver...) complétée par des plats généreux de cuisine traditionnelle, soigneusement présentés ! Et les becs sucrés ne resteront pas sur leur faim car les desserts sont tout aussi réussis. On se régale ! Jolie carte de vins bourguignons longue comme le bras. Service agréable et pro.

Cucina Napoletana *(plan D2,* ***11****) : 6, rue Castex, 75004. ☎ 01-44-54-06-61. Ⓜ Bastille. Mar-ven midi et soir, plus lun soir et sam soir. Fermé dim. Congés : août, Noël et Jour de l'an. Antipasti à partir de 14 €, plats 19-28 € ; carte env 35 €.* Voici une petite enclave napolitaine d'une dizaine de tables qui garantit une atmosphère conviviale. Les *antipasti* respirent le soleil de la Campanie, les pâtes (spécialité de la maison, à commander pour 2 ou 3) sont divines, et la *mozzarella di bufala campana* succulente. Carte de vins issus de l'agriculture biologique ou biodynamique alléchante mais pas donnée (cependant, beaucoup de vins au verre).

Le Bistrot de l'Oulette *(plan D2,* ***12****) : 38, rue des Tournelles, 75004. ☎ 01-42-71-43-33. Ⓜ Chemin-Vert ou Bastille. Lun-sam midi et soir. Fermé dim. Congés : 2e et 3e sem d'août. Résa conseillée. Formules déj en sem 17-23 € (café compris) ; menu 38 €. Verre de vin rouge ou blanc offert sur présentation de ce guide.* Un petit resto de quartier au cadre chaleureux et sans façon, très apprécié pour sa cuisine du Sud-Ouest simple et gourmande. Depuis 30 ans, le chef ne travaille que du frais ! Bonne ambiance, garantie par les nombreux habitués.

Brasserie Bofinger *(plan D2,* ***13****) : 5-7, rue de la Bastille, 75004. ☎ 01-42-72-87-82. Ⓜ Bastille. ♿ Lun-sam midi et soir jusqu'à minuit ; dim service continu 12h-23h30. Formule déj sauf dim 19,90 € ; menu 33 € ; choucroutes à partir de 24,50 € ; plateaux de fruits de mer 30-90 €.* Cette célèbre brasserie inaugurée en 1864 offre un décor qu'apprécient les touristes et les Parisiens, sensibles à l'esthétique de la belle verrière et du salon du 1er étage. Que l'on soit d'ici ou d'ailleurs, on sacrifie à la sacro-sainte choucroute, bonne et généreuse, et aux plateaux de fruits de mer.

Bars à vins

Le Bubar (plan D2, **22**) : *3, rue des Tournelles, 75004. ☎ 01-40-29-97-72. Ⓜ Bastille. Tlj 19h-2h. Verres de vin à partir de 5 €, bouteilles 25-150 €.* Un bar à vins convivial, meublé de façon hétéroclite et spécialisé dans les crus étrangers. Savoureuses et copieuses assiettes de charcuterie et de fromages. Bonne sélection musicale, tendance blues, jazz. Un vrai lieu de vie, impeccable pour discuter entre amis ou avec son voisin.

La Tartine (plan C2, **23**) : *24, rue de Rivoli, 75004. ☎ 01-42-72-76-85. Ⓜ Saint-Paul. Tlj 8h (11h dim)-23h30. Fermé 24 déc au soir et 25 déc. Croquantes chaudes à partir de 11 €, assiettes de charcuterie 13-20 € (pour 1 ou 2 pers), salades à partir de 12 €, spécialité maison 16 €. Café offert pour un repas commandé sur présentation de ce guide.* On aime le côté rétro de ce vieux bar à vins rénové : grands miroirs, plafond ouvragé, banquettes et tables de bistrot nous projettent dans un autre temps, à l'abri de l'agitation de la rue de Rivoli. Impeccable pour se restaurer d'une tartine de pain Poilâne ou d'un plat classique de brasserie, accompagné d'un bon verre de vin.

Où boire un verre ?

Le Petit Fer à Cheval (plan C1, **31**) : *30, rue Vieille-du-Temple, 75004. ☎ 01-42-72-47-47. Ⓜ Saint-Paul ou Hôtel-de-Ville. Tlj 9h-2h ; service 12h-1h. Congés : 23 fév-8 mars. Formules 10-20 €.* Dans ce vénérable établissement de 1903, rien n'a changé, ou presque. Ce bistrot de quartier 100 % parigot a conservé ses vieux bancs en bois provenant des anciens wagons de métro et son bar original en forme de... fer à cheval. On y déguste encore de bons petits ballons piochés parmi la sélection vineuse de la maison. Petit bout de terrasse bien sympa.

Le 1905 (plan C2, **32**) : *25, rue Beautreillis, 75004. ☎ 01-42-72-64-94. Ⓜ Saint-Paul. À l'étage du resto Vins des Pyrénées. Tlj 18h30-2h. Cocktail env 13 €.* Faites comme les habitués, entrez dans le superbe resto *Vins des Pyrénées* et grimpez le petit escalier en fer, au fond à gauche. Surprise, vous voici dans un *speakeasy* secret au joli décor Années folles ! Appliques rétro, boiseries patinées, lumière tamisée, un cadre idéal pour déguster des cocktails classiques mais efficaces, qui font référence à quelques buveurs mythiques, comme Fitzgerald, Hemingway ou Jim Morrison. Agréable terrasse secrète en été et confortable fumoir.

L'Étoile Manquante (plan C1, **30**) : *34, rue Vieille-du-Temple, 75004. ☎ 01-42-72-48-34. Ⓜ Saint-Paul ou Hôtel-de-Ville. Tlj 8h-1h ; service 12h-1h. Plat du jour 13 €.* Sur les murs ocre s'alignent une énorme pendule pour scander le temps, des sculptures, des moulages de mains, des dizaines de petits miroirs, le tout surmonté d'un plafond-constellation façon anneaux de Saturne (manque l'étoile !). Un service plutôt sympa, des grignotes simples et assez copieuses (ne pas manquer les glaces 100 % nature, aux parfums saisonniers) : parfait pour une pause conviviale.

Le Griffon (plan C1, **42**) : *55, rue des Francs-Bourgeois, 75004. ☎ 01-43-36-98-37. Mer-dim 12h-23h (22h pour la terrasse). Fermé lun-mar. Bières à partir de 4,50 € ; cocktail 10 €.* En plein cœur du Marais, on ne s'attend pas à débouler sur cette incroyable terrasse accolée au *Crédit Municipal*. Une aubaine pour ceux qui veulent profiter du lieu tout au long de la journée : avaler un café issu de la brûlerie de Belleville, déguster une bière artisanale locale (eh oui !) ou un cocktail le soir. Ceux qui préfèrent l'intérieur seront à leurs aises dans un décor hétéroclite mixant tables de récup, fauteuils en velours et assiettes XVIIIe... Idéal pour bouquiner, discuter, refaire le monde ou déjeuner de salades et de grignotages sucrés ou salés. *NOUVEAUTÉ.*

The Auld Alliance (plan B2, **33**) : *80, rue François-Miron, 75004. ☎ 01-48-04-30-40. Ⓜ Saint-Paul* *ou Pont-Marie. Tlj 15h (12h w-e)-2h.* Happy hours *en sem jusqu'à 20h. Pintes à partir de 5,50 €, bières bouteille à partir de 4,20 €.* La vieille alliance qui unit l'Écosse à la France depuis le XIIIe s rejaillit sur ce 1er pub écossais de Paris. La mousse (à la pinte) vient d'Édimbourg, et le whisky, boisson phare des Écossais, est largement présent à travers une sélection de plus de 100 malts en provenance de là-haut. Aux murs, les blasons des grandes familles ainsi que des tableaux représentant des scènes de bataille pour l'indépendance, pleines de fureur. Le soir, quelques snacks : *fish & chips,* haggis... et brunch le week-end *(service continu 12h-23h).* Beaucoup de monde les soirs de matchs retransmis sur des écrans TV.

La Belle Hortense *(plan C1,* ***34****) : 31, rue Vieille-du-Temple, 75004. ☎ 01-48-04-71-60. Ⓜ Saint-Paul ou Hôtel-de-Ville. ♿ Tlj 17h (13h sam-dim)-2h.* Un bar littéraire qui joue la carte de la convivialité. Rencontres fréquentes garanties, mais avec des écrivains cette fois. Programme des lectures, notamment de poésie, et des signatures. Demandez à voir la cave du patron, elle vaut le détour. Dégustations parfois. Expos de photos, dessins ou peinture, et petit coin librairie.

Maria Loca *(plan D2,* ***35****) : 31, bd Henri-IV, 75004. ☎ 01-42-77-51-95. Ⓜ Bastille ou Sully-Morland. Mar-ven midi et soir jusqu'à 2h, plus sam soir. (cocktails servis jusqu'à 1h-1h30). Fermé dim-lun. Demi 4 € ; cocktail 13 €. Snacks 6-10 €.* Un petit coin d'Amérique du Sud perdu sur un boulevard peu avenant, entre Bastille et l'île Saint-Louis. Point fort de *Maria Loca* : des cocktails inventifs à la demande *(compter 13 €).* La canne à sucre est à l'honneur, en particulier la cachaça et le rhum (belle carte), spécialités de la maison, mais on peut tout aussi bien goûter un cru brésilien. Outre la classique caïpirinha, goûtez aux merveilles maison telles que le « Golden parachute » (base mojito avec sirop d'orgeat maison et champagne) ou le « Colonial Spice » (gin, blanc d'œuf, citron, absinthe). Quelques grignotages sud-américains pour combler les petites faims : *pão de queijo,* guacamole, tartines, plat éthique du jour.

Résistance *(plan B1,* ***36****) : 16, rue Sainte-Croix-de-la-Bretonnerie, 75004. ☎ 01-43-48-14-88. Ⓜ Saint-Paul ou Hôtel-de-Ville. Tlj 16h-2h. Cocktail env 13 €.* Une adresse pétillante au décor sobre et à l'atmosphère cosy, où boire de bons cocktails, en apéro ou pour finir la soirée ; de jolies créations mettant souvent à l'honneur les spiritueux hexagonaux. Et de quoi grignoter, salé ou sucré. Poussez la porte même s'il vous semble ne pas y avoir de place : il y a une autre salle au sous-sol.

L'Imprévu Café *(plan A1,* ***37****) : 9, rue Quincampoix, 75004. ☎ 01-42-78-23-50. Ⓜ Châtelet. Tlj 15h-1h (2h jeu-sam, minuit dim). Happy hours 16h-22h.* Un endroit chaleureux et sans prétention où se donner rendez-vous au cœur de Paris. Le lieu est propice autant aux longues discussions qu'aux rencontres fortuites. L'ambiance de chacune des 4 salles est aussi hétéroclite que le mobilier, dans un esprit ludique et coloré. Très sympa.

Le Stolly's *(plan B2,* ***38****) : 16, rue Cloche-Percé, 75004. ☎ 09-66-89-06-76. Ⓜ Saint-Paul ou Hôtel-de-Ville. Tlj 16h30-1h30. Fermé 1er janv et 24-26 déc.* Troquet british au zinc en bois et aux poutres et pierres apparentes équipé d'une petite terrasse dans une minirue piétonne, en retrait de la rue de Rivoli. Pour les amateurs de ballon rond et ovale, grosse ambiance les soirs de match. Marais *straight* et cool. Accueil avec le sourire.

Bar Demory Paris *(plan B1,* ***39****) : 62, rue Quincampoix, 75004. ☎ 09-81-12-53-06. 📱 06-66-13-34-30. Ⓜ Rambuteau ou Châtelet-Les Halles. ♿ Lun-sam 18h-2h (4h ven-sam). Happy hours 18h-20h30. Fermé dim. Congés : 3 premières sem d'août. Bière 5 €, pinte 7,50 € ; cocktails à partir de 7,50 €.* Après avoir lancé l'excellente bière parisienne Demory, quelques fous de la cervoise ont ouvert cette brasserie (vitrine de la marque) en plein cœur de Paris. Outre la bière maison, qui se décline en 8 « cuvées », on trouve ici, chaque mois, plusieurs bières invitées issues de microbrasseries du monde entier. Pour rester dans le ton, des cocktails délicats réalisés avec de

4e

la bière. Et des planches cuisinées à partager.

🍷 ***Le Sherry Butt*** *(plan C2,* ***40****) : 20, rue Beautreillis, 75004. ☎ 09-83-38-47-80. Ⓜ Saint-Paul. Mar-dim 18h-2h (minuit dim). Fermé lun. Cocktail env 13 €.* Un bar à cocktails raffiné mais pas guindé. Dans un décor de pierre brute et sous un toit de verre, vous goûterez à des philtres étonnants, tous créés pour *Le Sherry Butt,* tels que l'audacieux « Ronin » (whisky japonais, madère dry pandan, sherry, sirop de champagne fumé et sel noir).

🍷 ***Les 3 W Kafé*** *(plan C2,* ***41****) : 8, rue des Écouffes, 75004. ☎ 01-48-87-39-26. Ⓜ Saint-Paul. Mar-dim 18h-2h (4h jeu, 6h/6h30 ven-sam) ; horaires variables. Happy hours 18h-21h (voire 22h). Fermé lun.* Voilà une sympathique adresse de filles qui aiment les filles, mais pas du tout ghetto (les garçons ne sont pas refoulés s'ils sont accompagnés). Entre pierres apparentes et bar en pavés de verre, l'endroit est sans prétention mais chaleureux, et une clientèle 20-40 ans vient gazouiller ou s'échauffer en *before* le week-end. Soirées à thème.

5e ARRONDISSEMENT

• Plan p. 52-53

Le Quartier latin, la Mouff'... Censier, Jussieu, la Sorbonne, de prestigieux lycées... Éditeurs, libraires... pas de doute, le 5e est l'arrondissement estudiantin par excellence, ce qui semble immuable ! Curieusement, par ici, la nouvelle génération de « *fast good* » et autres restos proposant de bons plats à emporter peine à s'installer ! Du haut de la montagne Sainte-Geneviève au bas du « boul'Mich' », des hordes de jeunes affamés – et pas qu'intellectuellement – viennent se rassasier dans les gargotes du quartier où le pire peut côtoyer le meilleur. Parmi celles-ci, on affectionne quelques vieilles enseignes exotiques. À l'heure de l'apéro, on se retrouve tout naturellement dans les bars jeunes et animés du périmètre de la fontaine Saint-Michel. Changement de décor du côté du Jardin des Plantes, royaume des familles et des poussettes, et de la Grande Mosquée de Paris, où il fait bon terminer sa balade par un thé à la menthe ou un café !

Où manger ?

Sur le pouce

Ya Bayté *(plan zoom,* ***1****)* **:** *1, rue des Grands-Degrés, 75005. ☎ 01-43-29-73-72. Ⓜ Maubert-Mutualité. Mar-dim 12h-20h30. Fermé lun. Sandwichs 6-9 €, plats et formules 12,50-19 €.* L'équipe du restaurant *Hébé* continue à regarder vers la Méditerranée avec cette sandwicherie orientale, située à 2 enjambées de la Seine. À croquer à pleines dents, une authentique cuisine libanaise réalisée avec des produits ultra-frais : *taouk* de blanc de poulet, *chawarma* de bœuf, *soujouk* (saucisse de bœuf), falafels, keftas... Les viandes grillées au charbon de bois sont servies dans de généreux sandwichs (pain

Où manger ?

- **1** Ya Bayté (zoom)
- **2** EV Restaurant (C3)
- **3** Les Crêpes de Louis-Marie (B3)
- **4** Nossa Churrasqueira (B2)
- **5** Le Reflet (A1)
- **6** Le Coup de Torchon (A2)
- **7** Foyer Vietnam (C3)
- **8** Crêperie Pot O'Lait (C3)
- **9** Le Grenier de Notre-Dame (zoom)
- **10** Le Bar à Iode (C1)
- **11** Les Arènes (C2)
- **12** Han Lim (B2)
- **13** Chez Gladines (B1)
- **14** Hugo & Co (C2)
- **15** Restaurant Lilane (C2-3)
- **16** Hébé (zoom)
- **17** Les Délices d'Aphrodite (B3)
- **18** Les Papilles (A2)
- **19** Les Trublions (B2)
- **20** El Picaflor (C2)
- **21** Bon Vivant (C2)
- **22** Sucrepice (C2)
- **23** Cucina (B1)
- **24** Kitchen Ter(re) (C1)
- **25** Chez Léna et Mimile (B3)
- **27** Kokoro (C2)
- **28** Flocon (B3)
- **29** Tripletta et Chinaski (B3)
- **30** Chez Neug (C3)
- **31** Selva (zoom)
- **32** Perraudin (B2)
- **33** Bonvivant Pizza (C2)
- **34** Mexi and Co (zoom)
- **35** Casa di Peppe (A2)

Bars à vins

- **42** Café de la Nouvelle Mairie (B2)
- **43** Au Doux Raisin (B2)
- **44** Cave Mavrommatis (B3)
- **45** Grains Nobles et Plus (zoom)

Où boire un verre ?

- **50** Le Verre à Pied (B3)
- **51** Le Café Léa (B3)
- **81** La Petite (B2)
- **86** Chapi Chapo (B2)
- **87** Le Bar de Fer (B2)
- **88** Mulberry Street (zoom)
- **89** Le Caveau des Oubliettes (zoom)

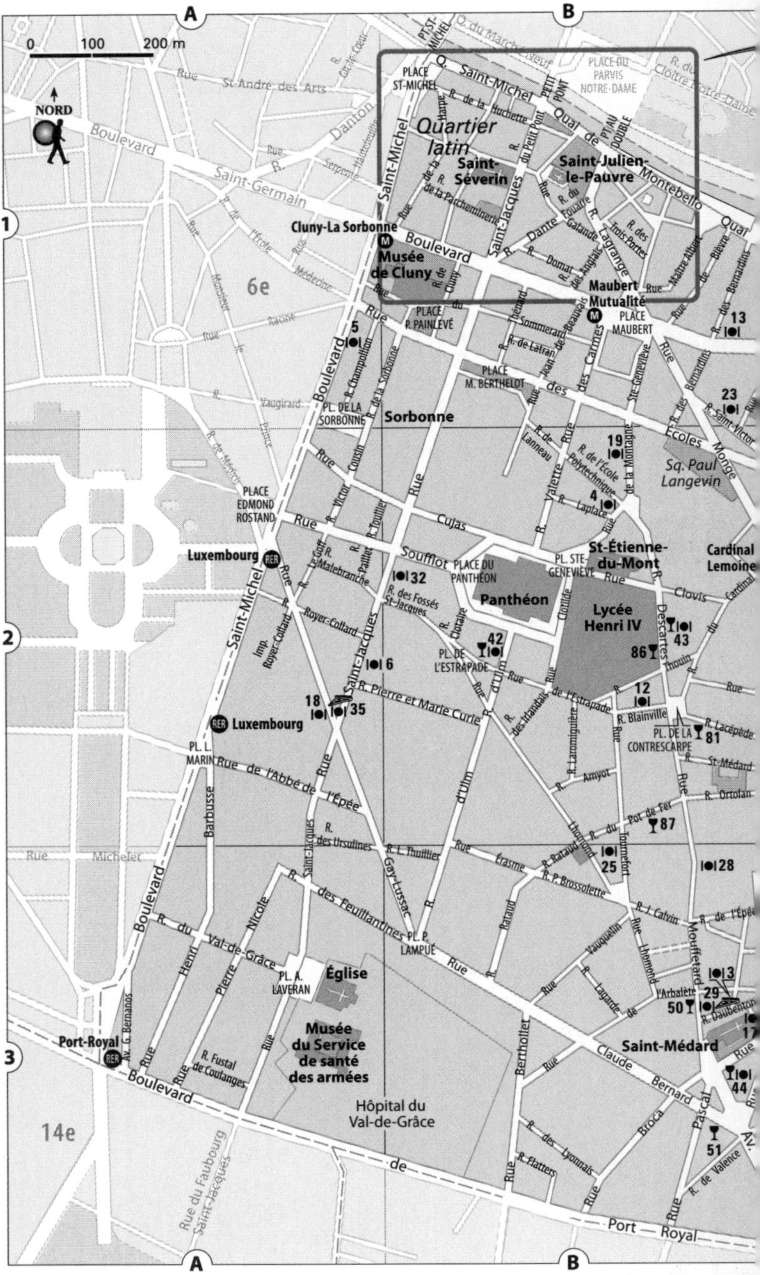
A
B
1
2
3
0
100
200 m
NORD
6e
14e
Quartier latin
Saint-Séverin
Saint-Julien-le-Pauvre
PLACE ST-MICHEL
PLACE DU PARVIS NOTRE-DAME
Q. Saint-Michel
Quai de Montebello
Boulevard Saint-Germain
Rue St-André des Arts
R. Danton
R. de la Huchette
R. de la Harpe
R. du Petit Pont
Rue Saint-Jacques
Rue Galande
R. Dante
R. Lagrange
R. des Trois-Portes
Rue Maître Albert
R. de Bièvre
Boulevard Saint-Michel
Cluny-La Sorbonne
Musée de Cluny
Maubert Mutualité
PLACE MAUBERT
PLACE P. PAINLEVÉ
PLACE M. BERTHELOT
R. de Latran
R. Jean de Beauvais
Rue des Carmes
Rue des Écoles
R. Champollion
R. de la Sorbonne
PL. DE LA SORBONNE
Sorbonne
R. Cujas
Rue Cousin
R. Victor
R. Toullier
Rue Valette
R. de Lanneau
R. de l'École Polytechnique
R. Laplace
R. de la Montagne Ste-Geneviève
Sq. Paul Langevin
Rue Monge
PLACE EDMOND ROSTAND
Luxembourg
Rue Soufflot
PLACE DU PANTHÉON
Panthéon
PL. STE-GENEVIÈVE
St-Étienne-du-Mont
Cardinal Lemoine
Lycée Henri IV
Rue Clovis
Rue Descartes
R. Malebranche
R. Le Goff
R. Royer-Collard
Imp. Royer-Collard
R. des Fossés St-Jacques
PL. DE L'ESTRAPADE
R. de l'Estrapade
Rue d'Ulm
R. Pierre et Marie Curie
R. des Irlandais
R. Laromiguière
R. Blainville
PL. DE LA CONTRESCARPE
R. Lacépède
R. Amyot
Rue Mouffetard
R. Ortolan
R. du Pot de Fer
Rue Lhomond
PL. L. MARIN
Rue de l'Abbé de l'Épée
R. des Ursulines
R. L. Thuillier
Rue Gay-Lussac
Rue Erasme
R. Rataud
R. P. Brossolette
R. J. Calvin
Rue Michelet
Boulevard
Rue Barbusse
R. Nicole
R. des Feuillantines
PL. P. LAMPUÉ
R. du Val-de-Grâce
R. Henri
Rue Pierre
PL. A. LAVERAN
Église
Musée du Service de santé des armées
Hôpital du Val-de-Grâce
Rue Vauquelin
R. Lagarde
R. de l'Arbalète
R. Daubenton
Saint-Médard
Rue Claude Bernard
Rue Berthollet
R. des Lyonnais
R. Flatters
Rue Broca
Rue Pascal
R. de Valence
Port-Royal
AV. G. Bernanos
R. Fustal de Coulanges
Rue du Faubourg Saint-Jacques
Boulevard de Port Royal
5
13
23
19
4
32
42
43
86
6
12
18
35
81
87
25
28
3
29
50
17
44
51

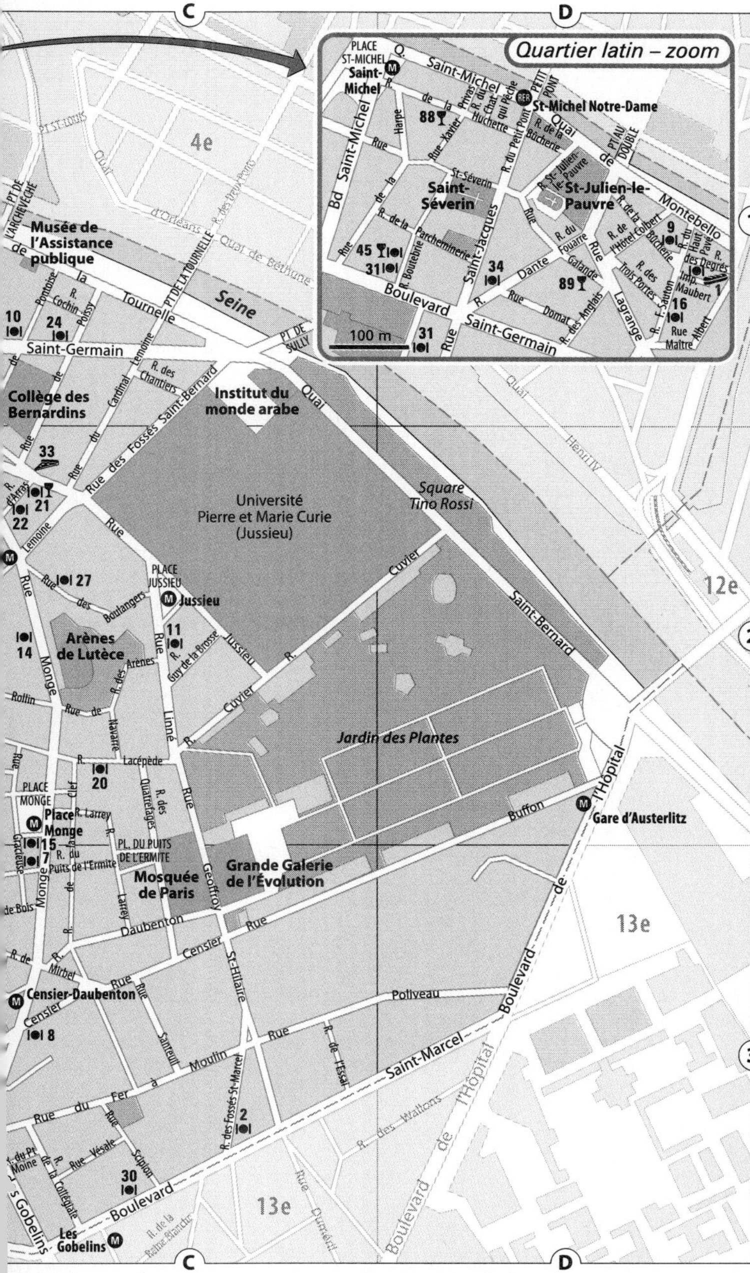

5e ARRONDISSEMENT

5e

maison) ou en plat. À piocher parmi les *mezze,* l'incontournable taboulé délicatement acidulé et le savoureux *mhamarra* (crème de poivrons rouges, noix et grenade). Un régal ! *NOUVEAUTÉ.*

Très bon marché

🍽 ⛱ ***Les Crêpes de Louis-Marie*** *(plan B3,* ***3****) : 1, rue de l'Arbalète, 75005. ☎ 01-43-36-19-98. 📱 06-48-79-68-57. Ⓜ Censier-Daubenton. Tlj midi et soir. Congés : sem du 15 août. Formule déj en sem 13,90 € ; galettes ou crêpes 4,50-13,50 €.* Nichée dans un recoin au calme, cette crêperie à la déco chaleureuse et tendance mérite qu'on s'y attarde un moment entre 2 balades. Super accueil de Louis-Marie, tout sourire et jovial, toujours prêt à vous conseiller ses spécialités. Au choix, une douzaine de galettes ou crêpes qui osent les mélanges audacieux aux côtés des plus traditionnels. Petits et grands s'y retrouvent avec plaisir. Une halte bien gourmande !

5e

🍽 ⛱ ***EV Restaurant*** *(plan C3,* ***2****) : 54, bd Saint-Marcel, 75005. ☎ 09-87-19-79-89. Ⓜ Saint-Marcel. Lun-sam midi et soir. Fermé dim. Congés : 2de quinzaine d'août. Formules déj 9,50-22 € ; carte env 20 €. Thé turc noir offert sur présentation de ce guide.* Petite cantine kurde qui propose une véritable cuisine traditionnelle familiale : brochettes de viandes marinées grillées servies à l'assiette ou en *dürüm* (sandwich de pain pita), *mezze* (boulettes de boulghour au persil et à la menthe, fondantes feuilles de vigne, caviar d'aubergine...) et, toujours à l'ardoise, une délicieuse assiette végétarienne. Assiettes généreuses, comme l'accueil on ne peut plus affable. Pour faire glisser, un petit *pamukkale* rosé fera bien l'affaire. Les becs sucrés ne manqueront pas les desserts, livrés chaque jour par un chef pâtissier, pour accompagner le café turc bien corsé. Un petit coup de cœur.

🍽 ***Chez Neug*** *(plan C3,* ***30****) : 70, bd Saint-Marcel, 75005. ☎ 09-52-07-69-15. Ⓜ Gobelins ou Campo-Formio. Lun-sam midi et soir. Fermé dim. Formules déj en sem 7,50-12 € ; carte 10-16 €. Café offert sur présentation de ce guide.* Du « Bonjour, comment ça va aujourd'hui ? » au nombre de clients venus chercher un plat commandé par téléphone, on comprend que les habitués sont légion dans cette micro-cantine thaïe. La déco, la musique, l'accueil familial et bien sûr la cuisine, tout rappelle la chaleur du royaume de Siam. Salades, soupes, currys, riz sauté, *pad thaï,* bo bun... les grands classiques sont déclinés sur la carte et au menu, qui, lui, change toutes les semaines. Autant dire que la fraîcheur des produits est de mise. Quant à la qualité, elle est indiscutable : Neung est un vrai chef ! Un rapport qualité-quantité-prix épatant.

🍽 ***Le Coup de Torchon*** *(plan A2,* ***6****) : 187, rue Saint-Jacques, 75005. ☎ 01-46-33-22-93. Ⓜ Cluny-La Sorbonne ; RER B : Luxembourg. Lun-ven midi et soir, plus sam soir. Fermé dim. Congés : août. Menus déj 13,90-15,90 € ; carte 20-25 €.* Un caboulot de poche avec ses 2 salles superposées sorties d'une autre époque. Pas de coup de bambou sur les prix du menu-carte, qui restent incroyablement sages vu le quartier. Pas de grand miracle non plus dans l'assiette – les plats restent très simples et mériteraient d'être plus copieux –, mais une cuisine traditionnelle honnête et servie rapidement (et avec le sourire).

🍽 ***Le Reflet*** *(plan A1,* ***5****) : 6, rue Champollion, 75005. ☎ 01-43-29-97-27. Ⓜ Cluny-La Sorbonne. Lun-sam 11h-2h, dim 15h-minuit ; service 12h (18h dim)-22h45. Congés : 3 sem en août et 10 j. à Noël. Petits plats ou croques 7-10 €, plats 9-13,50 €.* Dans un décor 7e art, les cinéphiles des salles environnantes dévorent tartines, croques et petits plats bien revigorants (bavette, omelette, pommes de terre farcies au fromage). Il n'est pas non plus interdit d'y refaire le film au comptoir ou dans le gros canapé après la dernière séance, sous l'œil bienveillant d'Orson Welles...

🍽 ***Nossa Churrasqueira*** *(plan B2,* ***4****) : 1, rue de l'École-Polytechnique, 75005. ☎ 09-53-67-93-86. Ⓜ Cardinal-Lemoine. Mar-sam midi et soir, plus dim midi. Fermé lun. Formules déj en sem 10-12 € ; carte 10-15 €.* L'une des meilleures cantines portugaises de Paris !

À la carte : *rissol, chouriço,* beignets de morue, poulet avec sauce *nossa* ou piri-piri, accompagné de frites maison. Un aller-retour express pour Lisbonne dans l'assiette, et pour pas cher. C'est frais, copieux, et l'équipe assure l'ambiance en cuisine ! Revers du succès : c'est souvent blindé le midi...

Crêperie Pot O'Lait (plan C3, **8**) : 41, rue Censier, 75005. ☎ 09-83-26-76-80. Ⓜ Censier. Tlj midi et soir. Formules déj en sem 12-15,90 € ; carte env 16 €. À 2 pas du Jardin des Plantes, une crêperie à la déco fraîche et marine (matez le phare au milieu des maquettes de bateaux !) et aux affiches publicitaires rétro. Bon rapport qualité-prix pour des galettes et des crêpes qui honorent autant le terroir que la mer. Bon accueil et terrasse aux beaux jours (et des plaids pour les frileux).

Foyer Vietnam (plan C3, **7**) : 80, rue Monge, 75005. ☎ 01-45-35-32-54. Ⓜ Place-Monge ou Censier-Daubenton. Lun-sam midi et soir. Fermé dim. Congés : août. Phó ou bun env 10 €, 4 nems env 4 € ; menu 13 € ; carte 15-20 €. CB refusées. Derrière la grande vitrine opaque se cache une cantine traditionnelle vietnamienne (gestion associative) soutenue par l'ambassade et le centre culturel du... Vietnam. Les plats parfumés, frais et généreux, sont préparés par des chefs vietnamiens et servis par des étudiants... vietnamiens, ainsi que des bénévoles. Une initiative à encourager ! Une partie des bénéfices sert à financer des projets associatifs, culturels et humanitaires pour aider les étudiants vietnamiens. Le foyer accueille aussi des expos et propose livres et jeux de société.

Mexi and Co (plan zoom, **34**) : 10, rue Dante, 75005. ☎ 01-46-34-14-12. Ⓜ Maubert-Mutualité. Tlj 12h-23h (service continu). Carte env 16 € ; burritos, quesadillas 8-10 €. Sorte d'épicerie-buvette ensoleillée, à la déco insolite et colorée. Un coup d'œil au panneau où s'affichent les classiques : guacamole, *burritos* légumes, bœuf ou poulet, *tamales.* Tout est fait maison, même les nachos, mais réchauffé à la dernière minute... au micro-ondes. Pas de la grande gastronomie, mais du bon et du roboratif qui plaît bien à la clientèle d'étudiants. Dans une ambiance très conviviale, vous pourrez prendre place à l'intérieur ou sur l'une des petites tables en terrasse. *NOUVEAUTÉ.*

Bon marché

Le Bar à Iode (plan C1, **10**) : 34, bd Saint-Germain, 75005. ☎ 01-43-29-99-21. Ⓜ Jussieu ou Maubert-Mutualité. Mar-sam midi et soir. Fermé dim-lun. Formules déj en sem 18-23 € ; carte env 20 €. Coquillages, crustacés et vins à emporter. Resto-caviste tout en longueur, aux coloris évoquant la Côte d'Opale ou la Bretagne. Le lieu où partager entre copains et sans chichis un plateau de fruits de mer, déguster une soupe de poissons, se tartiner des rillettes de thon, se régaler d'une bonne friture croustillante ou d'un poisson grillé accommodé de manière originale. Le tout à prix raisonnables pour la qualité. Une découverte au verre : le tariquet des côtes de Gascogne. Autres adresses au 18, rue Jean-Macé, dans le 11e, et au 11 bis, av. de Versailles, dans le 16e.

Sucrepice (plan C2, **22**) : 5, rue d'Arras, 75005. 06-50-16-62-67. Ⓜ Cardinal-Lemoine. Mer-lun 12h-21h. Fermé mar. Pas de résa. Plats 10-12 €. Un chinois – cuisine du Sichuan – qui fait le plein de... Chinois ! De bon augure, non ? Une escale estudiantine de poche où l'on s'installe, à la bonne franquette, là où une place se libère. Dans un large bol, nouilles ou vermicelles maison (pas de riz) sont accompagnées de légumes, d'un généreux bouillon (ou pas, d'ailleurs), de fines tranches de bœuf ou de boulettes de porc, de foie de porc vinaigré... Aussi frais que parfumé. Côté épices, pas de mauvaise surprise : on choisit la puissance de feu ! Si un plat suffit à rassasier son homme, les entrées sont l'occasion de goûter à différents abats de poulet, canard ou porc (gésiers, pattes, tripes, cou...) sautés et/ou épicés, ou à quelques petites salades plus classiques. Côté desserts, on peut tenter le gâteau au durian et porc sec...

Bonvivant Pizza (plan C2, **33**) : 4, rue des Écoles, 75005.

☎ 09-88-38-96-98. Ⓜ Jussieu. Tlj midi et soir. Pizzas 11-16 €. Cette petite échoppe à la devanture rouge voit défiler travailleurs et étudiants qui se sont refilé le bon tuyau. Sur place, dans la petite salle joliment boisée, au comptoir, en terrasse ou... à emporter, les pizzas remportent les suffrages des fins gastronomes. Ici, la pâte, subtil mélange de farines et semoule de blé dur, est fine, croustillante et parfaitement digeste (3 jours de pousse). Les ingrédients sont ceux du moment pour des propositions originales telles que la « Jean-Mimolette aux girolles », vieille mimolette et noisettes grillées. Le tout à découper aux ciseaux. Sélection de vins bio servis au verre. Côté desserts, on reste dans le classique (tiramisù, panna cotta) mais efficace. Excellent accueil. *NOUVEAUTÉ.*

|●| Le Grenier de Notre-Dame *(plan zoom,* ***9****) : 18, rue de la Bûcherie, 75005. ☎ 01-43-29-98-29. Ⓜ Cluny-La Sorbonne ; RER B : Saint-Michel-Notre-Dame. Tlj midi et soir. Résa conseillée. Carte 20-35 €.* Le tout 1er resto végétarien et macrobiotique de Paris, ouvert en 1978 ! Une affaire de famille depuis 3 générations, avec le même cuistot derrière les fourneaux depuis l'ouverture. Les produits proviennent de circuits courts et de producteurs locaux du Nord et de Normandie. Résultat : une cuisine bio diversifiée et inventive (*raita* d'avocat, couscous et cassoulet végétariens, polenta gratinée, etc.), arrosée de thés et d'infusions bio eux aussi. Préférez une table à l'étage, avec son puits de lumière et son ambiance végétale.

|●| Les Arènes *(plan C2,* ***11****) : 16, rue Linné, 75005. ☎ 01-43-31-76-15. Ⓜ Jussieu. Lun-sam 7h30-2h ; service midi et soir. Happy hours 17h-20h. Fermé dim. Congés : 2-3 sem en août et 1 sem à Noël. Plat du jour 14,90 €, autres plats 15-26 €. Demi 2,50 € ; verres de vin à partir de 3 € au bar. Kir ou sangria offert(e) sur présentation de ce guide.* Une bonne brasserie des abords du Jardin des Plantes, où les rues portent immanquablement des noms de scientifiques. Arnaud et Myriam, jeune couple déjà rompu aux services endiablés, ont fait appel à un chef passé par de grandes cuisines. Le résultat ? Une adresse attachante et honnête pour une cuisine bistrotière de très bon aloi. Une belle affaire qui attire la clientèle bobo-arty du quartier dans ce coin touristique et étudiant de Paris.

|●| Han Lim *(plan B2,* ***12****) : 6, rue Blainville, 75005. ☎ 01-43-54-62-74. Ⓜ Place-Monge. Mer-dim midi et soir, plus mar soir. Fermé lun. Congés : 2e-3e sem d'août et dernière sem de déc. Formule déj 14 € ; menus barbecue 19,50-21 € ; carte 25-30 €. Café offert sur présentation de ce guide.* Clientèle en partie coréenne (plutôt bon signe). Menu intéressant le midi, comprenant pot-au-feu, fruits de mer sautés (bulots et seiches), riz et assortiment de légumes coréens, et dessert, ou barbecue coréen à prix raisonnable. Très bonnes grillades de bœuf mariné sur brasero, crêpe à la ciboule et excellent poulet frit à l'ail.

|●| Chez Gladines *(plan B1,* ***13****) : 44, bd Saint-Germain, 75005. ☎ 01-46-33-93-88. Ⓜ Maubert-Mutualité. ♿ Tlj ; service continu 12h-23h (minuit ven-sam, 23h30 dim). Fermé Noël et Jour de l'an. Plat du jour 10,50 € ; formule déj en sem 13,50 € ; carte env 20 €.* La cantine du Sud-Ouest, avec déco années 1970, murs en brique, formica du sol au plafond et banquettes bien replètes. Service jovial avec l'accent. Foie gras maison, cassolette d'escargots ou encore grosses salades servies dans des saladiers comme chez mamie. Sans oublier les assiettes de patates au jambon de pays, au cantal, au bleu... De quoi se faire plaisir pour pas cher. Terrasse (chauffée en hiver).

|●| Tripletta *(plan B3,* ***29****) : 2 bis, rue de l'Arbalète, 75005. ☎ 01-49-96-58-65. Ⓜ Censier-Daubenton. Tlj 9h-22h (service continu). Résa préférable. Pizzas env 9-16 €.* Née sur les hauteurs de Belleville, *Tripletta,* forte de son succès, fait des petits. Après le quartier de la Gaité et ses théâtres, elle vient régaler les étudiants du Quartier latin. Avec toujours la même formule : de fameuses pizzas napolitaines fines mais à bordures épaisses, qui sortent brûlantes du four à bois. Sans oublier les ingrédients D.O.P., une déco chaleureuse et un petit bout de terrasse aux beaux jours. Quand c'est plein, on peut toujours acheter à emporter et déguster dans le petit square, à l'ombre de Saint-Médard. *NOUVEAUTÉ.*

Prix moyens

🍽 ***Hugo & Co*** *(plan C2, **14**) : 48, rue Monge, 75005. ☎ 09-53-92-62-77. Ⓜ Cardinal-Lemoine. Lun-ven midi et soir. Fermé w-e. Résa : • tomygousset.com • Carte seulement, 35-40 € ; plats 16-19 €. Café offert sur présentation de ce guide.* Les gastronomes connaissent peut-être déjà la maison mère dans le 7e, *Tomy & Co,* qui ne désemplit pas. Le chef rempile ici, version bistrot moderne et chaleureux, avec comme leitmotiv « *Life is food* ». Déco façon récup vraiment sympa. Dans l'assiette, des plats de saison et de tous horizons, habilement tournés. En entrée, les assiettes « à partager » sont futées. Accueil charmant, ce qui ne gâche rien.

🍽 ***Chinaski*** *(plan B3, **29**) : 46, rue Daubenton, 75005. ☎ 01-73-74-74-06. Ⓜ Censier-Daubenton. Mer-dim, le soir seulement, plus brunch dim 12h-15h. Fermé lun-mar. Carte 40-45 €.* Un drôle de lascar que ce Chinaski, personnage double de l'auteur américain Bukowski. Le bonhomme aimait célébrer la vie sous toutes ses formes. C'est bien ce que nous propose la jeune équipe de ce bistrot nouvelle génération. Dans la journée, le lieu s'apparente à un café avec tartines, soupes et petits plats à grignoter, accompagnés de jus et autres boissons originales. Le soir, dans la salle à la déco dépouillée, c'est une autre partition qui se joue. On se dépêche pour choisir sa table (1er arrivé, 1er assis). On a adoré s'installer devant le chef, en cuisine, sur des tabourets. Peu de plats, peu de choix, mais des produits de saison, et quelle originalité, avec des goûts, des couleurs, des saveurs et des vins qui enchantent à prix corrects ! Service souriant et épatant.

🍽 ***Flocon*** *(plan B3, **28**) : 75, rue Mouffetard, 75005. ☎ 01-47-07-19-29. Ⓜ Monge. Mer-dim midi et soir. Fermé lun-mar. Résa conseillée. Plats 16-23 € ; le soir, carte env 40 €.* Dégotter une bonne adresse à la Mouff' nous semblait aussi improbable que la neige en été ! Ce *Flocon*-là est une aubaine dans le quartier. Le cadre ? Une salle épurée, baignée de lumière grâce à la baie vitrée donnant sur un jardin verdoyant. Dans l'assiette, c'est le produit qui prime, et qui impulse une cuisine française enlevée, pleine de saveurs ! Parmi les 3 suggestions du midi, toujours une option végétarienne. Pensez à réserver, surtout le soir !

🍽 ***Selva*** *(plan zoom, **31**) : 22, rue du Sommerard, 75005. ☎ 09-81-10-21-88. Ⓜ Saint-Michel, Cluny-La Sorbonne ou Odéon. Mer-sam midi et soir, plus dim midi. Fermé lun-mar. Menus déj en sem 20-24 € ; carte 38-40 €.* À 2 pas du musée de Cluny. Dans un élégant et spacieux cadre contemporain, au chaleureux et exotique décor, découvrez une cuisine aux influences péruviennes et amazoniennes particulièrement raffinée et imaginative, à base de beaux produits. Spécialité de ceviche, ça va de soi. Tendres viandes et poulpe braisés au feu de bois. Bar accueillant où l'on savoure d'originaux cocktails et de parfumés piscos infusés... Un de nos plus intéressants voyages. *NOUVEAUTÉ.*

🍽 ***Perraudin*** *(plan B2, **32**) : 157, rue Saint-Jacques, 75005. ☎ 01-46-33-15-75. Ⓜ Cluny-La Sorbonne ou Odéon ; RER B : Luxembourg. Lun-sam midi et soir, plus dim midi. Formules déj 18,50-22 € ; carte 25-30 €. Apéritif maison et café offerts sur présentation de ce guide.* Dans un cadre de charme authentiquement 1900, cet ancien bougnat délivre une délicieuse cuisine traditionnelle d'une fraîcheur de produits exemplaire. Accueil au diapason, pro et chaleureux. Petits plats goûteux, à l'image du gravelax maison, des rognons cuits « comme il faut » et du bœuf bourguignon à l'ancienne. Beaux desserts. Ici, la tradition, rien que la tradition ! *NOUVEAUTÉ.*

🍽 ***Hébé*** *(plan zoom, **16**) : 15, rue Frédéric-Sauton, 75005. ☎ 01-46-34-08-91. Ⓜ Maubert-Mutualité. Tlj midi et soir (jusqu'à 23h w-e). Fermé j. fériés. Menus déj 24-29 € ; menu gourmet 39 € ; menus dégustation 100-150 € pour 2 ou 3 pers ; carte env 50 €. Café offert sur présentation de ce guide.* Dans la mythologie grecque, Hébé est la fille de Zeus et d'Héra, personnifiant la jeunesse et la vitalité. Et ce resto porte bien son nom car il revitalise ce quartier dévolu aux mauvaises cantines pour touristes ! Et pour une fois, l'écrin, épuré et cosy, ne joue pas les faux-semblants. La cuisine met en valeur de délicieux plats bistronomiques de saison élaborés par Michel Portos, chef marseillais doublement étoilé, et le jeune chef Clément Courtemanche. Le soleil est bien là, tout comme l'esprit du Sud, généreux, coloré, appétissant. On aime bien aussi les plats servis en version entrée ou mets principal, les portions qui permettent de partager – ou pas – et les suggestions végétariennes, véganes et créatives ! Bon point enfin pour la fine sélection de vins au verre et pour l'accueil.

Casa di Peppe (plan A2, **35**) : *222, rue Saint-Jacques, 75005. ☎ 01-43-54-78-68. Ⓜ Cluny-La Sorbonne. Tlj midi et soir. Pizzas 12-20 €.* Bienvenue dans la maison de... Peppe, le roi de la pizza ! Napolitain, champion du monde (aux très officielles olympiades annuelles de Naples) et ex-directeur « pizza » du groupe *Big Mamma,* Peppe a un sérieux pedigree. Sa pizza « contemporaine », à pâte fermentée, ultra-fine et soufflée sur les bords, fond en bouche comme du pain chaud. Les garnitures maison sont de qualité et la cuisson au four électrique, un poil plus longue qu'au bois, n'affecte en rien le goût ! Pâtes, risotto et autres suggestions de la Botte complètent la carte. Mais, nous, on vient pour la pizz'. *NOUVEAUTÉ.*

Restaurant Lilane (plan C2-3, **15**) : *8, rue Gracieuse, 75005. ☎ 01-45-87-90-68. Ⓜ Place-Monge. Mar-ven midi et soir, plus sam soir. Fermé dim-lun. Congés : août et fêtes de Noël. Formules déj 24-26 € ; le soir, menus 36-39 €.* Bonne pioche que ce discret restaurant installé en retrait de la rue Monge, sobrement décoré dans les tons chocolat, avec un éclairage tamisé. Avec son atmosphère intimiste, on s'y sent tout de suite bien. Cuisine de bistrot allégée, joliment enlevée et élégamment présentée. La carte offre une palette de plats assez complète entre poissons et viandes. Au dessert, un soufflé chaque mois différent. Vins de propriété servis au verre. Accueil tout sourire.

Les Trublions (plan B2, **19**) : *34, rue de la Montagne-Sainte-Geneviève, 75005. ☎ 01-42-02-87-83. Ⓜ Maubert-Mutualité. Mer-sam midi et soir, plus mar soir. Fermé dim-lun. Formules déj 14,90-19 € ; le soir, menu 35 € ; carte 30-35 €. Digestif maison offert sur présentation de ce guide.* Un resto au cadre contemporain et chaleureux revisitant intelligemment la gastronomie française. Carte courte (un bon signe), qui navigue entre le thon rouge, l'osso-buco de dinde et le mijoté de cochon fermier. Bons desserts, originaux. Demandez une table près du bar, plus intimiste. Le midi, menu au rapport qualité-prix imbattable. Le soir, c'est plus cher mais plus travaillé aussi. Accueil pro et attentionné.

Les Papilles (plan A2, **18**) : *30, rue Gay-Lussac, 75005. ☎ 01-43-25-20-79. Ⓜ Cluny-La Sorbonne ; RER B : Luxembourg. Mar-sam midi et soir. Fermé dim-lun. Congés : fin juil-début août et dernière sem de déc. Formule déj en sem 28 € ; menus 35 € (midi)-38 € ; carte env 35 €.* Ici, la vedette, c'est le vin, même si ce n'est pas à proprement parler un bar à vins. Plutôt un bistrot-épicerie, avec un mur recouvert de casiers où l'on peut choisir des produits régionaux ou une bonne bouteille (possibilité de la boire à table, moyennant un droit de bouchon de 7 €). Côté assiettes, optez pour le menu du jour car les produits sont nickel, et oubliez la carte, qui fait vite grimper l'addition. Seul regret : le plat unique du menu, qui peut ne pas plaire à tout le monde ! Accueil authentique et chaleureux.

Les Délices d'Aphrodite (plan B3, **17**) : *4, rue de Candolle, 75005. ☎ 01-43-31-40-39. Ⓜ Censier-Daubenton. Tlj midi et soir. Formule déj en sem 24,50 € ; pikilia (choix d'entrées froides et/ou chaudes) 13,90-27,50 € ; carte env 50 €.* Voilà un restaurant grec proposant une cuisine fine et aérienne, de l'houmous au tzatziki en passant par le calamar aux épinards, les gambas au fenouil ou les travers de porc. Un sans-faute ! Pas négligeable non plus, un service impeccable et une terrasse où siroter son verre d'ouzo. Carte des vins assez chère.

El Picaflor (plan C2, **20**) : *9, rue Lacépède, 75005. ☎ 01-43-31-06-01. Ⓜ Place-Monge. Mar-sam, le soir jusqu'à 22h30 (dernière commande),* *plus le midi ven-dim. Fermé lun. Résa conseillée. Menus 22,50 € (midi), puis 28 € (sauf ven-sam)-38 € ; menu dégustation (pour 2) 56 €/pers.* Ce « Colibri » (eh oui, *Picaflor*...) propose bien des spécialités du Pérou : *aji de gallina*, ceviche (poisson mariné), *chupe de camarones* (soupe parfumée aux crevettes) et le mystérieux *quinoa atamalada*... sans oublier le *rocoto relleno* (piment farci à la viande) « comme au pays » ! Desserts à base de *lucuma* (fruit exotique péruvien) comme le *capricho de lucuma*. Accueil et cadre chaleureux.

Bon Vivant *(plan C2,* ***21****) : 7, rue des Écoles, 75005. ☎ 01-43-26-51-34. Ⓜ Jussieu ou Cardinal-Lemoine. Tlj 10h-2h. Formules déj 18-22 € ; charcut' à picorer 6-8 €, planches 12-16 € ; carte à partir de 30 €.* « Bonjour, comment ça va ? » Le ton est donné, vous êtes ici comme à la maison, mais on va prendre soin de vous ! Pour les petites bourses et les plus pressés, des douceurs de nos régions (saucisse sèche, terrine, rillettes) au comptoir suffiront, mais le plat du jour, copieux, vaut le détour. Que des bons produits d'éleveurs et producteurs indépendants, soigneusement sélectionnés, pour une cuisine de terroir inventive qui vous réserve bien des surprises ! Belle carte des vins et conseils avisés. Très sympa aussi à l'apéro, autour d'une planche de charcut' artisanale.

De chic à plus chic

Cucina *(plan B1,* ***23****) : 20, rue Saint-Victor, 75005. ☎ 01-44-31-54-54. Ⓜ Maubert-Mutualité. Tlj midi et soir. Carte env 50 €.* Quand Alain Ducasse, le chef français le plus étoilé au monde, se lance dans la cuisine familiale italienne, c'est sans faux-semblants. Car, hormis les kitschissimes saucisses, jambons et autres *fake* charcutailles en tissu suspendus au-dessus du bar, chinés dans le répertoire arty du Whitney Museum de New York, cette *Cucina* est une authentique réussite. Le décor pop mêlant bois blond et couleurs chaudes, l'élégante vaisselle siglée, la carte pointue puisant ses ressources dans le meilleur de la Botte et l'accueil des sympathiques serveurs séduisent et ouvrent l'appétit. Pas d'esbroufe non plus dans les préparations fines et parfumées (hmm, ces *paccheri* à la joue de bœuf fondante), dans les fins *antipasti* et dans les copieux desserts. La carte des vins cogne un peu, mais piochez dans la sélection de vins au verre... et, surtout, démarrez par l'excellent *Spritz della casa*. Ducasse a vu juste.

Kitchen Ter(re) *(plan C1,* ***24****) : 26, bd Saint-Germain, 75005. ☎ 01-42-39-47-48. Ⓜ Cardinal-Lemoine ou Maubert-Mutualité. Mar-sam midi et soir. Fermé dim-lun. Congés : 2 sem en janv et 2 sem en août. Menus déj en sem 26-30 € ; le soir et sam, carte 45-50 €.* 3e adresse parisienne pour William Ledeuil, un chef imprégné des saveurs asiatiques. Dans ce nouveau lieu clair et chaleureux, décoré d'œuvres d'art des années 1950, le chef invente la « trattoria asiatique ». Il met ici en valeur les pâtes, fabriquées en France, à Cucugnan, avec des céréales connues ou délaissées. Il n'oublie pas l'Asie pour autant, dont les condiments et autres bouillons bien relevés rythment viandes, poissons et fruits de mer. Assiettes terriblement graphiques et savoureuses. Accueil souriant et enjoué.

Chez Léna et Mimile *(plan B3,* ***25****) : 32, rue Tournefort, 75005. ☎ 01-47-07-72-47. Ⓜ Censier-Daubenton ou Place-Monge. Mar-dim midi et soir, plus lun soir. Fermé dim-lun en hiver, se renseigner. Plat du jour midi en sem 15,50 € ; carte 45-60 €.* Un resto incontournable du quartier, fondé en 1937 et surplombant une placette calme et arborée ! Inondée de soleil, la terrasse donne tout son charme à l'endroit. De plus, la circulation étant quasi inexistante, son bruit ne couvrira pas vos doux mots d'amour... À préférer donc par beau temps. Quant à la cuisine, franche et sincère, elle met à l'honneur les plats traditionnels de nos régions, et s'aventure même dans le registre moléculaire. Seul bémol : à la carte, l'addition grimpe (un peu trop) vite.

Kokoro *(plan C2,* ***27****) : 36, rue des Boulangers, 75005. ☎ 01-44-07-13-29. Ⓜ Cardinal-Lemoine ou*

Jussieu. Mar-ven midi et soir, plus lun soir. Fermé w-e. Congés : 3 sem en juil. Menus 19,50-25 € le midi, 35 € le soir ; carte env 40 €. Derrière la façade jaune citron, une petite salle discrète surmontée d'une mezzanine. Avant de grimper, coup d'œil sur la cuisine ouverte de ce bistrot nouvelle génération. 2 choix au menu : priorité au frais, au fait maison (y compris le pain), et en avant le talent ! Une créativité qui réveille les papilles sans être outrancière, voilà l'éclair de génie. Les desserts sont eux aussi sublimes. La femme du chef, pâtissière, distille en finesse quelques bonnes idées empruntées à son pays d'origine : le Japon. Bravo, Sakura !

Bars à vins

Grains Nobles et Plus *(plan zoom, **45**) : 8, rue Boutebrie, 75005. ☎ 01-75-57-89-07. 06-65-58-39-05. Ⓜ Saint-Michel ou Cluny-La Sorbonne. Mar-sam, le soir seulement ; le midi sur résa. Fermé dim-lun. Assiette gourmande 20 € ; menus « surprise » 39-73 €. Vins au verre.* Bar à vins (200 références) au cadre ravissant alliant sans complexe vieilles pierres, mobilier contemporain et expos de tableaux modernes (et au sous-sol, beau caveau voûté du XIIIe s pour les dégustations). Les menus jouent la carte du mystère et se dévoilent au fil des plats. Au programme, des produits frais et bien préparés. Périodiquement, dégustations de très grands vins *(résa obligatoire)*. Possibilité d'acheter son coup de cœur sur place de 15h à 23h (sans droit de bouchon). Une adresse exceptionnelle !

Café de la Nouvelle Mairie *(plan B2, **42**) : 19, rue des Fossés-Saint-Jacques, 75005. ☎ 01-44-07-04-41. Ⓜ Cardinal-Lemoine ou Place-Monge ; RER B : Luxembourg. Lun-ven 8h-minuit non-stop ; service midi et soir (apéros dînatoires ven). Fermé w-e. Congés : 3 sem en août et 1 sem à Noël. Plats 12-18 € le midi, 12-22 € le soir. Verres de vin 5-9 €.* À 2 pas du Panthéon, ambiance néorétro pour ce bar à vins un peu jazzy, avec vieux zinc et chaises de bistrot bien patinées dans des teintes sobres et élégantes. Ici se bouscule une clientèle de fidèles heureux de boire un bon vin de pays choisi avec soin par le patron. Belle terrasse en été.

Au Doux Raisin *(plan B2, **43**) : 29, rue Descartes, 75005. ☎ 01-43-29-31-13. Ⓜ Cardinal-Lemoine ou Place-Monge. Tlj, le soir seulement (12h dim) jusqu'à 1h (minuit dim). Formule 19 € ; formule vin-mets 28 € ; carte env 35 €. Digestif maison offert sur présentation de ce guide.* L'ombre de Gabin, Ventura et Audiard plane sur ce bar à vins convivial, qui rend hommage à l'esprit du cinéma français des années 1950-1960. Belle carte de crus de Bourgogne et de vins biodynamiques, agrémentée de petits plats des régions françaises (bourguignons notamment !) ou de copieuses planches de fromage et de charcuterie. De quoi arpenter la Contrescarpe le cœur plein d'allégresse.

Cave Mavrommatis *(plan B3, **44**) : 49, rue Censier, 75005. ☎ 01-45-34-64-95. Ⓜ Censier. Jeu-sam midi et soir, plus le midi lun-mer. Fermé dim. Congés : 2e-3e sem d'août. Formules déj 13,50-16,50 € ; mezze 5,50-10,50 €.* Juste à côté du traiteur et du restaurant gastronomique voisins et du même nom, où les frères Mavrommatis rendent hommage à leurs racines chypriotes. Ici, une petite salle et quelques tables pour goûter à quelques-uns des 80 cépages grecs, en accompagnant chaque verre de fins et délicieux *mezze*. Pas de panique, on vous guidera avec le sourire dans votre dégustation.

Où boire un verre ?

Saint-Michel et Mouffetard sont des quartiers mythiques de la vie nocturne parisienne avec leurs dizaines de bars, pubs et clubs, pris d'assaut chaque week-end par les étudiants et les touristes... Impossible de s'ennuyer ! Malheureusement, dans cette jungle pour oiseaux de nuit, il y a vraiment à boire (c'est le cas de le dire) et à manger. Dans le coin de Saint-Michel, on fait le plein de *good vibes* au ***Mulberry Street*** *(plan zoom,* ***88*** *; 20, rue de la Huchette),* avec ses savoureux cocktails, et au ***Caveau des Oubliettes*** *(plan zoom,* ***89*** *; 20, rue Galande),* un bar jazz (avec superbe cave médiévale) qui se couche tard, très tard ! Dans le quartier de la Mouff', on a bien aimé ***La Petite*** *(plan B2,* ***81*** *; 53, rue Lacépède),* pour sa belle terrasse donnant sur la place de la Contrescarpe, ***Chapi Chapo*** *(plan B2,* ***86*** *; 50, rue Descartes),* pour sa déco décalée et ses cocktails, et ***Le Bar de Fer*** *(plan B2,* ***87*** *; 7, rue du Pot-de-Fer),* pour son ambiance et sa carte des vins. Parmi nos autres adresses coups de cœur, ici et ailleurs :

🍷 ⛱ ***Le Verre à Pied*** *(plan B3,* ***50****)* **:** *118 bis, rue Mouffetard, 75005. ☎ 01-43-31-15-72. Ⓜ Censier-Daubenton. Mar-dim 9h-22h (9h30-16h dim). Fermé lun. Demis 2,60-3,80 € au bar, 3,80-4,50 € en salle ; vins au verre à partir de 3,50 €. Formule déj en sem 17 € ; plats du jour 13-14 € le midi, 16 € le soir ; assiettes de charcuterie ou de fromages à partir de 8 €.* Un des derniers vestiges du côté village du bas Mouffetard. Beaucoup d'âme et de cachet, donc, pour ce vieux bistrot parigot, inchangé depuis 1914-1918. Carrelage, poêle antique en fonte, tables de café classiques... Habitués, journalistes et artistes s'y côtoient fraternellement dans une atmosphère très Marcel Carné. La meilleure table ? Celle des dinosaures. Expos temporaires de peintres ou de photographes.

🍷 ⛱ ***Le Café Léa*** *(plan B3,* ***51****)* **:** *5, rue Claude-Bernard, 75005. ☎ 01-43-31-46-30. Ⓜ Censier-Daubenton. Tlj 8h30 (10h dim)-2h ; service le midi seulement.* Un sympathique café toujours animé, où les jeunes (et moins jeunes) du coin ne manquent jamais de passer, du petit noir du matin au dernier mojito. Une alternative rafraîchissante aux usines à bières du quartier Mouffetard, avec son comptoir en bois « dans son jus », sa grande baie vitrée, ses murs colorés et ses chaises dépareillées. Quelques tartines et *mezze* à partager entre copains.

6e ARRONDISSEMENT

• Plan *p. 64-65*

D'un côté, le Luxembourg et les universités de médecine ; de l'autre, Saint-Germain-des-Prés, dont les emblématiques *Café de Flore* et *Les Deux Magots* tentent de prolonger l'âme germanopratine. À mi-chemin, l'Odéon, véritable organe vivant du 6e, fait le trait d'union entre Saint-Sulpice et la Seine. Bonnes petites pioches du côté de la célèbre rue des Canettes et du marché Saint-Germain, dont le périmètre est jalonné de « rues de la Soif » le soir venu, lorsque les bars prennent vie... De l'autre côté du carrefour, vers la Seine, le microquartier Saint-André-des-Arts fait office d'îlot pittoresque avec son dédale de rues semi-piétonnes et ses vieilles façades biscornues. Comme partout, on y trouve à boire et à manger en quantité, mais on y a décelé quelques petites perles... Animation constante et nombreux bars dans tout ce périmètre traversé par l'imposant boulevard Saint-Germain.

Où manger ?

Sur le pouce

Cosi *(plan zoom,* ***2****)* **:** *54, rue de Seine, 75006. ☎ 01-46-33-35-36. Ⓜ Mabillon. Tlj 12h-23h. Sandwichs 6,50-9 €, salades 8,50-10 € ; menus salade ou sandwich + boisson + dessert 10,50-13,50 €.* Cadre et musique de circonstance, très *cosi (fan tutte),* pour soigner l'entrée en scène de la diva des lieux. Le pain sort du four sous vos yeux. Plusieurs formules, du « Naked Willi », à base de ricotta et légumes rôtis, à la « Perfide Albion », qui s'accommode naturellement de rosbif, tomates confites à la coriandre et oignons rôtis. Également les traditionnels crumbles et tiramisù. Le tout à déguster au 1er étage ou à emporter. Vins au verre et thés de qualité. *Autre adresse au 5, rue des Filles-du-Calvaire, dans le 3e (congés : 2 sem en août).*

Cul de Cochon *(plan zoom,* ***3****)* **:** *32, rue de Buci, 75006. ☎ 01-43-25-63-41. Ⓜ Mabillon ou Odéon. Tlj 10h-15h30, 16h-19h (18h dim). Sandwichs 5,90-7,50 €, plats 7,50-9,90 € ; formules déj 9,90-13 €.* Un traiteur de grande qualité, qui propose toutes sortes de bons produits, mais surtout de bons sandwichs ainsi que des plats mijotés à emporter et des salades. La plupart des jambons et charcuteries sont sans nitrite et choisis parmi les meilleurs producteurs d'Aveyron, des Landes ou du Limousin. Quant aux fromages, ils sont tous fabriqués au lait cru. Quelques savoureux plats cuisinés en hiver, gentiment nostalgiques : bœuf bourguignon, petit salé aux lentilles, blanquette de veau, tartiflette, cassoulet... Et salades composées en été. Ici, les pauses déj n'ont pas la même saveur qu'ailleurs !

Evi Evane *(plan A2,* ***1****)* **:** *20, rue Saint-Placide, 75006. ☎ 01-71-70-60-59. Ⓜ Sèvres-Babylone ou Saint-Placide. Lun-sam 10h-20h. Fermé dim. Formules 10,90-15,50 €.* Coup de cœur pour cette petite boutique-traiteur où fleurent bon les spécialités grecques. Tarama maison, généreuses salades composées, divine moussaka, boulettes de viande ou de courgettes, feuilletés et autres plats du jour savoureux... à emporter ou à consommer sur place, et servis avec le sourire. On est un peu coincés sur des tabourets hauts dans le passage, mais aux beaux jours quelques tables sont posées sur le trottoir. Les propriétaires possèdent le restaurant du même nom rue Guisarde, vers Odéon (voir plus bas), et une autre boutique-traiteur dans le 9e *(49, rue Condorcet).*

Lebon (plan B2, **4**) : *91, rue de Rennes, 75006. ☎ 01-43-21-67-47. Ⓜ Saint-Sulpice. Lun-sam 11h-18h. Fermé dim. Sandwichs 6-6,50 € ; formules déj 8,80-12,80 €. Un cannelé offert sur présentation de ce guide.* Une sandwicherie nouvelle génération, qui s'est fixé comme objectif de servir les meilleurs casse-croûte de Paname ! Préparés à la commande, ils contiennent au choix jambons, viandes ou salaisons artisanales, fromages fermiers AOP de nos provinces et légumes frais. On doit avouer une petite préférence pour celui au rosbif, à accompagner d'une moutarde à l'ancienne et de cornichons. On peut déguster sur place, mais on vous conseille plutôt de filer sur la place Saint-Sulpice ou au jardin du Luxembourg pour vous régaler.

Très bon marché

Bouillon Chartier Montparnasse (plan A3, **7**) : *59, bd du Montparnasse, 75006. ☎ 01-45-49-19-00. Ⓜ Montparnasse-Bienvenüe. Tlj 11h30-23h (dernière commande). Attention, pas de résa ; il peut y avoir la queue aux heures de pointe ! Menu 16,70 € ; carte 15-20 €.* Établi ici dès 1903, l'établissement avait abandonné le quartier. Mais son extraordinaire décor Art nouveau, dûment classé, est à nouveau en haut de l'affiche. Carte de bouillon classique et parfaitement recommandable, où les poireaux-vinaigrette voisinent avec le céleri rémoulade et où la choucroute répond au petit salé aux lentilles. Service empressé et taquin, à la parisienne !

Au Pied de Fouet (plan B1, **9**) : *3, rue Saint-Benoît, 75006. ☎ 01-42-96-59-10. Ⓜ Saint-Germain-des-Prés. Lun-sam midi et soir. Fermé dim. Pas de résa. Plats 10-12 € ; carte 20-25 €. Apéritif maison ou café offert sur présentation de ce guide.* Une réplique zinc pour zinc de leur 1re adresse, située rue de Babylone. Même gouaille, même bonne humeur et même cuisine canaille, à choisir à l'ardoise. Ici aussi, on a l'impression de courber l'échine pour monter en mezzanine... Comme les aubaines sont plutôt rares dans le quartier, on y prend vite ses habitudes.

Kodawari Ramen (plan zoom, **8**) : *29, rue Mazarine, 75006. ☎ 09-70-91-12-41. Ⓜ Odéon. Tlj midi et soir. Ramen 12-18 € ; carte env 20 €.* Ce resto populaire est la reconstitution « vintage » d'un *yokocho* (ruelle) du quartier de Shinjuku, à Tokyo. On se croirait dans un film d'Ozu des années 1960 ! Vieilles affiches déchirées de prévention des accidents, câbles pendouillant au plafond, murs sombres, tôles ondulées, lanières en plastique transparent à l'entrée... On ne sert ici que des soupes de nouilles de blé *(ramen),* à déguster dans de gros bols. Courte carte, mais rien que du bon et du frais. Le resto fait vite le plein. On peut manger au bar ou sur de petites tables posées sur des caisses de bière Kirin, laquelle est servie en bock. Service rapide et attentionné. *Autre adresse au 12, rue de Richelieu, dans le 1er.*

Thuy Long (plan A3, **32**) : *111, rue de Vaugirard, 75006. ☎ 01-45-49-26-01. 📱 06-63-16-08-22. Ⓜ Montparnasse-Bienvenüe, Duroc ou Falguière. Lun-sam midi et soir. Fermé dim. Congés : août. Formules 11-14 € ; carte env 15 €. 1 entrée/pers au choix offerte sur présentation de ce guide.* Une gargote vietnamienne sans prétention, où on se régale pour quelques euros. Rouleaux de printemps à la mangue et aux crevettes, bo bun accompagné de viande parfumée au saté ou de canard laqué, *phó,* raviolis vapeur fumants : tout est fait maison et excellent. La déco n'est pas des plus réussie, mais qui s'en soucie ? Le bon plan que l'on n'espérait plus dans ce quartier très onéreux.

Jixiao's Buns (plan C1, **35**) : *19, quai des Grands-Augustins, 75006. ☎ 01-42-02-77-37. Ⓜ Saint-Michel. ♿ Lun-sam midi et soir, dim 12h-15h. Congés : 3 sem en sept. Buns et plats 6-12 €.* Ce petit local niché dans un vénérable immeuble du Moyen Âge accueille une cantine chinoise originale et savoureuse. Vous découvrirez des chefs affairés derrière leur comptoir, en pleine préparation de *shengjian,* de savoureuses ravioles fourrées de porc ou de légumes, originaires de la région

6e

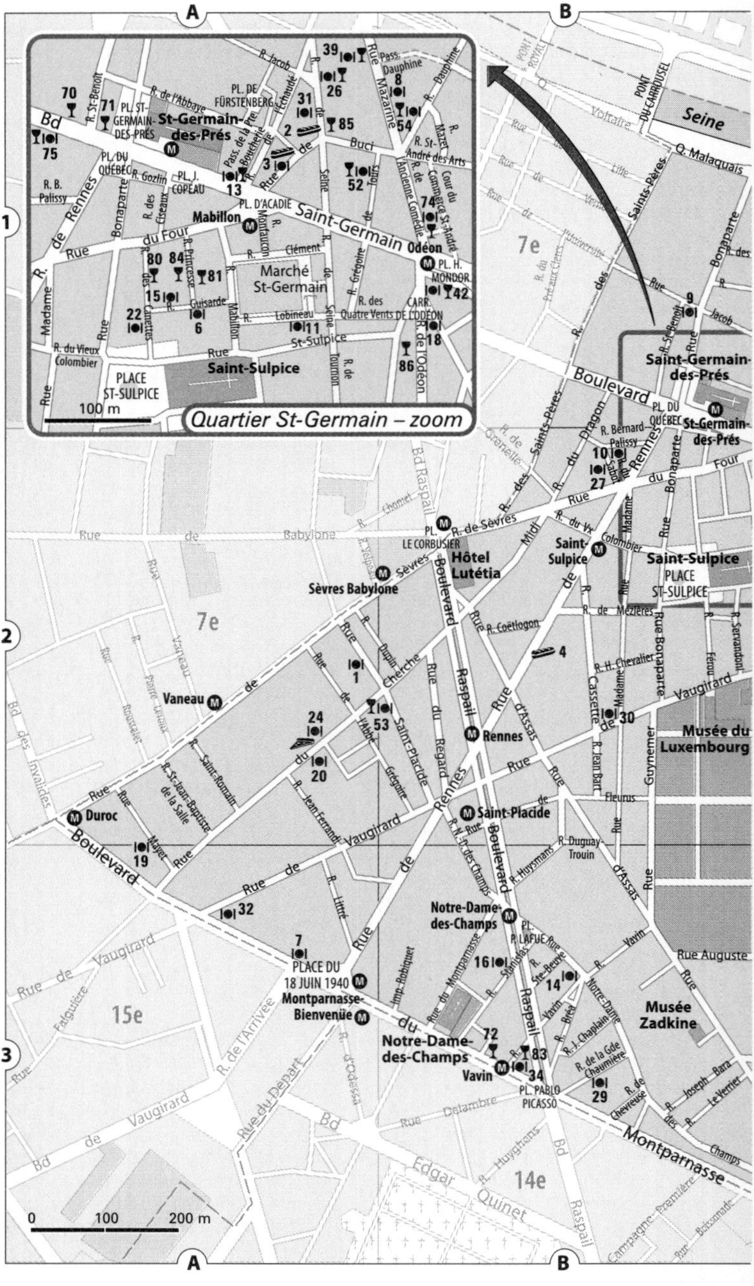

Quartier St-Germain – zoom
100 m
St-Germain-des-Prés
PL. ST-GERMAIN-DES-PRÉS
PL. DE FÜRSTENBERG
R. Jacob
R. de l'Abbaye
R. St-Benoît
Bd Saint-Germain
PL. DU QUÉBEC
R. Gozlin
PL. J. COPEAU
R. B. Palissy
R. de Rennes
Bonaparte
R. des Ciseaux
PL. D'ACADIE
Mabillon
Odéon
PL. H. MONDOR
Rue du Four
R. Princesse
R. des Canettes
R. Guisarde
R. Mabillon
R. Clément
Marché St-Germain
R. Lobineau
Rue St-Sulpice
Saint-Sulpice
PLACE ST-SULPICE
R. du Vieux Colombier
Rue Madame
R. Grégoire de Tours
R. de Seine
R. de Buci
Rue Mazarine
Pass. Dauphine
R. Dauphine
R. Mazet
R. St-André des Arts
R. de l'Ancienne Comédie
Cour du Commerce St-André
R. des Quatre Vents
CARR. DE L'ODÉON
R. de l'Odéon
R. de Tournon
R. Montfaucon
Pass. de la Petite Boucherie
R. de l'Échaudé
39 26 8 31 85 54 70 71 75 2 3 13 52 74 80 84 81 15 22 6 11 42 18 86
7e
Seine
PONT ROYAL
PONT DU CARROUSEL
Q. Voltaire
Q. Malaquais
Rue de Lille
Rue de Verneuil
Rue de l'Université
R. du Pré-aux-Clercs
R. des Saints-Pères
Rue Jacob
R. Bonaparte
Saint-Germain-des-Prés
Boulevard St-Germain
PL. DU QUÉBEC
R. Bernard-Palissy
R. du Dragon
R. de Grenelle
Rue du Four
R. du Vx Colombier
Saint-Sulpice
Saint-Sulpice
PLACE ST-SULPICE
Bd Raspail
R. Chomel
PL. LE CORBUSIER
R. de Sèvres
Hôtel Lutétia
Rue de Babylone
Sèvres Babylone
Rue du Cherche Midi
Rue de Sèvres
R. Coëtlogon
R. de Mézières
R. H. Chevalier
Rue Bonaparte
R. Férou
R. Servandoni
Rue Vaugirard
Musée du Luxembourg
Rue Cassette
R. Jean Bart
Rue Guynemer
Rue de Fleurus
Rue d'Assas
Rennes
Saint-Placide
Rue Saint-Placide
Rue du Regard
Boulevard Raspail
Rue de Rennes
R. Dupin
R. de l'Abbé Grégoire
Rue Vaneau
Vaneau
R. Pierre Leroux
R. Rousselet
Bd des Invalides
Duroc
Boulevard du Montparnasse
R. St-Jean-Baptiste de la Salle
R. Saint-Romain
R. Jean Ferrandi
Rue de Vaugirard
R. Mayet
R. Littré
R. N.-D.-des-Champs
R. Huysmans
R. Duguay-Trouin
Notre-Dame-des-Champs
PL. LAFUE
Imp. Robiquet
Rue du Montparnasse
Rue Stanislas
Rue Ste-Beuve
R. Vavin
R. Bréa
R. J. Chaplain
Rue Notre-Dame-des-Champs
R. de la Gde Chaumière
R. de Chevreuse
Rue Auguste
Musée Zadkine
R. Joseph Bara
R. Le Verrier
R. des Champs
PLACE DU 18 JUIN 1940
Montparnasse-Bienvenüe
Notre-Dame-des-Champs
Vavin
PL. PABLO PICASSO
15e
14e
Rue de Vaugirard
Rue Falguière
R. de l'Arrivée
Rue du Départ
R. d'Odessa
Rue Delambre
R. Huyghens
Bd Edgar Quinet
Bd Raspail
Campagne-Première
Rue Boissonade
0 100 200 m
A B 1 2 3
1 4 7 9 10 14 16 19 20 24 27 29 30 32 34 53 72 83

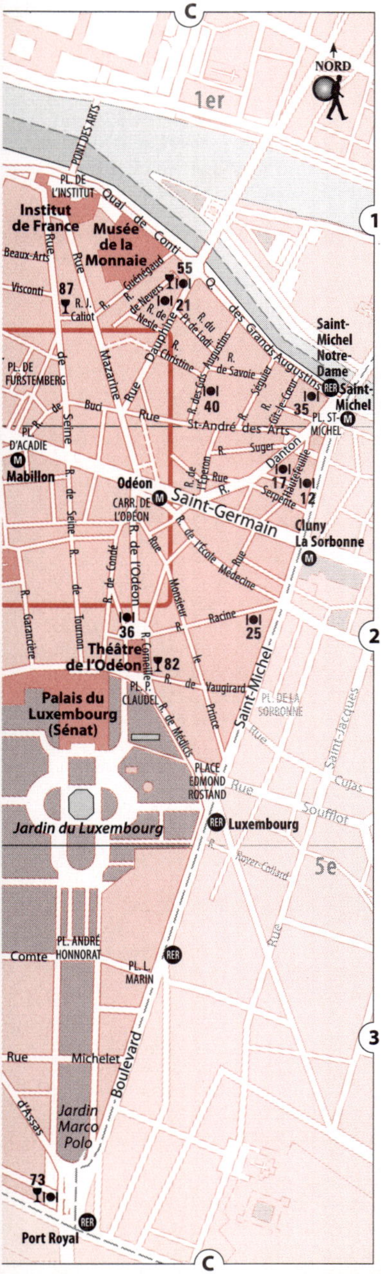

Où manger ?

1 Evi Evane (A2)
2 Cosi (zoom)
3 Cul de Cochon (zoom)
4 Lebon (B2)
6 L'Abattoir Végétal (zoom)
7 Bouillon Chartier Montparnasse (A3)
8 Kodawari Ramen (zoom)
9 Au Pied de Fouet (B1)
10 Eggs & Co, Barista Café (B2)
11 Le Petit Vatel (zoom)
12 Café de la Tourelle (C2)
13 La Rhumerie (zoom)
14 Quartier Vavin (B3)
15 Evi Evane (zoom)
16 La Gentiane (B3)
17 La Lozère (C2)
18 Breizh Café (zoom)
19 H Kitchen (A2-3)
20 La Cantine du Troquet (A2)
21 Desi Road (C1)
22 Boucherie Roulière (zoom)
24 Anima (A2)
25 Bouillon Racine (C2)
26 Fish, la Boissonnerie (zoom)
27 Blueberry (B2)
29 Esttia (B3)
30 Clasico Argentino (B2)
31 Semilla (zoom)
32 Thuy Long (A3)
34 Le Relais de l'Entrecôte (B3)
35 Jixiao's Buns (C1)
36 La Méditerranée (C2)
39 L'Alcazar (zoom)
40 KGB (C1)
42 Le Comptoir du Relais (zoom)

Bars à vins

42 L'Avant-Comptoir et L'Avant-Comptoir de la Mer (zoom)
52 La Grande Crèmerie (zoom)
53 Sauvage (A-B2)
54 Etna (zoom)
55 Chez Nous (C1)

Cafés-restos historiques

70 Le Café de Flore (zoom)
71 Les Deux Magots (zoom)
72 Le Sélect (B3)
73 La Closerie des Lilas (C3)
74 Le Procope (zoom)
75 Brasserie Lipp (zoom)

Où boire un verre ?

80 Chez Georges (zoom)
81 Tiger (zoom)
82 Au Petit Suisse (C2)
83 Cubana Café (B3)
84 Eden Park Pub (zoom)
85 Le Bar du Marché (zoom)
86 Le 10 Bar (zoom)
87 La Palette (C1)

6e ARRONDISSEMENT

de Shanghai. Attention, il y a quelques précautions à prendre avant de vous jeter dessus : aspirez d'abord avec une paille le jus brûlant à l'intérieur ! Également des soupes de nouilles généreuses et bien relevées, à composer selon ses envies. Service rapide et sans façon. Beaucoup de monde, mieux vaut arriver en début ou en fin de service.

Bon marché

Le Petit Vatel (plan zoom, **11**) : *5, rue Lobineau, 75006. ☎ 01-43-54-28-49. Ⓜ Mabillon ou Odéon. Mar-sam midi et soir. Fermé dim-lun. Congés : 22 déc-6 janv. Formules déj en sem 15-17 € ; carte env 30 €. Verres de vin à partir de 4 €.* Cette adresse de poche du marché Saint-Germain, au décor agréable et quelque peu suranné, est tenue par une sympathique cheffe. Essayez la terrine maison, les farcis ou les plats mijotés ; le bon rapport qualité-prix de ce resto vous semblera encore plus évident. Attention, peu de tables : aux beaux jours, essayez de réserver celle en terrasse.

La Rhumerie (plan zoom, **13**) : *166, bd Saint-Germain, 75006. ☎ 01-43-54-28-94. Ⓜ Mabillon ou Saint-Germain-des-Prés. Tlj 9h-minuit (1h mar-mer, 2h jeu, 2h30 ven-sam). Assiettes antillaises (au déj) 14,50-18,50 € ou créoles (le soir) 15,50 €, plats et salades 10,50-13,50 € ; menus 17,80-23,80 €. Cocktails sans ou avec alcool 7-12,90 €.* Depuis 1932, la « rhumerie martiniquaise » a pour vocation de faire connaître la douceur des Antilles. Institution parisienne familiale (c'est la 4e génération), *La Rhumerie* reste un repère à Saint-Germain, et le repaire d'étudiants, de Parisiens et de touristes séduits par un exotisme abordable. Ici, la « route des rhums » navigue de la Martinique à la Polynésie en passant par le Brésil ! Large éventail de punchs et cocktails, on s'en doute. Lumineuse véranda donnant sur le boulevard, bien agréable en hiver. La cuisine fraîche sent le soleil des îles (acras, boudin créole...), et l'addition cogne moins fort que le rhum, à condition de rester mesuré !

Café de la Tourelle (plan C2, **12**) : *5, rue Hautefeuille, 75006. ☎ 01-46-33-12-47. Ⓜ Odéon ou Saint-Michel. Lun-sam midi et soir. Fermé dim. Congés : 3 premières sem d'août. Formule déj 17 € ; carte env 26 €.* Dans l'une des plus anciennes maisons du quartier, vieille de 5 siècles, avec, à l'angle, une magnifique tourelle en encorbellement, se niche un resto familial, inchangé depuis des décennies. La clientèle d'habitués pioche dans une carte succincte et sans artifice, à l'image de la petite salle aux allures de bistrot d'antan. Service rapide pour une halte reconstituante midi et soir, autour d'une cuisine traditionnelle, maison et intemporelle, avec des pommes grenaille en accompagnement d'une andouillette ou d'un foie de veau. Accueil particulièrement gentil.

Eggs & Co, Barista Café (plan B2, **10**) : *11, rue Bernard-Palissy, 75006. ☎ 01-45-44-02-52. Ⓜ Saint-Germain-des-Prés. Jeu-mar 10h-17h (18h w-e ; dim brunch seulement). Fermé mer. Pas de résa le w-e. Carte 10-23 € ; brunchs 22-29 €.* Une adresse de poche dédiée à l'œuf dans tous ses états (mais toujours fermier !) : brouillé, en omelette, meurette, au plat, Bénédicte, à la coque... Ambiance maison de campagne, décor champêtre (et bas de plafond !) au 1er étage, côté basse-cour ou mezzanine, service enjoué et décontracté, assiettes copieuses et goûteuses. Pour les affamés, l'œuf s'accompagne de saumon, d'un steak (très bon burger), de légumes... Idéal pour le déjeuner ou le brunch (servi tous les jours).

Quartier Vavin (plan B3, **14**) : *18, rue Vavin, 75006. ☎ 01-43-26-67-47. Ⓜ Vavin ou Notre-Dame-des-Champs. Tlj 7h30 (8h30 dim)-minuit ; service continu 11h30-23h30. Formule déj en sem 18,50 € ; tapas 8-14 € ; carte 25-30 €.* Une belle brasserie d'angle, où la clientèle, à l'image de ce quartier chic et étudiant (la fac d'Assas est toute proche), remplit les tables du matin au soir. Cadre sympathique en salle, qui rivalise avec la vaste et agréable terrasse. Côté cuisine, des classiques de brasserie bien troussés, du bœuf d'Aubrac jusque dans les burgers, des planches et de belles salades. Côté douceurs, tartes maison et glaces *Berthillon*.

La Lozère *(plan C2, **17**) : 4, rue Hautefeuille, 75006. ☎ 01-43-54-26-64. Ⓜ Saint-Michel ou Odéon. Mar-sam midi et soir. Fermé dim-lun. Menu déj 22,50 € (verre de vin compris).* De bonnes spécialités régionales, à déguster dans un cadre simple et fraîchement rénové. À la carte, entre autres, pâté caussenard au genièvre, agneau de Lozère, fondante viande d'Aubrac, ou encore le fameux aligot. En face du resto se trouvent l'espace tourisme et son épicerie fine lozérienne, proposant des produits du terroir et d'artisanat *(mar-sam 10h-12h30, 13h30-18h30).*

Clasico Argentino *(plan B2, **30**) : 46, rue Madame, 75006. ☎ 09-84-04-00-66. Ⓜ Rennes. Tlj midi et soir (jusqu'à minuit sam). Formules déj 14-19 € ; menus 20-24 €.* Un de ces p'tits restos monomaniaques, qui propose ici des *empanadas (4 €),* ces merveilles de petits chaussons fourrés qui se grignotent à toute heure... La pâte maison, dorée au four, renferme de généreuses garnitures : fromage et oignons, bœuf, poulet, thon, épinards, etc. On en compte 2 ou 3 suivant les appétits. En dessert, impossible de faire l'impasse sur la glace au *dulce de leche,* cet incontournable vendu au rayon épicerie, comme les fameux *alfajores. Autres adresses aux 56, rue de Saintonge (ouv dim) et 8, rue du Pas-de-la-Mule (3e), 22, rue Henry-Monnier (9e), 27, rue de Cotte (12e) et 25, rue Pierre-Demours (17e).*

Prix moyens

L'Abattoir Végétal *(plan zoom, **6**) : 9, rue Guisarde, 75006. ☎ 09-83-54-56-76. Ⓜ Mabillon. Mar-sam 12h-23h30, dim 11h-16h. Fermé lun.* L'ancienne boucherie s'est mise au diapason d'un bon bistrot-*coffee shop* végan et bio qui affiche vite complet. Colorées et élaborées, les assiettes suivent saisons et humeur du chef, qui puise son inspiration aux 4 coins du globe. Aubergine rôtie au four-salsa de mangue, frites maison à la truffe – la spécialité !)... Outre la carte des vins, une poignée de cocktails, et autant de « mocktails » (sans alcool), des jus, ainsi que du bissap, kéfir de fruit ou mélange santé. Service chaleureux. *Les amateurs retrouveront l'adresse rive droite, rue Ramey (18e). NOUVEAUTÉ.*

Breizh Café *(plan zoom, **18**) : 1, rue de l'Odéon, 75006. ☎ 01-42-49-34-73. Ⓜ Odéon. Tlj midi (dès 10h sam-dim) et soir. Formule déj en sem 19 € ; le soir, carte 20-40 € selon appétit !* Après Cancale, Paris et Tokyo, le Breton Bertrand Larcher plante ici une crêperie version gastro. Ingrédients de haute qualité (jambon blanc artisanal, beurre Bordier, œufs et saumon bio irlandais...) et créativité constituent la recette de son succès. Certaines crêpes sont même présentées en *rolls,* façon... sushis ! Cidres fermiers exceptionnels. La sélection du marché met en avant les produits de saison, comme les langoustines en provenance du Guilvinec. Service sympathique et empressé. Une adresse qui fait le plein, malgré des prix dépassant le budget des étudiants du quartier. Belle terrasse.

La Gentiane *(plan B3, **16**) : 4, rue Stanislas, 75006. ☎ 01-45-48-11-39. Ⓜ Vavin. Lun-ven midi et soir. Fermé w-e. Formule déj 21 € ; carte env 35 €.* Décor plein de nostalgie pour cette adresse à l'atmosphère chaleureuse, évoluant entre chalet de montagne auvergnat et resto routier. Papier peint gentiment kitsch, flipper vintage, vieilles enseignes à la gloire de la Suze ou de la Salers, curieuse collection de figurines représentant des cochons... Peu commun dans un quartier guindé comme Montparnasse ! Dans l'assiette, une cuisine généreuse et réconfortante, qui donne envie de gueuletonner comme autrefois. La formule déj est imparable, mais la carte a de bonnes ressources : essayez donc le pot-au-feu, la spécialité de la maison ! En dessert, gaufre ou tarte aux pralines roses ? Accueil chaleureux et service efficace.

Fish, la Boissonnerie *(plan zoom, **26**) : 69, rue de Seine, 75006. ☎ 01-43-54-34-69. Ⓜ Mabillon. Tlj midi et soir. Fermé le midi et le w-e en août. Congés : 1 sem en août et 1 sem fin déc. Le midi, formule 16,50 € et menus 26-29 € ; carte env 45 €. Verres de vin 6-12 €.* Ne soyez pas trop surpris si vous entendez que la plupart des clients *speak English* : les patrons sont tout simplement anglo-saxons, ce qui ne les empêche pas de connaître nos vignobles mieux que pas mal de *Frenchies.* De la vallée du Rhône au Languedoc-Roussillon, de la Provence à la Loire, on boit ici en majesté... et en essayant de raison garder. Et les assiettes ? Du genre bistronomiques, savoureuses, ensoleillées et plébiscitées par une foule d'habitués. Mêmes proprios qu'en face (*Semilla, Cosi* et *Freddy's*). Un coup de cœur !

Evi Evane *(plan zoom,* ***15****) : 10, rue Guisarde, 75006. ☎ 01-43-54-97-86. Ⓜ Mabillon. Mar-sam midi et soir (jusqu'à minuit). Fermé dim-lun. Formules déj 22,50-27,50 € ; carte 35-40 €.* Les banquettes le long des murs de pierre blonde et les quelques tables de bistrot ne donnent pas d'indice sur les origines de la cuisine. Le mystère se dissipe vite à la lecture de la carte, qui décline des spécialités grecques. Les sœurs Nikolaou assurent, en salle et aux fourneaux (quand elles ne sont pas dans l'une de leurs 2 autres adresses), avec des plats subtils et généreux qui fleurent bon le soleil méditerranéen. Incontournable, le tarama blanc, servi avec des blinis maison, se partage entre amis, mais la moussaka se déguste égoïstement ! Ne vous cantonnez pas à ces délicieux classiques, vous vous priveriez de plats plus créatifs qui donnent furieusement envie de partir en Grèce l'été prochain.

La Cantine du Troquet *(plan A2,* ***20****) : 79, rue du Cherche-Midi, 75006. ☎ 01-43-27-70-06. Ⓜ Vaneau ou Saint-Placide. Lun-ven midi et soir. Fermé w-e. Congés : 1re sem de janv et 2 sem en août. Menus 35-40 € ; plats 19-25 € ; carte env 38 €.* Et de 4 ! Le pétulant Christian Etchebest a planté le décor de sa 4e cantine dans une salle chaleureuse aux murs de pierres apparentes. À l'entrée, les recalés (pas de résa possible) prennent l'apéro en attendant qu'une table se libère. Au fond, une cuisine de poche d'où sortent les plats qui ont fait la renommée du chef bistronomique : terrine de boudin, oreilles de cochon grillées, cabillaud en croûte de chorizo et haricots blancs, échine de cochon Ibaïona... accompagnés de grosses frites maison, pour finir par l'inénarrable riz au lait ! Simple et efficace. Service adorable.

Desi Road *(plan C1,* ***21****) : 14, rue Dauphine, 75006. ☎ 01-43-26-44-91. Ⓜ Saint-Michel, Odéon ou Pont-Neuf. W-e midi et soir, plus le soir mar-jeu. Fermé lun. Formules déj 18-20 € ; thalis 24-34 € ; carte 28-30 €. 1 naan nature ou au fromage offert sur présentation de ce guide.* Joli bistrot chic d'inspiration indo-british, petit frère de *MG Road* dans le Marais. Le concept est réussi et renouvelle totalement l'image de la gastronomie indienne en France. La carte, elle aussi, se veut atypique : le chef, né et formé à Bombay, prépare d'authentiques *thalis,* ces plateaux ronds de métal sur lesquels sont disposées des coupelles avec différentes spécialités : *dal,* curry de viande ou de poisson et autres préparations savoureuses mais, attention, bien relevées. Formule végétarienne possible, végane également.

Boucherie Roulière *(plan zoom,* ***22****) : 24, rue des Canettes, 75006. ☎ 01-43-26-25-70. Ⓜ Saint-Sulpice ou Mabillon. Tlj midi et soir. Carte et ardoise 30-40 €.* L'enseigne donne le ton : le propriétaire, boucher à Tours, met un point d'honneur à servir une viande de 1er choix. Et la salle tout en longueur, avec ses tables en bois et son carrelage en damier, joue la convivialité. La cuisine classique aux portions généreuses et le service attentionné ont séduit les aficionados de bonne viande. Pas de menu, dommage... Également quelques poissons, et des vins de propriétaires récoltants pour accompagner le tout. 2 ou 3 petites tables en terrasse en saison.

Le Relais de l'Entrecôte *(plan B3,* ***34****) : 101, bd du Montparnasse, 75006. ☎ 01-46-33-82-82. Ⓜ Vavin. Tlj midi et soir. Pas de résa. Menu unique 27,50 €.* Quel est donc le secret de cette *success story* au succès ininterrompu depuis belle lurette, qui a essaimé à travers Paris et jusqu'à Genève ? Une recette unique servie midi et soir avec empressement : salade verte aux noix suivie d'un contre-filet fondant accompagné d'une sauce iconique et de pommes allumettes croustillantes. À peine le temps de dire ouf qu'on vous ressert : ouf ! Les desserts maison, en supplément *(env 6,50 €),* sont fameux eux aussi. Une institution parisienne qui a la cote (de bœuf) : venez en horaires décalés pour éviter l'attente. *NOUVEAUTÉ.*

Bouillon Racine *(plan C2, **25**) : 3, rue Racine, 75006. ☎ 01-44-32-15-60. Ⓜ Cluny-La Sorbonne ou Odéon. ♿ Tlj midi et soir. Congés : 1er-15 août. Formule déj en sem 17,50 € ; menu-carte 35 €. Cocktail du Bouillon offert sur présentation de ce guide.* Une institution plus que centenaire du Quartier latin, qui a aussi servi de cantine pour le personnel de la Sorbonne avant de retrouver son lustre d'antan ! Magnifique, le décor Art nouveau nous plonge dans le faste et l'ambiance Belle Époque : sol en mosaïque, miroirs peints, boiseries ciselées, motifs floraux... Pas de trompe-l'œil dans l'assiette, les plats traditionnels de saison fleurent bon le terroir, et le menu du jour ne dupe personne. Petit bar à vins juste à côté, *Le Bar du Bouillon.* Une belle adresse !

Anima *(plan A2, **24**) : 78, rue du Cherche-Midi, 75006. ☎ 01-40-47-90-41. Ⓜ Saint-Placide, Rennes ou Vaneau. ♿ Tlj midi et soir. Pizzas 14-22 € ; carte 30-40 €.* Bar en marbre veiné, énorme four à pizzas en mosaïques et chefs siciliens maîtrisant leur sujet. Le lieu fait toujours le buzz dans le quartier ! Outre les bonnes pizzas, le *vitello tonnato* ne laisse pas indifférent, et la friture de calamars et beignets de légumes, absolument délicieuse, nous a donné envie d'y retourner.

Esttia *(plan B3, **29**) : 11, rue de la Grande-Chaumière, 75006. ☎ 01-72-60-43-63. Ⓜ Vavin. ♿ Mar-sam midi et soir. Fermé dim-lun. Congés : 3 sem en août. Menu 36 €.* Cachée dans une petite rue perpendiculaire au boulevard du Montparnasse, voici une belle trouvaille. Le jeune couple de cuisiniers aux fourneaux, qui est passé par de belles maisons, souhaite désormais écrire sa propre histoire. Il sert ainsi, dans cet espace confortable et bien éclairé, une cuisine bistronomique inventive et colorée, qui possède la fougue de la jeunesse et le soleil méditerranéen. Carte qui reste toutefois équilibrée, oscillant entre terre et mer : ravioles de crabe dans une émulsion à la *sambuca,* quasi de veau-petits pois, lavande et graines de courge... Clientèle aux anges, trop heureuse de manger si bien à des prix si contenus. Carte des vins plutôt futée. Terrasse en saison.

De chic à plus chic

Semilla *(plan zoom, **31**) : 54, rue de Seine, 75006. ☎ 01-43-54-34-50. Ⓜ Mabillon ou Saint-Germain-des-Prés. ♿ Tlj midi et soir. Congés : 2 sem en août et 24 déc-2 janv. Résa conseillée. Formules déj en sem 24-40 € ; carte 40-65 €.* C'est dans un décor néo-industriel, dans une cuisine ouverte sur la salle, qu'Éric Trochon (Meilleur Ouvrier de France 2011) prépare une cuisine de marché créative, bien dans son époque. Un régal total pour cette bonne graine (*semilla* en espagnol) de gastro à prix encore raisonnables, qui s'est propagée à côté sous la forme d'un bar à tapas ouvert en continu. Au comptoir de ce *Freddy's,* ambiance informelle et produits triés sur le volet, comme les vins au verre accompagnant les délicieuses tapas. Service pro et avenant.

Blueberry *(plan B2, **27**) : 6, rue du Sabot, 75006. ☎ 01-42-22-21-56. Ⓜ Saint-Germain-des-Prés. Mar-sam midi et soir. Fermé dim-lun. Congés : août. Résa indispensable. Formules déj en sem 24-26 € ; makis 15-21 € ; carte 40-50 €.* Un restaurant japonais haute couture. De vraies spécialités venues du Soleil-Levant : sushis, alcool de prune, saké et purée de pommes de terre. La marque de fabrique de la maison reste les makis aux noms délicieusement amusants : « Little Miss Yuzu » (*tataki* de saumon mariné, framboise, mangue, *yuzu*) ou encore « Rackham le Rouge » (tempura de gambas, thon mariné, carpaccio de truffe). L'ensemble est raffiné, original, parfumé, et réveille les palais sensibles aux saveurs lointaines. Cadre intimiste : lampions dans la 1re salle, mais celle du fond a aussi du cachet avec ses poutres apparentes. Terrasse en saison.

La Méditerranée *(plan C2, **36**) : 2, pl. de l'Odéon, 75006.*

☎ 01-43-26-02-30. Ⓜ Odéon ; RER B : Luxembourg. Tlj midi et soir. Fermé 25 et 31 déc. Menus 31-37 € ; carte env 60 €. Jadis, écrivains, cinéastes et peintres avaient leur table à *La Méditerranée,* d'Orson Welles à Aragon en passant par Picasso, Chagall, Man Ray ou Jean-Louis Barrault. Le décor des maîtres (peintures de Vertès et Bérard, lithos de Cocteau) est toujours là, face au théâtre de l'Odéon. Bien agréable, d'autant que les baies vitrées sont ouvertes aux beaux jours. Carte tendance grand bleu (spécialité de bouillabaisse), avec quelques plats de viande pour contenter les carnivores. Pour les adeptes de la vie parisienne. Belle terrasse également.

L'Alcazar (plan zoom, **39**) **:** 62, rue Mazarine, 75006. ☎ 01-53-10-19-99. Ⓜ Odéon. ♿ Tlj midi et soir (jusqu'à 2h). Sur le « balcon », bar tlj sauf dim-lun à partir de 19h. Congés : 1er-28 août. Le midi, formules et menu 27-41 € ; le soir, carte 50-60 €. Un mythique cabaret des années 1970 (un ancien jeu de paume, en réalité !), chanté en son temps par Jacques Brel, transformé depuis en brasserie branchée. Spacieux et lumineux grâce à son puits de lumière, le cadre, mêlant matières nobles et matériaux bruts (vaisselle chinée, argenterie et végétation luxuriante), est idéal pour un déjeuner chic à base de recettes dans l'air du temps et de produits labellisés. Ambiance plus animée le soir, surtout en fin de semaine au *Balcon,* où se retrouvent les clubbers pour écouter la crème des DJs (programme sur les réseaux sociaux).

6e

Plus chic

KGB (plan C1, **40**) **:** 25, rue des Grands-Augustins, 75006. ☎ 01-46-33-00-85. Ⓜ Saint-Michel ou Odéon. Mar-sam midi et soir. Fermé dim-lun. Congés : 1 sem en janv, 3 sem en août, Noël et Jour de l'an. Formules déj en sem 29-49 € ; le soir, menus découverte 55-66 € ; carte (en sem seulement) 50-60 €. *KGB,* pour *Kitchen Galerie Bis.* Le célèbre restaurant de Martin Maumet est, à l'image de Saint-Germain, un rendez-vous d'artistes. Cuisine française de partage, pour revenir aux sources, ouverte sur (tout) le monde, et sur l'Asie en particulier. On joue avec les « Zors-d'œuvre », avant de s'intéresser à ce qui se passe dans les marmites, et qui change régulièrement : respirez le lieu jaune aux haricots *occhio nero* (« yeux noirs »)-beurre de *yuzu*-pâte de piment fermenté, ou le porc basque à la citronnelle accompagné de panais et de shiitakés, avant de piquer avec la fourchette et de goûter à l'air du temps.

Le Comptoir du Relais (plan zoom, **42**) **:** 9, carrefour de l'Odéon, 75006. ☎ 01-44-27-07-50. Ⓜ Odéon. Tlj 12h-23h en continu. Carte uniquement, env 30 €. Star incontestée de la bistronomie pour en être le chef de file, et star des écrans de télé dans le rôle de juré de *MasterChef,* Yves Camdeborde anime avec passion ses fourneaux. Le midi, il sert une cuisine de brasserie améliorée avec quelques entrées et de bons plats à base de produits de 1re qualité : souris d'agneau, brandade de morue, boudin blanc... Le soir, changement de décor : les nappes blanches sont de sortie (mais les tables restent à touche-touche), et les plats sont plus élaborés.

H Kitchen (plan A2-3, **19**) **:** 18, rue Mayet, 75006. ☎ 01-45-66-51-57. Ⓜ Duroc. ♿ Lun-sam midi et soir. Fermé dim. Menus-carte 24-28 € le midi, 60 € le soir. Une petite adresse discrète comme tout, une salle d'une sobriété presque réfrigérante et une carte minimaliste... Macaronis gratinés, saumon fumé maison... La surprise est bien là, dans l'assiette, copieuse et créative, largement influencée par le Japon. Étonnant mais toujours bon, et produits de grande qualité. Une découverte très intéressante au déjeuner, mais plus coûteuse le soir. Service sincèrement adorable.

Bars à vins

L'Avant-Comptoir et L'Avant-Comptoir de la Mer (plan zoom, **42**) **:** 3, carrefour de l'Odéon, 75006. ☎ 01-44-27-07-97 ou 01-42-38-47-55.

Ⓜ *Odéon. Tlj 12h-23h (dernière commande). Hors-d'œuvre, tapas, pintxos chauds ou froids : compter env 15-20 €, et un peu plus à L'Avant-Comptoir de la Mer.* Yves Camdeborde a ouvert ces 2 lieux gourmets et atypiques, accolés à son *Comptoir du Relais* (voir la rubrique « Où manger ? »), véritables repaires de gourmands qui s'y pressent à toute heure. 2 zincs, 2 couloirs, où l'on joue des coudes pour commander son verre, attraper son assiette. Le concept est le même : pas de table, pas de chaise, ni même de tabouret ! Et la même impression de se trouver dans le métro à l'heure de pointe, un jour de grève... Mais qu'on se rassure, nul besoin d'arborer une carrure de rugbyman pour défendre son bout de gras. D'un côté, des saveurs marines, de l'autre, des saveurs plus terriennes (au final, mêlées, comme souvent au Pays basque). Dans les 2 cas, les meilleurs pains, beurres, huîtres, charcuteries, vins, en provenance des meilleurs fournisseurs. Et autant de bouchées parfaites, à partager, à multiplier. Bon sang ne saurait mentir ! S'il y a trop de monde, tentez votre chance à *L'Avant-Comptoir du Marché,* une 3e adresse plus spacieuse située dans le marché Saint-Germain, dédiée au dieu cochon.

La Grande Crèmerie *(plan zoom,* **52***) : 2, rue Grégoire-de-Tours, 75006. ☎ 01-43-26-09-09. Ⓜ Odéon ou Mabillon. Mar-dim 18h-23h (minuit w-e). Fermé lun. Congés : 2 sem en août et pdt les fêtes de fin d'année.* Murs de pierre brute, poutres ancestrales et douce déco industrielle, l'endroit a beaucoup de cachet. Idéal pour boire un verre de vin bio et grignoter après le ciné, dans une ambiance branchée mais reposante. À partager, des tapas de qualité : charcuterie, raviolis frais à la semoule de blé (sans œufs), fromages... Des prétextes pour déguster d'excellents flacons naturels et vivants, spécialité de la maison. Petite terrasse en été.

Sauvage *(plan A-B2,* **53***) : 55, rue du Cherche-Midi, 75006. ☎ 01-45-48-86-79. Ⓜ Rennes. Lun-sam midi et soir (bar jusqu'à minuit, voire 2h). Fermé dim. Verres de vin à partir de 6 € ; bouteilles à partir de 25 €. Plats 15-25 €.* Un bar à vins au succès fou. Dans les verres, le meilleur des vins vivants et biodynamiques, avec de vraies perles et une cascade de belles découvertes. N'hésitez pas à demander conseil car les vins servis ici, pour la plupart iconoclastes, ne sont pas forcément connus du grand public. Au resto, on avale une cuisine de marché appétissante, aussi savoureuse qu'originale (et à accorder avec les vins). Attention toutefois à la note, qui peut rapidement être salée...

Chez Nous *(plan C1,* **55***) : 10, rue Dauphine, 75006. ☎ 01-43-26-42-69. Ⓜ Odéon ou Pont-Neuf. Tlj 18h-2h. Congés : 2 sem mi-août. Tapas 6-14 €. Verres de vin à partir de 7 €.* À 2 pas du Pont-Neuf, installez-vous au comptoir de ce bar à vins jeune et pétillant. Les flacons sont savamment sélectionnés par Robin et Arthur, les sympathiques patrons de l'établissement : ces derniers privilégient des crus de petits producteurs, bio ou nature. Assiettes simples mais goûteuses à partager, pour révéler toute la complexité des vins. Ce *Chez Nous* sera bientôt votre chez-vous.

Etna *(plan zoom,* **54***) : 33, rue Mazarine, 75006. 06-13-88-57-16. Ⓜ Odéon. Mar-dim 17h-minuit (2h w-e). Fermé lun. Tapas et assortiments gourmands à partir de 13 €. Verres de vin nature à partir de 8 €.* Au cœur de Saint-Germain, un bar à vins élégant qui vous fera découvrir la délicatesse (et parfois la folie) des vins nature(ls). Pas de carte, on vous conseille en fonction de vos goûts : Charles, le sommelier, écume les vignobles pour vous satisfaire... Sans sulfites, la fête est plus folle ! Pour accompagner vos découvertes, de très belles assiettes de tapas, qui jonglent habilement entre terre et mer.

Cafés-restos historiques

Le Sélect *(plan B3,* **72***) : 99, bd du Montparnasse, 75006. ☎ 01-45-48-38-24. Ⓜ Vavin. Tlj ; service bar 7h-2h (3h ven-sam). Verres de* *vin à partir de 8 € ; cocktails à partir de 14,80 €. Formule déj en sem 23,80 €.* Rendez-vous des artistes (ou de ceux qui s'en donnent le look), *Le Sélect* fut, entre 1923 et 1935, l'un des bars phares de la vie artistique française. Aujourd'hui, c'est un repaire d'habitués bien propres sur eux, qui aiment se retrouver ici jusque tard dans la nuit. Vous pourrez toujours suivre la piste d'un futur peintre génial autour d'un cocktail...

Le Procope *(plan zoom,* ***74****) : 13, rue de l'Ancienne-Comédie, 75006. ☎ 01-40-46-79-00. Ⓜ Odéon. Tlj en continu 12h-23h. Menus « Procope » 19,50-26,50 € (sauf dim) ; menus « Philosophe » 31,50-38,50 € (tlj à partir de 19h) ; carte 50-60 €.* Le plus ancien café de la capitale. En 1686, un certain Francesco Procopio dei Coltelli vint d'Italie ouvrir un troquet à Paris, y introduisant un breuvage nouveau appelé à un fulgurant succès : le café. La proximité de l'ancienne Comédie-Française en fit d'emblée un lieu littéraire et artistique. Au XVIIIe s, les philosophes s'y réunissaient, et l'*Encyclopédie* naquit ici d'une conversation entre Diderot et d'Alembert. Beaumarchais y attendait le verdict de ses pièces jouées à l'Odéon. Danton, Marat et Camille Desmoulins y prirent des décisions importantes pour la Révolution. Et Napoléon y laissa son bicorne pour honorer ses dettes de repas. Plus tard, Musset, George Sand, Balzac, Huysmans, Verlaine et bien d'autres aimaient à s'y retrouver. Aujourd'hui, *Le Procope* garde sa vocation de lieu de rencontres et dispose même d'une table présidentielle. Cuisine traditionnelle de brasserie et recettes ancestrales, comme la tête de veau en cocotte, dans un lieu historique !

La Closerie des Lilas *(plan C3,* ***73****) : 171, bd du Montparnasse, 75006. ☎ 01-40-51-34-50. Ⓜ Vavin ; RER B : Port-Royal. Tlj 11h-1h30 ; service 12h-0h30 côté brasserie. Cocktail env 17,50 € ; verre de vin 8 €. À la brasserie, steak tartare (l'un des meilleurs de Paris) 22 €.* Ancienne guinguette et relais de diligences, c'est aujourd'hui une belle brasserie. Le mouvement parnassien fréquenta *La Closerie,* de même que le firent Verlaine, Baudelaire... Plus tard, les surréalistes reprirent le flambeau. Et tant d'autres dont on retrouve les noms gravés sur les tables : Max Jacob, Modigliani, Lénine... sauf Hemingway ! Lui, il possède sa plaque de cuivre sur le comptoir du célèbre bar américain qu'il vit naître dans les années 1925, et qu'il ne quitta plus. Il y écrivit *Le soleil se lève aussi.* Décor superbe et chaleureux. Bar en chêne clouté de cuivre. Tables massives et cirées. Sol en mosaïque. Sur les murs, vieilles glaces et lambris. Fréquenté aujourd'hui par une clientèle assez mélangée d'intellos, de bourgeois ultra-chics, d'hommes d'affaires, de journalistes et d'écrivains. Au bar, sur les hauts tabourets de cuir rouge, la note grimpe quand même assez vite ! Si vous désirez manger, le resto est très cher ; mieux vaut s'installer à la brasserie (moins chère, plus relax et plus animée, bien sûr). Un des grands classiques : quenelle de brochet sauce nantua. Ambiance piano-bar le soir. Grande terrasse couverte.

Les Deux Magots *(plan zoom,* ***71****) : 6, pl. Saint-Germain-des-Prés, 75006. ☎ 01-45-48-55-25. Ⓜ Saint-Germain-des-Prés ou Mabillon. Service continu tlj 12h-1h. Concerts de jazz oct-mai jeu à 19h30. Café 4,90 € ; verres de vin à partir de 8,50 €. Salade env 22 € ; assiettes 19-30 € ; formule déj 35 € ; carte env 55 €.* Son nom, *Les Deux Magots,* a pour origine l'enseigne d'un magasin de nouveautés qui occupait le même emplacement au XIXe s. Le café qui lui succède conserve son nom, la décoration et les statues, les fameux magots. Au XXe s, *Les Deux Magots* deviennent un des QG emblématiques de l'intelligentsia germanopratine. Il faut dire que la position privilégiée de sa terrasse-jardin, ouverte de mars à novembre face à l'église Saint-Germain, en fait un lieu éminemment stratégique pour côtoyer le monde des arts, des lettres, de la mode, du spectacle et de la politique. Nul besoin de rappeler que Jean-Paul Sartre, Simone de Beauvoir et bien d'autres y avaient leur table. Le prix littéraire des Deux Magots y est décerné depuis 1933. Nombreux sont ceux qui viennent y prendre un petit déj tout à fait parisien, avec un chocolat chaud à l'ancienne. Pour déjeuner, carte de brasserie assez classique et semainier ; l'après-midi, pâtisseries, certaines signées Pierre Hermé, et le soir, carte qui se renouvelle au gré des saisons. Groupes de jazz le jeudi soir.

Le Café de Flore *(plan zoom,* ***70****) : 172, bd Saint-Germain, 75006. ☎ 01-45-48-55-26. Ⓜ Saint-Germain-des-Prés. Tlj 7h30-1h30. Café 4,90 € ; bières à partir de 10 € ; verres de vin à partir de 9 €. Petite restauration à tte heure : omelettes à partir de 12 €, copieuse salade env 19 €, croque-monsieur 12 €.* Un grand café chargé d'histoire ! Sur ses tables vénérables s'est accoudé plus d'un illustre personnage. Tout a commencé en 1890. Depuis, au *Café de Flore,* poètes, éditeurs, écrivains, intellectuels et artistes de tout poil se côtoient et se succèdent. C'est ici qu'Apollinaire a fait germer le surréalisme, que Sartre, Simone de Beauvoir et Prévert se chauffaient au même poêle. Puis ce fut au tour d'Hemingway et de Camus de fréquenter les lieux... L'histoire du *Flore,* comme celle de ses voisins la *Brasserie Lipp* ou *Les Deux Magots,* s'est forgée au XXe s. Aujourd'hui encore, ce monstre sacré ne désemplit pas malgré des tarifs qui n'ont plus rien de bohème.

Brasserie Lipp *(plan zoom,* ***75****) : 151, bd Saint-Germain, 75006. ☎ 01-45-48-53-91. Ⓜ Saint-Germain-des-Prés. Tlj 9h-0h45 (restauration à partir de 12h). Fermé 25 déc. Résa conseillée. Choucroute 25 € ; carte 55-60 €.* Presque une légende. Le vieux décor (grands miroirs, jolis panneaux en céramique, fresques qui s'estompent), sorti tout droit des années 1900, est classé Monument historique et Lieu de mémoire, excusez du peu ! L'atmosphère est plutôt relax, et les acteurs, auteurs, vedettes de la chanson font naturellement partie du paysage. Les plats immuables sont parfois décevants, et le prix de la bière maison est malheureusement assez prohibitif. L'accueil, quant à lui, est typiquement parisien !

Où boire un verre ?

Chez Georges *(plan zoom,* ***80****) : 11, rue des Canettes, 75006. ☎ 01-43-26-79-15. Ⓜ Saint-Germain-des-Prés. Tlj 18h (15h sam)-2h. Congés : août et fin d'année. Bière en bouteille 5 € ; verre de vin 15 cl 4 €. Planches de fromages, de saucisse ou de pâté-rillettes à partir de 8 €.* Des générations de tabagiques et d'intellos fumeux ont patiné murs et plafond. Ancien cabaret où débutèrent bien des chanteurs (portraits aux murs), les lieux n'ont guère changé depuis plus de 60 ans ; on aime bien ce vieux comptoir Art déco de 1928, avec le sourire de Nicolette derrière. Certains soirs, il peut se passer quelque chose, parfois 3 fois rien, en fonction de la clientèle, de la proportion de touristes, des événements... Le week-end, c'est souvent plein comme un œuf de jeunes qui se ruent dans la vieille cave voûtée, où crépite un feu aux 1ers frimas. On n'y refait plus trop le monde, mais ça reste joyeux, convivial et bruyant. Sympathiques expos temporaires.

Tiger *(plan zoom,* ***81****) : 13, rue Princesse, 75006. ☎ 01-84-05-81-74. Ⓜ Mabillon ou Saint-Germain-des-Prés. Mar-dim 17h30-2h. Fermé lun. Cocktails 12-15 €. Planches à partager 9-16 €.* Un grand bar de la rue Princesse, qui tranche avec ses voisins : ici, ni rugby ni pintes, mais d'excellents cocktails, servis avec maestria dans un joli loft couvert de mosaïques. Le gin est l'alcool roi – à accompagner de tonic maison, extra –, mais rien ne vous empêche de le détrôner en commandant un classique ou un verre de vin.

Au Petit Suisse *(plan C2,* ***82****) : 16, rue de Vaugirard, 75006. ☎ 01-43-26-03-81. Ⓜ Odéon ; RER B : Luxembourg. Tlj 6h30 (7h30 w-e)-2h ; service 12h-23h30. Fermé 25 déc. Bières à partir de 3,50 € au bar. Salades à partir de 11,50 €, desserts à partir de 5,50 €, plats 10-18 €.* Un petit bistrot typique, l'un des plus anciens de Paris, avec une jolie mezzanine à l'intérieur et une petite terrasse agréable aux beaux jours, à 2 jets de pierre du jardin du

Luxembourg. Jadis point de convergence des gardes suisses de Marie de Médicis, s'y mélangent aujourd'hui, dans une ambiance bon enfant, touristes et Parisiens. Petite restauration (salades, charcuterie auvergnate, croque au pain de campagne, plat du jour, vins de propriété) à des prix plus que modiques pour le coin.

Cubana Café (plan B3, **83**) : *47, rue Vavin, 75006. ☎ 01-40-46-80-81. Ⓜ Vavin. Tlj 11h-4h (5h w-e) ; service continu 11h30-minuit (1h jeu-sam).* Happy hours *16h-20h. Cocktails 10-12 €. Carte env 22 € (très variée : tapas et salades, plats...) ; formule afterwork 25 €. Café offert sur présentation de ce guide.* Un bar-resto où l'on sirote des cocktails latinos en tête à tête avec le *caballero* de son choix ou, mieux encore, avec les Che Guevara de la *casa*. La déco est un savant méli-mélo de bagues de cigares, de photos, d'affiches et de slogans révolutionnaires égratignés à même les murs ocre. Fumoir à l'ancienne et cave à cigares où l'on trouve des cigares... cubains. Et tous les soirs des animations *(live music...)*.

Eden Park Pub (plan zoom, **84**) : *10, rue Princesse, 75006. ☎ 01-43-26-02-96. Ⓜ Mabillon ou Saint-Germain-des-Prés. Mar-sam 17h (14h sam)-2h.* Happy hours *mar-ven 17h-20h. Fermé dim-lun. Pinte 7,50 € ; cocktails 7-12 €.* Installé dans une ruelle médiévale de Saint-Germain que l'on qualifie parfois de « rue de la soif » parisienne, ce pub se distingue par son animation et sa déco traditionnelle soignée, toute de bois et de cuivre. La star ici ? Le ballon ovale, que l'on vénère sans distinction de langue ni d'origine. Pour les vrais fans, sachez que le bar est fréquenté par de nombreux joueurs du Stade français ou du Racing 92. L'occasion d'un toast ou d'un selfie avec votre idole ?

Le Bar du Marché (plan zoom, **85**) : *75, rue de Seine, 75006. ☎ 01-43-26-55-15. Ⓜ Mabillon. À l'angle de la rue de Buci. Tlj 8h-2h. Café 1,20 € au comptoir, 2,60 € en salle ; demis à partir de 3 € au comptoir, 5 € en salle. Plat du jour 13,50 €.* Les serveurs, casquette vissée et démarche canaille, se la jouent apaches de Ménilmuche. Avec l'aisance (et l'arrogance !) de vieux pros, ils zigzaguent entre les tables remplies d'une clientèle bigarrée incluant touristes et titis, posant mousse, cahoua, Viandox devant le solitaire en séance de matage à la terrasse (parfaite pour suivre l'animation du marché) ou devant une Américaine en corvée de cartes postales.

Le 10 Bar (plan zoom, **86**) : *10, rue de l'Odéon, 75006. ☎ 01-43-26-66-83. Ⓜ Odéon. Lun-sam 18h-minuit (1h jeu, 1h30 ven-sam).* Happy hours *lun-jeu 18h-minuit. Fermé dim. Congés : 1er janv, 2-23 août, 24-25 et 31 déc. Verres de vin 4-5 € ; sangria 5 € (pichets 14-26 €) ; bières 6-7 € ; cocktail 8 €. CB refusées.* Jérôme, le patron, et son équipe essaieront sans doute de vous faire boire la sangria maison dans ce petit rade improbable du quartier de l'Odéon. On y écoute, dans des sièges défoncés et sous des lambris de galion, des standards de jazz ou de rock, dans une cave couverte d'affiches jaunies d'opéra-comique et de cinéma. Beaucoup de charme.

La Palette (plan C1, **87**) : *43, rue de Seine, 75006. ☎ 01-43-26-68-15. Ⓜ Odéon. Tlj 8h (10h dim)-2h. Boisson env 6 €. Plats du jour à partir de 18 €, pâtisserie 8 € ; brunch dim sur résa 25 €.* Un élitisme bon teint, composé de marchands d'art, d'artistes, de poètes, ou encore de quelques étudiants. Les affaires se concluent autour d'un verre de saint-émilion ou de brouilly, en dégustant une « guillotine » (morceaux de jambon de pays ou de fromage sur pain Poilâne). Plafond tout stucs et moulures, grandes glaces, céramiques. Les tables sont installées dehors dès les 1ers rayons de soleil. Atmosphère animée, très parisienne, dans ce qui reste une institution du quartier depuis 1902.

7e ARRONDISSEMENT

• Plan *p. 76-77*

Immeubles bourgeois aux lourdes portes cochères, hauts murs ceinturant jardins bien cachés d'ambassades, ministères et institutions religieuses, prestigieux musées et monuments œuvrant à la gloire de Paris... Bienvenue dans le Paris monumental et résidentiel ! Si la plupart des touristes fourmillent le long des rives de la Seine entre le musée d'Orsay et celui du quai Branly, en passant par les Invalides, indissociables du pont Alexandre-III, la tour Eiffel et son Champ-de-Mars, ou encore dans le chiquissime périmètre shopping du *Bon Marché* et de la rue du Bac, le 7e égrène dans de petites rues discrètes de bien bonnes adresses. Tables bourgeoises rassurantes pour les moments dédiés, bistrots bon teint où l'on mijote encore une cuisine de grand-mère, lieux timidement plus branchés, et vastes pelouses investies dès les beaux jours par les touristes autant que par les Parisiens le temps d'un pique-nique... Le 7e surprendra toujours !

Où manger ?

Sur le pouce

Apollon (plan B1, **14**) **:** *24, rue Jean-Nicot, 75007. ☎ 01-45-55-68-47. Ⓜ La Tour-Maubourg. Lun-sam midi et soir. Fermé dim. Au traiteur, compter 6-15 € ; au resto, formule déj 19,50 €, menu 29 € ; sandwich grec 6 €.* Ce savoureux traiteur grec, tenu par la famille Stamkopoulos, propose un appétissant choix de sandwichs, *mezze* et plats à emporter. Au programme, de succulents *gyros* bien parfumés, des *spanakopita* fraîches et croustillantes, de bonnes salades grecques, du tarama onctueux, des feuilles de vigne et une foule d'autres merveilles, comme des pâtisseries au bon goût de miel. La partie resto, attenante, est plutôt séduisante, mais les prix sont plus élevés, malgré une intéressante formule déj. *NOUVEAUTÉ.*

Stands de la Grande Épicerie de Paris (plan C-D2, **1**) **:** *38, rue de Sèvres, au rdc, 75007. ☎ 01-44-39-82-36. Ⓜ Sèvres-Babylone. Lun-sam 8h30-21h, dim 10h-20h.* L'épicerie du *Bon Marché* est un écrin luxueux où l'on trouve les meilleurs produits de la capitale... Ce que l'on sait moins, c'est qu'un bataillon de commis et de cuisiniers œuvre en sous-sol, sous la houlette d'un MOF... La partie boulangerie-traiteur offre ainsi d'excellents sandwichs, mais aussi des petits plats régionaux ou plus exotiques, des salades fraîches et variées, des quiches ou des pâtisseries du jour... Le tout est à emporter dans un square ou sur les pelouses du parc Catherine-Labouré voisin (rue de Babylone). Quelques stands (au fond de l'épicerie) proposent également un service à l'assiette (plats et formules), sur des tables hautes ou au comptoir (cuisine française, plats à la truffe, etc.), mais cette fois-ci les prix s'envolent vite !

Beaupassage (plan D2, **7**) **:** *53-57, rue de Grenelle, 75007. Ⓜ Rue-du-Bac ou Sèvres-Babylone. ♿ Tlj.* Conçu comme un *food court* au décor théâtral, ce « beaupassage » à ciel ouvert aligne les enseignes gourmandes aux noms de stars. On y trouve la très chic boulangerie *Thierry Marx* (excellent pain marin), le *Daily Pic,* fast-food plutôt *good* d'Anne-Sophie Pic (plats en bocaux... savoureux et pas si chers pour une multi-étoilée !), une pâtisserie-salon de thé siglée Pierre Hermé, *Mersea,* le comptoir iodé du chef breton Olivier Bellin, et même *L'Allénothèque* de Yannick Alleno, un bistrot-cave à vins ultra-design...

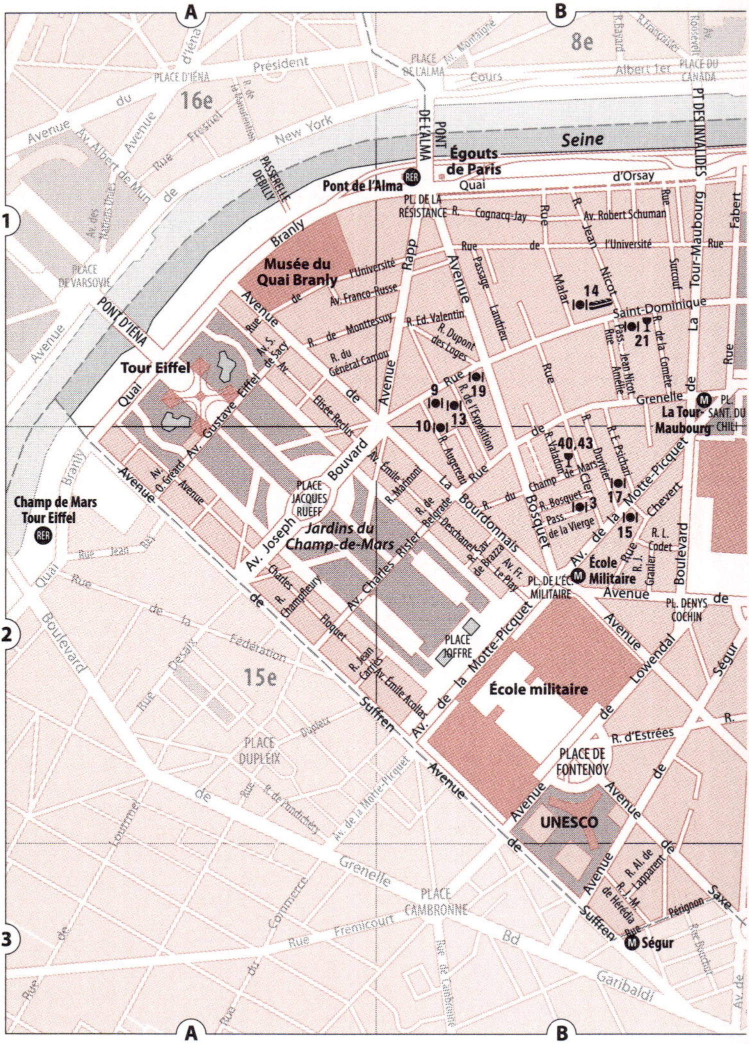

|●| Où manger ?

1 Stands de la Grande Épicerie de Paris (C-D2)
2 Au Pied de Fouet (C2)
3 Brasserie Aux PTT (B2)
4 Au Babylone (C2)
5 Le Vin de Bellechasse (C1)
6 Marzo (D2)
7 Beaupassage (D2)
9 Les Cocottes (B1)
10 Le Café de Mars (B1-2)
11 Al Dente (C2)
12 Le Récamier (D2)
13 Pottoka (B1)
14 Apollon (B1)

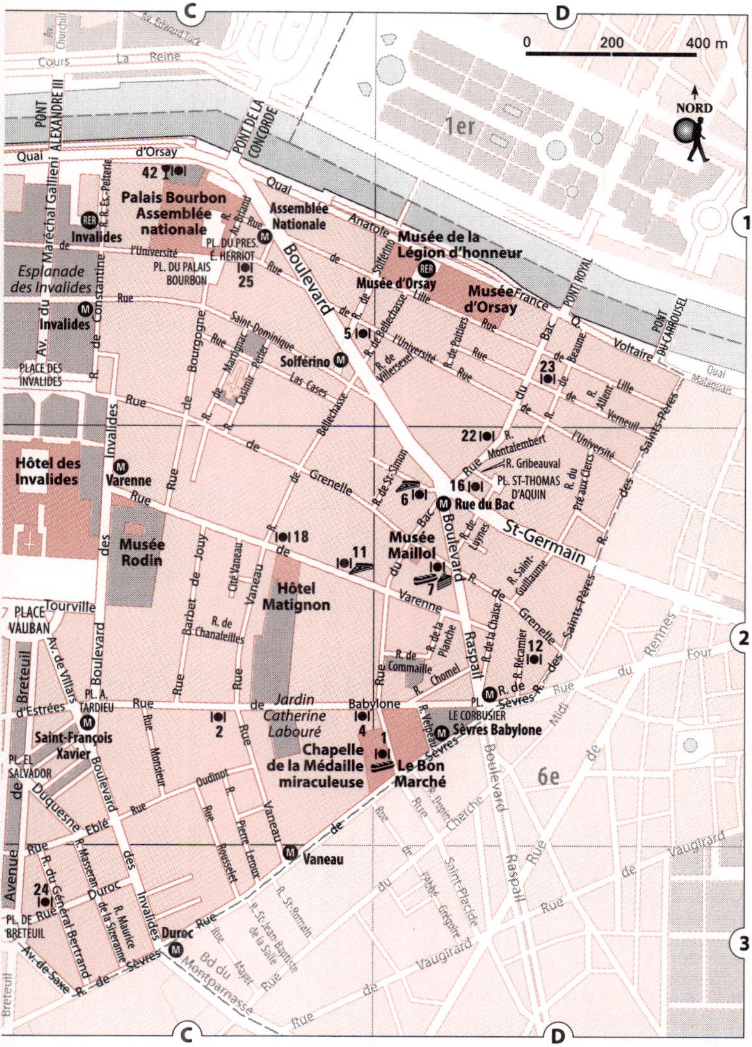

7e ARRONDISSEMENT

15 Le Florimond (B2)
16 Racines des Prés (D2)
17 Bistrot Belhara (B2)
18 Le Petit Varenne (C2)
19 La Fontaine de Mars (B1)
21 O'Brien's et Thoumieux (B1)
22 Piero TT (D2)
23 Fogón Ultramarinos (D1)
24 Oui mon Général ! (C3)
25 Le Café des Ministères (C1)

Où boire un verre ?

21 O'Brien's (B1)
40 Le Café du Marché (B2)
42 Rosa Bonheur sur Seine (C1)
43 L'Éclair (B2)

Le concept est certes séduisant, mais on bute sur une vision très (trop ?) luxueuse du *food court*. Au final, vaut surtout pour le coup d'œil, la grignote sur le pouce ou la pause goûter chic. En terrasse, vous croiserez à coup sûr du beau linge...

Très bon marché

Au Pied de Fouet *(plan C2, **2**) : 45, rue de Babylone, 75007. ☎ 01-47-05-12-27. Ⓜ Saint-François-Xavier, Vaneau ou Sèvres-Babylone. Lun-sam midi et soir. Fermé dim et j. fériés. Plats du jour 9,90-13,90 € ; carte env 20 €. Apéritif ou café offert sur présentation de ce guide.* Ancien relais de diligences avec zinc, nappes à carreaux, banquettes en moleskine... et surtout des prix imbattables. Inchangé depuis la nuit des temps, ou presque ! L'image vivante du vieux bistrot parigot tel qu'on l'aime, et qui n'existe pratiquement plus. La cuisine se fond à merveille dans le décor.

7e

Brasserie Aux PTT *(plan B2, **3**) : 54, rue Cler, 75007. 06-19-63-71-30. Ⓜ École-Militaire. Mar-sam 7h-minuit (cuisine 12h-15h, 19h-22h), dim 8h-15h. Fermé lun. Congés : août. Formules 23,50-28,50 € ; carte env 35 €.* Un bistrot de quartier agréable, idéal pour se retrouver après avoir fait son marché ou lors de retransmissions d'événements sportifs. Cuisine honnête, à des prix encore corrects pour le coin. Intéressant aussi pour ses dégustations d'huîtres du Cotentin, à savourer sur place les vendredi et samedi d'octobre à avril, avec un verre de vin, en terrasse ou à l'intérieur.

Bon marché

Au Babylone *(plan C2, **4**) : 13, rue de Babylone, 75007. ☎ 01-45-48-72-13. Ⓜ Sèvres-Babylone. Lun-sam, le midi seulement. Fermé dim et j. fériés. Congés : août. Menu 25 €, comprenant entrée, plat, fromage ou dessert, et boisson ; plats 15,50-16,50 €.* Bonne cuisine de ménage, simple et généreuse. Petite adresse familiale qui ne change pas, où, assis sur l'une des banquettes de moleskine, on aime toujours déjeuner.

O'Brien's *(plan B1, **21**) : 77, rue Saint-Dominique, 75007. ☎ 01-45-51-75-87. Ⓜ Invalides ou La Tour-Maubourg. Tlj midi et soir jusqu'à 2h (3h ven-sam, 17h dim). Burgers 16,50-20 € ; formule déj 19,90 € ; fish & chips maison ven.* Ce pub animé est bondé tous les soirs (voir la rubrique « Où boire un verre ? »). Ce qui se sait moins, c'est qu'en cuisine un jeune chef talentueux travaille de bons produits frais. Carte simple et efficace : burgers, bagels, grillade du jour, curry de la semaine, tapas ou salade... Gros avantage : le service en continu. Le tout dans un cadre sympa. Un bon tuyau, à garder entre nous !

Le Vin de Bellechasse *(plan C1, **5**) : 20, rue de Bellechasse, 75007. ☎ 01-47-05-11-11. Ⓜ Solférino. Tlj midi et soir. Fermé 1er janv et 25 déc. Congés : 15 j. en août. Formule déj 19 €, verre de vin ou café compris ; carte env 35 €.* Néobistrot revu à l'ancienne. Caricatures au-dessus des banquettes en moleskine rouge. Formule du jour d'un bon rapport qualité-prix. Dans les assiettes, de la bonne cuisine française : filet de bœuf et frites maison, terrine de foie gras et confiture d'oignons, moelleux au chocolat...

Marzo *(plan D2, **6**) : 5, rue Paul-Louis-Courier, 75007. ☎ 01-43-35-08-05. Ⓜ Rue-du-Bac. Tlj midi et soir. Fermé Jour de l'an et Noël. Résa indispensable. Antipasti 9-19 €, pizzas 14-21 € ; compter env 35 €.* Et une pizza, une ! À la mozzarella de bufflonne ou au jambon de Toscane et roquette, à la ricotta et aux champignons de Paris, ou blanche (c'est-à-dire sans sauce tomate) à la crème d'artichaut, elles sont à la fois moelleuses et croustillantes. Quel est donc leur secret ? La farine, pardi, mais aussi la pâte, levée doucement, ainsi qu'une cuisson au four à bois tournant, pour plus d'homogénéité. Bons *antipasti* et desserts. Le service est quelquefois débordé mais reste sympa. Seul souci, le niveau de décibels, plutôt assourdissant.

Prix moyens

Fogón Ultramarinos *(plan D1, **23**) : 38, rue de Verneuil, 75007. ☎ 01-43-54-31-33. Ⓜ Rue-du-Bac. Mar-sam*

11h30-20h ; table d'hôtes 12h-16h seulement. Fermé dim-lun. Congés : août. Formule 25 € ; carte env 35 €. Apéritif maison offert sur présentation de ce guide. En Espagne, l'*ultra marino,* c'est l'outre-mer, et par extension ces épiceries où l'on trouve les épices et autres merveilles d'ailleurs. Bienvenue donc chez ce traiteur espagnol au décor moderne et chaleureux, ouverte par les époux Herraiz, qui tenaient autrefois l'unique restaurant de paella étoilé de la capitale ! Dans les rayonnages, des pépites ibériques, parmi lesquelles des charcuteries d'exception, mais aussi des plats à emporter, comme l'iconique paella (sur commande uniquement, et pour 3 personnes minimum). Au déjeuner, quelques tables d'hôtes réunissent, au coude-à-coude, des afficionados adeptes du partage et d'une cuisine principalement végétarienne : fondantes cocottes de légumes, divines tapas ou desserts originaux, mêlant fruits et légumes. À ne pas manquer, la sangria, vite addictive !

Le Florimond *(plan B2,* ***15****) : 19, av. de la Motte-Picquet, 75007. ☎ 01-45-55-40-38. Ⓜ École-Militaire. ♿ Lun-ven midi et soir. Fermé w-e. Congés : dernière sem de juil-2 premières sem d'août. Formules et menus déj 23-27,50 € ; menu-carte 42 €.* Cet établissement discret réserve de vraies bonnes surprises. D'abord son cadre, à la fois contemporain et douillet, où il fait bon se réfugier en amoureux. Mais surtout le talent de son chef, qui s'exprime dans des assiettes aussi gourmandes que soignées. Si le chou farci (recette de la grand-mère auvergnate) s'affirme comme une spécialité phare de la maison – tout comme le boudin ou le foie gras –, la cuisine se distingue aussi par sa réjouissante utilisation des légumes de saison, loin d'être ici de simples figurants (plats végétariens également). Service prévenant et très pro. Une belle adresse ! *NOUVEAUTÉ.*

Les Cocottes *(plan B1,* ***9****) : 135, rue Saint-Dominique, 75007. ☎ 01-45-50-10-28. Ⓜ École-Militaire. ♿ Tlj midi et soir (service continu). Résa en sem 12h-19h ; pas de résa le soir ni les w-e et j. fériés. Formules 25-30 € (midi en sem), puis 37 € ; cocottes 18-37 € ; carte 40-50 €. Sélection de vins au verre 5-11 €.* Déco très contemporaine – avec son long bar en inox brossé, ses tables et tabourets hauts – mais qui reste chaleureuse. Les plats sont servis dans des cocottes individuelles, à la fois simples et délicieuses, teintées de ce qu'il faut de créativité pour ne jamais lasser les papilles !

Le Récamier *(plan D2,* ***12****) : 4, rue Récamier, 75007. ☎ 01-45-48-86-58. Ⓜ Sèvres-Babylone. Tlj midi et soir (service continu). Soufflés salés 25-35 €, soufflés sucrés 14-16 € ; carte env 30 €.* Niché au fond d'une impasse piétonne, *Le Récamier* est une pépite jalousement gardée par les gens de lettres. Éditeurs, écrivains et autres célébrités dissertent autour de généreux plats du marché et d'incontournables soufflés, qui ont donné à la maison ses lettres de noblesse. En version salée ou sucrée, ils sortent du four gonflés à bloc, onctueux et aériens, savoureux et généreux tout à la fois. Aux beaux jours, belle terrasse au calme (pas de voitures dans cette impasse). Service impeccable.

Le Café de Mars *(plan B1-2,* ***10****) : 11, rue Augereau, 75007. ☎ 01-45-50-10-90. Ⓜ École-Militaire. Mar-sam midi et soir. Fermé dim-lun. Congés : 2 sem en août et 1 sem à Noël. Formules déj en sem 23-27 € ; carte env 30 €.* Cette bonne vieille enseigne de quartier, relookée depuis, est idéale au déjeuner pour qui traîne ses guêtres dans le quartier ; le soir, elle est plutôt fréquentée par une clientèle locale. Sur l'ardoise, une poignée de suggestions revisitent astucieusement la tradition, comme l'onglet mariné à la bière et au soja. Parmi les outsiders, on apprécie le cheeseburger suivi d'une bonne part de gâteau au chocolat (aérien bien qu'archi-calorique). Plats végétariens aussi. Délicieux pain de chez *Poujauran,* vins au verre, et, avec tout ça, un service gentil tout plein. Ambiance jazzy le samedi midi.

Al Dente *(plan C2,* ***11****) : 38, rue de Varenne, 75007. ☎ 01-45-48-79-64. Ⓜ Rue-du-Bac ou Sèvres-Babylone. Lun-sam midi et soir, plus dim midi. Congés : dernière sem de juil-3 premières sem d'août et 1 sem à Noël. Pizzas 13-19,50 € ; carte 30-40 €. Digestif maison offert sur présentation* *de ce guide.* 2 petites salles agréables à la déco chic et actuelle, où les gens du quartier ont leurs habitudes. Cuisine essentiellement italienne, élaborée avec des produits frais d'excellente qualité. Les plats de pâtes sont délicieux, tout comme les pizzas. Au verre, un vin des Abruzzes, blanc ou rouge, d'un très bon rapport qualité-prix. Ne soyez pas surpris si vous trouvez une certaine ressemblance entre le patron et Vincent Lindon : c'est normal, ils sont frères !

Pottoka (plan B1, **13**) : *4, rue de l'Exposition, 75007. ☎ 01-45-51-88-38. Ⓜ École-Militaire. Tlj midi et soir. Congés : dernière sem de juil-2 premières sem d'août et 4-5 j. à Noël. Résa indispensable. Formules déj 23-28 € ; menu-carte 39 € ; menu dégustation 65 €.* Sébastien Gravé et Louise Jacob, sa complice de toujours, sont des chefs pleins d'allant qui élaborent une cuisine de marché inspirée, mêlant judicieusement grands classiques du Sud-Ouest et plats de toujours, revus et corrigés sauce *Pottoka*... Le gâteau basque est une merveille qui ne plombera pas (trop) l'addition mais la balance, à coup sûr ! À côté, la *Peña de Pottoka* offre la possibilité aux bandes de potes de se retrouver autour d'une grande table d'hôtes, et aux couples d'avoir un peu plus d'intimité qu'à la maison mère, où les tables sont à touche-touche. Une adresse constante en qualité.

Chic

Oui mon Général ! (plan C3, **24**) : *14, rue du Général-Bertrand, 75007. ☎ 01-47-83-76-66. Ⓜ Duroc. Tlj midi et soir. Résa indispensable. Carte 30-35 €.* Comment (re)donner vie à un vieux rade de quartier endormi. Les 2 compères à la tête de ce bistrot relooké aux murs de pierre semblent avoir appliqué la bonne recette : une atmosphère chaleureuse, un accueil fort sympathique qui reste pro et un travail en cuisine qui ne laisse aucune place à l'amateurisme. L'absence de formules et menus est compensée par une ardoise de plats de saison créatifs, qui s'autorise les meilleurs produits du moment (la truffe agrémente généreusement le velouté de céleri), et parfaitement réalisés. Quant aux œufs-mayo, ils approchent la perfection. La cuisine est une affaire de cœur, les assiettes généreuses le prouvent ! Comme cette incroyable pavlova en dessert, servie pour 2. Nous, on dit : « Oui, mon Général ! »

Bistrot Belhara (plan B2, **17**) : *23, rue Duvivier, 75007. ☎ 01-45-51-41-77. Ⓜ École-Militaire. Mar-sam midi et soir. Fermé dim-lun. Congés : 3 sem en août. Résa indispensable. Formule déj en sem 16 € ; autres formules env 34 € le midi, 42 € le soir ; menus dégustation 46-60 €.* Quelle surprise que ce bistrot de poche au charme rétro ! Du fond de la salle, derrière ses fourneaux, Thierry Dufroux, formé à grande école, élabore une cuisine bistrotière maligne, aux présentations soignées. Les plats déclinés sur ardoise suivent les tendances du marché, avec un fort accent basque, comme pour rappeler les origines du chef. Un travail impeccable, raffiné, presque haute couture (ris de veau incroyables, riz au lait aux fruits secs formidable), qui fait le bonheur de la clientèle bourgeoise du quartier, toujours fidèle. Service attentionné.

Le Café des Ministères (plan C1, **25**) : *83, rue de l'Université, 75007. ☎ 01-47-05-43-62. Ⓜ Assemblée-Nationale ou Invalides. Lun-ven midi et soir. Fermé w-e. Plat du jour le midi 19 € ; carte 22-41 €.* À quelques pas du palais Bourbon, cette adresse de poche a su séduire les gourmands de la rive gauche et d'ailleurs. Son jeune chef, passé par les cuisines de plusieurs étoilés, s'amuse ici à revisiter les classiques de la cuisine bourgeoise. Escargots bio de la Drôme sauce bordelaise, Saint-Jacques de Normandie-pommes duchesse, vol-au-vent grande tradition (dans lequel se glissent malicieusement ris de veau et cèpes), pavlova aux marrons d'Ardèche... N'en jetez plus ! Belle carte des vins, avec quelques pépites à prix encore démocratiques. Service adorable et attentionné. Un vrai coup de cœur ! *NOUVEAUTÉ.*

Racines des Prés (plan D2, **16**) : *1, rue Gribeauval, 75007. ☎ 01-45-48-14-16. Ⓜ Rue-du-Bac. Lun-ven midi et*

7e

soir. Fermé w-e. Congés : 2 premières sem de juil. Formules déj 35-42 € ; plats 24-42 € ; menus dégustation 59-75 €. Ce bistrot bien dans son époque joue l'atout séduction avec son élégante déco Rive gauche, en même temps qu'il sert une partition bistrotière de haute volée, sous la houlette d'un chef issu de cuisines étoilées. La carte très concise traduit un savoir-faire évident, en faisant la part belle aux traditionnelles recettes de terroir. La présentation soignée met en appétit, tandis que l'excellence des produits, de saison (bien sûr !), fait le reste. Bonne petite sélection de vins au verre. Pas donné tout de même...

Le Petit Varenne *(plan C2, **18**) : 57, rue de Bellechasse, 75007. ☎ 01-42-73-60-72. Ⓜ Solférino ou Varenne. Tlj 10h-minuit (16h dim). Congés : 3 sem en août et 10 j. à Noël. Formules déj en sem 28-32 € ; carte env 50 €.* On aime bien ce bistrot version chic (on est en face de Matignon !) mais pas pompeuse, même si la clientèle semble sortir tout droit des bureaux du 1er ministre ! Priorité est donnée aux bons produits de saison cuisinés avec talent (excellents fonds de sauce, cuissons parfaites) et présentés avec art. Pas de doute, ce bistrot se la joue gastro ! Desserts un poil décevants en revanche, dommage... La carte des vins vise haut, mais elle propose quelques 1ers prix sans faute et une petite sélection au verre. Au final, une excellente adresse. On vote pour !

Plus chic

Piero TT *(plan D2, **22**) : 44, rue du Bac, 75007. ☎ 01-43-20-00-40. Mar-sam midi et soir. Fermé dim-lun. Antipasti 16-32 €, pâtes 24-30 € (plus chères avec des truffes !) ; carte 30-40 €.* Pierre Gagnaire, chef multi-étoilé, ouvre des restos comme d'autres vont au *Monop'* ! *Le Gaya* et sa carte poissonnière déménagent à quelques mètres, et voilà les locaux réinvestis en mode trattoria d'excellent niveau. Très réussi, même si les prix se révèlent élevés. La carte, élaborée avec le chef sicilien aux commandes, livre évidemment ce que la Botte a de meilleur : bon choix d'*antipasti,* carpaccios (sélections crues), viandes et poissons, risottos et pâtes. À conclure obligatoirement par un bon dessert transalpin.

La Fontaine de Mars *(plan B1, **19**) : 129, rue Saint-Dominique, 75007. ☎ 01-47-05-46-44. Ⓜ École-Militaire. Tlj midi et soir. Fermé 1er janv, 24-25 et 31 déc. Résa conseillée. Plat du jour 23 € ; carte 50-60 €.* L'institution vénérable de ce coin du 7e s'est agrandie, offrant plus d'intimité et d'élégance. De jolies nappes bistrot, de belles assiettes, des verres prêts à en découdre et une cuisine traditionnelle de saison réussie, celle qui vous fait venir et revenir. Très belle sélection de vins. Personnel prévenant et sympa.

Thoumieux *(plan B1, **21**) : 79, rue Saint-Dominique, 75007. ☎ 01-47-05-79-00. Ⓜ La Tour-Maubourg. Tlj midi et soir. Formules déj en sem 29-36 € ; carte env 60 €.* Cette vénérable enseigne, ouverte dans les années 1920, est aujourd'hui une brasserie tendance au cadre chic. Aux côtés de classiques bistrotiers d'excellente facture (tartare, ris de veau...), servis avec art et manière par une armada de serveurs, figurent des plats bien plus créatifs à base d'ingrédients nobles (homard, caviar, truffe ou cèpes en saison). Goûtez aussi aux excellents desserts. Les prix du soir, littéralement stratosphériques (pas de menu), nous incitent à recommander cette adresse pour le déjeuner. Également un resto gastronomique à l'étage (mais encore plus cher).

7e

Où boire un verre ?

O'Brien's *(plan B1, **21**) : 77, rue Saint-Dominique, 75007. ☎ 01-45-51-75-87. Ⓜ Invalides ou La Tour-Maubourg. Tlj midi et soir (service jusqu'à 2h). Happy hours 17h-20h en sem. Pinte env 8,70 € (6,70 € pdt l'happy hour).* Ce pub, tenu par un Gaulois et sa femme irlandaise, a réussi son pari. C'est bondé en permanence ! Rien d'étonnant à cela, l'arrondissement manquant cruellement de lieux à la fois jeunes et vivants. À la carte : Guinness, Kilkenny, *cider,* blanche... à la pression ; et Corona, Carlsberg, Beck's en bouteille. Pour les p'tits creux, sachez que c'est aussi un bon resto (voir la rubrique « Où manger ? »).

Le Café du Marché *(plan B2,* ***40****) : 38, rue Cler, 75007. ☎ 01-47-05-51-27. Ⓜ École-Militaire. Tlj midi et soir (service jusqu'à 1h). Verres de vin 5-8,50 €.* Terrasse sympathique pour profiter, en toute saison, de l'animation marchande de la rue piétonne la plus fréquentée du coin. Cela suffit amplement pour que l'on ait envie de se poser un instant devant un verre.

L'Éclair *(plan B2,* ***43****) : 32, rue Cler, 75007. ☎ 01-44-18-09-04. Ⓜ La Tour-Maubourg. Tlj midi et soir (service continu jusqu'à 1h30). Happy hours 17h30-19h30. Fermé 24-25 déc et 31 déc-1er janv. Verres de vin 4,50-6 € ; cocktails 11,50-16 €. Carte 25-30 € ; brunch dim 25 €.* Il porte bien son nom, ce café qui électrise cette rue piétonne, où se retrouvent les trentenaires chics du quartier. Sous les loupiotes à l'ancienne de la terrasse, on sirote l'un des nombreux cocktails originaux (et bien dosés) de la maison. À l'intérieur, sous la lumière tamisée et le lierre grimpant au plafond, les barmen s'amusent à jongler avec les bouteilles derrière le bar. Service irrégulier, dommage !

Rosa Bonheur sur Seine *(plan C1,* ***42****) : 37, quai d'Orsay (pont des Invalides), 75007. Ⓜ Invalides. Entre le pont de la Concorde et le pont Alexandre-III. Mer-dim, le soir jusqu'à minuit (1h30 jeu-sam, 20h dim), plus le midi w-e. Fermé lun-mar. Congés : vac de Noël. Pas de résa. Verre de vin env 4 € ; cocktails à partir de 8 €.* Les filles du *Rosa Bonheur* (voir la rubrique « Où boire un verre ? » dans le 19e arrondissement) ont pris leurs aises dans une belle péniche sur les magnifiques berges de Seine piétonnes. Leur devise ? *Fluctuat nec mergitur !* Au moindre rayon de soleil, on s'étale sur le pont ou sur la terrasse à quai pour déguster un bon rosé ou une bière fraîche, à accompagner d'une pizza. En ligne de mire, l'une des plus belles vues de Paris ! Et le soir, on pousse les tables pour laisser place à la fête !

7e

8e ARRONDISSEMENT

• Plan *p. 84-85*

Rien à faire ! Le 8e porte l'estampille de l'Élysée, de ses Champs – la plus belle avenue du monde (sans être chauvin !), qui s'étire de la Concorde à la somptueuse place de l'Étoile –, de ses beaux quartiers à l'architecture hautaine abritant le plus souvent des bureaux, de ses vitrines haute couture et de sa classe affaires ! Dans cet arrondissement, à moins d'être un nabab, difficile de trouver de petites tables pas chères... Hormis quelques exceptions çà et là, la plupart des restos abordables régalent leur monde non loin du quartier animé du boulevard Haussmann et de la gare Saint-Lazare.

Où manger ?

Sur le pouce

Lamée (*plan C2*, **3**) : *20 bis, rue La Boétie, 75008. ☎ 01-84-25-70-90. Ⓜ Miromesnil. Lun-ven 11h30-15h. Fermé w-e. Sandwich env 6,20 € ; formules 12,20-13,20 €.* Ici, on fait tout dans les règles. Le matin, on pétrit différentes variétés de pain à base de farines bio triées sur le volet, et dès l'heure du déj, on débite de larges et belles tranches qu'on garnira à la commande. Évidemment, les ingrédients sont au top. S'il fait froid, un croque est le bienvenu, de même que la soupe du jour. Quant aux vrais gourmands, ils repartiront avec un quart de miche sous le bras (voire plus, ces pains-là tiennent plusieurs jours !). Une boulangerie-sandwicherie (ou l'inverse) du tonnerre !

Honor (*plan C2*, **5**) : *54, rue du Faubourg-Saint-Honoré, 75008. 07-82-52-93-63. Ⓜ Concorde ou Madeleine. Lun-sam 9h (10h sam)-18h. Fermé dim. Plat 9,50 €, gâteaux à partir de 2,50 €.* On ne tombe pas sur ce petit kiosque par hasard. Bien caché dans une cour intérieure, il ne manque pourtant pas de fans. Pour son café déjà, délicieusement aromatique, mais aussi pour ses gâteaux maison comme le *lemon cake* bien moelleux. Côté salé, les *crumpets* aussi originaux que bons, chaque jour différents, valent le coup. Et il y a même quelques places abritées et des tabourets en terrasse pour prolonger la pause !

Mandoobar (*plan C1*, **8**) : *7, rue d'Édimbourg, 75008. ☎ 01-55-06-08-53. Ⓜ Europe ou Liège. Mar-sam midi et soir. Fermé dim-lun. Résa fortement conseillée. Carte 20-30 €.* Si vous êtes friand de raviolis vapeur, cette adresse est faite pour vous ! En Corée, ils sont connus sous le nom de *mandoo.* Le chef Kim Kwang-Loc est un as dans cette catégorie et les prépare en direct au gré des appétits dans sa cuisine ouverte ! Il propose également de délicieux tartares de thon et de bœuf pour étoffer la dégustation. En revanche,

Où manger ?

- **1** Rice Trotters (B2)
- **3** Lamée (C2)
- **5** Honor (C2)
- **6** Boulangerie Thierry Marx (C2)
- **8** Mandoobar (C1)
- **11** Foyer de la Madeleine – Le Refettorio (D2-3)
- **12** L'Atelier – Artisan Crêpier (B2)
- **13** Chez Léon (D2)
- **14** Les Cocottes (A2)
- **15** Lazare (D2)
- **16** Shin Jung (D1)
- **18** Flora Danica (A2)
- **19** Neva Cuisine (D1)
- **23** Fumé (B2)

Bar à vins

- **30** Le Rouge et le Verre (D1)

Où boire un verre ?

- **40** The Cricketer Pub (D2)

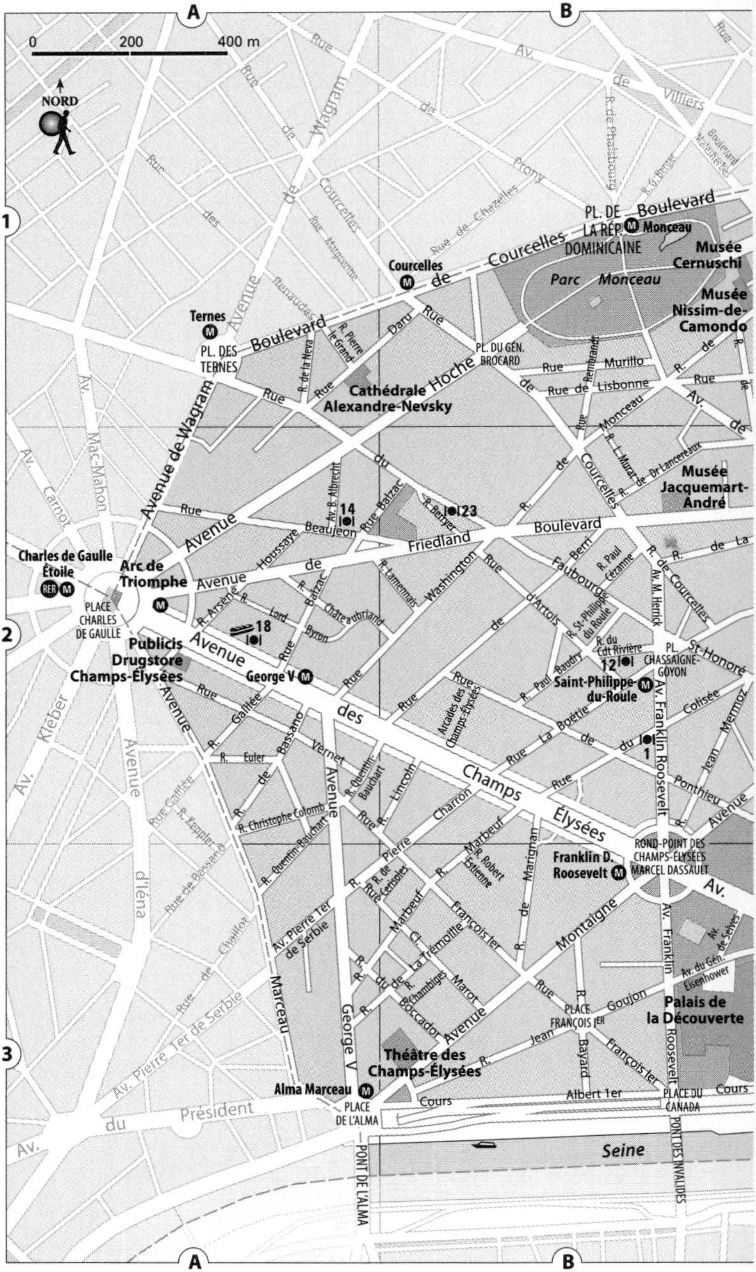
A
B
0
200
400 m
NORD
1
2
3
Avenue de Wagram
Rue de Courcelles
Rue de Prony
Rue de Chazelles
Rue Margueritte
Rue des Renaudes
Rue de Villiers
R. de Phalsbourg
Boulevard Malesherbes
PL. DE LA RÉP. DOMINICAINE
Monceau
Boulevard de Courcelles
Parc Monceau
Musée Cernuschi
Musée Nissim-de-Camondo
Courcelles
Ternes
PL. DES TERNES
R. de la Neva
R. Pierre le Grand
Rue Daru
PL. DU GÉN. BROCARD
Avenue Hoche
Cathédrale Alexandre-Nevsky
Rue du Faubourg Saint-Honoré
Rue Murillo
Rue Rembrandt
Rue de Lisbonne
Rue de Monceau
R. L. Murat
R. du Dr Lanceraux
Musée Jacquemart-André
Av. Mac-Mahon
Av. Carnot
Avenue de Friedland
Rue Beaujon
Av. B. Albrecht
Rue Balzac
R. Berryer
14
23
Boulevard Haussmann
Charles de Gaulle Étoile
Arc de Triomphe
PLACE CHARLES DE GAULLE
Avenue Houssaye
R. Arsène
Lord Byron
Châteaubriand
R. Lamennais
Rue Washington
Rue d'Artois
R. Berri
R. Paul Cézanne
R. St-Philippe du Roule
R. du Cdt Rivière
12
PL. CHASSAIGNE-GOYON
Saint-Philippe-du-Roule
Av. M. Herrick
R. de Courcelles
18
Publicis Drugstore Champs-Élysées
George V
Avenue des Champs Élysées
Av. Kléber
Avenue d'Iéna
Rue Galilée
R. Euler
Rue de Bassano
Rue Vernet
R. Quentin-Bauchart
Rue Lincoln
Arcades des Champs-Élysées
R. Paul Baudry
Rue La Boétie
Rue du Colisée
Rue de Ponthieu
Rue Jean Mermoz
Av. Franklin Roosevelt
Rue Keppler
R. Christophe Colomb
Rue Charron
Rue Pierre Charron
Rue Marbeuf
R. Robert Estienne
R. de Marignan
ROND-POINT DES CHAMPS-ÉLYSÉES MARCEL DASSAULT
Franklin D. Roosevelt
Rue de Chaillot
Av. Pierre 1er de Serbie
R. de Cerisoles
Cl. Marbeuf
La Trémoille
François Ier
Avenue Montaigne
Av. de Selves
Av. du Gén. Eisenhower
Palais de la Découverte
Avenue Marceau
Avenue George V
R. du Boccador
R. Chambiges
R. Marot
PLACE FRANÇOIS IER
R. Bayard
Rue Goujon
Rue Jean Goujon
Théâtre des Champs-Élysées
Alma Marceau
PLACE DE L'ALMA
Av. du Président
Cours Albert 1er
PLACE DU CANADA
Seine
PONT DE L'ALMA
PONT DES INVALIDES

8e

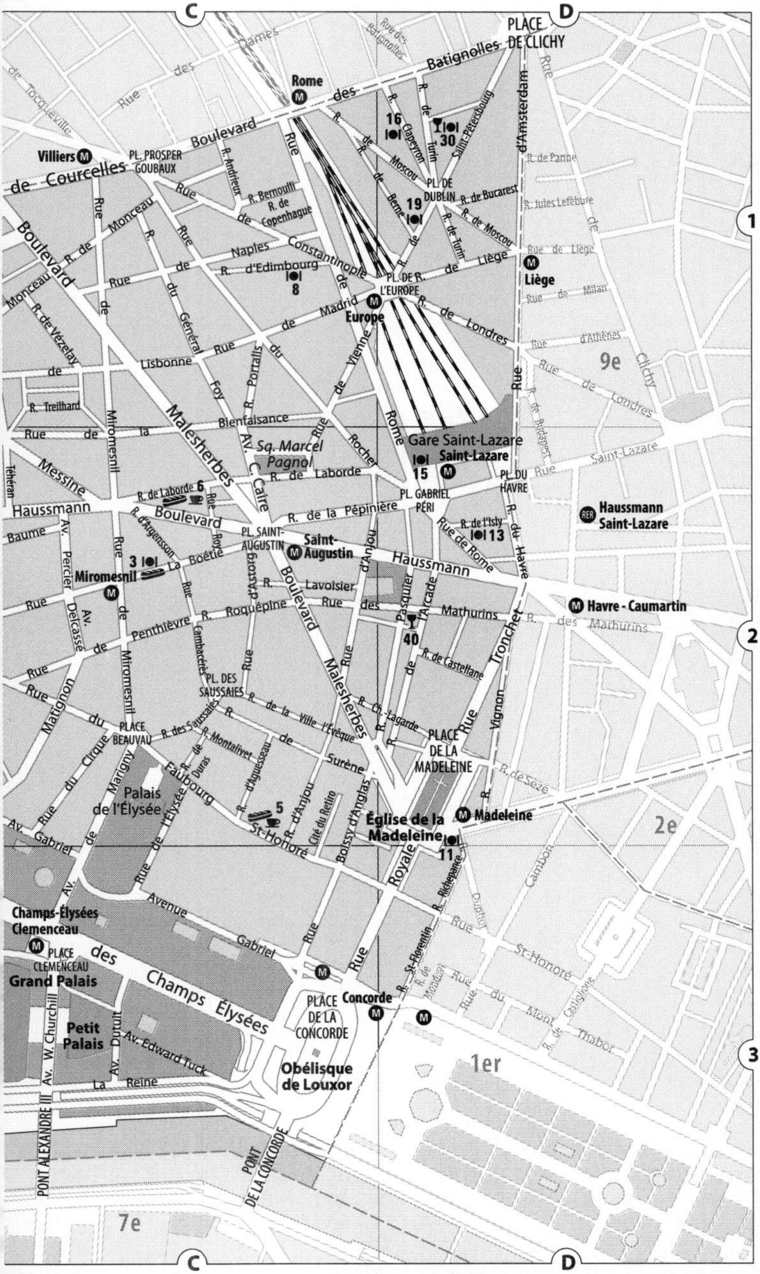

8e ARRONDISSEMENT

8e

c'est riquiqui, et les places au comptoir ou à l'une des rares tables sont prises d'assaut.

Rice Trotters *(plan B2, **1**) : 22, rue du Colisée, 75008. ☎ 01-53-75-11-95. Ⓜ Saint-Philippe-du-Roule ou Franklin-D.-Roosevelt. Lun-ven 11h-15h. Fermé w-e. Congés : 2 sem à partir du 15 août et sem du 25 déc. Formules 12,90-14,80 € ; plats à partir de 9,90 €.* Voilà qu'on est tombés sous le charme de cette petite adresse originale, où mijotent devant nos yeux quelques recettes du monde entier renouvelées selon l'inspiration du moment : *massala* de poisson, poulet curry coco thaï... Mais la grande affaire, c'est le riz, sélectionné ici avec soin. Chaque jour, on peut choisir parmi 3 variétés, souvent méconnues. Tout est délicieux, y compris le riz au lait à la vanille de Madagascar. À consommer sur place, à l'étage, ou à emporter.

Boulangerie Thierry Marx *(plan C2, **6**) : 51, rue de Laborde, 75008. ☎ 01-45-22-95-20. Ⓜ Saint-Augustin. Lun-sam 7h30-20h. Fermé dim.* Bread maki *8,50 €.* Dans un cadre très contemporain noir et cuivré, des pains (excellent pain marin), bien sûr, inédits pour certains, qui font la part belle aux farines bio de céréales. Côté viennoiseries, du moelleux, du croustillant (merveilleuse brioche feuilletée). Et, *last but not least,* un bel assortiment de desserts ! Au déjeuner, on vient surtout découvrir les originaux *bread makis,* grillés et roulés minute devant vous sur la plaque chauffante japonaise ; à accompagner de la soupe ou de la salade du jour. À déguster sur place ou à emporter.

8e

Très bon marché

Foyer de la Madeleine – Le Refettorio *(plan D2-3, **11**) : pl. de la Madeleine, 75008. ☎ 01-47-42-39-84. Ⓜ Madeleine. Resto au rdc de l'église de la Madeleine (côté* Fauchon, *derrière les fleuristes). Foyer ouv lun-ven 11h45-14h (venir tôt car souvent du monde). Fermé w-e. Congés : août et Noël-Jour de l'an. Menu 12 €. Carte d'adhérent obligatoire : 5 €.* Savez-vous que dans le sous-sol de l'église de la Madeleine se cache un restaurant solidaire constitué d'une enfilade de salles voûtées ? Le midi, le *Foyer* est ouvert à tous, moyennant l'achat de la carte d'adhésion à l'association. Habitués et curieux ayant flairé la bonne affaire profitent du menu du jour à prix plancher (hormis le jour d'achat de la carte d'adhésion) et partagent leur table dans une ambiance bon enfant. Le soir, le *Foyer de la Madeleine* accueille le *Refettorio* ! Il s'adresse uniquement aux plus démunis et leur propose des repas gratuits servis par des bénévoles. Initié par le chef étoilé italien Massimo Bottura et soutenu par des personnalités engagées (le patron de *Voyageurs du Monde* ou encore l'artiste JR, auteur de la rénovation, entre autres), le projet répond à 2 objectifs : la lutte contre le gaspillage, en récupérant les invendus de grandes chaînes de distribution, et l'action caritative, en promettant repas équilibrés et dignité aux personnes en difficulté. Les 100 bénéficiaires de ces dîners quotidiens sont sélectionnés par diverses associations. Le tout concocté en partenariat avec de grands chefs. On n'est pas loin de croire au miracle !

De bon marché à prix moyens

L'Atelier – Artisan Crêpier *(plan B2, **12**) : 3, rue du Commandant-Rivière, 75008. ☎ 09-51-32-06-85. Ⓜ Saint-Philippe-du-Roule. Lun-ven midi et soir, plus sam soir. Fermé dim, 1er janv, 1er mai et 25 déc. Menus déj en sem 14,50-19,50 €. Café offert sur présentation de ce guide.* Une crêperie au goût du jour, tant côté cadre que côté carte, qui plaît beaucoup aux cols blancs du quartier. Généreusement garnies, les galettes, classiques ou créatives, sont dorées à point et accompagnées d'une petite salade. Côté sucré, bonne idée : 3 tailles de crêpes sont proposées. Joli petit choix de cidres. *Autres adresses dans le 6e (10, rue Mabillon) et dans le 13e (15, av. Pierre-Mendès-France).*

Chez Léon *(plan D2, **13**) : 5, rue de l'Isly, 75008. ☎ 01-43-87-42-77. Ⓜ Saint-Lazare ou Havre-Caumartin.*

Mar-ven midi et soir, plus sam midi. Fermé dim-lun. Congés : août. Entrée env 5,50 €, plat env 14 € ; carte env 25 €. À quelques encablures de Saint-Lazare, voilà un routier figé dans les années 1950, une vraie gueule d'atmosphère comme on dit ! Avis aux réfractaires à la cuisine modeuse, des plats intemporels (terrine, harengs-pommes à l'huile, tripes, boudin) sont ici servis sur des tables en formica, recouvertes (côté resto) par des nappes à carreaux rouges et blancs. Ambiance conviviale garantie ! Pour la petite histoire, cet unique « routier » parisien doit son panonceau à la Fédération des transports routiers qui avait jadis son siège en face et dont *Léon* était l'annexe.

Shin Jung *(plan D1, **16**) : 7, rue Clapeyron, 75008. ☎ 01-45-22-21-06. Ⓜ Europe, Rome ou Liège. ♿ Lun-sam midi et soir, plus dim midi. Congés : 2 sem début août. Formules déj en sem 11,50-16 € ; menu 22 € ; carte env 30 €. Apéritif maison offert sur présentation de ce guide.* Un des bons restos coréens de Paris, ce que ne laissent pas présager les prix sages. Le cadre est agréable, le service dévoué et souriant. Barbecues de bœuf ou de porc et *bibimbap* (plat de riz, légumes et viande) sont les quelques spécialités dont vous vous régalerez. Palais sensibles, rassurez-vous, les épices sont utilisées avec parcimonie...

Flora Danica *(plan A2, **18**) : 142, av. des Champs-Élysées, 75008. ☎ 01-44-13-86-26. Ⓜ George-V ; RER A : Charles-de-Gaulle-Étoile. ♿ Tlj 8h-23h. Menu en sem 39 € ; smørrebrød 14 €, salades 12-16 € ; carte env 50 €.* La Maison du Danemark accueille 2 restaurants : la brasserie *Flora Danica* et le *Copenhague,* vitrines de la cuisine danoise à Paris. Si le 2d joue la carte de la gastronomie sous la houlette d'Andreas Moller, un digne représentant de la *New Nordic cuisine,* la brasserie, elle, mise sur le classique scandinave dans un cadre sobre et efficace. L'atout maître, c'est la magnifique terrasse dans la verdure, à l'abri du tohu-bohu. Petit déj gourmand, assiettes de saumon, veloutés ou salades nordiques, *smørrebrøds* (tartines de pain noir garnies). Également des jus détox et des cocktails à siroter au bar.

Fumé *(plan B2, **23**) : 10, rue Berryer, 75008. 📱 06-98-06-29-80. Ⓜ Charles-de-Gaulle-Étoile. Sam-jeu midi et soir, plus ven midi. Fermé sam en été. Congés : 8-22 août. Résa en ligne (attention, 2 services) : • fume-paris.com • Formule déj 19 € ; carte env 35 €.* C'est dans une petite salle confidentielle aux murs recouverts de briques que l'ancien de *Top Chef* Ruben Sarfati a posé son fumoir. Il mitonne une cuisine kasher aux accents méditerranéens et sert viandes et poissons fumés au bois de hêtre. La touche est subtile, sans enfumage : le saumon mi-cuit comme le demi-coquelet gardent toutes leurs saveurs.

Chic

Les Cocottes *(plan A2, **14**) : 14, rue Beaujon, 75008. ☎ 01-53-89-50-53. Ⓜ Charles-de-Gaulle-Étoile. Tlj midi et soir. Résa indispensable au déj. Formules déj 29-34 € ; carte env 50 €. Sélection de vins au verre.* Bienvenue dans l'un des restos parisiens de la galaxie Constant ! Au sein du très chic *Sofitel,* à la déco épurée aux teintes sombres, un bistrot moderne finalement très chaleureux par l'accueil et le concept : les plats de ménage habilement revisités sont servis dans des cocottes individuelles. La clientèle d'affaires du midi laisse la place, le soir, aux résidents de l'hôtel et autres amateurs de bonnes tables.

Neva Cuisine *(plan D1, **19**) : 2, rue de Berne, 75008. ☎ 01-45-22-18-91. Ⓜ Liège, Europe ou Rome. Lun-ven midi et soir. Fermé w-e et j. fériés. Congés : 3 sem en août. Résa conseillée. Formules 36-42 €.* Dans un décor contemporain totalement repensé, la carte courte et bien maîtrisée fait mouche, avec des plats qui, pour certains, sont devenus des incontournables, comme les ris de veau crousti-fondants ou la sphère déstructurée au chocolat. Rien de russe, donc (le nom étant juste une allusion à la rue de Saint-Pétersbourg qui fait l'angle), mais une bonne cuisine bistronomique réalisée par Beatriz Gonzalez.

Lazare *(plan D2, **15**) : parvis de la gare Saint-Lazare, rue Intérieure,*

75008. ☎ 01-44-90-80-80. Ⓜ Saint-Lazare. ♿ Tlj 7h30 (11h45 dim)-23h. Résa conseillée. Plat du jour 20 € ; carte 40-50 €. Au rez-de-chaussée de la gare Saint-Lazare, monument historique relooké, le *Lazare,* tout naturellement, est un superbe bistrot chic avec boiseries, mobilier noir et blanc, jolies mosaïques au sol et une terrasse pour profiter de l'animation. Prenez place et saisissez donc la gazette (la carte) : quelle que soit l'heure, du lever du soleil au bout de la nuit, les cuisines tournent à plein régime. Mais on appréciera surtout l'authenticité des recettes de toujours, gourmandes et généreuses, réalisées par Thierry Colas sous la houlette d'Éric Frechon, chef triplement étoilé du *Bristol.* En dessert, ne pas manquer la création maison, le *paris-deauville...* avant de filer vers la Normandie !

Bar à vins

Le Rouge et le Verre *(plan D1,* ***30****) : 28, rue de Turin, 75008. ☎ 01-43-87-10-40. Ⓜ Rome ou Place-de-Clichy. Lun-sam 10h-23h30 ; service midi et soir. Fermé dim. Plat env 16 € ; planches env 8,50-11,50 €.* Est-il encore besoin de prouver que cave à vins et table d'hôtes font bon ménage ? Au *Rouge et le Verre,* en guise de déco, des dives bouteilles (servies sans droit de bouchon), des caisses de domaines et une cheminée. Côté assiette, de bons petits plats de tradition et des charcuteries béarnaises qui tombent à pic pour l'apéro. Pour les amateurs, il y a même un banc d'huîtres (en hiver), histoire de goûter à la sélection de blancs ! Très convivial.

Où boire un verre ?

The Cricketer Pub *(plan D2,* ***40****) : 41, rue des Mathurins, 75008. ☎ 01-40-07-01-45. Ⓜ Saint-Augustin ou Madeleine. Lun-sam 12h (17h sam)-2h. Happy hours 17h-19h30. Fermé dim.* Un pub typique, au cadre sans chichis, privilégiant le bois et fréquenté par une joyeuse clientèle majoritairement anglo-saxonne (traders, banquiers, cadres des compagnies anglaises...). Bières bien tirées, histoire d'entretenir la fougue des supporteurs à l'occasion des retransmissions de matchs. Bonne ambiance !

9e ARRONDISSEMENT

• Plan *p. 90-91*

De l'Opéra à Pigalle et de la gare Saint-Lazare au métro Poissonnière, le 9e dévoile ses différents visages selon l'heure du jour... ou de la nuit ! Vers les grands magasins et jusqu'à Notre-Dame-de-Lorette, c'est avant tout un quartier commerçant où naviguent les touristes déposés devant les *Galeries,* les hommes d'affaires des Grands Boulevards, les antiquaires de Drouot et les journalistes des médias implantés dans le coin. Tous se retrouvent au déjeuner, dans leur cantine attitrée. Voilà pour le jour. La nuit, c'est au nord que ça se passe. Grimpez dans les quartiers bobos-branchés de South Pigalle (« SoPi » !) ou Blanche pour écumer les adresses dans l'air du temps, tester la dernière terrasse à la mode ou user le comptoir des rades qui résistent encore et toujours à l'envahisseur hipster ! Tant qu'on y est, on se laisse tenter par une nuit blanche dans les célèbres boîtes du quartier.

Où manger ?

Sur le pouce

|●| *Majouja* *(plan C2,* **5***)* **:** *43, rue Lafitte, 75009. ☎ 09-51-49-25-18. Ⓜ Le Peletier ou Notre-Dame-de-Lorette. Lun-sam 9h30-16h. Fermé dim. Formules 9-16 € ; carte 15-20 €.* Une adresse de poche où convergent les employés pressés du coin pour goûter la savoureuse cuisine de Katia, inspirée des plats algériens de sa maman, surnommée « Majouja ». Couscous, *aghrum* (galette farcie à base de semoule), marmite de chorba (soupe à base de blé et d'agneau) et entrées aux saveurs kabyles s'alignent sur un comptoir, face auquel on a décidément bien du mal à se décider. Quelques tabourets et tables basses pour déjeuner sur place, mais la salle (toute

Où manger ?

- **2** Père & Fish (D2)
- **3** Picto (C2)
- **5** Majouja et Ibrik (C2)
- **6** Peco Peco (B1)
- **7** Cot Cot (D1)
- **8** Mersea (C3)
- **10** Les Pâtes Vivantes (C2)
- **11** Papacionu (C2)
- **12** Faggio (D1)
- **13** Hugo (D2)
- **14** Juste (C2)
- **16** Le Coucou (C1)
- **17** Sizin (B2)
- **18** Isana (C2)
- **19** Sobane (C2)
- **20** Léandrés (D2)
- **21** Yoom (C2)
- **23** Loyal (A1)
- **25** Chartier (C3)
- **29** Buvette (B1)
- **31** La Tute 2, Chez Manu (C3)
- **34** Papilles (D1)
- **37** Belle Maison (C1)
- **38** Bien Élevé (C2-3)
- **39** Cuisine (C1)
- **40** Les Canailles (B2)
- **41** Le Garde-Temps (B1)
- **43** Zincou Vins & Tapas (B1)
- **45** Le Pantruche (C1)
- **49** Les Fils à Maman (C3)
- **51** Pink Mama (B1)
- **55** Salina (C3)
- **58** L'Ascension (A1)
- **60** Caillebotte (C2)
- **62** J'Go Restaurant (C3)
- **64** Mamou (B3)
- **65** Braisenville (C1)
- **68** Hanoï Corner et Les Comédiens (B2)

Bars à vins

- **14** Le Cellier (C2)
- **70** Le Rouge et le Verre (C2)
- **71** Le Dit-Vin (B1)

Où boire un verre ?

- **82** Milton (C2)
- **83** Lulu White (B1)
- **84** Les 36 Corneil (D2)

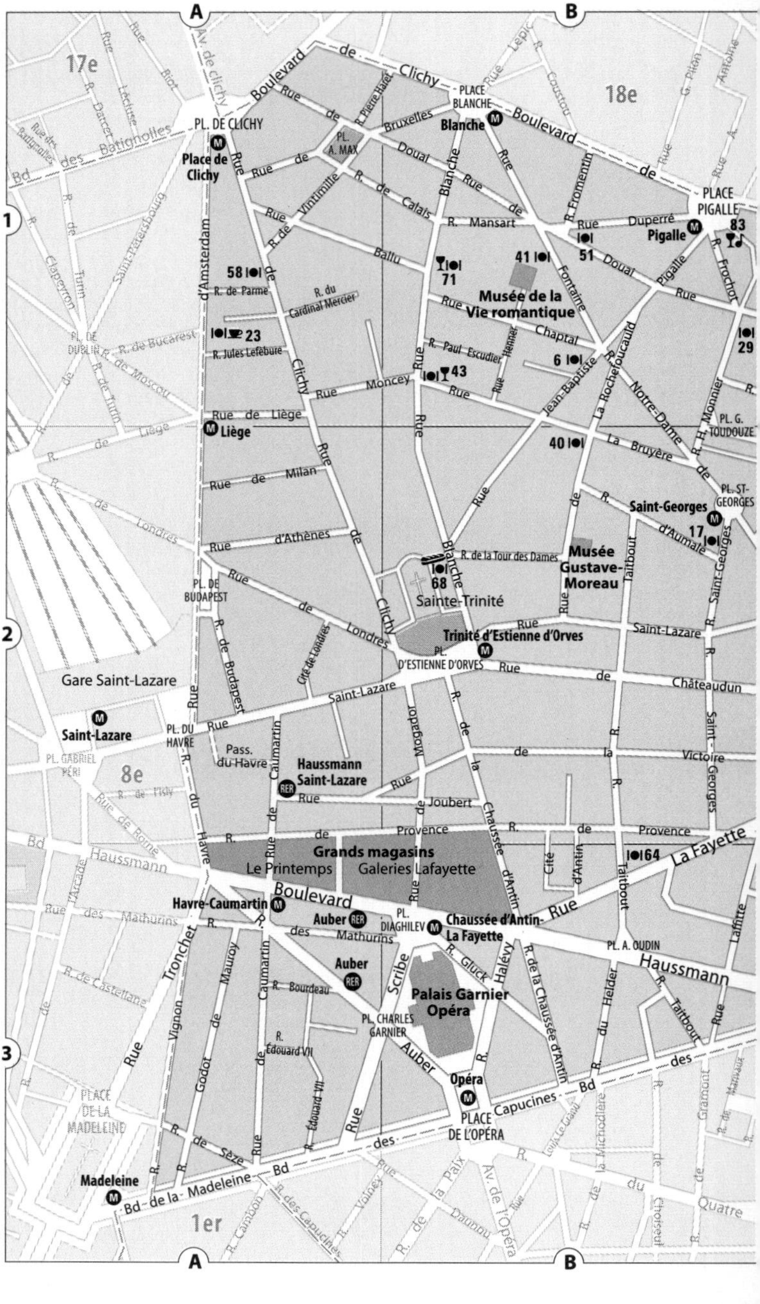
A
B
17e
18e
8e
1er
1
2
3
Boulevard de Clichy
PL. DE CLICHY
Place de Clichy
PLACE BLANCHE
Blanche
Boulevard de
PLACE PIGALLE
Pigalle
83
Bd des Batignolles
Av. de Clichy
Rue de Bruxelles
PL. A. MAX
Rue de Douai
R. de Calais
Rue de Vintimille
Rue Blanche
R. Mansart
Rue Duperré
51
Rue de Douai
R. Fromentin
Rue Ballu
58
R. de Parme
R. du Cardinal Mercier
71
41
Musée de la Vie romantique
Rue Chaptal
Rue Fontaine
Rue Pigalle
R. Frochot
29
23
R. Jules Lefebvre
R. de Bucarest
PL. DE DUBLIN
R. de Moscou
R. de Turin
R. Paul Escudier
Rue Henner
43
6
Rue Moncey
Rue Jean-Baptiste
R. La Rochefoucauld
Rue Notre-Dame
R. H. Monnier
PL. G. TOUDOUZE
Rue d'Amsterdam
Rue de Clichy
Rue de Liège
Liège
40
La Bruyère
Rue de Milan
PL. ST-GEORGES
Saint-Georges
17
R. d'Aumale
Rue d'Athènes
Rue de Londres
R. de la Tour des Dames
68
Sainte-Trinité
Musée Gustave-Moreau
Rue Taitbout
Rue Saint-Georges
PL. DE BUDAPEST
Rue Saint-Lazare
Trinité d'Estienne d'Orves
PL. D'ESTIENNE D'ORVES
Rue de Châteaudun
R. de Budapest
Cité de Londres
Gare Saint-Lazare
Saint-Lazare
PL. DU HAVRE
PL. GABRIEL PÉRI
Pass. du Havre
Haussmann Saint-Lazare
Rue Mogador
R. de la Chaussée d'Antin
Rue de la Victoire
R. de l'Isly
Rue de Rome
Rue Joubert
R. de Provence
Rue du Havre
Rue Caumartin
Grands magasins
Le Printemps
Galeries Lafayette
64
Rue La Fayette
Bd Haussmann
Boulevard Haussmann
Havre-Caumartin
Auber
PL. DIAGHILEV
Chaussée d'Antin-La Fayette
Rue des Mathurins
PL. A. OUDIN
Rue Lafitte
R. de l'Arcade
R. de Castellane
Rue Tronchet
Rue Vignon
Rue Godot de Mauroy
R. Bourdeau
R. Gluck
Rue Halévy
Rue Scribe
Palais Garnier Opéra
PL. CHARLES GARNIER
R. Édouard VII
Rue Auber
Opéra
PLACE DE L'OPÉRA
Bd des Capucines
R. du Helder
R. de la Michodière
PLACE DE LA MADELEINE
Madeleine
R. de Sèze
Bd de la Madeleine
R. Cambon
R. des Capucines
R. Volney
R. de la Paix
Av. de l'Opéra
R. Daunou
R. de Choiseul
Rue du Quatre
R. de Gramont
R. de Marivaux

9e

9e ARRONDISSEMENT

de rose vêtue) est vite encombrée. *NOUVEAUTÉ.*

Hanoï Corner (plan B2, **68**) : 7, rue Blanche, 75009. ☎ 01-72-34-79-42. Ⓜ Trinité-d'Estienne-d'Orves. Lun-ven, le midi seulement. Fermé w-e. Congés : vac scol de Noël. Formules 10-17 €. Une adresse vietnamienne de poche, où l'on se régale de bo bun généreux et de *banh mi* parfumés. Pour le dessert, on hésite entre le gâteau au manioc (pas léger mais gourmand) et le *chiffon cake* au pandan (un drôle de fruit exotique), très aérien. La sympathique patronne essaiera sûrement de vous faire goûter au café vietnamien ou aux tablettes de chocolat : ils sont excellents ! Arrivez tôt pour trouver une table, sinon emportez votre butin et filez au square de l'église de la Trinité. Accueil cordial et service efficace malgré l'affluence.

Père & Fish (plan D2, **2**) : 67, rue du Faubourg-Poissonnière, 75009. 07-57-91-75-87. Ⓜ Cadet ou Poissonnière. Tlj midi et soir. Compter 15-20 €. Ici, on perpétue une tradition familiale de père en... *fish* ! Le poisson est à l'honneur dans un concept de restauration rapide iodée, proposant des burgers marins, gourmands et gourmets. C'est original, bon et frais. Quelques tables installées dans une petite salle à l'allure fraîche ; sinon, prendre à emporter. Accueil très dynamique et joyeux de toute l'équipe. Foncez !

Picto (plan C2, **3**) : 68, rue La Fayette, 75009. ☎ 01-48-78-21-57. Ⓜ Cadet. Lun-ven, le midi seulement. Fermé w-e. Sandwichs 4,50-7 €. Café offert sur présentation de ce guide. Si l'on vous dit que le pain vient de la boulangerie *Landemaine,* le jambon cru des monts de Lacaune, le jambon blanc de Vendée (mais surtout de porc fermier !), que le beurre est AOC, ainsi que l'emmental de Savoie, vous comprendrez le bel esprit des lieux et ce qui justifie la différence de prix. Vous trouverez toujours (un peu) moins cher mais ce sera (beaucoup) moins bon ! Vente sur place ou à emporter.

Ibrik (plan C2, **5**) : 43, rue Lafitte, 75009. ☎ 01-73-71-84-60. Ⓜ Le Peletier ou Notre-Dame-de-Lorette. Lun-ven 8h30-16h30, sam 12h-17h30. Fermé dim. Petits déj 8-11 € ; brunchs 19-24 € ; plats 10-15 € ; formules 13-16 €. Une escale chaleureuse qu'Ecaterina a baptisée « Ibrik » en souvenir du café de son enfance roumaine. Carte très courte, simple et ensoleillée, souvent renouvelée. Salades composées, sandwichs au pain pita (maison) ou encore *mezze.* Un soupçon des diverses cuisines proche-orientales qui flirtent avec la belle bleue. Et pour la touche sucrée, on se souvient du gâteau aux pistaches glaçage citron, du cookie au halva et du cake orange, semoule et coco. Petit espace à l'étage sympa comme tout. Autre adresse au 9, rue de Mulhouse, dans le 2e.

Peco Peco (plan B1, **6**) : 47, rue Jean-Baptiste-Pigalle, 75009. ☎ 01-53-16-19-84. Ⓜ Pigalle ou Saint-Georges. Lun-sam midi et soir. Fermé dim. Formules déj 14-16 € ; tapas japonaises 5-10 € ; carte env 20 €. Un cadre bruto-rafistolé qui ne dépare pas dans le très branché South Pigalle, où un petit comptoir délimite la petite cuisine ouverte. À l'ardoise, de la *finger food* japonaise... Et différentes sauces maison pour assaisonner tout ça. À moins que vous n'optiez pour un *donburi* (plat à base de riz), ou encore pour la salade ou le sandwich du jour. Accueil sympa ; on prend bien la peine de vous détailler ce qui vous attend derrière une poignée d'ingrédients obscurs...

Mersea (plan C3, **8**) : 6, rue du Faubourg-Montmartre, 75009. ☎ 09-73-22-46-13. Ⓜ Grands-Boulevards. Tlj midi et soir. Plats 12-21 €. Le chef breton Olivier Bellin a posé son épuisette à 2 pas du Palace pour une *street food* de la mer très contemporaine. Murs bruts bleu marine (logique !) et cuisine ouverte. *Fish & chips* extra, frites maison croustillantes, panure savoureuse, et on se lèche les doigts de bonnes petites sauces. Le soir, rillettes de truite ou crème de maquereaux maison (entre autres) pour grignoter. *Mersea* beaucoup ! Autres adresses dans les 2e, 7e et 8e arrondissements.

Cot Cot (plan D1, **7**) : 21, rue Gérando, 75009. ☎ 01-42-40-72-62. Ⓜ Anvers ou Barbès-Rochechouart. Tlj midi et soir (en continu sam-dim).

Compter 15-22 €. Un petit snack qui réconciliera les amateurs de *junk food* et de bonne chère. Ici, nuggets et *chicken wings* sont faits avec du poulet fermier, bien nourri, bien élevé donc, cuit et frit à la demande. Forcément, question goût, ça change tout... Jusqu'aux bonnes frites maison ! Quelques tabourets pour grignoter sur place.

De très bon marché à bon marché

Papacionu (plan C2, **11**) **:** *7, rue Cadet, 75009. ☎ 01-45-23-90-03. Ⓜ Le Peletier ou Cadet. Tlj midi et soir. Résa conseillée. Pizzas 12-19 €.* Connu comme l'une des meilleures pizzerias d'Ajaccio, *Papacionu* exporte sa renommée au-delà des frontières de l'île de Beauté. Des produits frais et gorgés de soleil, à arroser d'une bonne bière locale ou d'un petit rouge bien corsé ! Lumières tamisées, parquet et poutres en bois, le décor est aussi chaleureux que les assiettes généreuses. Planches d'*antipasti* et autres légumes confits feraient pâlir d'envie nos voisins transalpins. Quant aux pizzas, à la pâte croustillante, à la sauce tomate goûteuse et aux garnitures savoureuses du Sud, on en est restés babas !

Les Pâtes Vivantes (plan C2, **10**) **:** *46, rue du Faubourg-Montmartre, 75009. ☎ 01-45-23-10-21. Ⓜ Le Peletier ou Cadet. Tlj midi et soir. Le midi, menus 12-15 € ; carte env 15 €.* Une cantine minuscule où l'on s'active à fabriquer, à la vue de tous, cette spécialité de pâtes du nord de la Chine, des pâtes fraîches, tout simplement succulentes. Et on ne s'y trompe pas en avalant la soupe de nouilles au bœuf Lanzhou ou celle en sauce Zhajiang, les spécialités de la maison. Victime de son succès, c'est toujours plein et l'accueil pas franchement au rendez-vous. Mais qu'à cela ne tienne, une autre enseigne se trouve au 3, rue de Turbigo, dans le 1er.

Faggio (plan D1, **12**) **:** *72, rue de Rochechouart, 75009. ☎ 01-40-37-44-02. Ⓜ Anvers ou Barbès-Rochechouart. Tlj midi et soir. Congés : août. Plats et pizzas 12-20 €.* Une bande de potes italiens a retapé cette vieille salle de billard tout en longueur. Carrelages blancs, briques nues, tables en liège, en guise de sanctuaire à leur produit vénéré : la *santa pizza* ! Mais pas n'importe laquelle : 10 en tout, triées sur le volet et cuites au feu de bois. Pâte croustillante millimétrée et garnitures choisies dans les meilleurs produits, parées de *flor di latte*, de *mozzarella di bufala* ou de *stracciatella* aux senteurs de truffe et d'origan. 33 cm de diamètre, on a du mal à en venir à bout. Vins naturels, un peu chers mais possibilité de les déguster au verre, ou bière artisanale. Service attentif. Venir tôt pour moins d'attente.

Juste (plan C2, **14**) **:** *48, rue Lafitte, 75009. ☎ 09-82-33-93-47. Ⓜ Le Peletier. Lun-sam midi et soir. Fermé dim. Tapas 9 € ; compter 30-55 € pour le homard.* Une cabane ostréicole en plein cœur de Paris, en direct des producteurs... Encore un peu, on s'y croirait ! Une envie de bord de mer, de coquillages ? Filez chez *Juste* ! Pour une petite faim ou un apéro iodé, on s'y régale de fruits de mer de saison, en libre-service, que l'on déguste sur de grandes tablées : bulots-mayo, palourdes farcies, pinces de crabes, huîtres... Ils ont tout juste ! Vente à emporter.

Sizin (plan B2, **17**) **:** *47, rue Saint-Georges, 75009. ☎ 01-44-63-02-28. Ⓜ Saint-Georges. Lun-ven midi et soir, plus sam soir. Fermé dim. Menus 16 € (midi)-29 € ; carte env 28 €. Apéritif maison offert sur présentation de ce guide.* Un turc de quartier où il est bien difficile de décrocher une table si l'on n'a pas eu la prudence de réserver. Savoureuse cuisine traditionnelle, servie avec le sourire. Cadre agréable, ne vous laissez pas rebuter par la devanture peu engageante.

Yoom (plan C2, **21**) **:** *20, rue des Martyrs, 75009. ☎ 01-56-92-19-10. Ⓜ Notre-Dame-de-Lorette ou Saint-Georges. Tlj midi et soir. Formules déj en sem 14-15 € ; menus 21-26 €.* Un vrai resto de *dim sum*, ces délicates petites bouchées farcies, dans un cadre dépaysant et raffiné. On a l'impression d'être dans le Hong Kong branché de Lan Kwai Fong. On retrouve toutes les saveurs et textures, sucrées-salées, de ces viandes et poissons parfaitement relevés, avec épices et herbes aromatiques. Un joyeux typhon sous le palais !

Loyal (plan A1, **23**) : *70 bis, rue d'Amsterdam, 75009. ☎ 01-40-16-93-31. Ⓜ Liège ou Place-de-Clichy. Lun-ven 8h-16h. Fermé w-e. Formules 15 € à emporter, env 20 € sur place.* Prenez le temps de vous asseoir et de profiter des 3 plats du jour (viande, poisson et végétarien), confectionnés dans la grande cuisine ouverte sur la salle zen et lumineuse. Les produits sont fermiers ou artisanaux, sains, et l'approvisionnement essentiellement francilien. Délicieux ! Le rapport qualité-prix n'est pas bouleversant mais les bonnes adresses sont rares autour de la gare Saint-Lazare.

Isana (plan C2, **18**) : *7, rue Bourdaloue, 75009. ☎ 01-42-45-18-72. Ⓜ Notre-Dame-de-Lorette. Lun-ven 12h-14h30, plus mer-jeu 19h-21h30 ; brunch dim 11h30-14h. Fermé sam. Formules 15-19 € ; plats 14-22 €.* Une cantine moderne où rayonne l'accent latino-américain. Du décor à l'assiette, on la joue minimaliste : une poignée de tables, des plantes aux murs et une carte courte, gage de fraîcheur. Commencez par vous partager des *empanadas* avant d'opter pour un ceviche acidulé ou du bœuf mariné. Herbes fraîches, épices et saveurs exotiques font frétiller les papilles. On a adoré les jus de fruits maison (c'est le moment de faire des découvertes !) et la petite sélection de vins chiliens et argentins. Accueil adorable.

Papilles (plan D1, **34**) : *77, rue de Rochechouart, 75009. ☎ 09-50-78-16-32. Ⓜ Anvers ou Barbès-Rochechouart. Jeu-lun 10h-15h (16h w-e). Fermé mar-mer. Petits déj et plats 11-13 €.* C'est confortablement installé sur les banquettes de velours vert foncé que l'on profite du joli cadre épuré de ce *coffee house* et de la cuisine du chef, dont la principale préoccupation est le produit, son histoire et sa qualité. Une carte courte, gage de fraîcheur, et des assiettes gourmandes, généreuses et réconfortantes ; que l'on peut déguster à toute heure.

Sobane (plan C2, **19**) : *5, rue de La Tour-d'Auvergne, 75009. ☎ 01-48-78-02-91. Ⓜ Cadet ou Poissonnière. Mar-sam midi et soir, plus lun soir. Fermé dim. Formules déj 15-23 € ; carte 25-30 €.* C'est un véritable aller simple Paris-Séoul qu'on s'offre en entrant dans ce resto grand comme un mouchoir de poche, au cadre minimaliste. Une certaine promiscuité, qu'on oublie bien vite devant les assiettes, dépaysantes et bien présentées : côte de bœuf marinée et grillée à la flamme, palette de porc confit aux épices, galettes au thé vert... Pas donné le soir, mais on n'est pas déçu. Accueil et service charmants.

Léandrés (plan D2, **20**) : *78, rue de Maubeuge, 75009. ☎ 09-86-79-57-29. Ⓜ Poissonnière ou Gare-du-Nord. ♿ Mer-dim 8h30 (9h w-e)-18h. Fermé lun-mar. Formules 10-14 € ; brunch (12h-15h) 19 €.* Une petite cantine de quartier à la déco fraîche où l'on peut se restaurer à toute heure, de salé comme de sucré. La cuisine est à l'image de cet adorable couple franco-colombien (Léa et Andrés !) : *empanadas, pan de bono, carrot cake...* Jus de fruits frais et bon café torréfié sur place !

Hugo (plan D2, **13**) : *12, rue Papillon, 75009. ☎ 01-44-83-01-63. Ⓜ Cadet ou Poissonnière. Tlj, le soir seulement. Carte 24-40 €. Apéritif maison ou digestif maison offert sur présentation de ce guide.* Cadre classique et bon accueil dans ce petit bistrot de quartier, sans grandiloquence mais à la qualité constante. Petits plats aux accents du Midi, colorés et joliment présentés, cuisinés avec des produits bio. Desserts maison. Et pour agrémenter, bons petits crus de récoltants à prix démocratiques.

Chartier (plan C3, **25**) : *7, rue du Faubourg-Montmartre, 75009. ☎ 01-47-70-86-29. Ⓜ Grands-Boulevards. ♿ Tlj 11h30-minuit (service continu). Pas de résa. Carte 15-20 €.* Poussez la grosse porte à tambour pour découvrir cet immense bouillon du XIXe s, inscrit à l'inventaire des Monuments historiques. Hauts plafonds, mezzanines, chromes et cuivres, casiers à serviettes des habitués (autrefois !) : depuis 120 ans, le décor est intact. Toujours bourré de fidèles, d'étudiants et de touristes. On n'y vient pas tant pour la cuisine que pour se dire qu'on a mangé au moins une fois dans ce lieu mythique, et supporté le bruit assourdissant des 325 places et 1 200 couverts par jour !

Prix moyens

Le Coucou (plan C1, **16**) : *14, rue Brochart-de-Saron, 75009. ☎ 01-48-74-15-78. Ⓜ Anvers. Mar-sam midi et soir, plus dim midi. Fermé lun. Menu déj en sem 18 € ; carte 25-30 €.* Après *Pantruche, Caillebotte* et *Belle Maison,* voici le petit dernier, plus modeste dans les prix. Au croisement du comptoir parisien et du *coffee shop,* la carte réveille les oiseaux tombés du nid de bon matin avec des petits déj à base de cakes, toasts gourmands et crêpes comme à la maison. La carte change avec le marché et les envies de la cheffe, mais les plats sont toujours colorés, twistés d'une pointe d'originalité, d'un zeste d'exotisme ou de savants accords sucrés-salés. Un *Coucou* qui agite les papilles ! *NOUVEAUTÉ.*

Salina (plan C3, **55**) : *24, rue du Faubourg-Montmartre, 75009. ☎ 09-83-97-50-31. Ⓜ Grands-Boulevards. Mar-ven, le midi seulement, plus dim-lun midi et soir. Fermé sam. Tapas 6-17 € ; carte 20-35 €.* Tombé, comme nous, amoureux des sublimes mosaïques classées de Sarreguemines, le patron a rénové cette ancienne poissonnerie Art nouveau et a fait de cet écrin précieux un bar à vins et cocktails, gourmand et convivial ; des vins bio et naturels qui accompagnent une carte (très) réduite. Les poissons de ligne, issus d'une pêche éthique et saisonnière, sont déclinés en sashimis, ceviches, tempura et autres bouchées créatives que l'on est tenté de multiplier et de partager. Pour un apéro léger ou un repas complet...

Buvette (plan B1, **29**) : *28, rue Henry-Monnier, 75009. ☎ 01-44-63-41-71. Ⓜ Pigalle ou Saint-Georges. Tlj midi et soir (en continu w-e). Carte env 30 €.* Petite sœur d'une adresse très branchée installée à New York et Tokyo. Un établissement raffiné de ce bas Pigalle qui n'en finit plus de se réinventer. Un décor chaleureux country chic, avec quelques résonnances Art déco, où l'on déguste de bons petits plats, fins et savoureux : croques revisités, parmentier fondant, œufs déclinés en différentes recettes, pain perdu délicieusement régressif...

Bien Élevé (plan C2-3, **38**) : *47, rue Richer, 75009. ☎ 01-45-81-44-35. Ⓜ Grands-Boulevards ou Le Peletier. Mar-sam midi et soir. Fermé dim-lun. Résa conseillée. Formule déj en sem 19 € ; menu 37 €.* Une adresse qui fait la part belle au bœuf Angus, auquel certaines humeurs carnassières pourront préférer une volaille fermière, un magret, le poisson du jour ou le burger. La viande provient d'éleveurs en direct et est maturée sur place. Courte carte souvent renouvelée, et ardoise. Mieux vaut d'ailleurs arriver un peu tôt car la carte devient très réduite quand un plat manque à l'appel. Les desserts ne sont pas à la traîne, et souvent twistés par une glace ou un sorbet original. Tables un peu à touche-touche, dommage... Un succès mérité.

Les Canailles (plan B2, **40**) : *25, rue La Bruyère, 75009. ☎ 01-48-74-10-48. Ⓜ Saint-Georges. Lun-ven midi et soir. Fermé w-e et j. fériés. Formules et menus 31-39 € ; carte env 45 €.* 2 compères ont délaissé les tables de renom pour proposer chez eux une cuisine plus simple et plus authentique, dans un cadre convivial. Produits de saison et de qualité. Dans l'assiette, c'est une cuisine généreuse à partir de recettes du terroir subtilement réinterprétées. Belle carte de vins naturels.

Le Garde-Temps (plan B1, **41**) : *19 bis, rue Pierre-Fontaine, 75009. ☎ 09-81-48-50-55. Ⓜ Pigalle ou Blanche. Lun-ven midi et soir, plus sam soir. Fermé dim. Formule déj 19 € ; menus-carte 32-37 €.* Un bistrot chaleureux, tout en enfilade. On choisit ses plats sur les grands tableaux noirs, avec quelques suggestions du jour, charcuterie basque, plats de terroir savamment revisités et des viandes goûteuses (avec frites maousses). Service aux petits soins, carte des vins succincte mais bien choisie.

Zincou Vins & Tapas (plan B1, **43**) : *50, rue Blanche, 75009. 📱 07-86-31-52-40. Ⓜ Blanche ou Trinité-d'Estienne-d'Orves. Lun-ven midi et*

9e

soir. Fermé w-e. Formules déj 24-32 € ; le soir, carte 30-40 €. Tout est dans le nom ! D'abord une belle carte de vins au verre venus des 4 coins de l'Hexagone, avec une sélection de crus naturels, bio ou biodynamiques. Puis les tapas, qui nous font voyager un peu plus loin avec des touches asiatiques ou des zestes méditerranéens, sans pour autant délester notre riche terroir. Classées en viandes, poissons ou végétariennes, les tapas se partagent pour la tablée ou se dégustent égoïstement, surtout les desserts, qu'on a bien du mal à laisser aux voisins. *NOUVEAUTÉ.*

Les Fils à Maman *(plan C3,* **49***) : 7 bis, rue Geoffroy-Marie, 75009. ☎ 01-48-24-59-39. Ⓜ Grands-Boulevards, Cadet ou Le Peletier. Mer-sam midi et soir, plus mar soir et dim midi. Fermé lun. Formules déj en sem 15-18,50 € ; carte env 30 €.* 3 garçons devenus grands ont ouvert cette cantoche aux allures de salle de classe et proposent des recettes d'antan. Les garnements élevés à bonne école affirment encore pouvoir tuer père (mais pas mère !) pour une juteuse côte de bœuf accompagnée d'un gratin dauphinois ou pour un tiramisù au Kinder. Soirées « comme à la maison » le 1er mardi du mois quand, à tour de rôle, les mamans mettent la main à la pâte pour montrer aux dulcinées de leurs « Tanguy chéris » comment retenir un homme à la maison... Service adorable, ambiance cocon, prix doux, la régression a parfois du bon !

Pink Mama *(plan B1,* **51***) : 20 bis, rue de Douai, 75009. ☎ 09-83-55-94-52. Ⓜ Pigalle. Tlj midi et soir. Pâtes et pizzas env 12-19 €, viandes 15-33 € (accompagnements en supplément).* Une façade rose bonbon, au pied de laquelle s'étend la longue file d'attente (une fois inscrit, vous pourrez aller boire un verre en face). À l'intérieur, sur 4 étages, on retrouve tout ce qui fait le succès des adresses du groupe *(Ober Mama, East Mama, Felicitá...)*, à savoir des produits d'excellence pour une savoureuse cuisine italienne, une ambiance animée et gentiment branchée, et une déco vintage très étudiée. Ce *Pink* de « SoPi » ne déroge pas à la règle avec son beau décor (belle verrière arty) et ses succulentes viandes maturées et grillées. Et sinon, des *antipasti* variés, des pizzas et des pâtes, à accompagner de vins eux aussi soigneusement sélectionnés. Reste que le service n'est pas toujours au top et que poireauter dans les courants d'air peut couper l'appétit. Heureusement, quelques places sont ouvertes à la réservation, ne loupez pas le créneau !

De prix moyens à chic

Belle Maison *(plan C1,* **37***) : 4, rue de Navarin, 75009. ☎ 01-42-81-11-00. Ⓜ Saint-Georges. Lun-sam midi et soir. Fermé dim. Le midi en sem, formule env 25 €, carte 35-45 € ; le soir, carte seulement, env 50 €.* Les heureux initiateurs des *Pantruche* et *Caillebotte* voisins poursuivent leur déploiement dans le quartier avec cette fois un décor à la couleur dominante plutôt iodée pour cette *Belle Maison,* dont la courte carte penche côté mer. Un heureux mélange de bobos du quartier et de touristes découvrent, dans une ambiance assez sonore, des plats dans l'air du temps dont on devine la préparation dans la cuisine partiellement ouverte. Service charmant et pro. Vins un poil chers.

Le Pantruche *(plan C1,* **45***) : 3, rue Victor-Massé, 75009. ☎ 01-48-78-55-60. Ⓜ Pigalle. Lun-ven midi et soir. Fermé w-e. Formule déj 19 € ; le soir, menu-carte 38 € (avec quelques suppléments).* Une sympathique petite adresse du bas Pigalle, un brin canaille, qui propose des plats de bistrot tradi-cool dans une ambiance assez animée. Le chef aime mettre en valeur les beaux produits (de saison) et enchante les papilles avec des compositions bien maîtrisées. La carte change régulièrement. Service très attentionné et belle sélection de flacons pas trop ruineux. Pour ceux que ça intrigue, « Pantruche » désigne Paris en argot...

L'Ascension *(plan A1,* **58***) : 67, rue de Clichy, 75009. ☎ 01-42-40-28-47. Ⓜ Place-de-Clichy. Lun-ven midi et soir, plus sam soir. Fermé dim. Formules déj 22-28 € ; carte env 45 €. Apéritif maison offert sur présentation* *de ce guide.* C'est un refuge tout trouvé dans l'ascension vers la place de Clichy ! Avec sa palette de verts tropicaux répondant à des tonalités cuivrées, le décor de cette adresse conviviale ne manque pas d'élégance. Dans la cuisine ouverte, le chef Amar Chalal fait la part belle aux produits frais et de saison. Yannick Alléno, chez qui il a travaillé, lui a transmis l'art subtil des cuissons et des assaisonnements ; sa cuisine voyageuse, aux influences méditerranéennes, s'exprime ainsi sans complexe. Le midi, la fantastique formule déjeuner attire les foules, pensez donc à réserver.

Caillebotte *(plan C2,* ***60****) : 8, rue Hippolyte-Lebas, 75009. ☎ 01-53-20-88-70. Ⓜ Notre-Dame-de-Lorette. Lun-sam midi et soir. Fermé dim. Résa conseillée. Formule déj 19 € ; menus-carte 38 € midi et soir, 49 € le soir seulement.* Bistrot d'angle contemporain (ampoules nues, bois brut et vitres-atelier) qui nous met d'emblée au parfum dès le seuil franchi, et l'on découvre une cuisine bien dans l'air du temps, généreusement ouverte sur la poignée de couverts prévus au bar (un poil dans le passage). Jolie salle intimiste aménagée au sous-sol et belle vinothèque. Pigeon vendéen, chou pak choï, betteraves et pâtes de noix fraîches ou selle d'agneau de lait, millefeuille de pommes de terre rattes aux algues... Des plats enlevés, aux judicieuses associations, et bien présentés. Service pro et sympa. Une bonne escale, en somme.

J'Go Restaurant *(plan C3,* ***62****) : 4, rue Drouot, 75009. ☎ 01-40-22-09-09. Ⓜ Richelieu-Drouot. Lun-sam midi et soir. Fermé dim. Formules déj 16-25 € ; menus 30-39 € ; carte env 50 €.* Pas de doute, à voir la déco des salles, on est bien dans le Sud-Ouest. Ça se sent aussi dans l'assiette et jusque dans la paluche du patron, originaire de Condom, ou dans celle de son associé, le célèbre rugbyman Fabien Galthié. Les spécialités : l'agneau des Pyrénées et, surtout, le porc noir de Bigorre. Le restaurant élabore ses propres conserves et charcuteries dans les Pyrénées. Goûtez au Lou Pastifret, un pâté maison de porc noir servi avec sa salade. La carte décline, selon les saisons, son lot de produits frais et de desserts maison. Jolie sélection de vins du Grand Sud. Essai transformé !

Mamou *(plan B3,* ***64****) : 42, rue Taitbout, 75009. ☎ 01-44-63-09-25. Ⓜ Chaussée-d'Antin-La Fayette. Mer-ven midi et soir, plus le midi lun-mar. Fermé w-e. Congés : août. Résa conseillée. Formule déj 22 € ; carte env 40 €. Café offert sur présentation de ce guide.* C'est en souvenir de sa grand-mère, qu'il appelait « Mamou », que le chef Romain Lalu a baptisé son restaurant. Mais la nostalgie de l'enfance prend ici un sérieux coup de jeune, avec une cuisine inventive, fraîche et pleine de peps. Le tartare de bœuf – grand classique – est ainsi superbement revisité avec œuf poché et sauce au sésame. Quant aux desserts, qui font la part belle aux fruits de saison, ils sont remarquables.

Braisenville *(plan C1,* ***65****) : 36, rue Condorcet, 75009. ☎ 09-50-91-21-74. Ⓜ Anvers. Lun-ven midi et soir, plus sam soir. Fermé dim. Formules déj 19-22 € ; le soir, carte env 40 €.* Le concept au dîner : une large sélection quotidienne de *raciones* (assiettes de dégustation) cuites dans un four à braises, à accompagner de bons vins de petits vignerons. Les produits sont sélectionnés avec soin et les associations de saveurs marient volontiers les influences japonaises à celles du Sud-Ouest. Une gastronomie conviviale et décontractée, parfaite pour ceux qui aiment picorer dans l'assiette du voisin. Cadre design aux couleurs de la braise, et service attentionné. Juste à côté, *Il Cuoco Galante* (cuisine italienne raffinée) appartient à la même maison.

Cuisine *(plan C1,* ***39****) : 50, rue Condorcet, 75009. ☎ 01-44-63-75-64. Ⓜ Anvers. Mar-ven midi et soir, plus lun soir. Fermé w-e. Congés : août. Résa conseillée. Formules déj 18-22 € ; carte env 45 €. Vin au verre.* Cette *Cuisine* de 20 couverts a été reprise par un duo de choc. Banquettes en moleskine et mélaminé, pour une déco 60's. Les assiettes, elles, sont franco-nipponnes avec une tendance voyageuse qui dépasse parfois ces frontières. Carte courte, gage de fraîcheur, et dans l'ensemble d'un excellent rapport qualité-prix. Joli programme également pour le breuvage.

La Tute 2, Chez Manu (plan C3, **31**) : *7, rue Rossini, 75009. ☎ 01-40-15-65-65. Ⓜ Richelieu-Drouot. Lun-ven service continu 11h30-22h30. Fermé w-e. Congés : août. Carte env 35 €. Apéritif maison offert sur présentation de ce guide.* Rustiques et généreuses, telles sont l'ambiance et la cuisine chez ce Pyrénéen qui accueille sans chichis les amateurs de terroir entre Bigorre et Navarre. Ici, quand on noue sa serviette, c'est pour attaquer avec entrain une planche de charcuterie de Bigorre ou une friture de poulpe, un rognon de veau entier ou un plat de tripes à l'armagnac. À l'atterrissage, les blancs-mangers arrosés de pousse-rapière vous inciteront, le soir, à pousser vous-même la chansonnette.

Plus chic

Les Comédiens (plan B2, **68**) : *1, rue de la Trinité, 75009. ☎ 01-40-82-95-95. Ⓜ Trinité-d'Estienne-d'Orves. Mar-ven midi et soir, plus lun midi et sam soir. Fermé dim. Menus 25-33 € ; carte env 55 €.* À proximité du Théâtre de Paris, une adresse d'après spectacle à la déco comme une loge d'artistes. Cuisine apparente où s'affairent Gilles et son équipe pour proposer une cuisine de marché inventive, à l'inspiration sans cesse renouvelée, avec un souci constant de qualité. Belle carte de vins proposés au verre. Service attentif et de bon conseil.

Bars à vins

Le Rouge et le Verre (plan C2, **70**) : *8, rue de Maubeuge, 75009. ☎ 01-48-78-68-43. Ⓜ Notre-Dame-de-Lorette ou Cadet. Lun-sam midi et soir. Fermé dim. Plat 16 € ; planche de charcuterie de Béarn ou planche de fromages à l'apéro env 10-14 €. Droit de bouchon le soir 5 €.* Entre les rayonnages et les caisses en bois brut de ce caviste prennent place quelques tables et guéridons en bois, dans un esprit table d'hôtes. Adresse sympathique pour une pause déjeuner ou un apéro le soir avec planche de charcuterie ou de fromages et quelques plats chauds, dont la côte de bœuf black angus grillée à la cheminée. La carte des vins est plus qu'alléchante (allez, chante !), et le prix sur place le même qu'à l'achat le midi. L'occasion de déguster d'excellents crus à prix raisonnables. Sûrement notre chouchou parmi les bars à vins du quartier.

Le Cellier (plan C2, **14**) : *25, rue de la Victoire, 75009. ☎ 01-48-74-61-03. Ⓜ Le Peletier ou Notre-Dame-de-Lorette. Lun-ven midi et soir. Fermé w-e. Formules déj 20-28 €.* Juste à côté du *Louis*, une belle table gastronomique, *Le Cellier* est un bar à vins où la restauration sur le pouce fait la part belle aux produits, bien évidemment triés sur le volet, mais avec une identité bretonne bien assumée par le chef, Stéphane Pitré. Une carte des vins ludique et évolutive. Très sympa pour un déjeuner minuté dans le quartier, mais tout autant pour l'apéro à la sortie du bureau.

Le Dit-Vin (plan B1, **71**) : *68, rue Blanche, 75009. ☎ 01-45-26-27-37. Ⓜ Blanche. Lun-sam midi et soir. Fermé dim. Assiettes composées 8-20 € ; carte 25-30 €.* Une jolie vitrine, une atmosphère agréable et rassurante. On peut choisir sa bouteille pour l'emporter à sa table, avec un droit de bouchon de 10 €. Restauration savoureuse, qu'on apprécie encore plus le soir, en prenant son temps : on déguste, on commente, on en redemande...

Où boire un verre ?

Milton (plan C2, **82**) : *46, rue Lamartine, 75009. ☎ 01-85-15-27-81. Ⓜ Le Peletier. Mar-ven midi et soir, plus lun soir et sam soir. Fermé dim. Planche de fromages ou de charcuterie env 15 €.* Dans ce bar au cadre sobre tendance scandinave, on savoure des cocktails classiques et quelques créations à accompagner d'une planche de fromages ou de charcuterie bien sélectionnés. Service très agréable, et atmosphère sympa mais pas modeuse pour autant, pas si fréquent à « SoPi » (South Pigalle !).

Les 36 Corneil *(plan D2,* ***84****)* **:** *36, rue de Rochechouart, 75009. ☎ 09-83-60-42-55. Ⓜ Anvers ou Poissonnière. Lun-sam 18h-2h. Fermé dim.* Ce bar propose une très belle sélection de vins accompagnés de tapas inventives (servies jusque tard) qu'on déguste au coude-à-coude, à table ou au comptoir. L'accueil est joyeux, tout comme la clientèle bobo du quartier. L'endroit est idéal pour l'apéro (beaucoup de monde d'ailleurs), dans la salle au joli décor de pierre et boiseries, ou accoudé à de gros tonneaux en guise de terrasse improvisée. L'ambiance tourne au festif les soirs de fin de semaine.

Lulu White *(plan B1,* ***83****)* **:** *12, rue Frochot, 75009. Pas de tél. Ⓜ Pigalle. Mer-sam 20h-1h (4h ven-sam). Fermé dim-mar.* Un petit morceau de New Orleans en plein Pigalle, où on « laisse le bon temps rouler ». Joli décor, façon saloon moderne, avec bois sombre, verre poli et rangée d'ampoules au-dessus du bar. Dans les *shakers,* des cocktails soignés qui célèbrent les classiques de la mixologie made in USA. Notre chouchou ? Le mythique « Sazerac », avec ses notes d'absinthe... 4 ou 5 fois par semaine, excellents concerts qui s'adaptent parfaitement au cadre intime et chaleureux. DJs et soirées thématiques le week-end, et grande fête pour Mardi gras.

10e ARRONDISSEMENT

• Plan *p. 102-103*

Délimité au sud par le boulevard Saint-Denis et au nord par le boulevard de la Chapelle, cet arrondissement cosmopolite a longtemps été victime de sa mauvaise réputation. Quartier où se mélangent les cultures, les amateurs de cuisine exotique s'y retrouvent pour un voyage culinaire aux 4 coins du monde, et pour pas cher en plus ! Au sud de l'arrondissement, on ne compte plus les ouvertures de restos branchés. La rue du Faubourg-Saint-Denis s'impose comme LA référence dans la nuit parisienne. Ici, les bars gentiment déglingués côtoient les salons de coiffure afro, dans un joyeux brouhaha nocturne. En été, ça se passe côté canal. De la jeunesse branchée parisienne aux étudiants, en passant par les jeunes parents, tous se retrouvent sur les quais avec un pack, une bouteille de rouge et de quoi grignoter. Un petit air de campagne à Paris, en fait ! Du simple pique-nique au bord de l'eau aux bars dont la réputation n'est plus à faire, on vient ici en bandes d'amis pour finir la soirée le plus tard possible !

Où manger ?

Sur le pouce

La Pointe du Grouin *(plan A1, **1**) : 8, rue de Belzunce, 75010. Ⓜ Gare-du-Nord ou Poissonnière. Lun-ven midi et soir, plus sam soir (jusqu'à 2h). Fermé dim. Le midi, sandwich et hors-d'œuvre 2-12 € ; un poil plus cher le soir avec quelques plats chauds. Parking payant.* Coincé entre son ancien resto *(Chez Michel)* et son ancien bistrot *(Chez Casimir)*, Thierry Breton réinvente le casse-croûte breton et propose des sandwichs préparés dans les règles... du lard ! Le pain est cuit dans le fournil au sous-sol, et on se régale d'une ficelle croustillante ou d'un *bara bihan* (petit pain rond) farcis de bons produits fermiers. À emporter ou sur place, dans cette chouette taverne au cadre brut de décoffrage, sur de grandes tables hautes conviviales. Une originalité : ici, on paie en « grouins », une monnaie d'échange qu'on achète à un distributeur. Amusant, mais mieux vaut bien calculer son coup !

Les snacks du marché couvert Saint-Quentin *(plan B2, **2**) : 85 bis, bd Magenta, 75010. Ⓜ Gare-de-l'Est. Mar-sam 8h-20h, dim 8h-13h30. Fermé lun.* Le marché couvert de Saint-Quentin abrite plusieurs stands pour grignoter à toute heure. On peut voyager en quelques bouchées et se restaurer à plus ou moins bon prix (gaffe quand même, beaucoup de prix ne sont pas affichés et semblent tarifés à la tête du client !). Couscous, charcuterie, africain, italien... Beaucoup de monde le week-end.

Jah Jah by Le Tricycle *(plan A2, **4**) : 11, rue des Petites-Écuries, 75010. ☎ 01-46-27-38-03. Ⓜ Château-d'Eau. Mer-lun 12h-22h30. Fermé mar. Plats 13-16 € ; repas 20-25 €.* Dans un quartier animé, ce resto jamaïcain au cadre simple et chaleureux (tablées à partager, cuisine ouverte, plantes suspendues, cagettes et rayonnages débordant de légumes) donne l'air d'une joyeuse cantine. Le concept ? Une cuisine afro-végane, *ital* plus exactement (régime rastafari), proposant des plats végétaliens originaux préparés à partir de produits frais. Soupes de légumes, *bowls* aux mille saveurs, hamburgers aux champignons, hot dogs végans, bananes plantains et frites de patate douce... et même des smoothies et jus frais ! C'est généreux et savoureux, et l'ardoise se renouvelle souvent. Fait aussi des brunchs.

Bricktop *(plan C2, **11**) : 153, quai de Valmy, 75010. ☎ 09-67-44-60-71. Ⓜ Château-Landon, Louis-Blanc ou Colonel-Fabien. Lun-sam midi et soir. Fermé dim. Pizzas 8-14,50 €.* Ce petit local pimpant aux tables communes n'est pas indiqué pour un moment romantique. En revanche, côté pizza à la napolitaine, il y a du niveau. Pâte bien levée, ingrédients de qualité et four à bois, c'est le tiercé gagnant qui attire les foules. Mais le vrai bon plan, c'est d'aller savourer sa pizza sur les quais, au bord de l'eau. Et ça, c'est romantique !

Le Daily Syrien *(plan A-B3, **5**) : 55, rue du Faubourg-Saint-Denis, 75010. ☎ 09-54-11-75-35. Ⓜ Château-d'Eau ou Strasbourg-Saint-Denis. Lun-sam 11h-minuit, dim 10h-23h. Sandwichs 6-7 € ; assiette de mezze 13-15 € ; formule déj 11,90 €.* Ce petit traiteur syrien se résume au comptoir et à une simple table d'hôtes où déguster son butin. Sur place ou à emporter donc, des sandwichs aux falafels confectionnés à la demande pour plus de saveurs ! Particulièrement frais et goûteux, houmous, caviar d'aubergine, feuilles de vignes, *mohamarra*... Les pâtisseries sont également à tomber. Un snack gourmand et dépaysant. Fort de son succès, le traiteur a ouvert un vrai grand resto *(12, rue des Petites-Écuries ; tlj sauf dim).* C'est un chouia plus cher mais on y sert en plus des grillades... et surtout on est mieux installé !

Kaliente *(plan A1, **10**) : 49, bd de la Chapelle, 75010. Ⓜ Barbès-Rochechouart. Lun-sam 10h30-20h. Fermé dim. Sandwichs 2-3 €.* La *garantita,* originaire d'Espagne (d'où son autre nom originel, « Kaliente »),

Où manger ?

- **1** La Pointe du Grouin, Chez Casimir et Chez Michel (A1)
- **2** Les snacks du marché couvert Saint-Quentin (B2)
- **4** Jah Jah by Le Tricycle (A2)
- **5** Le Daily Syrien (A-B3)
- **6** Baranaan Street Food (B3)
- **7** Yafo (A2)
- **8** At Hom's (D2)
- **9** Urfa Dürüm (B3)
- **10** Kaliente (A1)
- **11** Bricktop (C2)
- **12** Tako (B2)
- **13** IMA Cantine (C3)
- **14** Le Petit Cambodge et Levantine (C3)
- **15** Panda Panda (C2)
- **16** BMK Paris-Bamako (B2)
- **17** Tanguy (A3)
- **21** Ahipoké (A2)
- **22** SAaM (C2-3)
- **23** La Taverne de Zhao (B2)
- **24** Siseng (C3)
- **25** Mulino Mulè (D2)
- **26** Ma Kitchen (A2)
- **27** PNY (B3)
- **28** Mulko (A3)
- **30** Le Bichat (C3)
- **31** STREET Bangkok Local Food (C2)
- **33** Piccoli Cugini (C2)
- **34** Brasserie Bellanger (A1)
- **35** Shouk (C3)
- **36** Libertino (A2)
- **37** Da Graziella (A2)
- **38** Krishna Bhavan (B1)
- **39** Le Bistro des Oies (C3)
- **40** Le Chansonnier (C1-2)
- **41** Le Réveil du Xe (B3)
- **42** Plan D – DWICH & GLACE et Restaurant de Bourgogne (C2)
- **43** Saravanaa Bhavan (B1)
- **44** L'Avant-Poste (B2)
- **46** Grand Café d'Athènes (B2)
- **48** Les Arlots (A1)
- **50** Marrow (B2)
- **53** Maria Luisa (C3)
- **56** Les Vinaigriers (B2)
- **57** Le Cambodge (C3)
- **58** La Marine (C3)
- **59** Da Mimmo (B3)
- **60** Neni (B1)
- **63** Abri (A2)
- **64** Gros (B2-3)
- **65** Terminus Nord (B1)
- **66** Floderer (A3)
- **67** Bouillon Julien (B3)
- **68** Le Café des Deux Gares (B2)

Bars à vins

- **48** Billili (A1)
- **54** Koukla (D3)
- **62** La Cave à Michel (D2)

Où boire un verre ?

- **75** Le Floréal (D3)
- **76** Le Renard (D2)
- **77** Baranaan (B3)
- **78** Farago Pintxo Bar (A2-3)
- **81** Le Syndicat (B3)
- **82** L'Ours Bar (B2)
- **83** Gravity Bar (B2)
- **84** Café A (B2)
- **86** Le Comptoir Général (C2)
- **87** La Sardine (D2)
- **88** Chez Jeannette (B3)
- **89** Chez Prune (C3)

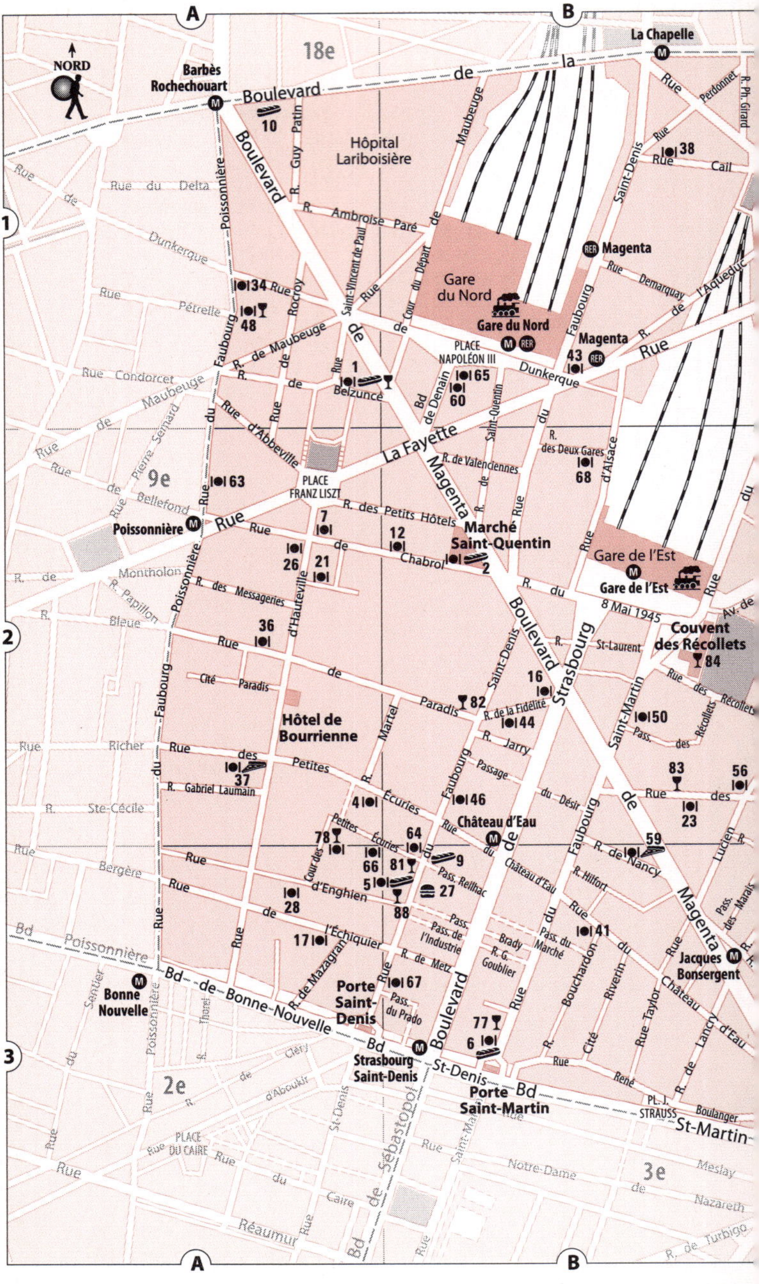
A
B
NORD
18e
La Chapelle
Barbès
Rochechouart
Boulevard de la
Rue Perdonnet
R. Ph. Girard
10
Boulevard
R. Guy Patin
Hôpital
Lariboisière
Maubeuge
Rue Saint-Denis
38
Rue Cail
Rue du Delta
Rue de Dunkerque
R. Ambroise Paré
Cour du Départ
Saint-Vincent de Paul
Magenta
Rue Demarquay
Gare
du Nord
R. de l'Aqueduc
34
Rue
Rocroy
Rue Pétrelle
48
Gare du Nord
Faubourg
Magenta
R. de Maubeuge
PLACE
NAPOLÉON III
43
Rue
Rue Condorcet
1
Belzunce
65
60
Dunkerque
Bd de Denain
Saint-Quentin
Rue de Maubeuge
Rue d'Abbeville
La Fayette
R. des Deux Gares
Magenta
R. de Valenciennes
68
d'Alsace
9e
63
PLACE
FRANZ LISZT
R. de Bellefond
R. des Petits Hôtels
Poissonnière
Rue
7
12
Marché
Saint-Quentin
Gare de l'Est
Rue de Chabrol
26
21
2
Gare de l'Est
R. de Montholon
R. Papillon
R. des Messageries
d'Hauteville
R. du 8 Mai 1945
Av. de
Rue Bleue
36
Boulevard
R. St-Laurent
Couvent
des Récollets
84
Faubourg Poissonnière
Cité Paradis
Rue de Paradis
Saint-Denis
16
Strasbourg
Rue des Récollets
Hôtel de
Bourrienne
82
R. de la Fidélité
44
50
Martel
R. Jarry
Saint-Martin
Pass. des Récollets
Rue Richer
Rue des Petites
37
R. Gabriel Laumain
Passage du Désir
83
56
R. Ste-Cécile
4
Écuries
46
Rue des
23
Château d'Eau
Lucien
Petites Écuries
78
64
Cour des
66
81
9
R. de Nancy
59
Rue Bergère
Rue d'Enghien
5
Pass. Reilhac
27
R. Hilfort
Pass. des Marais
88
28
Rue de l'Échiquier
Pass. Brady
Pass. de l'Industrie
Pass. du Marché
41
17
R. de Mazagran
R. de Metz
R. G. Goublier
Bouchardon
Jacques
Bonsergent
Bd Poissonnière
Bd de Bonne-Nouvelle
Porte
Saint-
Denis
67
Pass. du Prado
Rue du Château d'Eau
Bonne
Nouvelle
Sentier
Thorel
77
6
Rue Taylor
Cité Riverin
R. de Lancry
R. Rue René
Boulevard
Strasbourg
Saint-Denis
Bd St-Denis
Porte
Saint-Martin
PL. J.
STRAUSS
Boulanger
Bd St-Martin
2e
Rue de Cléry
d'Aboukir
St-Denis
PLACE
DU CAIRE
Rue du Caire
Bd de Sébastopol
Saint-Martin
Rue Notre-Dame de Nazareth
3e
Meslay
Rue Réaumur
R. de Turbigo
1
2
3

10e

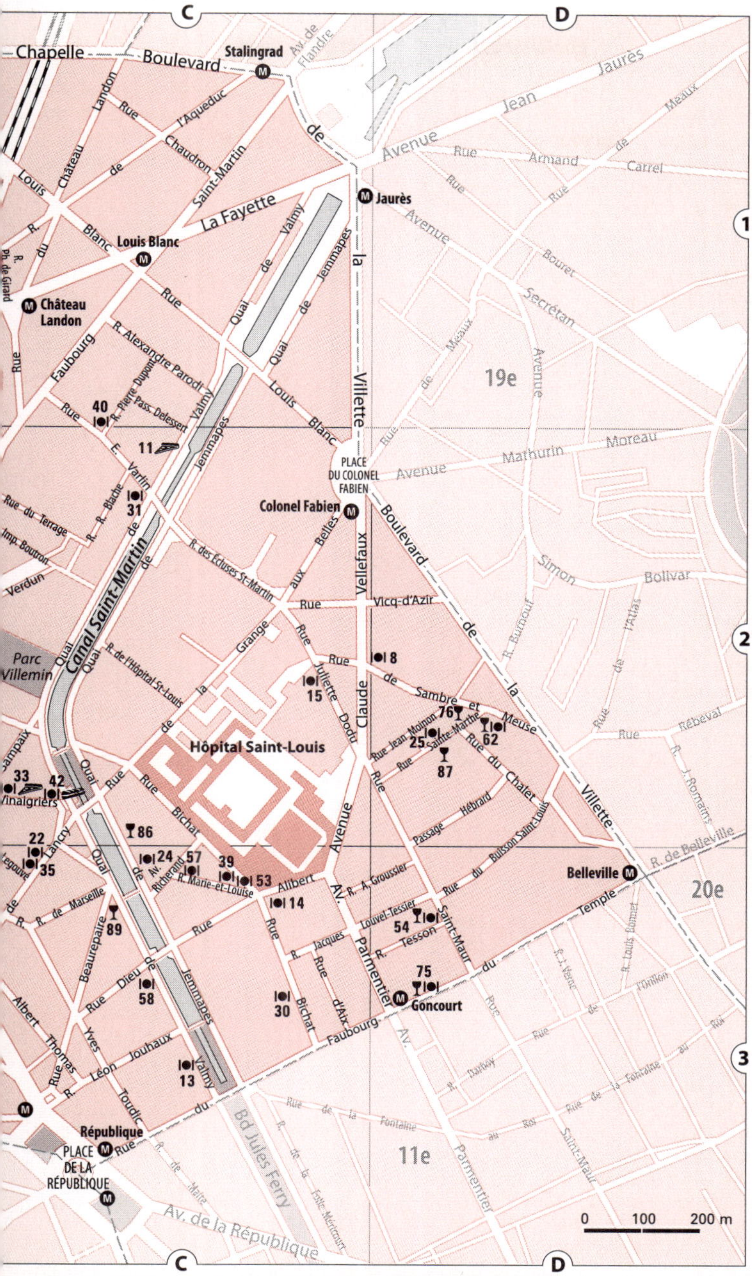

10e ARRONDISSEMENT

est très populaire en Algérie. Il s'agit d'une préparation très simple à base de farine de pois chiche, d'œuf, de lait et d'eau, relevée avec du cumin ou de la harissa. C'est un peu le kebab du pauvre. Végétarienne, peu chère et roborative, elle se déguste chaude, en barquette (gratinée sur le dessus et fondante à l'intérieur quand elle sort du four) ou en sandwich. À accompagner d'une excellente citronnade maison et à déguster dans le parc voisin. Autre adresse similaire, un peu plus haut sur le même trottoir, la *Garantita Two.*

Panda Panda *(plan C2,* ***15****) : 21, rue Juliette-Dodu, 75010. ☎ 01-71-39-55-45. Ⓜ Colonel-Fabien ou Belleville. Tlj midi et soir. Congés : 3-24 août. Carte env 20 €.* Une cantine branchée aux accents asiatiques, à 2 pas du quartier de Belleville. Les 2 jeunes proprios, lassés de leurs vies professionnelles, se sont lancés dans ce projet fou... quelle bonne idée ! Pour André, il a suffit de replonger dans les recettes de son enfance pour convaincre une clientèle qui a déjà ses habitudes. Pari réussi avec ce lieu convivial et chaleureux qui fait le plein tous les midis avec son délicieux menu à 15 € (les *baos* sont fameux). Également vente à emporter.

Baranaan Street Food *(plan B3,* ***6****) : 7, rue du Faubourg-Saint-Martin, 75010. ☎ 01-40-38-97-57. Ⓜ Strasbourg-Saint-Denis. Dej (carte grignote) lun-ven ; carte et cocktails le soir et le sam midi et soir. Fermé dim. Formules 7,50-14 €, sur place ou à emporter ; carte env 15 €.* Cette petite cantoche indienne à la devanture moderne fait dans la *street food* tendance. Chaque jour, différentes préparations permettent de se composer un bol végétarien ou à base de poisson ou de viande ; ou encore un naan garni façon taco. Excellent en tous points. Quelques tables sur place, et pour jouer les prolongations en soirée, l'arrière-salle dévoile, façon *speakeasy,* un bar caché (voir la rubrique « Où boire un verre ? »).

Tako *(plan B2,* ***12****) : 26, rue de Chabrol, 75010. ☎ 09-52-86-06-14. Ⓜ Poissonnière ou Gare-de-l'Est. Lun-ven 9h-18h. Fermé w-e. Formules 13-17 €.* On pourrait passer devant sans voir la devanture noire de cette mini-échoppe, qui pourtant mérite grandement que l'on s'y arrête. Tako, le chef japonais, y concocte une cuisine française surprenante, sans renier ses origines nippones. Des plats du jour délicieux, servis dans un pain rond brioché fait maison (cuit à la vapeur), ultra-léger, garnis de ses spécialités françaises ou de ses créations. Les entrées, créatives, sont présentées avec le plus grand soin et généreusement servies. Bref, un tout petit lieu où l'assiette est digne des meilleurs bistrots. 4 minitables en bois brut et des photos noir et blanc aux murs pour le décor, agrémenté de l'accueil de Kornelia, la femme du chef, allemande.

Plan D – DWICH & GLACE *(plan C2,* ***42****) : 22, rue des Vinaigriers, 75010. Ⓜ Jacques-Bonsergent. Mer-dim midi et soir (en continu w-e 12h30-21h30). Sandwich 9 € ; formule avec pommes pailles et boisson 13 €.* Dans une rue calme à 2 pas du canal Saint-Martin se dressent une devanture atypique, avec ses carreaux blancs et sa fenêtre-comptoir verte, ainsi que quelques tables de jardin en guise de terrasse. Le concept est original et éthique : 2 sandwichs colorés et gourmands à la carte, préparés chaque jour avec des légumes de saison. Saveurs, textures, goûts, le résultat est riche et savoureux ! Les pommes pailles ne sont pas très pratiques à manger avec la fourchette fournie, mais on n'hésite pas à se salir les doigts pour la fameuse sauce fumée mijotée *(+ 1 €).* Mention spéciale pour le délicieux *sunday* « Snickers », fait maison aussi. *NOUVEAUTÉ.*

Yafo *(plan A2,* ***7****) : 96, rue d'Hauteville, 75010. 07-49-42-79-81. Ⓜ Poissonnière. Lun-ven 12h-14h30. Fermé w-e. Houmous env 8-10,50 € ; 4 mezze au choix 20 €.* Dans la famille des restos thématiques (et bons tant qu'à faire !), on a fait une escale dans le 1er « bar à houmous » parisien, un petit local où les habitués se serrent autour des tables hautes. Le fameux houmous est donc proposé nature ou garni, aux légumes de saison, à l'agneau braisé ou au poulet aux herbes par exemple, dans l'incontournable pain pita et ses pickles. À accompagner d'un taboulé de chou-fleur ou de l'une des 2 salades du jour, et, soyons fous, de limonade maison à la rose. Également pâtissier, le jeune chef n'a pas négligé les douceurs : yaourt grec et miel de datte, sablés *tahini* ou *malabi* (à base de lait). Un petit café à la cardamome pour conclure ?

At Hom's (plan D2, **8**) : *48, av. Claude-Vellefaux, 75010. 07-68-67-27-77. Ⓜ Colonel-Fabien. Lun-ven 11h30-22h, sam 12h-22h. Fermé dim. Le midi, formules 10-12 € et menus mezze ou brochettes 15-16 € ; carte env 15 €.* Pimpant et lumineux, ce petit comptoir oriental est impeccable pour un repas sur le pouce à prix doux. La courte carte garantit une belle fraîcheur. *Mezze* chauds et froids, taboulé ou, si l'on manque de temps, sandwichs. Et chaque jour un plat permettant de découvrir une autre facette de la cuisine familiale libano-syrienne. Pas d'embrouille, tout est sous vos yeux ! Simple et bon. Sur place ou à emporter.

Urfa Dürüm (plan B3, **9**) : *58, rue du Faubourg-Saint-Denis, 75010. ☎ 01-48-24-12-84. Ⓜ Château-d'Eau. Tlj 11h-minuit (22h dim). Sandwichs 7-9 €.* Le Kurdistan a investi cette échoppe miniature pour y proposer ses délicieux sandwichs typiques. À peine la place de se faufiler entre le four à pain et le barbecue au feu de bois, où des mains expertes pétrissent et enfournent les fines galettes, tandis que brochettes de viande hachée, d'agneau ou de poulet rôtissent sur les braises. À déguster avec un verre d'*ayran,* une boisson lactée à base de yaourt frais et d'eau légèrement salée. Quelques tabourets au ras du sol ; prenez plutôt à emporter. *Un 2d resto a ouvert au 10, rue du Faubourg-Saint-Denis.*

Très bon marché

IMA Cantine (plan C3, **13**) : *39, quai de Valmy, 75010. ☎ 01-40-36-41-37. Ⓜ République ou Goncourt. Tlj 8h (12h w-e)-23h ; service midi et soir. Fermé 3 j. à Noël. Assiettes 12,50-15,50 € selon taille, plat du jour 13,50 €, accompagnement 4 €.* *Ima* en hébreu signifie « maman » ; à l'envers, ça fait « ami », ça donne le ton ! Franchement, ce joli petit *coffee shop* végétarien fera le bonheur de tous. Sur le comptoir, on pioche à toute heure salades et quiches méditerranéennes pour composer son assiette préférée. Le midi et le soir, quelques plats chauds tout aussi ensoleillés étoffent le menu et la proposition de tapas végétariennes dès 19h. Dans tous les cas, c'est savoureux et maison, jusqu'aux super desserts. Parfait pour une pause gourmande dans une ambiance relax.

Le Petit Cambodge (plan C3, **14**) : *20, rue Alibert, 75010. ☎ 01-42-45-80-88. Ⓜ Goncourt, Jacques-Bonsergent ou République. Tlj 12h-23h. Plats 10-16,50 € ; carte env 15 €.* Cette cantine familiale régale son monde de spécialités cambodgiennes plutôt bien réalisées, de salades fraîches et de soupes parfumées. Ce petit temple du « bobo bun », à la déco indus' épurée, est une halte agréable dans le quartier, même si le service est parfois débordé.

Levantine (plan C3, **14**) : *36, rue Bichat, 75010. ☎ 01-83-56-18-56. Ⓜ Goncourt. Tlj midi et soir. Congés : fêtes de fin d'année. Formules déj en sem 12-14 € ; portions et plats 6-13 € ; brunch dim 24 €.* Cette petite adresse chaleureuse aux doux effluves méditerranéens, on la doit à 2 grands amateurs de pois chiches ! Outre leur passion pour le houmous (goûtez à la recette de la semaine), leur cuisine s'inspire du Levant pour en tirer le meilleur : des plats généreux et épicés. Avec les doigts ou avec une bonne pita, on pioche dans les frites de *halloumi,* le *baba ganoush* (caviar d'aubergines), le taboulé frais ou les falafels bien croustillants. À accompagner d'un p'tit rouge gorgé de soleil, comme cette syrah marocaine ou un *gamla* israélien. Décor frais et coloré, à l'image de la maison !

BMK Paris-Bamako (plan B2, **16**) : *14, rue de la Fidélité, 75010. ☎ 09-82-54-17-48. Ⓜ Gare-de-l'Est. Mar-sam 12h-22h (23h ven-sam). Fermé dim-lun. Pas de résa. Formules déj (jusqu'à 15h) en sem 13-16 € ; plats 11-17 €.* 2 jeunes frangins maliens et malins ont ouvert cette sympathique épicerie-cantine africaine, où, dans un quartier plutôt dédié aux extensions de cheveux, ils mettent leur savoir-faire (qu'ils tiennent de papa) au service d'une cuisine franche, simple et délicieuse. Le « Mafé de maman » fait concurrence au « Yassa de tonton », qui lui-même est talonné par le « *Thieboudienne* de Gao ». Le *thiakry* (un dessert) mettra tout le monde d'accord ! Service alerte, tables à touche-touche, ambiance cool, sous le regard bienveillant de Mandela.

Tanguy (plan A3, **17**) : 15, rue de l'Échiquier, 75010. Ⓜ Bonne-Nouvelle ou Strasbourg-Saint-Denis. *Mar-dim midi et soir. Fermé lun. Crêpes et galettes 2,50-14,50 € ; formule déj 12,50 €. Cidres 3,50-5,30 € le verre, 10,50-25 € la bouteille.* Un petit coin de Bretagne, aux couleurs de son drapeau. Cette crêperie propose un large choix de galettes croustillantes et de crêpes sucrées (pour certaines plus qu'abordables). Les produits sont sélectionnés avec soin et le service est avenant. *NOUVEAUTÉ.*

Ahipoké (plan A2, **21**) : 84, rue d'Hauteville, 75010. ☎ 09-86-21-93-78. Ⓜ Poissonnière. *Lun-ven, le midi seulement. Fermé w-e.* Poke bowls *7-13 € ; formules 10-13 €.* L'équipe de *Ma Kitchen* – le resto situé juste en face, adulé pour ses *bibimbap* coréens – a ouvert ici un tout petit comptoir dédié au fameux *poke bowl* hawaïen. Difficile de faire plus *fusion* que ce plat venu des antipodes, véritable phénomène de mode : un grand bol de riz, des tranches de poisson cru mariné et une cascade de légumes plus ou moins exotiques pour les accompagner (au choix, chou kale, *edamame,* algues, *daikon...*). Idéal pour une pause sur le pouce *healthy* et dépaysante !

SAaM (plan C2-3, **22**) : 59 bis, rue de Lancry, 75010. ☎ 09-83-50-84-94. Ⓜ Jacques-Bonsergent. *Mar-dim midi et soir. Fermé lun. Le midi en sem, menus 13-14 € ; le soir et le w-e, formule 16 €.* La petite brioche dodue taïwanaise, baptisée *gua bao,* est ici revisitée à la sauce coréenne par la même équipe que *Ma Kitchen* (voir plus loin). Dans cette cantine de poche, au cadre brut et aux tables dépareillées, ça s'active derrière les casseroles. Le tofu frit se marie à une sauce mangue-basilic, le poisson est transcendé par la citronnelle, le poulet croustille sous une panure de gingembre ; enfin, sésame, cacahuètes, soja et autres condiments aigres-doux réveillent les papilles. Salade de chou, ravioles et pommes de terre sautées accompagnent ces sandwichs sucrés-salés que l'on mord à pleines dents. Également des tapas coréennes le soir.

La Taverne de Zhao (plan B2, **23**) : 49, rue des Vinaigriers, 75010. ☎ 01-40-37-16-21. Ⓜ Jacques-Bonsergent, Gare-de-l'Est ou Château-d'Eau. *Tlj midi et soir. Plat env 11 €.* Une devanture rouge écarlate, une petite salle avec comptoir en marbre rose, murs vert d'eau et tabourets modernes par Hay, pour une cuisine chinoise du Xi'An, multimillénaire, plutôt inhabituelle à Paris. On ne sait où donner des baguettes entre petits pains croquants fourrés à la viande, succulents raviolis dorés à la poêle, *liangpi* (nouilles translucides tièdes avec julienne de concombre)... Original, pas cher et bon. Pour goûter à la pâte *biangbiang* de la cuisine du Xi'An, rendez-vous chez *Mr Zhao* (37, rue des Jeûneurs, dans le 2e), une petite cantine moderne.

Siseng (plan C3, **24**) : 82, quai de Jemmapes, 75010. Ⓜ Goncourt ou Jacques-Bonsergent. *Mar-dim midi et soir. Fermé lun. Formule déj en sem 16 € ; plats 12-15 €.* *Gua bao,* retenez bien ce nom ! Cette petite brioche vapeur est passée du statut d'en-cas populaire en Chine ou à Taïwan à celui de superstar de la *street food* grâce à quelques chefs assez toqués pour la revisiter. Ici, les *bao burgers* sont garnis de bœuf mariné aux épices ou de poulet pané, rehaussés de lait de coco, coriandre, oignons confits et cacahuètes. Dans une jolie salle moderne toute de brique et de bois, on a dû écraser quelques hipsters pour dégotter une table.

Ma Kitchen (plan A2, **26**) : 85, rue d'Hauteville, 75010. ☎ 09-83-07-29-96. Ⓜ Poissonnière. *Lun-ven 12h-14h15. Fermé w-e.* Bibimbap *10,80 €.* *Bibimbap,* la star de la maison. Littéralement : « mélanger » et « riz » en coréen. Dans un même plat, légumes frais, riz et viande marient les couleurs et les saveurs sous les mains expertes de la cheffe. Tofu frit, poulet mariné, bœuf sauté ou poisson vapeur se déclinent au gré du marché, accompagnés

10e

de chou rouge, carottes, céleri-rave et autres légumes de saison. Lait de coco, citronnelle, curry, soja, piment, cacahuètes et sauces maison (on a adoré la soja-sésame) relèvent le tout. Une cantine mouchoir de poche, à la déco minimaliste, comme le nombre de tables. Arrivez après 14h ou prenez à emporter.

Mulino Mulè *(plan D2, **25**) : 25, rue Sainte-Marthe, 75010. ☎ 09-54-75-92-07. Ⓜ Belleville ou Colonel-Fabien. Mar-sam midi et soir. Fermé dim-lun. Plat 10 €.* Ce n'est pas banal : cette petite échoppe au cadre brut moud sur place le blé provenant de la ferme familiale en Sicile, puis le transforme en pâtes fraîches. Difficile de trouver circuit plus court ! Ne reste plus qu'à les cuisiner en fonction de l'inspiration et du marché : chaque jour, 2 ou 3 options savoureuses, à déguster avec de la ricotta ou un délicieux caviar d'aubergine sur l'une des quelques tables.

PNY *(plan B3, **27**) : 50, rue du Faubourg-Saint-Denis, 75010. Ⓜ Château-d'Eau ou Strasbourg-Saint-Denis. Tlj midi et soir (en continu jeu-dim). Burgers 12,90-16 € ; formule déj 16,90 €.* Une cantine dans les tons noirs, gris et alu sans grande originalité, mais pour de vrais hamburgers, c'est le bon spot ! Une poignée de créations originales (dont un végan) qu'on peut compléter de frites de patate douce ou classiques (possibilité d'ajouter du cheddar fondu et du bacon sur les frites, pour les estomacs solides !). Viande excellente, pains maison, cheddar fondant, oignons frits sucrés et croustillants. À notre avis, un des meilleurs burgers de la capitale. En dessert, on craque pour l'onctueux cheese-cake ou pour le moelleux au chocolat et sa crème fraîche (amis de la légèreté, bonjour !). *7 autres PNY, au 96, rue Oberkampf (11e), au 1, rue Perrée (3e), au 24, rue Pierre-Fontaine (9e), au 120, rue du Faubourg-Saint-Antoine (12e), au 15, rue de la Gaité (14e), aux 50-56, rue de Caumartin (9e) et au 10, rue Sainte-Croix-de-la-Bretonnerie (4e).*

Mulko *(plan A3, **28**) : 29, rue d'Enghien, 75010. ☎ 09-50-94-56-10. Ⓜ Bonne-Nouvelle. Mar-sam midi et soir. Fermé dim-lun. Formules déj 13-16 € ; sandwich env 10 €, plats 14-17 €. Café offert sur présentation de ce guide.* Épicée, parfumée et vivante comme les rues de Tel-Aviv, cette cantoche de poche sert une cuisine colorée et savoureuse, aux accents méditerranéens. *Shawarma* d'agneau, effiloché de veau de 12h ou *crush kebab* s'accompagnent d'aubergines confites ou de *labneh,* à partager ou à savourer jalousement. On ne gâche rien, pas même cette huile d'olive que l'on sauce avec gourmandise. Au déjeuner, le contenu des assiettes se glisse dans le pain maison encore tiède, et la file d'attente s'allonge à l'extérieur.

Le Bichat *(plan C3, **30**) : 11, rue Bichat, 75010. ☎ 09-54-27-68-97. Ⓜ Goncourt ou République. ♿ Tlj 9h-23h. Congés : Noël-Nouvel An. Bols 9-11 €, gâteau 3 €.* Les amateurs de *healthy food* se pressent dans cette cantine bio pimpante et colorée où manger sain rime avec manger bien (et pas cher !). Dans un cadre de bois, avec son lot de plantes et légumineuses en pots, les cagettes de produits de saison s'empilent devant le comptoir où l'on commande un gros bol de riz servi avec les préparations du jour, en version végétalienne ou protéinée : légumes cuits fondants ou crus croquants et viande, poisson ou œufs, ou, à partir de 17h30, des petites entrées à partager. Côté sucré, les desserts sans gluten effacent tous nos préjugés, le fondant au chocolat est à tomber (de son tabouret haut) ! Bonne sélection de p'tits crus, bio évidemment.

Da Graziella *(plan A2, **37**) : 43, rue des Petites-Écuries, 75010. ☎ 01-45-65-37-15. Ⓜ Château-d'Eau ou Cadet. Lun-ven midi et soir. Fermé w-e. Pizzas 12-22 €.* Dans cette ravissante petite échoppe (une ancienne oisellerie aux magnifiques mosaïques murales !), un imposant four à bois cuit d'excellentes pizzas estampillées STG *(Specialita Tradizionale Garantita),* norme officielle chez nos voisins transalpins. Graziella, originaire de Campanie, sélectionne avec soin les ingrédients qui entrent dans la composition de ces divines pizzas napolitaines. Également de très bons *primi* et *dolci.* Une vraie halte italienne, dont les tarifs reflètent la qualité... et le succès.

STREET Bangkok Local Food (plan C2, **31**) : *3, rue Eugène-Varlin, 75010. ☎ 01-42-05-22-51. Ⓜ Château-Landon, Louis-Blanc ou Colonel-Fabien. ♿ Tlj 12h-23h. Formules 10-16 € (avec citronnade maison au déj).* Coriandre, menthe, citronnelle, gingembre : les épices du curry du jour excitent les papilles quand les viandes marinées fondent dans la bouche. Saveurs et odeurs nous transportent dans les rues de Bangkok, où les stands de *street food* enfumés ne désemplissent pas. Tout y est : musique thaïe, joyeux brouhaha, néons, échafaudages et graffitis colorés. Chapeau !

Piccoli Cugini (plan C2, **33**) : *34, rue des Vinaigriers, 75010. ☎ 09-50-57-79-25. Ⓜ Bonsergent ou Gare-de-l'Est. Tlj midi et soir (en continu le w-e). Pizzas et plats 11-18 € ; repas 22-24 €.* Petit resto italien très sympa à la chaleureuse déco rétro, où l'on s'attable entre la bibliothèque et les objets vintage. La cuisine n'est pas en reste avec un bon point pour les *fritti misti* (légumes frits) et les *pizze* élaborées avec de la farine bio ! Accueil jeune et charmant. Pas de réservation possible et, vu le succès, mieux vaut s'armer de patience... ou préférer le grand frère pas trop loin, *I Cugini (33, rue de Paradis),* tout aussi bon !

Krishna Bhavan (plan B1, **38**) : *24, rue Cail, 75010. ☎ 01-42-05-78-43. Ⓜ La Chapelle ou Gare-du-Nord. Tlj 11h-23h. Plat env 8 € ; menus 14,50-20 €.* Au cœur du quartier indien, cette maison de Krishna se distingue de ses voisins par la qualité de sa cuisine exclusivement végétarienne... et par l'énorme Ganesh qui trône au fond de la salle. Tous les classiques de la gastronomie de l'Inde du Sud : *dosas* ou *idli* accompagnés des traditionnels *sambar* et chutney coco, bon *thali* servi sur son plateau métallique à compartiments. C'est goûteux, préparé avec des produits frais, et bien – mais modérément – épicé. Lassi un peu cher quand même. Annexes à côté *(aux nos 15 et 23 ; ouv tlj).*

Saravanaa Bhavan (plan B1, **43**) : *170, rue du Faubourg-Saint-Denis, 75010. ☎ 01-40-05-01-01. Ⓜ Gare-du-Nord. Tlj 10h-23h. Compter 10-15 €.* Cette chaîne connue dans toute l'Asie du Sud-Est propose une carte exclusivement végétarienne et généreusement épicée. Immanquables et copieux *thalis,* en version Nord ou Sud. Mais goûtez donc les *dosas,* de délicieuses crêpes garnies. Le tout servi dans la traditionnelle vaisselle en inox. En guise de boisson, on recommande le lassi (préciser « sans ajout de sucre » pour la version sucrée). Fréquenté autant par les employés du quartier que par les familles indiennes. En revanche, on ne vient ni pour l'accueil ni pour le cadre, quelconque. La maison tient également le restaurant voisin, *Best of India (tlj 8h-22h30).*

Bon marché

Le Café des Deux Gares (plan B2, **68**) : *1, rue des Deux-Gares, 75010. ☎ 01-40-38-17-05. Ⓜ Gare-du-Nord ou Gare-de-l'Est. Mar-sam 9h-minuit ; service jusqu'à 22h30. Fermé dim-lun. Menus du jour 19-23 €.* Dans un décor de bistrot parisien rehaussé de couleurs chatoyantes, une cuisine tout aussi revigorante par une jeune cheffe qui a de l'idée. Aussi bons au départ qu'à l'arrivée, les plats du jour et menu sans esbroufe revisitent juste ce qu'il faut les classiques français. Service détendu et jovial. Bonne sélection de vins nature. *NOUVEAUTÉ.*

Le Cambodge (plan C3, **57**) : *10, av. Richerand, 75010. ☎ 01-44-84-37-70. Ⓜ République ou Goncourt. Tlj midi et soir jusqu'à 23h (23h30 ven ; en continu w-e). Congés : Noël-Jour de l'an. Carte env 15 €.* Une sympathique famille cuisine des petits plats khmers toujours parfumés et savoureux. Soupe « Phnom Penh », *nom pachok, natin* (velouté de porc chaud au saté et lait de coco accompagné de croustillantes chips aux crevettes), bo bun... Très prisé dans le quartier, donc s'armer de patience pour dégotter une table.

Le Bistro des Oies (plan C3, **39**) : *2, rue Marie-et-Louise, 75010.*

☎ 01-42-08-34-86. Ⓜ Goncourt, Jacques-Bonsergent ou République. ♿ Lun et mer-ven midi et soir, plus mar midi. Fermé w-e. Congés : août et 24 déc-1er janv. Formules déj 14,50-18,50 € ; menus 22 € le midi, 27 € le soir. Joli petit resto qui a conservé son caractère bistrot : murs décorés d'objets domestiques ou culinaires, et une vraie atmosphère chaleureuse, entretenue par une équipe sympa. Cuisine tendance Sud-Ouest avec de solides plats maison, simples et francs, à base de produits locaux. Vins raccords, choisis avec intelligence et à prix raisonnables.

Le Chansonnier (plan C1-2, **40**) : 14, rue Eugène-Varlin, 75010. ☎ 01-42-09-40-58. Ⓜ Château-Landon. Tlj midi et soir. Congés : quelques j. mi-août. Formule déj en sem 12,90 € ; 4 plats du jour 9,90 € (qui dit mieux ?) ; formule-carte 28 €. Kir cassis offert sur présentation de ce guide. Indéboulonnable, cette belle adresse au cadre à l'ancienne régale les habitués et les gourmands de passage depuis bientôt 40 ans. L'atmosphère chaleureuse, le service efficace, les plats traditionnels (harengs-pommes à l'huile, ris de veau, gibier en saison...), les pichets de vins sélectionnés par le sympathique patron, tout inciterait à monter sur la table, le verre à la main... Bon, on se calme ! Mais c'est vraiment bien.

Shouk (plan C3, **35**) : 59, rue de Lancry, 75010. ☎ 09-87-57-87-68. Ⓜ Jacques-Bonsergent. Mar-ven midi et soir. Fermé sam-lun. Formule déj 19 € ; carte env 30 €. Cocktail offert sur présentation de ce guide. Les bobos du quartier se sont entichés de cette adresse conviviale où piocher dans les différentes assiettes est de rigueur. Dans un joyeux brouhaha, on partage une cuisine de marché (*shouk*, en hébreu) tournée vers la Méditerranée et les bons produits. Les légumes sont à tomber, comme cette aubergine « toute nue » qui fond en bouche. La cuisson au *mangal*, le barbecue traditionnel du Moyen-Orient, est concluante aussi pour le carpaccio de faux-filet fumé ! Avis aux amateurs de pique-nique, les délicieux pitas garnis sont aussi à emporter !

Le Réveil du Xe (plan B3, **41**) : 35, rue du Château-d'Eau, 75010. ☎ 01-42-41-77-59. Ⓜ Château-d'Eau, République ou Strasbourg-Saint-Denis. Lun-sam 8h-0h30 (dernier service 23h). Fermé dim et j. fériés. Plat env 15 € ; carte 15-20 €. Bistrot typique bien dans son jus, qui résiste à la gentrification galopante du quartier. On y sert depuis toujours de savoureux plats du terroir : tripoux, truffade, confits et autres mets qui font honneur au (bon) gras, ainsi que de la viande d'Aubrac, de succulentes charcuteries et d'onctueux fromages d'Auvergne. Le midi, on peut se contenter d'une quiche ou d'une salade. Bravo pour la belle sélection de vins ! Une de nos vieilles adresses, simple et authentique, qui ne s'endort pas sur la qualité.

Brasserie Bellanger (plan A1, **34**) : 140, rue du Faubourg-Poissonnière, 75010. ☎ 09-54-00-99-65. Ⓜ Anvers ou Gare-du-Nord. Tlj 9h-minuit ; service midi et soir. Carte 10-16 €. Une brasserie tradi revisitée à la sauce bobo-branchée, ça pourrait nous rebuter. Que nenni ! *Bellanger* combine avec talent le goût des belles et bonnes choses. Long comptoir et cuisine ouverte, plantes en plastique qui dégoulinent du plafond et atmosphère vibrionnante. Dans l'assiette, des produits sourcés et une cuisine française garantie 100 % maison ! Classiques œufs-mayo et poireaux-vinaigrette, « trouvailles » de la maison à partager (sardines millésimées, saucisson truffé...), croque-monsieur (ou madame) le midi, tartare ou saucisse-purée, sans oublier la suggestion *veggie*, la pêche du jour et la pièce de bœuf servie avec béarnaise. Fameux paris-brest aussi. Bref, rien de révolutionnaire, plutôt un retour aux sources version 2.0. Service sympathique et efficace.

Restaurant de Bourgogne (plan C2, **42**) : 26, rue des Vinaigriers, 75010. ☎ 01-46-07-07-91. Ⓜ Jacques-Bonsergent ou Gare-de-l'Est. Lun-ven midi et soir, plus sam soir. Fermé dim. Congés : fin juil-fin août. Menus 17-21 € le midi, 19-23,50 € le soir.

Petit resto de quartier qui n'a pas bougé d'un pouce depuis des décennies... Maurice, après 40 ans de bons et loyaux services, a passé le flambeau à Céline, qui n'a rien changé à l'esprit authentique du lieu malgré la déferlante hipster dans le coin. Clientèle semi-bobo, semi-popu qui vient sans façon se remplir la panse à moindres frais : spécialités de fromages (camembert frit, tartiflette, fondue), bonnes viandes accompagnées de frites maison et d'une sélection de p'tits vins à prix doux. C'est simple et bon.

Prix moyens

🍽 ***L'Avant-Poste*** *(plan B2,* ***44****)* **:** *7, rue de la Fidélité, 75010. ☎ 09-81-41-01-07. Ⓜ Gare-de-l'Est. ♿ Mar-dim midi et soir. Fermé lun. Formules déj 14-18,50 € ; le soir, petites assiettes à partager 8-22 €.* À l'heure où tout un chacun se soucie de l'origine et de la qualité de sa nourriture, voici un resto bien de son temps, dans le décor comme dans la démarche, basée sur une charte de qualité précise : sélection rigoureuse de produits issus de l'agriculture paysanne auprès de 300 producteurs en France. À lire au dos du menu, ainsi que les paysans du jour dont la production vous est proposée. C'est le moment de découvrir des légumes issus de semences paysannes, ou des viandes provenant de races rustiques. Pour autant, la jeune et motivée équipe de *L'Avant-Poste* n'oublie pas d'y apporter une réelle plus-value avec des assaisonnements, des épices ou des transformations surprenantes. Une approche militante de la cuisine qui régale tout en faisant réfléchir.

🍽 🍷 ***Les Arlots*** *(plan A1,* ***48****)* **:** *136, rue du Faubourg-Poissonnière, 75010. ☎ 01-42-82-92-01. Ⓜ Barbès-Rochechouart ou Gare-du-Nord. Mar-sam midi et soir. Fermé dim-lun. Congés : 4 sem en août. Formules déj en sem 19-23 € ; le soir, carte 35-40 €.* Reprendre un troquet de quartier pour en faire un bistrot savoureux et actuel : un défi relevé haut la main par *Les Arlots* ! Outre les classiques parfaitement troussés (comme l'emblématique saucisse au couteau avec géniale purée maison), quelques plats canailles viennent adroitement se glisser dans le menu. Ne vous privez surtout pas de dessert, le chef mettant un soin particulier à régaler les becs sucrés. Et n'oubliez pas d'explorer la belle sélection de vins nature, pour une soirée entre copains 100 % réussie... Si vous êtes recalé, rendez-vous au *Billili,* juste à côté (voir la rubrique « Bars à vins »).

🍽 ***Libertino*** *(plan A2,* ***36****)* **:** *44, rue de Paradis, 75010. Ⓜ Poissonnière. Tlj midi et soir. Carte 30-35 €.* Et de 7 pour la capitale ! Si toutes les antennes du groupe *Big Mamma* ne font pas l'unanimité, force est de constater que l'équipe ne manque pas d'idées. Ni d'énergie. Et le nouveau *Libertino* nous a séduits par son décor baroque exubérant et, nouveauté pas des moindres, la possibilité de réserver sa table ! L'occasion sans frustration ni impatience de goûter pizzas, plats traditionnels italianisants (servis en individuel ou en version XXL) et bons produits toujours finement sélectionnés (mortadelle, burrata...) à déguster en mode partage. Un conseil : ne pas faire d'impasse sur les desserts. Changement de carte tous les mois en fonction des arrivages et des saisons. *NOUVEAUTÉ.*

🍽 ⛱ ***Grand Café d'Athènes*** *(plan B2,* ***46****)* **:** *74, rue du Faubourg-Saint-Denis, 75010. ☎ 01-74-64-65-46. Ⓜ Château-d'Eau. ♿ Tlj midi et soir. Résa conseillée. Mezzedes 6-12 €, glyka 8 €, pitas 14-15 € ; carte 13-24 €.* Au cœur d'une artère animée bordée de restos ethniques, une adresse qui porte haut les couleurs helléniques. On s'installe au choix sur la terrasse chauffée ou en salle, sur une banquette ou

10e

au comptoir. Déco alternant murs patinés et papier peint. Carte qui renouvelle avec inventivité la palette des classiques grecs, avec une attention particulière sur les herbes et les aromates. Produits frais soigneusement sourcés, de la feta au tzatziki en passant par le pain pita *gyros*, la moussaka ou le poulpe fondant, le tout mis en valeur par une vaisselle joliment colorée. Vins grecs bien choisis et desserts subtilement sucrés.

Maria Luisa *(plan C3, **53**) : 2, rue Marie-et-Louise, 75010. ☎ 01-44-84-04-01. Ⓜ Jacques-Bonsergent, Goncourt ou République. Tlj midi et soir (service continu jusqu'à 23h le w-e). Carte 10,50-16 €.* Belle salle lumineuse aux murs de pierre positionnée en proue à l'angle des rues. Un cadre sobre, moderne et convivial à la fois. À la carte, sélection d'*antipasti* savoureux, suggestions du jour, mais surtout des *pizze* à la pâte fine et croustillante. Carte des vins à prix raisonnables, et grande terrasse pour trinquer en profitant des beaux jours. Service inégal.

Chez Casimir *(plan A1, **1**) : 6, rue de Belzunce, 75010. ☎ 01-48-78-28-80. Ⓜ Poissonnière ou Gare-du-Nord. Lun-ven midi et soir, plus le midi w-e. Fermé w-e en août. Congés : 3 premières sem d'août. Résa vivement conseillée le w-e. En sem, formules déj 24-28 €, menu le soir 35 € ; w-e, brunch 30 €.* Dans un cadre bistrotier tout simple, une cuisine franche de tradition, entièrement préparée maison avec de bons produits du marché, et des vins de caractère, sélectionnés chez de petits propriétaires-récoltants. Le week-end, incroyable brunch casse-croûte à volonté, avec une dizaine de salades accompagnées de charcuterie et autres pâtés en croûte, souvent du civet de lapin en plat principal et un buffet de desserts gargantuesque. Une institution, ce bout de Finistère échoué dans le 10e !

Les Vinaigriers *(plan B2, **56**) : 42, rue des Vinaigriers, 75010. ☎ 01-46-07-97-12. Ⓜ Gare-de-l'Est ou Jacques-Bonsergent. Lun-sam midi et soir. Fermé dim. Congés : août. Le midi, menus 19-24 € ; carte 30-35 €. Café offert sur présentation de ce guide.* Un vieux bistrot de quartier, relooké sans excès. En cuisine, le chef s'affaire à offrir le meilleur au meilleur prix en fonction des saisons et du marché. Pari réussi, avec une carte courte proposant de belles réalisations comme cet œuf parfait, mousse de *scamorza* et magrets de canard fumés... hmm ! Des plats goûteux et bien équilibrés. Accueil sympathique de la maîtresse des lieux, qui saura vous conseiller sa belle sélection de vins bio ou nature.

La Marine *(plan C3, **58**) : 55 bis, quai de Valmy, 75010. ☎ 01-42-39-69-81. Ⓜ Jacques-Bonsergent ou République. Tlj 7h30-2h ; service 12h-minuit. Formule déj 19,50 € ; le soir, carte env 35 €.* Cette brasserie a une vraie gueule d'atmosphère, sorte de *Flore* de l'Est parisien, avec la gouaille en plus. Souvent bondé compte tenu de sa situation stratégique au bord du canal. Tables et chaises sont prises d'assaut en terrasse, ou dans la jolie salle rétro, entre moulures et miroirs. Cuisine de bistrot classique et de bon aloi. Accueil agréable et service efficace.

Da Mimmo *(plan B3, **59**) : 39, bd de Magenta, 75010. ☎ 01-42-06-44-47. Ⓜ Jacques-Bonsergent. ♿ Lun-sam midi et soir. Fermé dim. Congés : août. Formule déj 19,50 € ; pizzas 12-23 € ; carte 30-40 €. Digestif maison offert sur présentation de ce guide.* Cette petite institution locale arbore un décor de trattoria napolitaine classique, un brin désuet avec ses photos de ciné et ses fresques peintes. L'accueil est chaleureux, et le buffet d'*antipasti* irrésistible de fraîcheur et de finesse. On embraie sur des pâtes cuites al dente ou un risotto fondant et réconfortant. Gardez un bon coup de fourchette pour le dessert, le tiramisù est à tomber de bonheur. Il faudra mettre le prix pour s'accorder ces plaisirs. Un plan plus économique : les *pizze* au feu de bois.

Chic

Chez Michel *(plan A1, **1**) : 10, rue de Belzunce, 75010. ☎ 01-44-53-06-20. Ⓜ Gare-du-Nord ou Poissonnière. Lun-ven midi et soir. Fermé w-e. Formules 32-38 € ; pas de carte.* Repris par un chef japonais, le resto qui avait fait le succès de Thierry Breton continue d'assumer pleinement ses origines bretonnes. Des produits de qualité, voire d'exception (les rares ormeaux en saison), qui collent parfaitement aux saisons : Saint-Jacques, ormeaux, légumes « oubliés » mais toujours raffinés, pêche de ligne, gibier (qui reste sa grande spécialité !)... Ici, le terroir prend ses lettres de noblesse, avec des plats en sauce dans la grande tradition française, ce qui n'exclut pas une réjouissante créativité. Le cadre est provincial à souhait, chaleureux et rassurant, comme la cuisine. On ressort heureux, ravi, rassasié, jamais déçu, que l'on décide ou pas de casser sa tirelire (ce qui peut arriver avec certains plats).

Neni *(plan B1,* ***60****) : 12, bd de Denain, 75010. ☎ 01-42-80-82-34. Ⓜ Gare-du-Nord. Tlj midi et soir. Carte 35-40 €.* « Neni », ce sont les initiales des fils de Haya Molcho, grande prêtresse de la gastronomie orientale et israélienne. Planqué à l'étage de l'hôtel *25 Hours,* son resto est un vrai cocon où l'on se laisse emporter par une ambiance relax, un service aux petits oignons, et surtout une cuisine pleine de goût et de soleil. Falafels aériens, houmous et *baba ganoush* onctueux garnissent les plateaux à étages, avant de céder la place au *shawarma* de poulet ou au poulpe grillé. Tout est bon et délicat, jusqu'aux desserts méditerranéens revisités en version allégée.

Abri *(plan A2,* ***63****) : 92, rue du Faubourg-Poissonnière, 75010. ☎ 01-83-97-00-00. Ⓜ Poissonnière. Mar-sam midi et soir. Fermé dim-lun. Congés : août et déc. Menus 45 € le midi, 65 € le soir.* Il ne faut pas se fier au cadre, très quelconque, de la minuscule salle où s'active une équipe nipponne tout sourire. Imperturbable au brouhaha, concentré, le chef exprime sa créativité et son talent à travers ses 2 entrées surprise (3 au dîner, et qui peuvent varier d'une table à l'autre !). Les poissons crus se déclinent en carpaccio ou en marinade vraiment bluffants ; côté plats, une viande ou un poisson au choix (les 2 le soir), tout aussi éblouissants de technique. Pour finir, desserts à tomber, dont on se serait volontiers resservis ! La maison tient également une annexe plus abordable, *Abri Soba,* dans l'arrondissement voisin *(10, rue Saulnier, 75009 ; tlj sauf dim midi et lun ; soba 10-17 €),* dédiée aux pâtes de sarrasin.

Marrow *(plan B2,* ***50****) : 128, rue du Faubourg-Saint-Martin, 75010. ☎ 09-81-34-57-00. Ⓜ Château-d'Eau ou Gare-de-l'Est. Mar-sam 18h-2h. Plats 12-25 € ; carte env 40 €. Vins au verre à partir de 7 €.* Dans un décor au mobilier de bois clair, les tables et le comptoir (un must pour profiter du show en cuisine) sont pris d'assaut pour découvrir d'excellents plats à partager façon tapas et *raciones* (par 2 ou 3 selon l'appétit), comme le poulpe croustillant, le *marrow* (« moelle » en anglais), ou encore la poitrine de cochon cuite 10h. Comme toujours avec ce genre de formule, il en faut plusieurs pour être rassasié ! Bons vins.

Gros *(plan B2-3,* ***64****) : 4, cour des Petites-Écuries, 75010. ☎ 09-83-28-83-96. Ⓜ Château-d'Eau. Tlj 12h-minuit ; service midi et soir. Fermé 1er janv et 25 déc. Formules déj en sem 19-24 € ; carte env 35 €.* Il y a de l'idée et du goût dans les plats de saison élaborés par les 2 jeunes chefs à la tête de ce grand et beau bistrot ouvert dès le petit déjeuner. Des associations intéressantes et réussies avec quelques notes asiatiques rapportées de leurs voyages. Belle carte de vins bio, dont on pourra aussi profiter en terrasse pour boire un verre tout simplement.

Terminus Nord *(plan B1,* ***65****) : 23, rue de Dunkerque, 75010. ☎ 01-42-85-05-15. Ⓜ Gare-du-Nord. Lun-sam 6h45-minuit, dim 7h30-23h ; service continu à partir de 11h. Menus 22,50-29,50 € ; carte env 35 €.* Face à la gare du Nord, une des plus belles brasseries parisiennes, au style Art déco. Baissez les yeux vers le beau carrelage à fleurs, reflété par les nombreux miroirs. Atmosphère animée, excellents plats de brasserie, service professionnel en tenue. Spécialités : fruits de mer provenant du banc de l'écailler, choucroutes généreuses, grillades sauce béarnaise. Du grand classique, bien fait mais pas donné. Pratique : un écran affiche les trains au départ, pour ne pas louper le coche !

Floderer *(plan A3,* ***66****) : 7, cour des Petites-Écuries (entrée par le 63, rue du Faubourg-Saint-Denis), 75010. ☎ 01-47-70-13-59.*

Ⓜ Château-d'Eau. ♿ Tlj midi et soir. Formule déj sauf dim 19,90 € ; menus 23-32 € ; plats 17-22 €. Un grand classique de la nuit. La vieille brasserie de l'Allemand Flœderer, qui date de 1886, n'a pas pris une ride. Les acteurs des théâtres des Grands Boulevards tout proches se faisaient livrer des plats dans leur loge, notamment Sarah Bernhardt quand elle jouait à La Renaissance. Superbe déco 1900, vitraux séparant les pièces, plafonds richement décorés, banquettes de cuir, piano mécanique, porte-chapeaux en cuivre. Clientèle jeune, moins jeune, toujours gaie, attirée par les grands classiques : foie gras, choucroute, sole meunière, plateaux de fruits de mer, ils y sont tous.

Bouillon Julien (plan B3, **67**) : 16, rue du Faubourg-Saint-Denis, 75010. ☎ 01-47-70-12-06. Ⓜ Strasbourg-Saint-Denis. Tlj 11h45-21h. Plats 10-14 €. C'est l'un des plus vieux bouillons parisiens : son décor Art nouveau de 1903 est toujours aussi éblouissant avec candélabres, stucs baroques et verrières peintes d'après des dessins de Mucha. La carte très simple joue sur la nostalgie : poireaux-vinaigrette, boudin aux pommes ou bœuf bourguignon, cervelle des canuts, crème de marron meringuée et pruneaux au vin... L'ensemble ne fait pas d'étincelles mais est correct, et surtout les prix sont très sages, comme à la grande époque des bouillons.

Bars à vins

Koukla (plan D3, **54**) : 40, rue Jacques-Louvel-Tessier, 75010. ☎ 01-74-64-60-98. Ⓜ Goncourt, Belleville ou République. Mar-sam midi et soir. Happy hours mar-ven 17h-19h. Fermé dim-lun. Congés : 15 j. en août. Formule en sem 10 € ; plat env 15 €. Apéritif maison ou café offert sur présentation de ce guide. Une petite faim et curieux de découvrir des vins différents ? Au *Koukla*, on déguste d'excellents vins italiens, grecs, espagnols et portugais. Accompagner le tout de quelques merveilleux *mezze* grecs faits maison. On termine par une liqueur grecque à se damner. Le tout dans une belle convivialité. Bienvenue en Méditerranée ! *NOUVEAUTÉ.*

La Cave à Michel (plan D2, **62**) : 36, rue Sainte-Marthe, 75010. ☎ 01-42-45-94-47. Ⓜ Belleville ou Colonel-Fabien. Mar-dim 18h-minuit. Fermé lun. Tapas 3-12 €. Vins au verre à partir de 6 €. Cave à vins reprise par Romain Tischenko, du *Galopin* voisin, qui se transforme en bar à vins dès l'heure de l'apéro. C'est étroit, pas très confortable, mais il y a de l'ambiance. Quelle bonne idée que ces délicieuses tapas élaborées en direct derrière le comptoir ! On peut aussi acheter des bouteilles à emporter.

Billili (plan A1, **48**) : 136, rue du Faubourg-Poissonnière, 75010. ☎ 09-87-76-27-49. Ⓜ Barbès-Rochechouart ou Gare-du-Nord. Mar-sam midi et soir. Fermé dim-lun. Congés : août et 10 j. pdt les fêtes de fin d'année. Petites assiettes et plats 6-25 €. Après la belle réussite des *Arlots,* Thomas et Tristan ouvrent leur annexe, la porte à côté, une cave à manger équipée pour gagner : à boire, des flacons bio et nature sélectionnés avec soin ; à manger, de savoureux plats de bistrot à la gloire du terroir, ainsi que des terrines et des tartes salées pour picorer bon. C'est généreux et chaleureux, comme le cadre tout en pierres apparentes et parquet.

10e

Où boire un verre ?

Farago Pintxo Bar (plan A2-3, **78**) : 11, cour des Petites-Écuries, 75010. Ⓜ Château-d'Eau, Strasbourg-Saint-Denis ou Bonne-Nouvelle. Tlj midi et soir ; brunch dim 12h-16h. Fermé lun en août. Congés : 24 déc-4 janv. Vins au verre env 4-5 €. Pintxos env 5-10 € ; menus 24-42 € ;

brunch à volonté 24 €. Bière offerte sur présentation de ce guide. Ce grand bar contemporain prolongé par une terrasse peinarde (car dans un passage piéton) est spécialisé dans les *pintxos,* les fameuses tapas basques, qui vous transporteront instantanément à Bilbao ou San Sebastián. On a aimé le jambon ibérique, l'œuf incroyable ou les *croquetas* bien fondantes. Avec un bon rioja ou un puissant *penedès* catalan, c'est le top. Enfin, craquez pour les dynamisants gins tonic, qui vous mèneront au bout de la nuit. Arrivez tôt, l'endroit ne désemplit pas.

Gravity Bar *(plan B2,* ***83****) : 44, rue des Vinaigriers, 75010. 06-98-54-92-49. Ⓜ Jacques-Bonsergent. Mer-sam 18h-2h, dim-mar 17h-minuit.* Attention à ne pas terminer en apesanteur dans ce bar à cocktails ! Heureusement, la superbe salle aux allures de vaisseau spatial est pilotée sans soubresaut par des capitaines chevronnés. Tous les cocktails sont étonnants, et la carte de créations se renouvelle 1 ou 2 fois par an. Bons petits plats de saison pour grignoter, à partager ou non !

La Sardine *(plan D2,* ***87****) : 32, rue Sainte-Marthe, 75010. ☎ 01-42-49-19-46. Ⓜ Colonel-Fabien, Belleville ou Goncourt. Tlj (sauf dim nov-avr selon météo) midi et soir jusqu'à 2h. Vins au verre 3,70-6 €. Verre de vin ou café offert pour la commande d'un plat sur présentation de ce guide.* On vient à *La Sardine* pour se dépayser. En plein Paname, sa terrasse tranquille, ensoleillée en été ou chauffée en hiver, est un must pour profiter de la sérénité et de l'ambiance presque provinciale de la ravissante place Sainte-Marthe. Une pause idéale pour souffler en picorant fromage, charcuterie et autres tapas.

L'Ours Bar *(plan B2,* ***82****) : 8, rue de Paradis, 75010. ☎ 01-45-23-40-06. Ⓜ Château-d'Eau, Gare-de-l'Est ou Poissonnière. Lun-sam 18h-2h (1h lun-mar).* Happy hours *18h-21h. Fermé dim. Vin au verre 4 € ; consos 7-9 €. Shot offert sur présentation de ce guide.* Démocratiser les cocktails de qualité, c'est la mission des oursons qui ont lancé cet *Ours Bar.* Et le pari est réussi ! On choisit parmi les classiques et les créatifs : pas de doute, il y a de la maîtrise. Les prix sont doux, et pendant l'*happy hour,* ils deviennent carrément imbattables ! Une excellente adresse pour commencer la soirée au faubourg Saint-Denis.

Café A *(plan B2,* ***84****) : 148, rue du Faubourg-Saint-Martin, 75010. ☎ 09-81-29-83-38. Ⓜ Gare-de-l'Est. Tlj 10h-2h (17h dim-lun en hiver). Menu et plats 13-18 €. Café offert sur présentation de ce guide.* « A » comme « Architranquille ». Le couvent des Récollets cache un jardin clos, épargné par le brouhaha de la rue. Qu'il fait bon y flemmarder sur un transat coloré, au soleil ou à l'ombre des arbres... On se croirait à la campagne ! L'intérieur, avec ses pierres et poutres métalliques, s'apparente à un immense loft où les plus studieux viennent bûcher.

Le Syndicat *(plan B3,* ***81****) : 51, rue du Faubourg-Saint-Denis, 75010. Ⓜ Château-d'Eau ou Strasbourg-Saint-Denis. Tlj 18h-2h. Cocktail env 12 €. Tapas 8-12 €.* Pas d'inquiétude, on se met rarement en grève ici ! Ce bar discret se définit comme un « lieu de défense des spiritueux français » ! Une fois la porte poussée, le brouhaha du faubourg s'estompe au profit du hip-hop, du rap *US* ou de la soul. La clientèle branchée apprécie les cocktails... uniquement réalisés avec des alcools français donc. On pousse un peu le son le week-end, mais la priorité reste la dégustation.

Le Comptoir Général *(plan C2,* ***86****) : 80, quai de Jemmapes, 75010. ☎ 01-44-88-24-48. Ⓜ République, Goncourt ou Jacques-Bonsergent. Lun-mar 18h-1h, mer 10h-1h, jeu-sam 10h-2h, dim 11h-1h. Résa conseillée.* Niché au fond d'une cour donnant sur le canal Saint-Martin, cet espace labyrinthique se divise en différentes salles dont la déco dédiée aux océans fait voyager aux Caraïbes, en Méditerranée ou vers d'autres destinations exotiques. Mention spéciale pour le comptoir en forme de bateau pirate ! Entre la restauration de la mer, les concerts, la vente de produits équitables ou les animations proposées aux enfants sur la mezzanine à l'heure du brunch (le week-end), on n'est pas près de s'ennuyer.

Chez Jeannette *(plan B3,* ***88****) : 47, rue du Faubourg-Saint-Denis,*

75010. ☎ 01-47-70-30-89. Ⓜ Château-d'Eau ou Strasbourg-Saint-Denis. Tlj 8h (9h dim)-22h. Tables en formica, banquettes de moleskine rouge, carrelage et grand zinc d'époque, tout a été conservé depuis les seventies. Mais son aspect dégingandé et son agitation euphorisante lui donnent des airs de cantine des faubourgs du XXIe s. Profitez au passage des excellentes assiettes de fromages et de charcuterie du marché. C'est un lieu de vie fréquenté à toute heure, mais passé 22h30, le volume monte d'un cran, la lumière se tamise, les habitués débarquent, et l'ambiance se réchauffe, enivrante.

Chez Prune *(plan C3,* ***89****) : 36, rue Beaurepaire, 75010. ☎ 01-42-41-30-47. Ⓜ Jacques-Bonsergent. Tlj 8h (10h dim et j. fériés)-2h.* Un café branché Paname presque au bord de l'eau. C'est un ancien bar-tabac retapé vite fait bien fait, ouvert dans l'urgence d'un Mondial 1998 qui s'annonçait déshydratant... et devenu aujourd'hui un lieu de rendez-vous incontournable du quartier. Que l'on choisisse une vieille prune ou un petit ballon de rouge, *Chez Prune,* on en a toujours pour son argent !

Le Floréal *(plan D3,* ***75****) : 73, rue du Faubourg-du-Temple, 75010. ☎ 01-40-18-46-79. Ⓜ Goncourt. Tlj 8h-2h. Bières 4-9,50 € ; vin au verre env 5 €. Plats env 14 €, servis jusqu'à minuit. Le Floréal* est un repère incontournable du bas Belleville. Avec son décor pop qui donne envie de revivre l'époque du Drugstore, il propose à toute heure une belle carte pour boire, manger (fruits de mer, plats de brasserie, snacks...) et s'amuser en bonne compagnie. Un classique.

Le Renard *(plan D2,* ***76****) : 38, rue de Sambre-et-Meuse, 75010. ☎ 01-53-20-07-33. Ⓜ Colonel-Fabien, Belleville ou Goncourt. Lun-sam 18h-2h (1h lun-mar).* Happy hours *18h-21h. Fermé dim. Shot offert sur présentation de ce guide.* Entrez dans la tanière du *Renard.* Dans un décor soigné, on déguste de savoureux cocktails à prix vraiment démocratiques comme le « Chateaurenard », aromatisé à la lavande, qui évoque les parfums de Provence. Mention spéciale pour l'équipe, aux petits soins, et pour les planches à grignoter, généreuses... Une adresse très rusée !

Baranaan *(plan B3,* ***77****) : 7, rue du Faubourg-Saint-Martin, 75010. ☎ 01-40-38-97-57. Ⓜ Strasbourg-Saint-Denis. Lun-sam 18h-minuit.* Happy hours *18h-20h. Fermé dim. Cocktails 8-12 €. Naans 3-4 €.* À 2 pas du passage Brady, le *Baranaan* joue la carte du *speakeasy* à la sauce Bollywood. On pousse la porte dissimulée dans une peinture « jungle » au fond d'un comptoir à *street food,* et nous voilà téléportés... dans un bar branché de Mumbai ! Au programme, eau de rose et cocktails épicés, qui marient habilement légende coloniale britannique et créativité du sous-continent. Une petite faim ? Fondez de plaisir en goûtant les délicieux *cheese naans* et autres spécialités servies en petites portions à partager. *Namasté !*

11e ARRONDISSEMENT

• Plan p. 118-119

Intéressant, cet arrondissement, à la fois popu et branché, où flotte globalement un air de fête. Du côté de Bastille, dans un large triangle compris entre les boulevards Voltaire, du Faubourg-Saint-Antoine et la rue de la Roquette – autrefois mal famée –, les activités artisanales des cours industrielles ont été délaissées, laissant le champ libre à la reconversion des anciens ateliers en lofts ou bureaux branchés. La morphologie du quartier a changé. Et avec elle la typologie des adresses, plus adaptée à une clientèle désormais plutôt jeune et fêtarde. Les vieux rades subsistent toutefois avec leur lot de fidèles. On aime cette cohabitation réussie... Changement de décor côté Oberkampf, vivier de la branchitude parisienne. Il ne se passe pas un jour sans un baisser ou un lever de rideau... À peine célèbre-t-on la venue d'un nouveau chef créatif dans le quartier que les sunlights se tournent déjà vers un autre ! Les rues d'Oberkampf, Saint-Maur et Jean-Pierre-Timbaud concentrent presque à elles seules l'essentiel de l'animation du quartier. Bref, côté nord ou côté sud, de l'apéro à la fin (ou faim) de nuit, il y a toujours une bonne adresse pour festoyer dans le 11e. On adore !

AUTOUR DE BASTILLE ET DE LA NATION

Où manger ?

Sur le pouce

Ten Belles Bread *(plan B2, **3**)* **:** *17-19 bis, rue Bréguet, 75011. ☎ 01-47-00-08-19. Ⓜ Chemin-Vert. Lun-ven 8h30-19h, sam-dim 9h-17h30. Sandwichs 3,90-10,50 €.* Un beau café-boulangerie qui régale son monde avec des spécialités d'inspiration anglo-saxonne : délicieux scones et muffins, cookies fondants, mais aussi un *pie* salé chaque jour, pour des saveurs très british. Bons petits déj *(granola)*, viennoiseries, sandwichs genre *focaccia* très convaincants, salades, soupes... Excellents cafés issus de l'économie durable et équitable. Atmosphère très détente à l'intérieur et belle terrasse à l'arrière.

CheZ Aline *(plan B2, **2**)* **:** *85, rue de la Roquette, 75011. ☎ 01-43-71-90-75. Ⓜ Voltaire. Lun-ven 11h30-15h30. Fermé w-e. Sandwichs 5-9 €, salade 4 €, plats du jour 10-12 €, dessert 5 €.* La boucherie chevaline a échangé son *v* contre un *z* pour devenir un comptoir à sandwichs en vogue. Bon pain et une poignée de compositions du jour pour le garnir, de la terrine de porc et ses pickles à l'escalope milanaise, ou au jambon classique pour les puristes ! Si l'un des tabourets est libre, le plat du jour, chaud, vaut la peine aussi. Autrement, on emballe et on emporte !

Street Bangkok Canteen & Bar *(plan B3, **4**)* **:** *13, rue de la Roquette, 75011. ☎ 09-62-54-90-21. Ⓜ Bastille. Tlj 12h-23h. Menus 12-19 €.* Après le succès de la maison mère près du canal Saint-Martin, l'équipe rempile dans une rue dévolue aux kebabs et sandwicheries bas de gamme. À la bonne heure ! Sur place ou à emporter, salade de papaye bien relevée ou de porc vraiment croustillant, tendre brochette de poulet au curry, *pad thaï* et nouilles sautées... Spécialités savoureuses et parfums délicats (menthe, citronnelle, gingembre) nous téléportent en Thaïlande. Bonne citronnade maison.

Très bon marché

Le Grand Bréguet (plan B2, **3**) : *17, rue Bréguet, 75011. ☎ 01-48-05-36-36. Ⓜ Bréguet-Sabin. Tlj 8h-minuit (22h dim ; 2h jeu-sam pour le bar). Formule déj 10 € ; carte 10-15 €.* Entrepôt postal grand comme un hall de gare, aujourd'hui transformé en un resto 100 % bio, travaillant les produits locaux et de saison. Le concept est porteur, le résultat gagnant. Sous le comptoir où l'on passe sa commande, les cageots de légumes attestent de la fraîcheur des produits. Côté déco, des tables en formica coloré et des chaises années 1950, mais dans les assiettes, rien de régressif : des bols « végé » ou « protéiné », hyper complets et pleins de belles saveurs. Le soir, une armée de tapas vient en renfort. Vraiment sympa.

Beans on Fire (plan B2, **34**) : *7, rue du Général-Blaise, 75011. ☎ 01-43-55-94-73. Ⓜ Voltaire ou Parmentier. Lun-ven 8h-18h (17h en hiver), sam-dim 9h-19h (18h en hiver).* Superbe terrasse : vaste, ensoleillée, juste devant un square où les enfants peuvent jouer de leur côté, longeant des rues désertées par les voitures. Et puis on revient pour l'atmosphère tranquille et conviviale, soutenue par de bons gâteaux, très anglo-saxons : délicieux crumble aux pommes, *roll* à la cannelle, brownie... Les amateurs de café seront ravis : certains sont bio et ils les torréfient eux-mêmes.

Pause Café (plan B3, **13**) : *41, rue de Charonne, 75011. ☎ 01-48-06-80-33. Ⓜ Bastille ou Ledru-Rollin. Lun-sam 7h-2h, dim 9h-20h ; service en continu jusqu'à minuit. Fermé 24-25 et 31 déc. Plats env 13-18 € ; carte 25-30 €.* Le *Pause Café* a été immortalisé dans le film de Cédric Klapisch *Chacun cherche son chat,* qui peignait

Où manger ?

1 Magnà (B2)
2 CheZ Aline (B2)
3 Ten Belles Bread et Le Grand Bréguet (B2)
4 Street Bangkok Canteen & Bar (B3)
6 Les Petits Plats de Maurice (B2)
7 East Mamma (B3)
8 La Ravigote (C3)
9 La Cour du Faubourg (B3)
10 Le Dallery (B3)
11 Chez Mamy (C3)
12 Café de l'Industrie (B3)
13 Pause Café (B3)
14 Aux Bons Crus (C2)
16 Pianoterra (B2)
17 Le Menekse (B3)
18 Mokonuts (C3)
19 Bistrot Paul-Bert (C3)
20 Clamato (C3)
21 Amici Miei (B2)
22 Ethiopia (C2)
24 Le Sot-l'y-laisse (D3)
29 Café Mareva (B1)
30 Épicerie du Verre Volé (zoom)
31 Boulangerie Benoît Castel (B1)
33 L'Orillon Bar (B1)
34 Beans on Fire (B2)
35 Dong Huong (B1)
36 L'Alicheur (B1)
37 Krügen (B2)
38 Picotte (A1)
39 Crêperie Bretons (zoom)
42 Melt (zoom)
44 Square Gardette (B2)
46 Double Dragon (C2)
47 Le Villaret (zoom)
48 Café du Coin (C2)
49 Ober Mamma (zoom)
50 Sizin (A-B1)
51 L'Homme Bleu (B1)
52 Café Lux (B2)
53 La Vache Acrobate (A2)
55 JJ Beaumarchais (A2)
56 Scaria (zoom)
60 Vantre (B1)
61 La Cave de l'Insolite (zoom)
62 Patchanka (B2)
63 Restaurant Pierre Sang in Oberkampf (zoom)
64 Au Passage (B2)
67 Pierre Sang on Gambey (zoom)

Bars à vins

70 La Cave Paul Bert (C3)
71 Les Domaines qui montent (C2)
75 La Canonnière (B1)
76 La Buvette (B2)
77 Passarito (B1)
78 Yard Cave (C2)

Où boire un verre ?

90 Moonshiner (B2-3)
91 Bottle Shop (B3)
92 Le Motel (B3)
95 Bluebird (C3)
101 Les Niçois (B2)
102 La Fine Mousse (C1)
103 Le Perchoir (C1)
104 L'Impasse (B1)
105 Le Café Charbon (B1)
106 Aux Deux Amis (zoom)
107 Pop In (A2)
108 La Loutre (B1)
109 Laïa (C3)
110 Liquiderie Bar (B1)

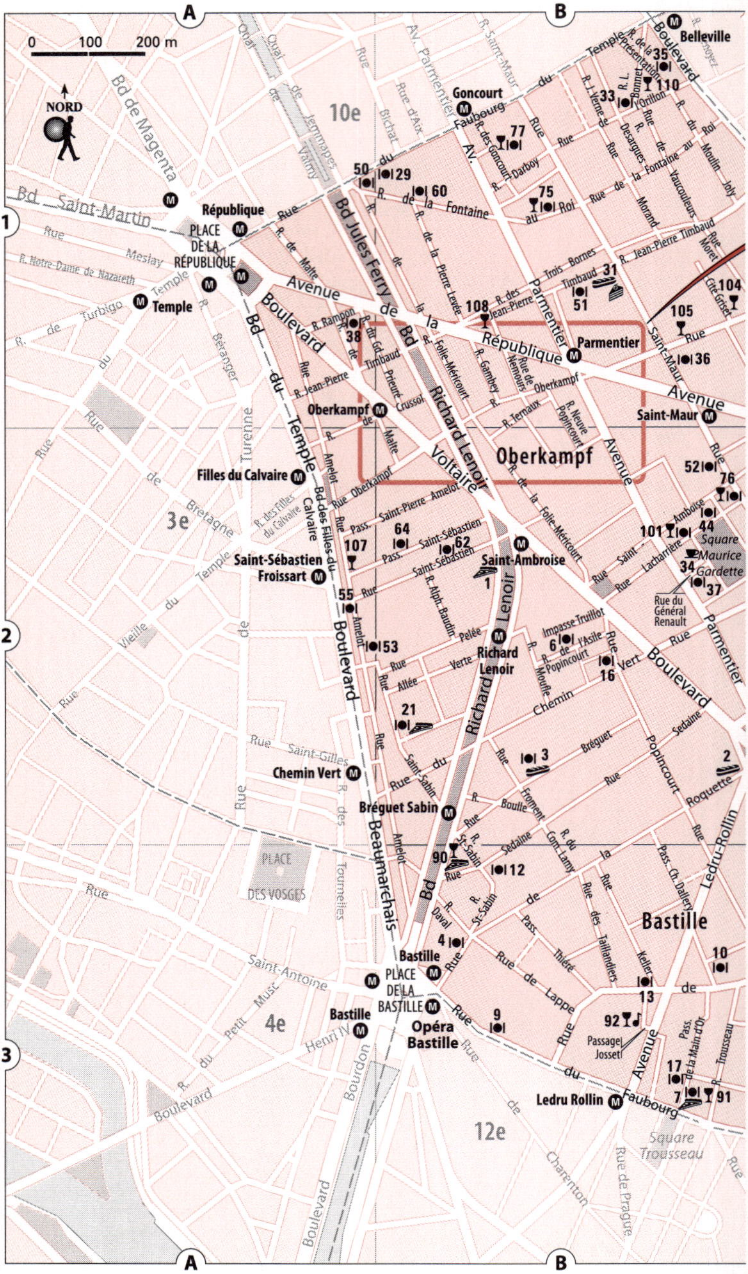

A
B
1
2
3
0 100 200 m
NORD
10e
3e
4e
12e
Oberkampf
Bastille
Bd de Magenta
Bd Saint-Martin
République
PLACE DE LA RÉPUBLIQUE
Temple
Goncourt
Belleville
Parmentier
Saint-Maur
Oberkampf
Filles du Calvaire
Saint-Sébastien Froissart
Saint-Ambroise
Richard Lenoir
Chemin Vert
Bréguet Sabin
Bastille
PLACE DE LA BASTILLE
Opéra Bastille
Ledru Rollin
Avenue de la République
Bd Jules Ferry
Bd Richard Lenoir
Boulevard Voltaire
Boulevard du Temple
Bd des Filles du Calvaire
Boulevard Beaumarchais
Avenue Parmentier
Avenue Ledru-Rollin
Rue de la Roquette
Rue du Faubourg Saint-Antoine
Rue de la Fontaine au Roi
Rue Oberkampf
Rue Saint-Maur
Rue Amelot
Rue de Bretagne
Rue de Turbigo
Rue Saint-Antoine
Rue de Charenton
Rue de Lappe
Rue Sedaine
Rue Bréguet
Rue Popincourt
Rue de la Folie-Méricourt
Rue de Malte
Rue Jean-Pierre Timbaud
Quai de Jemmapes
Quai de Valmy
Rue du Faubourg du Temple
PLACE DES VOSGES
Square Maurice Gardette
Square Trousseau
Rue du Général Renault
Passage Josset
Rue de Prague
Boulevard Henri IV
Boulevard Bourdon
1
2
3
4
6
7
9
10
12
13
16
17
21
29
31
33
34
35
36
37
38
44
50
51
52
53
55
60
62
64
75
76
77
90
91
92
101
104
105
107
108
110

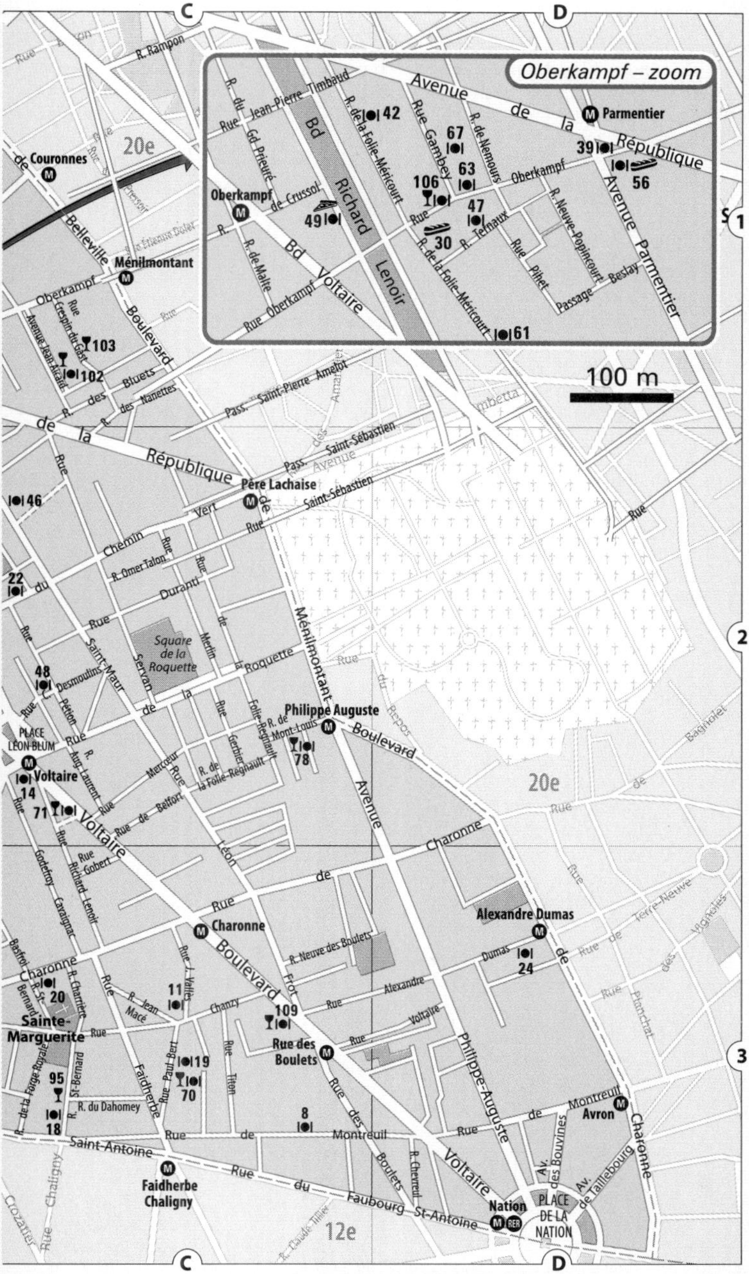

11e ARRONDISSEMENT

11e

la vie du quartier. 25 ans plus tard, toujours beaucoup de monde et une déco particulièrement réussie, alliant l'ancien (beaux plafonds) au contemporain. On apprécie la longue terrasse abritée, la salle mode aux beaux volumes (mais assez bruyante) et les assiettes pleines d'une cuisine volubile et soignée. Les belles portions et la gentillesse du service expliquent l'affluence permanente.

La Ravigote *(plan C3,* ***8****) : 41, rue de Montreuil, 75011. ☎ 01-43-72-96-22. Ⓜ Faidherbe-Chaligny ou Rue-des-Boulets. Mar-sam midi et soir. Fermé dim-lun et j. fériés. Menus 19,50-22 € le midi, 26,50-29 € le soir ; sandwichs à emporter à partir de 4,50 €.* Une trentaine de places dans un minuscule resto de quartier bourré d'habitués réjouis, qui se délectent de son incontournable menu à l'ardoise. Pas de chichis : laissez-vous tenter par une tête de veau ravigote, un confit de canard maison ou une cassolette de poisson. Ambiance bien parigote.

Le Dallery *(plan B3,* ***10****) : 6, passage Charles-Dallery, 75011. ☎ 01-47-00-11-72. Ⓜ Ledru-Rollin. Lun-sam 8h30-minuit ; service 12h-15h. Fermé dim. Congés : août. Menu 14 € (15 € avec la boisson).* Bon, d'accord, cette salle aux tables bistrot sans fard et son vieux zinc ne présentent aucun charme particulier. Mais l'atmosphère est franchement conviviale, et le rapport qualité-prix imbattable. La viande est tendre à souhait, les légumes croquants, la cuisine d'une simplicité à toute épreuve, et l'accueil sympathique ne gâte rien. Couscous le vendredi.

Bon marché

Les Petits Plats de Maurice *(plan B2,* ***6****) : 17, impasse Truillot, 75011. ☎ 01-40-40-23-45. Ⓜ Richard-Lenoir. Face au jardin Truillot. Lun-ven 12h-14h, puis salon de thé jusqu'à 15h30. Fermé w-e. Congés : 3 sem en août. Formules soupe, quiche, salade 9 € ; autres formules 12,50-16 €. Commande au comptoir, façon self (plat chaud servi à table).* Ce resto d'insertion, développé dans le cadre d'un ESAT (établissement et service d'aide par le travail), accueille des personnes handicapées qui travaillent aussi bien en salle qu'à la préparation des plats. Si cette initiative offre l'occasion de mélanger des populations qui se rencontrent peu, l'adresse vaut aussi pour la convivialité qui s'en dégage. On aime la salle à la fois lumineuse avec ses larges baies vitrées et la cuisine ouverte, colorée grâce aux peintures aux murs et moderne avec ses poutres de béton brut. Sans oublier l'accueil aux petits soins. Quant à la carte, elle se veut simple, à base de produits locaux et bio autant que possible (bons jus de fruits frais et bio). Elle privilégie les circuits courts et... la gourmandise : le brownie, une de leurs spécialités, est à tomber. À noter que l'ESAT a également créé *Les Petits Vélos de Maurice,* à 2 coups de pédale de là, au 81, boulevard Richard-Lenoir. On peut y acheter ou faire réparer son biclou, toujours pour la bonne cause.

La Cour du Faubourg *(plan B3,* ***9****) : 29, rue du Faubourg-Saint-Antoine, 75011. ☎ 01-53-17-13-56. Ⓜ Bastille ou Ledru-Rollin. Lun-ven 12h-14h. Fermé w-e. Résa pour le bistrot seulement. Repas complet au self 9,50 € ; dans la partie bistrot 18,50-24 €. Café offert sur présentation de ce guide.* Mention particulière pour ces 2 restos d'application, situés de part et d'autre d'une cour agréable et gérés par l'ESAT Bastille (établissement de soutien et d'aide par le travail). En cuisine comme au service, ce sont des personnes en situation de handicap psychique qui interviennent, et elles le font à la perfection. À gauche, le self (cuisine simple et efficace) et, à droite, la partie bistrot, qui met à la carte des plats élaborés, copieux et bien présentés. Le tout servi avec beaucoup de prévenance et de gentillesse. Une jolie adresse pour un repas solide et solidaire, à 2 pas de la Bastille. *NOUVEAUTÉ.*

Aux Bons Crus *(plan C2,* ***14****) : 54, rue Godefroy-Cavaignac, 75011. ☎ 01-45-67-21-13. Ⓜ Voltaire. ♿ Tlj midi et soir. Congés : 1er janv, 2 sem en août et 25 déc. Menu déj 16 € ; carte env 25 €. Apéritif maison offert sur présentation de ce guide.* Quand une bande de jeunes amoureux du terroir français monte un resto routier en plein 11e, ça crée forcément des embouteillages ! Super déco vintage, où les pubs d'apéritifs bien franchouillards donnent le ton. Dans les assiettes, de solides recettes d'antan entre saucisson brioché, entrecôte beurre maître d'hôtel et profiteroles au chocolat. Une adresse qui donne envie de traverser la France par les petites routes.

Mokonuts (plan C3, **18**) : *5, rue Saint-Bernard, 75011. ☎ 09-80-81-82-85. Ⓜ Faidherbe-Chaligny. Lun-ven, le midi seulement dès 9h. Fermé w-e. Petits déj 10-20 € ; plats 20-25 €.* Cette minuscule enclave gourmande remporte tous les suffrages ! Il faut dire que l'adorable couple ne manque pas de talent ni d'inspiration : gâteaux, pain et plats du jour sont savoureux, préparés avec des ingrédients bio de qualité, et reflètent les influences culinaires de chacun (le Liban et le Japon). Une halte de choix à toute heure, dès le petit déj. Le midi, mieux vaut venir tôt sous peine de ne plus rien avoir à se mettre sous la dent, succès oblige !

East Mamma (plan B3, **7**) : *133, rue du Faubourg-Saint-Antoine, 75011. ☎ 01-43-41-32-15. Ⓜ Ledru-Rollin ou Faidherbe-Chaligny. Lun-ven midi et soir. Fermé w-e. Pas de résa et beaucoup de monde, surtout le soir. Notre astuce : venir en début de service, le midi comme le soir. Pâtes et pizzas 12-18 €.* Une trattoria moderne revisitée, branchée et à prix démocratiques. Cuisine ouverte et serveurs 100 % ritals qui assurent le show, au milieu des meules de fromages. Ça sent le concept à plein nez, mais on s'en sort bien avec, dans l'assiette, la pizza bien sûr (mieux que les pâtes) et l'indissociable tiramisù. Même *success story* chez *Ober Mamma* (voir plus loin « Oberkampf et le nord du 11e »).

Chez Mamy (plan C3, **11**) : *3, rue Jules-Vallès, 75011. ☎ 01-43-48-74-68. Ⓜ Faidherbe-Chaligny. Tlj midi et soir. Congés : 2 sem en août. Formules déj en sem 19-24 € ; le soir, carte 35-45 €.* Mamy a laissé la place à des jeunes qui portent haut la tradition bistrotière : atmosphère conviviale et animée, cuisine franche, pleine de jolies saveurs, petits plats de saison élaborés avec un vrai savoir-faire, hors-d'œuvre d'une belle fraîcheur. Le charme du bon vieux 11e mais rajeuni avec talent ! Service tout en douceur. Un sans-faute.

Ethiopia (plan C2, **22**) : *89, rue du Chemin-Vert, 75011. ☎ 01-49-29-99-68. Ⓜ Saint-Maur ou Père-Lachaise. Tlj midi et soir (jusqu'à 23h). Formules 1-3 pers 20-54 € ; plats 14-16 €.* Cadre coloré pour une authentique cuisine éthiopienne. On y vient avant tout, bien sûr, pour l'*injera,* le plat national (immense « crêpe » couverte d'ingrédients frais et délicieux qu'on mange en commun), le poulet en sauce, le ragoût de bœuf ou la viande marinée aux épices... Expérience exceptionnelle à s'en lécher les doigts et service attentif.

Le Menekse (plan B3, **17**) : *7, passage de la Main-d'Or, 75011. ☎ 01-40-21-84-81. Ⓜ Ledru-Rollin. Lun-sam midi et soir jusqu'à 23h. Fermé dim. Menus 13-15 € le midi, 24 € le soir ; plats 14-23 €.* Dans un passage presque secret, c'est une excellente petite adresse d'origine kurde. Outre les *mezze* classiques et les boulettes de viande, on déguste de bons *patlican* (au yaourt et à l'ail) ou des plats cuits à l'étouffée *(kardelen, menekse, kiymali...).* Le midi, le calme, malgré les nombreux habitués, est propice à un moment de détente hors du temps. La qualité des plats, les prix très doux et la gentillesse de l'accueil font le reste.

Café de l'Industrie (plan B3, **12**) : *15-17, rue Saint-Sabin, 75011. ☎ 01-47-00-13-53. Ⓜ Bréguet-Sabin ou Bastille. Tlj 8h30-2h ; service jusqu'à 0h30 non-stop. Plats du jour 12-14 € ; carte env 25 €.* Ce grand bistrot est l'une des institutions de la Bastoche, aussi couru en journée qu'en soirée. On vient à *L'Industrie* pour son chaleureux cadre « art décolonial » et pour sa très bonne ambiance, conviviale et décontractée. La cuisine de bistrot est convenable, même si elle manque parfois de régularité. Bon point : parmi les 2 plats du jour, il y a toujours un *veg.* Forts de leur succès, les propriétaires ont racheté petit à petit leur bout de rue, ouvrant de nouvelles salles à côté et juste en face : même esprit, même carte.

De prix moyens à chic

Bistrot Paul-Bert (plan C3, **19**) : *18, rue Paul-Bert, 75011. ☎ 01-43-72-24-01. Ⓜ Faidherbe-Chaligny.*

Mar-sam midi et soir. Fermé dim-lun. Menus déj en sem 20-24 € ; carte 40-50 €. Dans la catégorie « tronches de vie », on vote toujours *Paul-Bert.* Un vrai et beau troquet baignant dans son jus. À côté de la carte des vins qui vaut largement le détour, celle des mets, comme on dit, ne pourra que vous donner envie d'aimer. La carte change constamment mais elle est toujours axée sur la tradition française. Dans le genre terroir généreux et un brin revisité, il n'y a rien à redire du tartare de thon ou du mythique filet de bœuf. Accueil très parisien.

|●| ***Amici Miei*** *(plan B2, **21**)* **:** *44, rue Saint-Sabin, 75011. ☎ 01-42-71-82-62. Ⓜ Bréguet-Sabin, Chemin-Vert ou Bastille. Mar-sam midi et soir. Fermé dim-lun. Congés : août et 1 sem à Noël. Pizzas 14-20 €, plats 18-24 € ; carte env 35 €.* Quelques tables sur le trottoir sous un auvent, une salle simplissime avec des tables de bois serrées, une cuisine apparente, et une atmosphère conviviale animée par l'incessant va-et-vient des serveurs. Pour les pizzas, fine pâte légèrement croustillante, délicieuses garnitures. Sans oublier les pâtes et les plats traditionnels. Belle palette de vins italiens.

|●| ***Pianoterra*** *(plan B2, **16**)* **:** *49, rue Popincourt, 75011. ☎ 01-71-60-96-27. Ⓜ Saint-Ambroise. Ouv le midi lun-ven, plus le soir mer-ven. Fermé w-e. Menu déj 20 € (2 plats) ; le soir, carte 35-45 €, principalement du poisson.* La charmante Rosa Vanina Pavone, jusque-là cheffe à domicile, a ouvert son élégante trattoria transalpine. De la cuisine ouverte sortent, servis sur des assiettes dépareillées posées sur des nappes virginales, des plats de cuisine familiale concoctés à base de produits de saison très qualitatifs : *caponata* d'aubergines ou d'artichauts, spaghettis, palourdes... Certaines pâtes sont fraîches et maison si Rosa Vanina a eu le temps d'en faire le jour de votre passage. Au déjeuner, seulement une formule végétarienne, qui peut être enrichie par un produit de la mer. *NOUVEAUTÉ.*

|●| ***Clamato*** *(plan C3, **20**)* **:** *80, rue de Charonne, 75011. ☎ 01-43-72-74-53. Ⓜ Ledru-Rollin, Voltaire ou Charonne. Mer-dim 12h-21h en continu. Fermé lun-mar. Congés : 3 sem en août. Pas de résa. Carte 30-35 € le midi, 40-50 € le soir.* Le bistrot détonnant de l'équipe du *Septime,* le gastronome voisin qui vaut vraiment la peine à condition de casser sa tirelire ! On y mange de bluffantes assiettes à partager, ultra-créatives, exclusivement consacrées aux poissons et crustacés issus de la pêche artisanale et durable. Couteaux, praires, huîtres, palourdes, poulpes ou sardines sont rehaussés d'accompagnements inattendus et d'assaisonnements qui réveillent les papilles. Compter au minimum 3 plats pour vous rassasier : gare à la note (iodée) en fin de repas ! Belle sélection de vins naturels. Service simple et très joli cadre, avec un on-ne-sait-quoi de new-yorkais.

Plus chic

|●| ***Le Sot-l'y-laisse*** *(plan D3, **24**)* **:** *70, rue Alexandre-Dumas, 75011. ☎ 01-40-09-79-20. Ⓜ Alexandre-Dumas ou Avron. Mar-sam midi et soir. Fermé dim-lun. Congés : 1 sem en fév, 3 sem en août et 1 sem à Noël. Résa conseillée. Formules déj 28-34 € ; carte env 68 €.* Ce minuscule bistrot de quartier est devenu un incontournable du circuit gourmand depuis l'arrivée d'Eiji Doihara, transfuge de Bocuse à Tokyo formé aux subtilités des classiques de notre terroir. Résultat, il livre dans sa petite salle sage une cuisine française parfaitement maîtrisée, à peine revisitée à l'occasion par quelques touches asiatiques, épurée dans l'esprit zen. Service tout en délicatesse souriante. Cher à la carte le soir mais parfait au déjeuner, où l'on peut profiter du talent du chef sans vider le porte-monnaie.

Bars à vins

|●| ***La Cave Paul Bert*** *(plan C3, **70**)* **:** *16, rue Paul-Bert, 75011. ☎ 01-58-53-50-92. Ⓜ Faidherbe-Chaligny ou Rue-des-Boulets. Tlj*

12h-minuit. Planches et assiettes 9-22 €. Verres de vin 6-9 €. Dans cette rue Paul-Bert où les adresses gourmandes sont nombreuses, voici un bar à vins original et vivant. Accoudé au comptoir, on découvre de bien jolies cuvées « nature » : la sélection change en permanence, et les trouvailles sont différentes à chaque passage. Quelques délicates planches de charcuterie ou de fromages ainsi que de petites assiettes de style tapas sont là pour accompagner la dégustation.

Les Domaines qui montent *(plan C2, **71**) : 136, bd Voltaire, 75011. ☎ 01-43-56-89-15. Ⓜ Voltaire ou Charonne. Lun-sam 10h-20h (10h30-19h30 lun) ; service seulement au déj (12h-14h) et tte la journée pour les plats à emporter. Fermé dim. Congés : 1er-23 août. Résa recommandée, surtout sam. « Formule du caviste » 16,90 € ; carte 20-25 €. Apéritif maison, café ou digestif maison offert sur présentation de ce guide.* En terrasse ou en salle, à l'une des tables disposées parmi les rayonnages, laissez-vous conseiller par la souriante équipe, experte en vins, qui a transformé cette ancienne quincaillerie en un sympathique concept cave-épicerie fine-table d'hôtes avec un choix de près de 500 vins vendus à prix coûtant, sans droit de bouchon. Côté assiettes, charcuterie artisanale, plats du jour et fromages fermiers. *2 autres maisons, dans le 9e (31, rue Ballu ; ☎ 01-42-81-97-47) et dans le 17e (22, rue Cardinet ; ☎ 01-42-27-63-96).*

Où boire un verre ?

Le Motel (plan B3, **92**) : *8, passage Josset, 75011. ☎ 01-83-96-68-48. Ⓜ Ledru-Rollin. Mar-dim 18h-2h. Happy hours 18h-21h. Fermé lun.* Dans la pure tradition des bars rock, *Le Motel* est en place ! Salles à la déco sombre et bar pris d'assaut dès l'apéro par une clientèle de musiciens et d'amateurs de pop. Concerts intimistes en début de semaine, DJ sets indie rock le week-end, et *blind test,* quiz ou *comedy club* le dimanche. Bon choix de bières.

Moonshiner (plan B2-3, **90**) : *5, rue Sedaine, 75011. ☎ 09-50-73-12-99. Ⓜ Bréguet-Sabin. Mer-dim 18h-2h (env 3h w-e). Fermé lun-mar. Pizzas 9-15 €.* Ils sont sympa, au *Routard,* ils t'envoient dans un bar à cocktails et tu te retrouves dans une pizzeria... Eh bien non, on ne s'est pas trompés ! Poussez donc la porte du frigo au fond de la pizzeria *Da Vito.* Oh, surprise, vous découvrez un *speakeasy* époque *Gatsby le Magnifique,* lumière tamisée et motifs Art déco de rigueur. Les bons cocktails jouent la carte de la tradition, avec un penchant pour les whiskeys, ryes et bourbons américains, prohibition oblige... Au fait, la pizza est excellente aussi (même si elle est cuite au four électrique), n'hésitez pas à faire étape dans ce morceau de Little Italy avant... ou après.

Bottle Shop (plan B3, **91**) : *5, rue Trousseau, 75011. ☎ 01-43-14-28-04. Ⓜ Ledru-Rollin. Tlj 12h-2h (service déj 12h-15h). Formules déj 13-16 € ; brunchs dim 13-22 €. Dim, bloody mary et mimosa 5 €.* Un bar-pub à l'ambiance franco-anglaise. Pas mal de clients du quartier – notamment intermittents et expats –, qui font bien vivre l'endroit, même en semaine. Une déco chaleureuse et une atmosphère conviviale qu'on aimerait trouver partout. Et quelques tables en terrasse quand il fait beau. Option *veg* pour le déj et bien joli brunch le dimanche, aux accents anglo-saxons.

Bluebird *(plan C3, **95**) : 12, rue Saint-Bernard, 75011. Pas de tél. Ⓜ Faidherbe-Chaligny. Tlj 18h-2h (3h ven-sam).* Un bar à cocktails intime et chaleureux, qui s'est spécialisé dans les préparations à base de gin (mais pas uniquement). Quelques classiques revisités (Negroni, Martini Gin, Gin & Tonic) et des créations plus originales, où les mixologistes italiens tentent de sublimer leurs alcools *premium.* Jolie déco feutrée style années 1960, colorée par le bleu d'un aquarium.

Laïa *(plan C3,* ***109****) : 226, bd Voltaire, 75011. ☎ 09-75-65-27-21. Ⓜ Rue-des-Boulets. Lun-sam 10h-minuit en continu, plus dim midi.* Happy hours *(appelé ici « la Hora Feliz ») 17h-19h. Bières méditerranéennes, cocktails (8-12 €), vins au verre ; cocktail de jus frais 5 €.* Il faut franchir cet imposant porche aux lourdes portes sculptées pour découvrir ce café caché au fond d'une impasse, ouvert sur une terrasse fleurie. Comme un air de vacances, à l'ombre du trépidant boulevard, accentué par une carte et l'accent chantant d'une équipe majoritairement transalpine. La carte décline formules *(16-22 € au déj)* et plats du moment avec des spécialités au gril *(robata).* En journée, boissons, jus pressés et pâtisseries maison à prix d'ami. *NOUVEAUTÉ.*

OBERKAMPF ET LE NORD DU 11e

Où manger ?

Sur le pouce

Magnà *(plan B2,* ***1****) : 85, bd Richard-Lenoir, 75011. Ⓜ Parmentier. Mar-sam midi et soir. Fermé dim-lun. Pizzas 7,90-15 €.* La pizza, c'est bon, c'est sain... mais pas toujours pratique à manger debout. *Magnà* (de *mangiare,* le patois napolitain) a trouvé la solution : la servir façon sandwich à emporter, et à commander au comptoir. 2 propositions : pliée en 4, *portofoglio,* ou roulée, *roloto...* et cuite au feu de bois avant d'être généreusement garnie de ses ingrédients au choix. Charcuterie, crème de truffe auréolée de truffe fraîche râpée... le tout servi dans une barquette pour n'en perdre aucune miette et saucer ce qui aurait débordé. Si vous ne trouvez pas de place dans la microsalle, ne vous éloignez pas trop, les desserts, tradition napolitaine oblige, sont aussi fameux. Également un *corner* dans la gare de Lyon.

Boulangerie Benoît Castel *(plan B1,* ***31****) : 72, rue Jean-Pierre-Timbaud, 75011. ☎ 01-48-06-70-59. Ⓜ Parmentier. Mer-sam 7h30 (8h sam)-20h, dim 8h-18h. Fermé lun-mar. Sandwichs 4,30-5,60 € ; formules 8,50-11,50 €. Café offert sur présentation de ce guide.* Des sandwichs gourmands (jambon/fromage de luxe, pastrami...), des pains fantaisie, de délicieuses viennoiseries : bienvenue chez Benoît Castel, nouvelle star de la boulangerie parisienne ! Également de jolies pâtisseries, comme des millefeuilles, des tartes au citron délicates ou de généreux fars bretons.

Épicerie du Verre Volé *(plan zoom,* ***30****) : 54 bis, rue de la Folie-Méricourt, 75011. ☎ 01-48-05-36-55. Ⓜ Oberkampf. Mar-sam midi et soir. Fermé dim-lun. Sandwichs 5,90-7,90 € ; formules 10,90-12,90 €.* Juste derrière la vitrine de charcuterie fine et fromages à la coupe s'élaborent des sandwichs maison à base de produits de saison d'excellente qualité, composés à la commande. Difficile de faire plus frais ! Square tout proche pour déguster ce bon pain drôlement bien fourré.

Café Mareva *(plan B1,* ***29****) : 38, rue du Faubourg-du-Temple, 75011. ☎ 01-43-38-64-57. Ⓜ République ou Goncourt. Mar-ven 9h-17h, sam-dim 9h-18h. Fermé lun. Résa conseillée le w-e. Gaufre env 12 € ; menu brunch 22 €.* À un emplacement stratégique, derrière la place de la République, au démarrage du canal Saint-Martin et en face du *Palais des Glaces* apparaît une étroite façade bleu roi. L'entrée d'un royaume pour les gourmands à l'estomac fragile : pas de gluten, pas de lactose, mais tous les plaisirs du brunch. Toasts, smoothies, gâteaux américains, *buddha bowl* du jour et surtout de fameuses gaufres salées, l'invention maison, à base de patate douce ! Aussi savoureuses que les classiques, mais plus légères. Les garnitures sont aussi agréables à l'œil qu'au palais, le café fraîchement moulu, et végans comme carnivores trouveront leur bonheur... Accueil et service chaleureux.

Très bon marché

🍽 ***Dong Huong*** *(plan B1,* ***35****) : 14, rue Louis-Bonnet, 75011. ☎ 01-43-57-42-81. Ⓜ Belleville. Mer-lun 12h-22h30 non-stop. Fermé mar. Congés : 3 sem en été. Plats 10-15 €.* Depuis son ouverture il y a 35 ans, ce petit resto familial s'est agrandi et compte 4 grandes salles et près de 40 personnes qui y travaillent. La raison de cette réussite ? Pas vraiment le service, même s'il est rapide et souriant, ni la déco façon resto U. C'est dans l'assiette ! Toutes les saveurs de la gastronomie vietnamienne s'y retrouvent, avec en prime d'excellentes *bánh xèos* (crêpes fourrées et grillées). La communauté vietnamienne de Belleville l'a bien compris et s'y bouscule.

🍽 ***Krügen*** *(plan B2,* ***37****) : 4, rue du Général-Renault, 75011. ☎ 09-52-29-78-79. Ⓜ Saint-Ambroise ou Rue-Saint-Maur. Mer-sam midi et soir, plus mar midi et dim midi. Fermé lun. Congés : 3 sem en août et 2 sem à Noël. Formules déj en sem 11,50-13,50 € ; carte 15-20 € ; brunchs sam-dim 20-23 €.* La Bretagne est à l'honneur dans cette crêperie à la déco stylée, tendance surfeurs. Les galettes sont cuisinées « *kraz* », donc fines et croustillantes, vraiment goûteuses et garnies de produits du terroir sélectionnés (andouille de Guémené, saucisse d'Ille-et-Vilaine...), à choisir à la carte ou à composer au gré de ses envies. Les sucrées se déclinent en crêpes et en *kouigns,* spécialité bigoudène. Belle sélection de cidres artisanaux et/ou bio (dont une cuvée maison) et de bières locales. Une adresse sympa, gérée par une équipe jeune (mi-bretonne) et pro. Brunch le week-end et coin épicerie.

🍽 ***L'Alicheur*** *(plan B1,* ***36****) : 96, rue Saint-Maur, 75011. ☎ 01-43-38-61-38. Ⓜ Rue-Saint-Maur. Lun-ven midi et soir. Fermé w-e. Formules 9,50-11,90 € ; nouilles 7,20-8,90 €,* roll *1,60 €.* Roll *sucré offert sur présentation de ce guide.* Rethori prépare une cuisine légère, sans friture, aux parfums du monde. Une cuisine que lui a apprise sa mère, Rosine, qui fut l'une des reines de la cuisine khmère. Dans son minisnack, on avale debout sur le pouce ou on emporte des soupes parfumées, des salades malignes, et ces délicieux *rolls,* minirouleaux aux légumes et à la viande. Simple, sain, bon, pas cher, gentil comme tout. Et pour les curieux, il y a toujours l'énigme du jour, inscrite au tableau, qui permet à qui la découvre de gagner un *roll* d'honneur. Autant vous prévenir, ce n'est pas si facile !

🍽 ☂ ***Crêperie Bretons*** *(plan zoom,* ***39****) : 56, av. de la République, 75011. ☎ 01-77-10-27-07. Ⓜ Parmentier. Mar-sam midi et soir (en continu sam). Fermé dim-lun. Congés : 2 sem en août. Galettes et crêpes 5-13 € ; formules 12,80-14,80 €.* Avec sa petite terrasse mordant sur l'avenue, cette crêperie ne paie pas de mine. Mais une fois à l'intérieur, on se sent enveloppé par la douceur du cadre contemporain, réchauffé de brique et de bois. La cuisine ouverte offre la vue sur le bilig où sont confectionnées crêpes dentelle et galettes de sarrasin, légères, à la fois croustillantes et moelleuses à cœur. Un choix de garniture ni large ni complexe, c'est vrai, mais une qualité constante et des tarifs très abordables pour le quartier.

Bon marché

🍽 ***L'Orillon Bar*** *(plan B1,* ***33****) : 35, rue de l'Orillon, 75011. Ⓜ Belleville. Resto en sem 12h15-14h30 et grignotage lun-sam jusqu'à 2h. Fermé dim. Congés : 2 sem en août et 1 sem à Noël. Formules 11-17 € ; carte env 20 €.* À Belleville, un café d'angle qui en a vu d'autres, tenu par une jeune équipe sympa, pas compliquée et appliquée. À l'image d'une cuisine du jour très fraîche, préparée en fonction du marché et de l'inspiration. Sur des tables en formica, entre un comptoir patiné et des murs bruts, on se régale d'un œuf-mayo, d'une brandade de poisson ou d'un tartare avec sa salade de lentilles. Simple, bon et à prix démocratiques. Difficile de ne pas en faire sa cantine, à l'instar d'une ribambelle d'habitués réjouis !

🍽 ☂ ***Picotte*** *(plan A1,* ***38****) : 42, rue de Malte, 75011. ☎ 01-49-29-98-77. Ⓜ Oberkampf ou République. Mar-sam midi et soir. Fermé dim-lun. Congés : 2 sem mi-août. Formules* *déj 18-23 € ; carte env 40 €.* Dans un cadre moderne, coloré et chaleureux, à l'image de l'accueil, ce resto propose 2 formules appétissantes. Le midi, cuisine de marché avec des propositions légères et savoureuses. Le soir, à vous de choisir dans un éventail de « picottes » qui évoluent au fil des saisons : des « tapas » à partager pour picorer dans les spécialités régionales de l'Hexagone. Chaque portion arrive avec sa petite histoire, et on se cultive tout en régalant ses papilles ! Large choix de vins servis au verre, certains bio ou nature. Un concept original et réussi aussi bien le midi que le soir.

Melt *(plan zoom,* ***42****) : 74, rue de la Folie-Méricourt, 75011. ☎ 09-81-36-42-76. Ⓜ Parmentier. Tlj midi et soir. Formules déj en sem 13-19 € ; viandes 9-15,50 €, légumes 4,50-6 €.* Dans l'esprit des *smokehouses* à la texane, les amateurs de bonne bidoche se pressent ici pour s'avaler des morceaux de viande fumée qui fondent délicieusement dans la bouche (*brisket black angus, smoked chick, spare ribs,* etc.), accompagnés comme il se doit d'une sauce barbecue et de *coleslaw.* On passe commande et on vous apporte votre plateau. Bref, il faut que ça tourne ! Les *sides* sont moins convaincants mais qu'importe, l'ambiance est jeune, décontractée, et les carnivores ne seront pas déçus.

Sizin *(plan A-B1,* ***50****) : 36, rue du Faubourg-du-Temple, 75011. ☎ 01-48-06-54-03. Ⓜ République. Lun-sam midi et soir, plus dim soir. Le midi en sem, menus 12,50-15,50 € ; carte 20-25 €. Café ou thé offert sur présentation de ce guide.* Face au *Palais des Glaces,* au fond d'un préau où l'on dispose quelques tables en terrasse, ce modeste restaurant au cadre aussi flétri que dépaysant propose depuis plus de 30 ans, à la carte, toute la panoplie de la cuisine turque : pizzas et grillades au feu de bois, *böreks, kanarya* (aubergine et poivron au yaourt) et autres *mezze,* sans oublier les onctueux yaourts maison et les baklavas. Tout est fait maison, y compris le pain. Bon accueil.

Café Lux *(plan B2,* ***52****) : 73, rue Saint-Maur, 75011. 07-68-62-68-22. Ⓜ Rue-Saint-Maur. Mer-sam midi et soir. Fermé dim-mar. Bo bun 14,50-16 € ; carte env 20 €.* Ce repaire pour amateurs de bo bun offre une jolie déco qui mélange tables de bistrot en formica et lampes en papier d'Asie. La cuisinière propose une version soignée de cette emblématique spécialité vietnamienne, aussi belle à voir que bonne à manger. Tout est frais, maison (nems, oignons frits, viande émincée cuite à la minute...) et délicatement assaisonné. Avec un bon dessert et un verre de vin (naturel !), c'est la pause déjeuner idéale.

Prix moyens

Double Dragon *(plan C2,* ***46****) : 52, rue Saint-Maur, 75011. Ⓜ Rue-Saint-Maur, Père-Lachaise ou Voltaire. Mer-dim midi et soir. Fermé lun-mar. Pas de résa. Carte 30-35 €.* Un fantasme bobo de cantine asiatique, et ça marche. La gueule du dragon ? Une salle sobre avec mobilier de récup et sculpture en néon. Sur la carte, un piment indique les plats relevés. Saint-Jacques crues, radis blanc et prunes préservées conjuguent fraîcheur et acidité ; les nouilles Dan Dan vous transportent au Sichuan ; le *bao* au comté s'oriente vers une cuisine *fusion...* Aux manettes, 2 sœurs franco-philippines, Tatiana et Katia Levha.

Café du Coin *(plan C2,* ***48****) : 9, rue Camille-Desmoulins, 75011. ☎ 01-48-04-82-46. Ⓜ Voltaire, Père-Lachaise ou Rue-Saint-Maur. Tlj midi et soir, jusqu'à 2h. Formule déj en sem 21 € ; le soir et le w-e, carte de tapas et d'assiettes à partager 6-15 €.* Un décor de bistrot parisien revisité avec sol en mosaïques, comptoir courbe et luminaires globes pour une cuisine originale, délicate et savoureuse. Le midi, menu défiant toute concurrence, avec des assiettes soignées et ultra-fraîches. Le soir, place à l'apéro dînatoire, avec une carte de tapas et autres grignotages, mais toujours de haute qualité (fruits de mer, *pizzette,* etc.). Carte des vins enthousiasmante.

Ober Mamma *(plan zoom,* ***49****) : 107, bd Richard-Lenoir, 75011. ☎ 01-58-30-62-78. Ⓜ Oberkampf. Tlj midi et soir. Pâtes et pizzas env*

12-18 €. La petite sœur d'*East Mamma* (voir plus haut « Autour de Bastille et de la Nation ») rencontre le même succès. Autant dire qu'il faut venir en décalé pour espérer trouver sa place parmi les foules d'affamés branchés. Mais ça vaut le coup ! D'abord, parce que le service est sympa et efficace. Ensuite, parce que le cadre trattoria rustico-tendance (mobilier en bois, verrière, cuisine ouverte et cochonnailles suspendues) est réussi. Et enfin parce que les pizzas comme les pâtes sont vraiment goûteuses. Tout est bon, jusqu'au café qui est torréfié par la maison !

|●| *L'Homme Bleu* *(plan B1, **51**) : 55 bis, rue Jean-Pierre-Timbaud, 75011. ☎ 01-48-07-05-63. Ⓜ Parmentier. Tlj 11h (16h dim)-minuit. Formule déj 13,50 € ; plat du jour 11,50 € ; carte env 25 €.* Depuis plus de 2 décennies, les clients se rassemblent chaque soir sous la grande tente, à l'abri des tempêtes de sable, pour goûter couscous, tajines mijotés, keftas et petits farcis (*böreks,* bricks...) préparés sous leurs yeux, au coin de la cheminée, par d'heureuses *tilawins.* Une valeur sûre dans le quartier. D'ailleurs, c'est toujours plein le soir après 20h.

|●| *La Vache Acrobate* *(plan A2, **53**) : 77, rue Amelot, 75011. ☎ 01-47-00-49-42. Ⓜ Saint-Sébastien-Froissart ou Chemin-Vert. Lun-sam midi et soir. Fermé dim. Congés : 3 sem en août. Formules déj 17-21 € ; carte 25-35 €.* Un petit troquet coloré, où les habitués aiment se retrouver pour une soirée conviviale, autour de petits plats bien troussés. Le cadre est chaleureux, mais mieux vaut savoir se faufiler et aimer le coude-à-coude ! La carte des vins privilégie petits crus et vignobles méconnus. Accueil très sympa.

|●| *JJ Beaumarchais* *(plan A2, **55**) : 92, bd Beaumarchais, 75011. ☎ 09-83-91-45-44. Ⓜ Saint-Sébastien-Froissart. ♿ Mar-sam midi et soir, plus dim midi. Fermé lun. Formules 20-22 € le midi en sem, 24-28 € sam-dim ; le soir, menus dégustation 42-57 €.* L'atmosphère conviviale et l'accueil mettent tout le monde à l'aise. La cuisine se concentre sur une carte réduite pour ciseler des plats du jour savoureux et pleins de bonnes idées. C'est beau et d'une fraîcheur irréprochable... Belle sélection de vins.

|●| *Scaria* *(plan zoom, **56**) : 88, av. Parmentier, 75011. ☎ 09-83-47-62-66. Ⓜ Parmentier. Lun-ven midi et soir, jusqu'à 1h. Fermé w-e. Sandwichs 5,90-9,50 €, plat du jour env 14 € ; carte env 40 €. Verres de vin nature à partir de 5,50 € ; bouteilles à partir de 27 €.* À l'image du quartier, *Scaria* est une adresse vivante, qui met les clients à l'aise. Il suffit de les prendre par la gourmandise, nous direz-vous... On se régale à toute heure dans cette jolie salle à la déco design, ouverte sur la cuisine. La carte est concise, mais que c'est beau, et diablement bon ! Les plats, méticuleusement travaillés, trahissent le tour de main d'un chef passé chez quelques pointures. Une option végétarienne redonne leurs lettres de noblesse aux légumes, bio le plus souvent. À midi, menu gastronomique à prix serré ! Pour un grignotage rapide, sandwichs (notamment au pastrami) et plats à emporter. Le soir, assiettes dégustation. Coin épicerie.

De chic à plus chic

|●| *Vantre* *(plan B1, **60**) : 19, rue de la Fontaine-au-Roi, 75011. ☎ 01-48-06-16-96. Ⓜ Goncourt ou République. Lun-ven midi et soir. Fermé w-e. Formule déj 23 € ; carte env 50 €. Vins au verre à partir de 5 €.* Déco de bistrot élégante, tables en marbre, parquet et ardoise. Iacopo Chomel (ex de chez *Saturne*) et Marco Pelletier (ex-sommelier au *Bristol*) ont réuni leurs talents ici pour allier une fine cuisine de marché et de grands vins. La formule déj est une vraie aubaine ! La carte des vins, impressionnante, est à faire pâlir d'envie les plus grands amateurs. Attention tout de même au budget. Service pro et attentionné.

|●| *La Cave de l'Insolite* *(plan zoom, **61**) : 30, rue de la Folie-Méricourt, 75011. ☎ 01-53-36-08-33. Ⓜ Saint-Ambroise, Parmentier ou Oberkampf. Mar-sam midi et soir. Fermé dim-lun. Congés : août. Formules déj 18-20 € ; carte env 18 € le midi, 38 € le soir.* Un ancien atelier au cadre adorablement foutraque : mobilier de récup, tables rustiques, vieilles banquettes de moleskine, sous le regard d'un bel escalier à hélice... Beaucoup de vins naturels occupent les rayonnages. Au niveau nourritures terrestres, plats de bistrot réalisés avec des produits frais, qui collent au cadre. En prime, une atmosphère déliée, authentique, sans chichis !

Square Gardette *(plan B2, **44**) : 24, rue Saint-Ambroise, 75011. ☎ 01-43-55-63-07. Ⓜ Rue-Saint-Maur. Tlj 8h (9h w-e)-1h. Plat du jour 14 € ; brunch 12 €.* Le décor volontairement vieillot et chaleureux dégage une véritable atmosphère. Mais la vraie surprise est dans l'assiette ! Au piano, la cheffe élabore une cuisine mi-classique, mi-revisitée, fraîche et goûteuse. Des cuissons parfaites, une carte originale qui change régulièrement, des produits de saison, pour un résultat qui flatte très largement vos papilles ! Aux beaux jours, les tables s'étalent le long du trottoir, ce n'est pas désagréable. Un peu plus de simplicité dans l'accueil, et tout serait parfait !

Patchanka *(plan B2, **62**) : 33-35, rue Saint-Sébastien, 75011. ☎ 09-51-45-76-91. Ⓜ Saint-Ambroise. Mar-ven midi et soir, plus sam soir. Fermé dim-lun. Carte env 40 €.* Le patron est argentin, le personnel hispanophone à l'accent chantant bien marqué et les viandes (sublimes) sont cuites au barbecue avec un charbon argentin. Alors si les viandes juteuses et goûteuses en diable font la fierté de la maison, la courte carte ne se prive cependant pas de piocher dans d'autres terroirs comme le pluma de porc ibérique aux légumes de saison. Remarquable. Tout comme les desserts, pâtissiers sans être saturés en sucres. L'épatante formule déjeuner donne déjà un bel aperçu du savoir-faire du chef. Joli cadre épuré et accueil tout en chaleur. Un coup de cœur.

Restaurant Pierre Sang in Oberkampf *(plan zoom, **63**) : 55, rue Oberkampf, 75011. ☎ 09-67-31-96-80. Ⓜ Oberkampf ou Parmentier. ♿ Tlj midi et soir. Congés : 2 sem pour les fêtes de fin d'année. Formules déj 20-25 € ; formule tapas le soir.* Ici, pas de carte, pas de stress. Et c'est justement ce qui contribue en fin de compte au plaisir. Surtout que le service est souriant, attentif, rassurant. Dans un décor minimal blanc et noir (assez austère), le soir, on savoure des tapas à partager. Surprise toujours de mise ! Quant au chef, c'est un ancien finaliste de *Top Chef* (saison 2), qui, depuis, a tracé son chemin. Autre adresse : ***Pierre Sang on Gambey*** (voir plus bas).

Au Passage *(plan B2, **64**) : 1 bis, passage Saint-Sébastien, 75011. ☎ 01-43-55-07-52. Ⓜ Saint-Sébastien-Froissart. Mar-ven, le soir seulement, plus sam midi et soir jusqu'à 23h30. Fermé dim-lun. Formule déj 19 € ; carte env 40 €.* Un bistrot qui cache bien son jeu, au milieu d'un passage peu fréquenté, derrière sa façade de petits carreaux et ses graffitis de Miss.Tic. Déco vintage de bric et de broc, clientèle branchée et cuisine inspirée. Petits plats genre tapas : frais, très bons mais assez peu copieux (l'addition peut donc vite grimper)... Quant à la carte des vins, elle est de tout 1er ordre. Parfait entre amis.

Le Villaret *(plan zoom, **47**) : 13, rue Ternaux, 75011. ☎ 01-43-57-89-76. Ⓜ Parmentier ou Oberkampf. Mar-sam midi et soir. Fermé dim-lun. Congés : 2 sem mi-août. Formules déj 25-30 € ; menu du marché 38 € ; le soir, menu dégustation 65 € ; carte env 55 €.* À l'opposé des restos parfois trop branchés du quartier, cette belle table bistronomique a un côté rassurant. Les plats, élaborés selon le marché par Olivier Gaslin, qui tient les rênes de la cuisine depuis 25 ans, font mouche. Assiettes soignées et généreuses, qui mettent à l'honneur de bons produits. Fabuleuse carte de grands crus, que le personnel se fera un plaisir de commenter. Service très pro et cadre accueillant.

Plus chic

Pierre Sang on Gambey *(plan zoom, **67**) : 6, rue Gambey, 75011. ☎ 09-67-31-96-80. Ⓜ Parmentier ou Oberkampf. ♿ Tlj midi et soir. Congés : 2 sem pour les fêtes de fin d'année. Formules déj 20-35 € ; menus 49-88 € le soir.* Du pur plaisir que cette 2e adresse de Pierre Sang, à 2 pas de la 1re. Les formules, jamais annoncées car évoluant au gré de l'inspiration,

11e

permettent de profiter du talent d'un chef généreux, qui s'épanouit dans une cuisine de l'instant, précise, inventive, pleine de goût et largement ancrée en terre coréenne, patrie d'origine de Pierre Sang. On s'étonne, on se régale, et on passe à coup sûr un bon moment accoudé à l'une des tables hautes en bois épais alignées face aux rayonnages de bouteilles, à moins de préférer le comptoir de la cuisine ouverte pour profiter du spectacle. Un bel endroit, comme l'accueil.

Bars à vins

La Canonnière (plan B1, **75**) : *57, rue de la Fontaine-au-Roi, 75011. ☎ 09-83-22-05-09. Ⓜ Parmentier. Mar-sam midi et soir. Fermé dim-lun. Formules 16-18 € le midi en sem, 20-30 € le soir.* Un bistrot à vins moderne, qui aligne son long comptoir et ses quelques tables hautes face à une belle collection de bouteilles. Excellent choix de vins, où le biodynamique règne en maître (on peut acheter à emporter). On fait vraiment de chouettes découvertes et on accompagne le breuvage de petites assiettes fraîches et futées, pour grignoter ou carrément dîner. Un coup de cœur !

La Buvette (plan B2, **76**) : *67, rue Saint-Maur, 75011. ☎ 09-83-56-94-11. Ⓜ Rue-Saint-Maur ou Parmentier. Mer-dim jusqu'à 23h. Fermé lun-mar. Pas de résa. Tapas 3-11 €. Verres de vin à partir de 5 €.* Une cave à manger savoureuse et rétro, de celles qui font toute la vitalité du Paris d'aujourd'hui. Autour de flacons savamment sélectionnés, principalement de vins nature, on peut grignoter de bien belles choses : charcuterie fondante, fromages délicatement affinés ou poissons fumés (hmm, les délicieuses Saint-Jacques aux zestes de cédrat !). Une adresse dans l'air du temps, pas donnée mais attachante.

Passarito (plan B1, **77**) : *10, rue des Goncourt, 75011. ☎ 09-83-31-25-06. Ⓜ Goncourt. ♿ Mar-sam jusqu'à 23h. Fermé dim-lun. Assiettes env 5-20 €, plats du jour 12-18 € (morue ven). Verres de vin à partir de 4 € ; bouteilles à partir de 15 €.* Un très joli bar à vins, qui a la particularité d'être spécialisé dans les *vinhos* portugais. On découvre avec plaisir les meilleurs crus lusitaniens, comme le Dao (Nord), les vins du Douro ou les crus plus solaires de l'Alentejo (Sud). Petites assiettes bien fichues *(dentadas)* pour les accompagner : outre les iconiques conserves de poisson Minerva, ne manquez pas les charcuteries, réalisées à base de cochon *bisaro*. Plat du jour savoureux le midi et pause café-*pasteis de nata* dans l'après-midi. Les sympathiques patrons finissent de rendre ce lieu très attachant.

Yard Cave (plan C2, **78**) : *6, rue de Mont-Louis, 75011. ☎ 01-40-09-70-30. Ⓜ Philippe-Auguste. Tlj midi et soir. Tapas 2-10 €.* Un bar à vins naturels, planqué dans un atelier typique du 11e, où dialoguent grandes verrières, murs en brique et structures métalliques. Accoudé au comptoir de bois blond, on déguste une excitante sélection de vins vivants, originaux ou plus sages, mais toujours singuliers. La bonne nouvelle, c'est qu'ici on n'applique aucun droit de bouchon et que l'on paie le vin au prix caviste ! Une aubaine pour les bandes de potes un peu soiffards. Il faut grignoter un petit quelque chose pour pouvoir commander, mais c'est à la fois bon et peu onéreux. Un très bon plan.

Où boire un verre ?

Les Niçois (plan B2, **101**) : *7, rue Lacharrière, 75011. ☎ 09-84-16-55-03. Ⓜ Saint-Ambroise ou Rue-Saint-Maur. Lun et mer-sam midi et soir, plus mar soir et dim midi. Congés : début août. Formule 18 € ; carte 19-42 €.* Il flotte un air de vacances dans ce bar-resto à la déco brute, où l'ambiance s'échauffe du comptoir au terrain de pétanque (planqué au sous-sol, à côté du baby-foot) ! On commence au Ricard, pour un apéro qui s'étire en longueur, avant de goûter aux délicieuses tapas nissardes : incontournables pissaladière, pan-bagnat ou socca à partager dans une bonne humeur contagieuse. Le dimanche, c'est brunch le midi et barbecue le soir.

La Fine Mousse (plan C1, **102**) : *6, av. Jean-Aicard, 75011. ☎ 01-48-06-40-94. Ⓜ Ménilmontant ou Rue-Saint-Maur. Tlj 17h-2h (plus resto le midi sam-dim). Congés : resto 2 sem autour du 15 août et 2 sem Noël-Nouvel An ; bar 4 j. Noël-Nouvel An. Bières 3,50-7 €. Planches charcuterie-fromages 5-23 € ; au resto, menu du soir 39 €, menu dégustation 49 €.* La boisson à fine mousse revient en odeur de sainteté (tchin !) : ce bar nouvelle génération est l'un de ses missionnaires les plus convaincants. Décor sobre et confortable, fait de pierre brute et de murs immaculés. Un choix énorme à la pression (20 pompes, pas moins), 150 références bouteille et rien que des bières artisanales, locales ou du bout du monde. N'hésitez pas à demander conseil, les barmen exercent leur mission comme un sacerdoce. On peut tester un repas « accords mets et bières » au resto d'à côté *(même enseigne ; tlj 19h-23h, plus le midi w-e ; compter 24-35 €).*

Aux Deux Amis (plan zoom, **106**) : *45, rue Oberkampf, 75011. ☎ 01-58-30-38-13. Ⓜ Parmentier. Mar-sam 12h30-0h30. Fermé dim-lun. Tapas 2,50-15 €.* À l'heure de l'apéro, on se mêle au joyeux brouhaha de ce bistrot de quartier branché pour goûter sur le pouce à un choix impressionnant de copieuses tapas de haut vol aux saveurs inventives. Dans une déco seventies et une ambiance bon enfant, ça parle fort et on se presse autour du zinc. Un brin victime de son succès ; optez donc pour un apéro dînatoire dès 19h ou pour un déjeuner précoce, car ici chaque centimètre carré est pris d'assaut !

Liquiderie Bar (plan B1, **110**) : *7, rue de la Présentation, 75011. ☎ 09-72-91-36-77. Ⓜ Belleville. Mar-dim jusqu'à 2h. Fermé lun. Verres de vin 4-7 €.* À la lisière de Belleville, ce bar à bières contemporain, à la déco épurée et garantie sans folklore, propose une formidable sélection de mousses issues de microbrasseries artisanales. Grand choix à la pression (15 pompes, pas moins !), histoire de garantir une fraîcheur optimale et une variété hors du commun. Ceux qui sont allergiques au houblon profiteront de la très large carte de vins nature, servis à la tireuse ou en bouteille. Un bar plus que rafraîchissant ! *NOUVEAUTÉ.*

Le Perchoir (plan C1, **103**) : *14, rue Crespin-du-Gast, 75011. ☎ 01-83-62-64-22. Ⓜ Ménilmontant. Tlj jusqu'à 2h (minuit dim). Résa : • resabar@leperchoir.fr •* Une fois la hype un peu retombée, on ne boude plus son plaisir de profiter de ce *rooftop* vertigineux, avec vue imprenable sur les toits de Paris. Belles terrasses, avec différentes perspectives sur la ville. Quand il fait plus frais, grande cabane en bois façon repaire de flibustiers pour s'abriter. La queue s'allonge sacrément en cas de météo ensoleillée ou en fin de semaine, essayez de venir tôt ! Service un peu désordonné. *Autres adresses, au 33, rue de la Verrerie (4e), au 10, pl. du 11-Novembre (18e) et au 2, av. de la Porte-de-Versailles (voir la rubrique « Où boire un verre ? » dans le 15e).*

L'Impasse (plan B1, **104**) : *4, cité Griset, 75011. 📱 06-52-76-69-77. Ⓜ Ménilmontant ou Rue-Saint-Maur. ♿ Mar-sam jusqu'à 2h. Fermé dim-lun. Congés : août. Verres de vin 4-5 €. Planches 15-27 €.* Ouvrez l'œil ! *L'Impasse* se planque dans les murs de brique d'une ancienne manufacture, aujourd'hui reconvertie en un loft aux airs berlinois. Fauteuils dépareillés, canapés Chesterfield et tapis colorés plantent le décor de ce repaire de bobos, mi-arty, mi-intellos. On s'accoude au bar tapissé de palmiers pour commander un p'tit verre de rouge, à accompagner d'une bonne planche de charcut' ou de fromages. Allez, une partie de baby-foot entre 2 tournées ?

Le Café Charbon (plan B1, **105**) : *109, rue Oberkampf, 75011. ☎ 01-43-57-55-13. Ⓜ Parmentier, Rue-Saint-Maur ou Ménilmontant. ♿ Tlj 8h-2h ; service 12h-minuit (1h ven-sam). Happy hours 16h30-21h. Fermé soir du 24 déc et 25 déc. Carte env 20 € ; brunch dim 22 €.* Fréquenté par les habitués d'Oberkampf et les nuitards parigots, puisque communiquant avec *Le Nouveau Casino,* ce troquet est l'un des incontournables de la capitale. Les fresques 1900 et la savante lumière tamisée recréent une atmosphère de bistrot début XXe s. Allez, on peut le dire, ce bar a une âme. DJs les vendredi et samedi à partir de 23h.

La Loutre *(plan B1,* ***108****)* **:** *46, rue Jean-Pierre-Timbaud, 75011. ☎ 01-48-06-05-36. Ⓜ Parmentier. Lun-sam jusqu'à 1h (2h mer-sam).* Happy hours *18h-21h. Fermé dim.* Le gang des bars animaux a encore frappé ! Après l'*Ours* et le *Renard,* voici venu le temps de *La Loutre.* Comme pour les autres établissements de la bande, cocktails fameux et vraiment abordables, marque fabrique maison. Essayez donc le « Des Chiffres et des Loutres », composé de vermouth, sirop de figue, gin infusé au thym et jus de citron. « Loutrement » bon !

Pop In *(plan A2,* ***107****)* **:** *105, rue Amelot, 75011. ☎ 01-48-05-56-11. Ⓜ Saint-Sébastien-Froissart. ♿ Tlj 18h30-1h30 (21h mar).* Happy hours *18h30-21h. Congés : 3 sem en août et Noël-1er janv.* On se sent ici comme dans un vieux *flat* de la banlieue londonienne. Gays et hétéros s'y retrouvent volontiers pour commencer la soirée. Régulièrement des concerts. Un incontournable.

12e ARRONDISSEMENT

• Plan p. 134-135

Si le 12e s'étend de Bastille au bois de Vincennes, l'animation se concentre surtout à l'ouest de l'arrondissement, plus précisément autour de la place d'Aligre et de son célèbre marché. On ne sait quelle porte pousser tant les petites cantines et les bars à vins jouent la même carte : celle de la convivialité gourmande dans la grande tradition bistrotière. Pour un dernier verre, direction la Bastoche et ses innombrables bars de nuit, où se retrouvent les fêtards et les jeunes Parisiens assoiffés.

Où manger ?

Sur le pouce

Ground Control *(plan B2, **2**) : 81, rue du Charolais, 75012. M Gare-de-Lyon. Mer-sam 12h (11h sam)-minuit, dim 11h-22h30. Fermeture des stands 15h-18h. Fermé lun-mar.* Un endroit génial, pratiquement invisible depuis la rue. Pour le dénicher, il faut pousser une porte et emprunter un escalier qui débouche à l'étage sur une vaste terrasse. Et là, c'est la surprise : des tables et des bancs, bien sûr, mais aussi des bus et des wagons de train reconvertis en *food trucks* ! Le reste occupe un vaste entrepôt attenant, dédié à la *street food*. Plusieurs stands y proposent une cuisine thématique à prix abordable : pizzas, pâtes, crêpes, fusion, sandwichs et un bar à glaces. Mais notre chouchou reste ***La Résidence,*** restaurant solidaire qui accueille tour à tour des chefs réfugiés qui nous font découvrir la cuisine de leur pays. On peut aussi se contenter de *chiller* dans une chaise longue, loin des bruits de la ville, une bière artisanale ou un jus frais à la main. Sympa à toute heure et particulièrement animé en fin de journée. Également des boutiques (récup, fleurs, librairie), des animations le week-end et même une vraie radio !

Bercy Village *(plan B3, **1**) : cour Saint-Émilion, 75012. M Cour-Saint-Émilion. Tlj 10h-2h (service continu).* Dans les anciens chais et entrepôts de Bercy, un vaste complexe de plein air, où s'alignent, le long d'une rue piétonne pavée et animée, des restos plutôt concept et branchés. Parmi les bonnes enseignes, la ***Maison Kayser*** propose petits déj (brunch très prisé le dimanche de 11h à 16h), sandwichs, salades, pâtisseries et même quelques plats chauds à consommer sur place ou à emporter dans le ravissant parc voisin (un bel espace vert avec plans d'eau et allées luxuriantes). À côté, chez ***Jour,*** des salades à base de produits frais, variés et sains, à composer soi-même ou non et à prix honnêtes. Enfin, l'enseigne de burgers made in USA, ***Five Guys,*** réputée pour la qualité de ses produits. Bref, des plans bons et pratiques avant ou après le ciné (juste en dessous !), et en terrasse aux beaux jours.

La Bonne Tradition *(plan B1, **3**) : 2, rue Érard, 75012. Pas de tél. M Bercy ou Ledru-Rollin. Lun-ven 12h-15h. Fermé w-e. Formules 9-12 € ; sandwich ou salade env 7 €, soupe du jour 6,50 €.* En lieu et place d'une ancienne triperie de quartier, cette sandwicherie fait carton plein tous les jours. Sandwichs chauds bien garnis ou salades et soupes drainent une clientèle fidèle et soucieuse de manger vite, bon et sain. Équation rapidement saisie par la fine équipe, qui expose fièrement ses cageots débordants de fruits et légumes frais, et concocte chaque jour des recettes différentes et souvent originales. Le sandwich « jambon à l'os (tranché minute en chiffonnade), mozzarella, caviar d'aubergine » est un classique... Accueil cool, même au moment du rush.

Très bon marché

Bacioni (plan zoom, **4**) : *11 bis, rue de Cotte, 75012. ☎ 01-46-28-01-65. Ⓜ Ledru-Rollin. Tlj midi et soir jusqu'à 23h. Pizzas 11-18 €.* Tiercé gagnant pour cette trattoria moderne nichée derrière le marché d'Aligre. Le cadre d'abord, bien dans son époque, avec une belle terrasse fleurie planquée à l'arrière (extra aux beaux jours) ; l'accueil ensuite, pro ; enfin, une qualité irréprochable d'ingrédients pour les gourmandises de l'*aperitivo* (cette tradition italienne géniale de l'apéro quasi dînatoire), les assiettes d'*antipasti* et les pizzas généreusement garnies. Bons vins bio pour accompagner.

Le Bar à Momos (plan B1, **6**) : *218, rue du Faubourg-Saint-Antoine, 75012. ☎ 01-43-72-89-82. Ⓜ Faidherbe-Chaligny. Lun-sam midi et soir. Fermé dim. Formule 13,50 € ; plats env 9-12 €.* Attention aux faux amis ! Ici, les *momos,* ce sont des raviolis tibétains, d'irrésistibles bouchées confectionnées en direct dans la cuisine ouverte. Au bœuf, au porc ou végétariens, ils sont tous parfaitement fondants et bien savoureux. Avec une soupe et un peu de salade, c'est idéal pour un repas sur le pouce. Et si la place manque dans la minuscule salle, on peut emporter son butin pour le dévorer dans un square. Accueil très gentil. *NOUVEAUTÉ.*

Bon marché

Pouzenc (plan A1, **7**) : *67, rue de Charenton, 75012. ☎ 09-53-52-32-90. Ⓜ Ledru-Rollin ou Bastille. Lun-ven, le soir seulement jusqu'à 23h. Fermé w-e. Congés : août. Résa obligatoire. Menus 27-35 €. Digestif maison offert sur présentation de ce guide.* Du bon fait maison, de saison... et à prix doux, la formule de ce joli petit bistrot est forcément gagnante ! La carte, courte comme il se doit, change (très) régulièrement et mêle allègrement les terroirs français au gré du marché. Chose rare, le chef excelle aussi bien dans le salé que dans le sucré : feuilleté de canard confit-champignons-citronnelle accompagné d'une salade de choux-vinaigrette au gingembre, potimarron farci à l'épaule d'agneau-citron confit-jus de veau crémé au sumac, poire pochée à la fleur d'oranger-crème mascarpone amande amère-sablé blé noir aux noix... On en ferait bien sa cantine, d'autant que l'accueil comme l'ambiance sont au top.

Beyit Jedo (plan C2, **13**) : *164, av. Daumesnil, 75012. ☎ 01-43-44-79-39. Ⓜ Daumesnil. Mar-sam midi et soir. Fermé dim-lun. Plat du jour 12 € ; carte env 20 €. Digestif maison offert sur présentation de ce guide.* Coup de cœur pour ce restaurant

Où manger ?

- **1** Bercy Village (B3)
- **2** Ground Control (B2)
- **3** La Bonne Tradition (B1)
- **4** Bacioni (zoom)
- **5** À la Biche au Bois (A1)
- **6** Le Bar à Momos (B1)
- **7** Pouzenc (A1)
- **8** Le Millau (D1)
- **9** Les Bombistrot (B1)
- **10** Les Zygomates (C2)
- **11** Auberge Aveyronnaise (B2)
- **12** Entre les Vignes (A1)
- **13** Beyit Jedo (C2)
- **14** L'Ébauchoir (zoom)
- **16** Assaporare (zoom)
- **17** Le Cotte Rôti et Sardegna a Tavola (zoom)
- **18** Do & Riz (zoom)
- **19** Jouvence (B1)
- **20** Le Janissaire (C2)
- **21** Paya Thaï (zoom)
- **22** L'Amarante (A1)
- **23** Les Amis des Messina (B1)
- **24** Nomikaï (B1)
- **25** Anco (B2)

Bars à vins

- **25** Le Baron Bouge (zoom)
- **26** Le Siffleur de Ballons (zoom)
- **27** Les Caves de Prague (zoom)

Où boire un verre ?

- **2** Ground Control (B2)
- **15** La Terrasse Éphémère Poisson Lune (D2)
- **31** Le Troll Café (zoom)
- **32** Rosa Bonheur à l'Est (hors plan par D3)

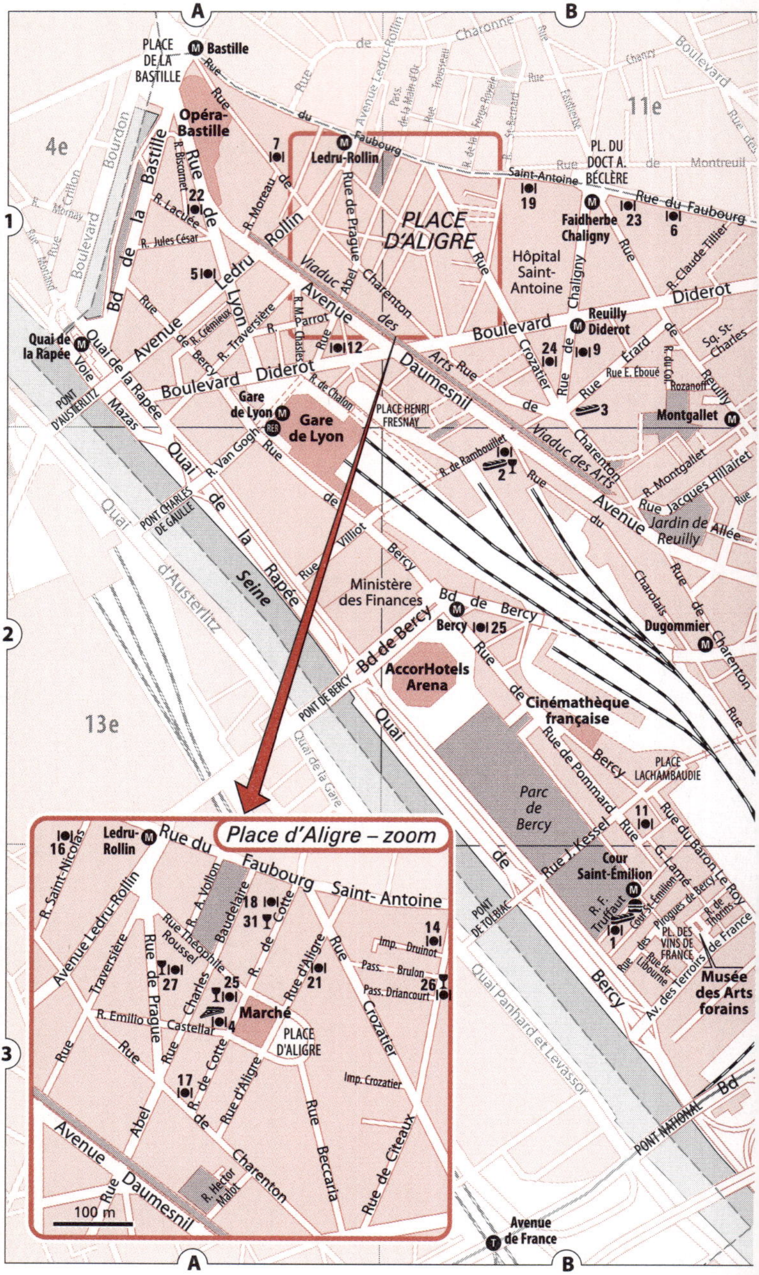
A
B
1
2
3
PLACE DE LA BASTILLE
Bastille
Opéra-Bastille
4e
11e
13e
Ledru-Rollin
PLACE D'ALIGRE
PL. DU DOCT A. BÉCLÈRE
Faidherbe Chaligny
Hôpital Saint-Antoine
Reuilly Diderot
Quai de la Rapée
Gare de Lyon
Gare de Lyon
PLACE HENRI FRESNAY
Montgallet
Jardin de Reuilly
Ministère des Finances
Bercy
Dugommier
AccorHotels Arena
Cinémathèque française
PLACE LACHAMBAUDIE
Parc de Bercy
Cour Saint-Émilion
PL. DES VINS DE FRANCE
Musée des Arts forains
Avenue de France
PONT D'AUSTERLITZ
PONT CHARLES DE GAULLE
PONT DE BERCY
PONT DE TOLBIAC
PONT NATIONAL
Seine
Rue du Faubourg Saint-Antoine
Boulevard Diderot
Avenue Daumesnil
Avenue Ledru-Rollin
Rue de Lyon
Bd de la Bastille
Quai de la Rapée
Bd de Bercy
Rue de Bercy
Quai de Bercy
Viaduc des Arts
Rue de Charenton
Place d'Aligre – zoom
Marché
PLACE D'ALIGRE
100 m

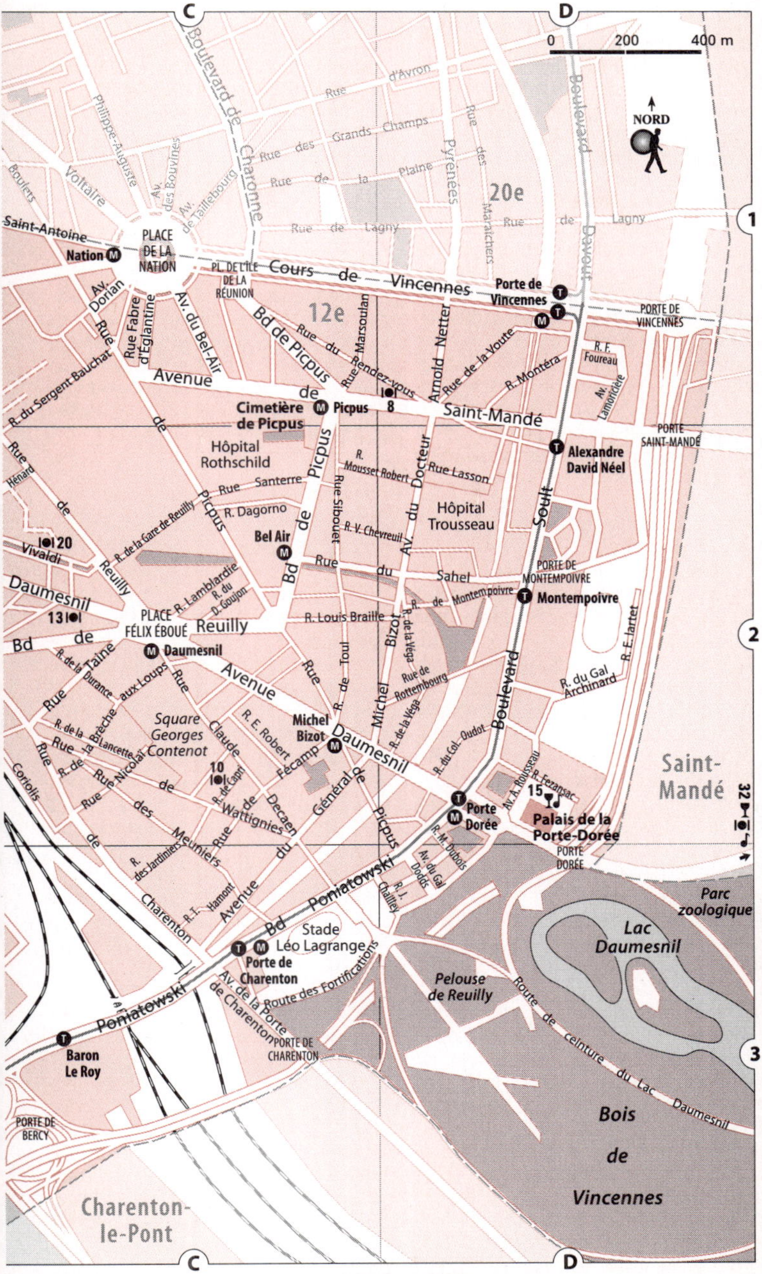
C
D
0
200
400 m
NORD
1
2
3
Boulevard de Charonne
Rue d'Avron
Rue des Grands Champs
Rue de la Plaine
Rue de Lagny
Rue des Pyrénées
Rue des Maraîchers
Boulevard Davout
20e
Philippe-Auguste
Voltaire
Boulets
Av. des Bouvines
Av. de Taillebourg
Saint-Antoine
PLACE DE LA NATION
Nation
PL. DE L'ILE DE LA RÉUNION
Cours de Vincennes
Porte de Vincennes
PORTE DE VINCENNES
12e
Av. Dorian
Rue Fabre d'Églantine
Av. du Bel-Air
Bd de Picpus
Rue du Rendez-vous
Rue Marsoulan
Arnold Netter
Rue de la Voute
R. Montéra
R. F. Foureau
Av. Lamoricière
R. du Sergent Bauchat
Avenue de Saint-Mandé
Cimetière de Picpus
Picpus
8
PORTE SAINT-MANDÉ
Alexandre David Néel
Hôpital Rothschild
R. Mousset Robert
Rue Lasson
Av. du Docteur
Rue Santerre
Rue Sibouet
Hôpital Trousseau
Soult
Rue Henard
R. Dagorno
R. de la Gare de Reuilly
R. V. Chevreuil
20
Vivaldi
Bel Air
Rue du Sahel
PORTE DE MONTEMPOIVRE
Daumesnil
R. de Montempoivre
Montempoivre
Reuilly
R. Lamblardie
R. du D. Goujon
13
PLACE FÉLIX ÉBOUÉ
R. Louis Braille
Bizot
R. de la Vega
R. E. Jartet
Bd de Reuilly
Daumesnil
R. de la Durance
Rue de Taine
Rue aux Loups
Rue de Toul
Rue de Rottembourg
R. du Gal Archinard
Square Georges Contenot
Michel Bizot
Avenue Daumesnil
Rue Michel
Boulevard
R. de la Brèche
R. de la Lancette
Rue Claude
R. E. Robert
Fécamp
R. du Col. Oudot
Saint-Mandé
32
Coriolis
Rue Nicolaï
10
R. de Capri
R. A. Rousseau
R. Fersanzac
15
Rue de Wattignies
Rue Decaen
Général de
Picpus
Porte Dorée
Palais de la Porte-Dorée
R. M. Dubois
PORTE DORÉE
R. des Jardiniers
Rue des Meuniers
Rue de Charenton
R. J. Hamont
Avenue du
Bd Poniatowski
Av. du Gal Dodds
R. J. Chailley
Parc zoologique
Lac Daumesnil
Stade Léo Lagrange
Porte de Charenton
Route des Fortifications
Pelouse de Reuilly
Route de ceinture du Lac Daumesnil
Poniatowski
Av. de la Porte de Charenton
PORTE DE CHARENTON
Baron Le Roy
Bois de Vincennes
PORTE DE BERCY
Charenton-le-Pont

coloré et fleuri, façon bonbonnière... orientale. À la carte et sur l'ardoise du jour, des recettes savoureuses et parfumées, traditionnelles et certaines revisitées, rendent hommage au Liban et à la variété de son répertoire culinaire. Les *mezze,* chauds et froids, les grillades, mais aussi des déclinaisons de tartares et burgers revisités avec des buns de chez Kayser sont concoctés avec des produits frais. En dessert, la tarte au fromage de chez Hommel, un MOF mosellan chez qui la patronne va se fournir de temps en temps, mérite le détour ! Pour accompagner, vins pas chers et bières libanaises. Les assiettes copieuses et la petite verrine servie en guise de bienvenue en disent long sur l'esprit généreux de la maison.

Auberge Aveyronnaise (plan B2, **11**) : *40, rue Gabriel-Lamé, 75012. ☎ 01-43-40-12-24. Ⓜ Cour-Saint-Émilion. Lun-sam midi et soir. Fermé dim, 1er janv, 1er mai, 24-25 et 31 déc. Formules env 24,50-32,20 € ; carte env 30 €.* Adresse populaire en diable, grande salle en pierre, bruyante, sur 2 niveaux. Ici, fourchette et couteau Laguiole bien en mains, on s'entoure le cou de la serviette en vichy et on se cale solidement les coudes pour s'attaquer sans barguigner aux excellents produits en provenance du Massif central : bœuf de l'Aubrac, veau du Ségala, chou farci, farçous... et l'inévitable aligot-saucisse, le tout bien généreux et arrosé d'un marcillac gouleyant. Gardez un peu de place pour un saint-nectaire, un roquefort ou un flan à la louche. Prune du pays pour bien faire passer le tout. Picoreurs, s'abstenir.

Anco (plan B2, **25**) : *108, rue de Bercy, 75012. ☎ 01-44-68-07-61. Ⓜ Bercy. Tlj 12h-22h30. Formules déj 20-24 € ; carte 30-35 €.* Planqué derrière l'*Accor Arena, Anco* a le double avantage de bénéficier d'une large terrasse sur voie piétonne et de grands espaces joliment décorés et cloisonnés pour accueillir la clientèle. Pour autant, la qualité n'a pas été sacrifiée au nombre, bien au contraire. La courte carte présente une délicieuse cuisine de saison, fraîche, finement interprétée et présentée avec soin : merlu en viennoise d'herbes et déclinaison de champignons, agneau de Lozère de 7 heures et légumes confits, et un tartare de compétition. Les formules déj sont épatantes. Et même les petits ont le droit à un menu qui sort du lot. Bravo ! Accueil et service adorables.

Les Bombistrot (plan B1, **9**) : *22, rue de Chaligny, 75012. ☎ 01-43-45-36-32. Ⓜ Reuilly-Diderot. Lun-ven midi et soir. Fermé w-e et j. fériés. Formules et menus 17,50-19,50 € le midi, 23-36 € le soir ; carte 35-40 €. Café offert sur présentation de ce guide.* Charmant, ce bistrot, avec ses éléments anciens conservés (comptoir et tables en bois, carrelage géométrique gris et noir) et sa belle hauteur sous plafond. La carte est bistrotière comme il se doit, plutôt classique mais variant au gré du marché.

Prix moyens

Les Zygomates (plan C2, **10**) : *7, rue de Capri, 75012. ☎ 01-40-19-93-04. Ⓜ Michel-Bizot ou Daumesnil. Mer-sam midi et soir, plus mar midi. Fermé dim-lun. Résa conseillée. Formules déj 16,50-19 € (café compris) ; menus-carte 29,50-37 €. Café offert sur présentation de ce guide.* Rien n'a changé dans cette boucherie-charcuterie début XXe s, reconvertie depuis en bistrot traditionnel plébiscité par les habitués du quartier, qui se précipitent sur le savoureux menu du déjeuner (du classique bien fait). Eh oui, la clientèle est satisfaite, ne s'en cache pas, et cette jovialité communicative garantit une ambiance des plus conviviale.

À la Biche au Bois (plan A1, **5**) : *45, av. Ledru-Rollin, 75012. ☎ 01-43-43-34-38. Ⓜ Gare-de-Lyon ou Quai-de-la-Rapée. Mar-ven midi et soir, plus le soir lun et sam. Fermé dim. Congés : 24 juil-23 août et 23 déc-2 janv. Résa conseillée. Menus 19-24,50 € (midi), puis 38,90 € ; carte env 32 €. Digestif maison offert sur présentation de ce guide.* Connu de longue date, ce bistrot chaleureux est un classique dont on ne se lasse pas. Certes, le décor est franchement quelconque, et les tables trop rapprochées n'invitent pas aux confidences amoureuses, mais la carte entièrement dédiée à la tradition est un vrai bonheur : terrines, fameux coq au vin (servi toute l'année), gibier en saison (dont la *famous grouse* !), beau plateau de fromages bien affinés, pâtisseries maison et vins de qualité à prix raisonnables. On en sort heureux et repu !

Assaporare (plan zoom, **16**) : *7, rue Saint-Nicolas, 75012. ☎ 01-44-67-75-77. Ⓜ Ledru-Rollin. Mar-sam midi et soir. Fermé dim-lun. Carte 35-40 €. Mar soir, apéro jazz, avec buffet, à partir de 10 €.* Dans un cadre bobo-arty, le grand Giuseppe, napolitain, mitonne ses petits plats dans sa cuisine ouverte. Il prend aussi le temps de commenter chaque plat à ses clients : des recettes du Sud essentiellement, juste simples et bonnes. 2 ou 3 desserts, pas plus, mais en provenance directe de la meilleure pâtisserie de la côte amalfitaine. Belle carte de vins de producteurs à prix étudiés. Et l'accueil, extra, est tout en bonne humeur, comme là-bas. Le mardi, c'est carrément la fête lorsque la salle vibre au son du jazz.

Do & Riz (plan zoom, **18**) : *31, rue Cotte, 75012. ☎ 01-43-45-57-13. Ⓜ Ledru-Rollin. Lun-sam midi et soir. Fermé dim. Formules déj en sem 16-19,50 € ; carte 20-25 €. Café offert sur présentation de ce guide.* Curieux nom pour ce resto de poche discret situé dans une rue à la branchitude toute parisienne. La cuisine vietnamienne, réalisée avec talent, attire les habitués, qui occupent rapidement les quelques tables. Et ces gens-là ont bon goût, car malgré les kilomètres, les recettes n'ont rien perdu de leur authenticité. Soupe *phó* parfumée, délicieux bo bun, veau confit au caramel, autant de plats qui titillent les papilles avec justesse. En revanche, mieux vaut venir tôt, il y a souvent foule.

Le Millau (plan D1, **8**) : *7, rue du Rendez-Vous, 75012. ☎ 01-43-43-63-23. Ⓜ Picpus. Mar-sam service continu 11h30-22h. Fermé dim-lun. Carte 30-35 €.* Fort agréable bistrot, au cadre intime et chaleureux. Décor de bois sombre et brique (avec son bon vieux zinc Nectoux), pour une cuisine particulièrement créative, à partir de produits d'une remarquable fraîcheur. Clientèle d'habitués et d'employés du quartier. Accueil pro et service jovial. Tête de veau et œuf mimosa d'anthologie. Rigoureuse sélection de petits vins de propriété et, pour les connaisseurs, des bojos extra. *NOUVEAUTÉ.*

Le Janissaire (plan C2, **20**) : *22-24, allée Vivaldi, 75012. ☎ 01-43-40-37-37. Ⓜ Daumesnil ou Montgallet. ♿ Lun-ven midi et soir, plus sam soir. Fermé dim. Congés : 3 sem en août. Menus 17-23,50 € (midi), puis 26,90-29,90 € ; carte 30-35 €.* Dans le prolongement de la Coulée verte, une halte bienvenue pour découvrir au calme une délicieuse cuisine turque. Le choix sera difficile entre les *mezze* et les incontournables *böreks* (roulés au fromage). Les viandes sont grillées, cuisinées en papillote ou marinées dans un onctueux yaourt épicé. Belle carte de vins de Turquie. Décor cosy, où se marient des œuvres de peintres turcs contemporains, des tapis anciens et de vieux documents officiels de l'Empire ottoman. Service discret et efficace. Aux beaux jours, agréable terrasse.

Paya Thaï (plan zoom, **21**) : *30, rue d'Aligre, 75012. ☎ 09-50-96-10-00. Ⓜ Faidherbe-Chaligny. Lun-ven midi et soir. Fermé w-e. Formules déj 15,50-16,90 € ; carte 30-35 €. Café offert sur présentation de ce guide.* On se presse dans ce petit resto thaï pour déguster une cuisine typique délicieuse, préparée par une équipe dynamique et souriante. La carte propose aussi bien des classiques à base de lait de coco ou de citronnelle que des plats moins connus de la province d'Isaan, dans le nord-est de la Thaïlande. Selon vos goûts, essayez un plat au curry ou le plus doux *pad thaï* (pâtes de riz sautées au wok), plus adapté aux palais occidentaux peu habitués à ces saveurs relevées. Pour une fois, les desserts ne sont pas en reste, alors n'hésitez pas à vous laisser tenter par un *Sa Kou Mamouang.*

Entre les Vignes (plan A1, **12**) : *27 ter, bd Diderot, 75012. ☎ 01-43-43-62-84. Ⓜ Gare-de-Lyon. Lun-ven midi et soir. Fermé w-e. Formule 26 € ; menus 32-42 €.* Un petit resto qui redonne le sourire et améliore largement l'ordinaire du quartier. Dans un joli cadre rétro à souhait, on profite d'une bonne cuisine bourgeoise et bistrotière : croustillant de pied de porc, saucisson pistaché et ses pommes de terre tièdes, risotto au vin rouge et effiloché de canard confit, entrecôte de Salers servie avec des frites à l'ancienne, baba au rhum... Tout est savoureux et fait maison. La qualité ayant un prix, la formule du midi peut s'avérer un peu chère au regard de ce qui se fait ailleurs à la même heure. Le soir, le rapport qualité-prix redevient bien plus évident.

De chic à plus chic

L'Ébauchoir (plan zoom, **14**) : *43-45, rue de Cîteaux, 75012. ☎ 01-43-42-49-31. Ⓜ Faidherbe-Chaligny. Mar-sam midi et soir, plus lun soir. Fermé dim. Congés : 1 sem en août. Le midi en sem, menus 15-19 € ; le soir, carte seulement, 40-45 €.* La cantine des artisans, cols blancs et bobos du coin. Cuisine traditionnelle réalisée avec soin, à base d'ingrédients de saison. Le midi, c'est logiquement plein comme un œuf. Atmosphère bourdonnante, voire rugissante. Les serveurs virevoltent entre les tables et livrent en terrasse ou dans une salle chaleureuse de savoureux plats du jour, comme le carré d'agneau irlandais aux épices ou le mignon de cochon sauce au miel.

Nomikaï (plan B1, **24**) : *14, rue Crozatier, 75012. 06-18-94-28-64. Ⓜ Reuilly-Diderot ou Gare-de-Lyon. Mar-sam, le soir seulement, plus le midi w-e. Fermé lun. Formule déj 14 € ; plat env 12 € (compter 3-4 plats/pers) ; carte env 50 €.* Bio, beau et bon : c'est le credo de la cheffe, une passionnée qui fait des merveilles dans sa cuisine ouverte. Inspirée par les *izakaya* japonaises, ces bars à saké où les boissons s'accompagnent de « tapas » chaudes ou froides, elle propose dans son petit local convivial (augmenté de quelques tables en terrasse l'été) une sélection d'assiettes à partager, savoureuses et raffinées. Du cuit, du cru, du chaud et du froid, souvent à tonalité asiatique (à déguster avec des baguettes), mais aussi de délicates associations en fonction de l'humeur et du marché. Bon choix de boissons originales et de vins nature.

Jouvence (plan B1, **19**) : *172 bis, rue du Faubourg-Saint-Antoine, 75012. ☎ 01-56-58-04-73. Ⓜ Faidherbe-Chaligny. Mar-sam midi et soir. Fermé dim-lun. Résa conseillée. Formules déj en sem 20-25 € ; menu dégustation 55 € ; carte 35-40 €.* Voici un bel endroit original, une ancienne pharmacie où l'on imagine facilement les bocaux, les baumes et les potions jalousement conservés dans les armoires séculaires. Dans l'assiette, c'est tout autre chose ! Place à la jeunesse, à l'originalité, où l'on manie aussi bien le poisson que la viande avec un beau choix côté légumes, excellemment préparés. Côté vins, c'est tout aussi précis, tendance bio, biodynamique et nature. Peu de place.

Le Cotte Rôti (plan zoom, **17**) : *1, rue de Cotte, 75012. ☎ 01-43-45-06-37. Ⓜ Ledru-Rollin. Mar-ven midi et soir, plus lun soir. Fermé w-e. Formules déj 22-26 € ; le soir, carte env 55 €.* Le marché d'Aligre tout proche alimente sans doute, au gré des saisons, l'inspiration de ce chef doué et créatif. La carte est volontairement courte mais les plats de type traditionnel revisité sont tous plus alléchants les uns que les autres. Le midi, le rapport qualité-prix laisse littéralement pantois, tant par la qualité de la réalisation que par la générosité des assiettes. Sélection de vins pointue, logiquement très orientée Rhône. Il a la cote, ce resto !

L'Amarante (plan A1, **22**) : *4, rue Biscornet, 75012. 07-67-33-21-25. Ⓜ Bastille ou Ledru-Rollin. Ven-mar midi et soir. Fermé mer-jeu. Résa obligatoire. Le midi, menu 25 € ; carte 45-50 €.* Le genre d'adresse bistronomique qui ferait oublier toutes les autres et où l'on prendrait bien pension à vie, pour découvrir chaque midi l'humeur gourmande du chef et revenir le soir se régaler de ses classiques. Ah, que c'est bio ! Ah, que c'est beau ! Dieu, que c'est bon ! Ici, d'ailleurs, les convives, souriants, n'ont d'yeux que pour leur assiette, qu'ils font éventuellement goûter à leur voisin, pour mieux déguster la leur. Si les accompagnements sont riches en légumes (de saison, cela va sans dire), les carnivores sont à la fête avec des viandes haut de gamme, savamment cuisinées. Pour parfaire le tableau, une sole « petit bateau », une mousse au chocolat à damner un saint et une belle sélection de vins nature à prix doux. Un coup de cœur !

Sardegna a Tavola *(plan zoom,* ***17****) : 1, rue de Cotte, 75012. ☎ 01-44-75-03-28. Ⓜ Ledru-Rollin ou Gare-de-Lyon. Mar-sam midi et soir. Fermé dim-lun. Congés : août et Noël. Carte 50-65 €.* Une auberge sarde traditionnelle connue de longue date et très courue. Cuisine familiale, pas franchement légère mais haute en couleur et en saveur. Belles charcuteries (celles qui pendent au-dessus de vos têtes), superbes bruschettas, délicieuses suggestions de poisson ou de fruits de mer (renseignez-vous sur leur prix, car elles peuvent doper l'addition). En lisant bien la carte, on peut réussir à s'en sortir pour un prix encore raisonnable, d'autant que les portions sont très copieuses. Accueil qui ne manque pas de caractère.

Les Amis des Messina *(plan B1,* ***23****) : 204, rue du Faubourg-Saint-Antoine, 75012. ☎ 01-43-67-96-01. Ⓜ Faidherbe-Chaligny. Lun-ven midi et soir, plus sam soir. Fermé dim. Formules déj 17-20 € ; carte 35-40 €.* Cette petite enclave sicilienne au cadre simple et chaleureux régale les habitués avec sa cuisine bien typique, fraîche et savoureuse. *Antipasti* fignolés, pâtes al dente comme il se doit, poissons et crustacés irréprochables, viandes goûteuses et desserts à tomber. Vin sicilien en pichet. Service sans chichis.

Bars à vins

Les Caves de Prague *(plan zoom,* ***27****) : 8, rue de Prague, 75012. ☎ 01-72-68-07-36. Ⓜ Ledru-Rollin. Mar-sam resto 12h-14h30, puis bar à vins 16h-23h. Fermé dim-lun. Formule déj en sem 14,50 € ; le soir, planches 16-26 €. Vins au verre env 6-9 € ; bouteilles à partir de 18 € (droit de bouchon 6 €).* Une cave de quartier top niveau. D'abord, parce que l'ambiance est bonne. Ensuite, parce que l'équipe en connaît un rayon niveau vin. Ils prennent même le temps d'aller chez les producteurs pour dénicher des coups de cœur en bio, biodynamie et nature, qu'on déguste ensuite bien relax à l'apéro, autour de planches de qualité (charcut' gourmandes et fromages de saison). Ça vaut le coup aussi le midi, quand bols et autres délicieux plats du jour simples, efficaces et de saison permettent de se régaler à prix d'ami. On adore ! Décor chaleureux. Grande table d'hôtes pour les copains ou petites tables pour les amoureux, à vous de choisir la vôtre !

Le Baron Bouge *(plan zoom,* ***25****) : 1, rue Théophile-Roussel, 75012. ☎ 01-43-43-14-32. Ⓜ Ledru-Rollin. Mar-sam midi et soir (en continu sam), plus lun soir et dim midi. Assiettes env 7-18 €. Verres de vin 1,50-4,50 €.* Ici, on commande au bar, dans une conviviale promiscuité, un petit ballon que l'on va boire debout autour du fût ou sur un bout de trottoir, à moins d'avoir harponné à temps une table. Une centaine de références en vente à emporter, dont la moitié à déguster sur place (au verre, au pot ou à la bouteille), venant de producteurs indépendants issus de tout l'Hexagone. Très agréable en été en début de soirée ou le week-end pour profiter de l'animation du marché d'Aligre, tout proche, en dégustant des planches de charcut' et de fromages, ou des huîtres normandes et bretonnes (le week-end de septembre à mi-avril). Un coup de cœur !

Le Siffleur de Ballons *(plan zoom,* ***26****) : 34, rue de Cîteaux, 75012. ☎ 01-40-11-86-44. Ⓜ Faidherbe-Chaligny. Mar-sam 18h-23h (le reste du temps, c'est seulement pour la boutique). Fermé dim-lun. Congés : sem du 15 août. Carte env 20 €. Vins nature au verre 5-8 €.* C'est l'annexe de *L'Ébauchoir* (presque en face), un sympathique caviste-bar à vins proposant une judicieuse sélection de flacons à prix raisonnables (droit de bouchon sage), certains servis au verre. Pour mettre un peu de solide dans le liquide, un croque, une tortilla ou une petite planche de charcut' ou de fromages ne feront pas de mal car, en plus, c'est rien qu'du bon !

Où boire un verre ?

Ground Control (plan B2, **2**) : *81, rue du Charolais, 75012. Ⓜ Gare-de-Lyon ou Reuilly-Diderot. Mer-ven 12h-minuit, sam 11h-minuit, dim 11h-22h30 (dernière entrée à 21h15). Fermé lun-mar.* Cette vaste halle, installée dans d'anciens entrepôts de la SNCF, est le siège d'un formidable lieu culturel multifonctions où l'on peut tout aussi bien croquer un morceau (voir la rubrique « Où manger ? »), prendre un pot entre copains, faire du shopping, remplir son panier de produits bio, suivre des ateliers ou encore prendre des cours de yoga ! L'immense terrasse perchée de 1 500 m² est prise d'assaut aux beaux jours, en particulier les transats. Mais on n'est pas mal non plus à l'intérieur sur un siège d'avion ou à bord d'un wagon. Tous les soirs sauf le dimanche, un DJ chauffe le son dès 21h. Un espace libre et cosmopolite comme on aime.

La Terrasse Éphémère Poisson Lune (plan D2, **15**) : *293, av. Daumesnil, 75012. Ⓜ Porte-Dorée. Ⓣ Porte-Dorée. Sur le parvis du palais de la Porte Dorée. Mai-oct, mar-dim 16h (12h w-e)-minuit. Fermé lun.* Dès l'arrivée des beaux jours, l'intégralité de la terrasse du Palais (1 000 m² quand même !) se métamorphose en un lieu de vie génial débordant d'énergie. Au programme, des concerts, des rencontres, des ateliers et bien sûr de quoi boire un verre et grignoter en profitant du cadre verdoyant du bois de Vincennes, juste en face. *NOUVEAUTÉ.*

Le Troll Café (plan zoom, **31**) : *27, rue de Cotte, 75012. ☎ 01-43-42-10-75. Ⓜ Ledru-Rollin. Tlj (sauf dim de mi-juil à mi-août) 17h-2h. Demis pression env 2,50-4 €, bières bouteille 5-8 €.* Dans une rue devenue très branchée, un « ch'ti » bar à bières (130 sortes en bouteille et une dizaine à la pression : belge, allemande, bretonne...) où l'on sirote une Troll en toute simplicité, entre habitués et oiseaux de nuit fuyant l'agitation de Bastille, et on se surprend à penser : « C'est troll, la vie, quand même ! ».

Rosa Bonheur à l'Est (hors plan par D3, **32**) : *porte Jaune, av. de Nogent, 75012. Ⓜ Château-de-Vincennes (puis 20 mn de marche) ou RER A : Fontenay-sous-Bois (à 800 m) ☎ 01-43-28-80-11. Mer-dim 17h (12h w-e)-minuit ; brunch w-e. Fermé lun-mar. Formules barbecue 27 €, écailler 19-31,50 € ; carte 20-25 €.* On retrouve l'équipe de *Rosa* pour cette nouvelle guinguette en pleine nature, dans le bois de Vincennes. Dans cet ancien relais de chasse napoléonien, ambiance bucolique garantie avec vue sur le lac des Minimes. Question ambiance, tables et chaises colorées et dépareillées, terrasse géante, terrain de pétanque, barbecue, stand pizza... bref, un savoureux cocktail de bonnes ondes dans un cadre idyllique et dépaysant à 2 pas de la capitale. *NOUVEAUTÉ.*

13e ARRONDISSEMENT

• Plan p. 142-143

On ne peut évoquer le 13e arrondissement sans penser spontanément au Chinatown parisien, qui concentre une grande part de nos bonnes adresses asiatiques, regroupées dans la rubrique « Restaurants asiatiques dans Chinatown ». Mais le 13e, c'est aussi l'historique quartier de la Butte-aux-Cailles, aux ruelles presque villageoises pour certaines, au charme intact, qui s'est largement « boboïsé » – comme ses restos du reste – au cours des dernières décennies ; sans oublier celui des Gobelins, plus plan-plan, autour de sa célèbre manufacture et de la récente fondation Seydoux. De l'autre côté de la place d'Italie, le quartier de la Bibliothèque nationale de France et de la Cité de la Mode et du Design, ouvert sur la Seine, s'est métamorphosé. Peuplé par les nombreux étudiants des Grands Moulins, ce nouvel ensemble urbain poursuit sa mue. Le nouveau Quartier latin ? C'est dans ce quartier, largement dévolu aux repas pris sur le pouce, que chaque jour des *food trucks* viennent régaler une nouvelle génération de fins gourmets !

Où manger ?

Sur le pouce

La Catrina (plan B2, **1**) : *136, bd Vincent-Auriol, 75013. ☎ 09-81-80-14-22. Ⓜ Nationale ou Place-d'Italie. Lun-ven midi et soir, w-e en continu 12h-22h. Formules 12,50-18 €.* Avec sa petite dizaine de tables à touche-touche nappées de toiles cirées colorées et ses murs couverts d'affiches et de colifichets évoquant le Mexique, cette *taquería* a tout bon. Petite carte de spécialités : tacos, *nachos, burritos, tamales* (papillotes de pâte de maïs)

Où manger ?

- **1** La Catrina (B2)
- **3** La Félicità (C2)
- **4** Virgule (B2)
- **5** Persillé (C2)
- **6** Café du Commerce (zoom)
- **7** Chez Gladines (zoom)
- **8** Marso & Co (A2)
- **9** Le Temps des Cerises (zoom)
- **10** Station Krishna (B2)
- **11** Piacere (A3)
- **12** Pasta et Basta (B2)
- **13** Suave (zoom)
- **14** Comme Promis (C2)
- **15** La Touraine (A2)
- **16** Chez Trassoudaine (B2)
- **17** La Butte aux Piafs (zoom)
- **18** Le Sirocco (A1)
- **22** Etchegorry (A2)
- **23** Berty (B2)
- **25** L'Avant-Goût (zoom)
- **26** Les Cailloux (zoom)
- **27** Au Petit Marguery (A1)
- **29** Basilic & Spice (B3)
- **30** Bekseju Village (B1)
- **31** Mauvaises Graines (C2)
- **32** Restaurant EP7 (C2)
- **34** Sellae (B1)
- **35** L'Hommage (B3)

Restaurants asiatiques dans Chinatown

- **35** Imperial Choisy (B3)
- **40** Pâtisserie de Saison (B3)
- **42** Fleurs de Mai (B3)
- **44** Dong Tam (B3)
- **45** Ny Hav (B3)
- **46** Phó Bida Vietnam (C3)
- **47** Thaï Yim 2 (C2)
- **48** Le Bambou (B2-3)
- **50** Chinatown Olympiades (B3)
- **53** Bangkok-Thaïland (zoom)
- **55** Lao Lane Xang (B2)
- **56** Hoi An (B3)
- **57** La Nouvelle Mer de Chine (B2)
- **58** Le Nouveau Village Tao Tao (B2)
- **60** Paradis Thaï (B2)

Où boire un verre ?

- **70** La Dame de Canton (C2)
- **71** La Taverne de la Butte (zoom)
- **72** Wanderlust (C1)

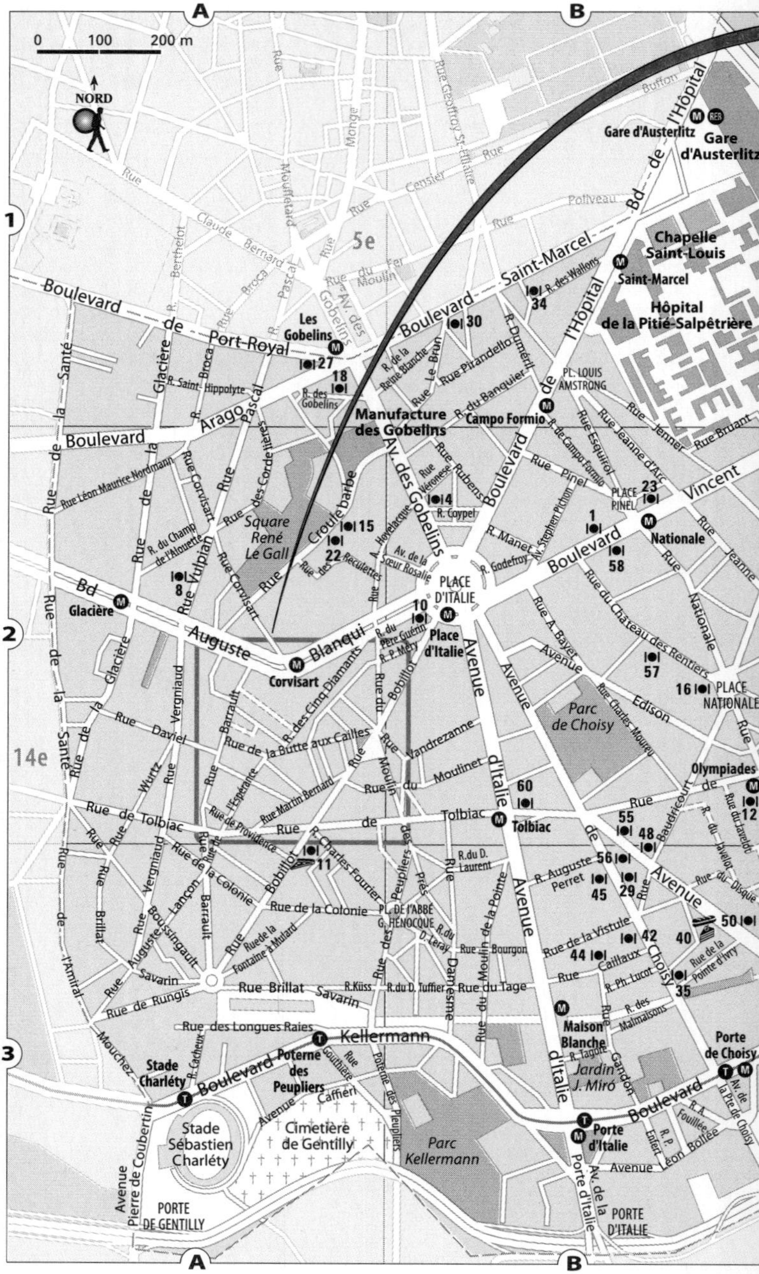
A
B
1
2
3
0
100
200 m
NORD
5e
14e
Gare d'Austerlitz
Gare d'Austerlitz
Chapelle Saint-Louis
Saint-Marcel
Hôpital de la Pitié-Salpêtrière
Les Gobelins
Manufacture des Gobelins
Campo Formio
PL. LOUIS AMSTRONG
PLACE PINEL
Nationale
Square René Le Gall
PLACE D'ITALIE
Place d'Italie
Glacière
Corvisart
Parc de Choisy
PLACE NATIONALE
Olympiades
Tolbiac
Maison Blanche
Jardin J. Miró
Porte de Choisy
Porte d'Italie
Stade Charléty
Poterne des Peupliers
Stade Sébastien Charléty
Cimetière de Gentilly
Parc Kellermann
PORTE DE GENTILLY
PORTE D'ITALIE
Boulevard de Port-Royal
Boulevard Saint-Marcel
Boulevard Arago
Boulevard de l'Hôpital
Bd de l'Hôpital
Boulevard Vincent Auriol
Bd Auguste Blanqui
Av. des Gobelins
Avenue d'Italie
Avenue de Choisy
Boulevard Kellermann
Rue de la Santé
Rue de la Glacière
Rue Monge
Rue Mouffetard
Rue Claude Bernard
Rue Broca
Rue Pascal
Rue Censier
Rue Poliveau
Rue Buffon
Rue Geoffroy St-Hilaire
Rue du Fer à Moulin
R. Saint-Hippolyte
R. des Gobelins
Rue Croulebarbe
Rue Corvisart
Rue Vulpian
Rue des Cordelières
Rue Léon Maurice Nordmann
R. du Champ de l'Alouette
Rue des Reculettes
Av. de la Sœur Rosalie
R. de la Reine Blanche
Rue Le Brun
Rue Pirandello
R. Duméril
R. du Banquier
R. des Wallons
Rue Rubens
Rue Véronese
R. Coypel
R. Manet
R. Godefroy
Rue Pinel
Rue Esquirol
Rue Jeanne d'Arc
Rue Jenner
Rue Bruant
R. de Campo Formio
Rue Nationale
Rue du Château des Rentiers
Rue A. Bayet
Avenue Edison
Rue Charles Moureu
Rue Baudricourt
Rue du Javelot
Rue du Disque
Rue Daviel
Rue Barrault
Rue de la Butte aux Cailles
Rue des Cinq Diamants
Rue Bobillot
Rue du Moulin des Prés
Rue Vandrezanne
Rue du Moulinet
Rue Martin Bernard
Rue de l'Espérance
Rue de Providence
Rue de Tolbiac
R. Charles Fourier
Rue de la Colonie
PL. DE L'ABBÉ G. HENOCQUE
R. du D. Laurent
R. Auguste Perret
Rue de la Vistule
Rue Caillaux
R. Ph. Lucot
R. des Malmaisons
Rue Gandon
Rue de la Pointe d'Ivry
Rue du Moulin de la Pointe
Rue Vergniaud
Rue Wurtz
Rue Brillat Savarin
Rue Boussingault
Rue Lançon
Rue de l'Amiral Mouchez
Rue de Rungis
Rue des Longues Raies
R. Küss
R. du D. Tuffier
Rue du Tage
Rue Bourgon
R. du D. Leray
Rue Damesme
R. Cacheux
Rue Gouthière
Poterne des Peupliers
Avenue Caffieri
Avenue Pierre de Coubertin
Av. de la Porte d'Italie
Av. de la Pte de Choisy
R. A. Fouillée
R. P. Enfert
Avenue Léon Bollée
R. Tagore
Rue du Père Guérin
R. P. Méry
Rue de la Fontaine à Mulard
Rue Auguste Lançon
A. Hovelacque
1
4
8
10
11
12
15
16
18
22
23
27
29
30
34
35
40
42
44
45
48
50
55
56
57
58
60

13e

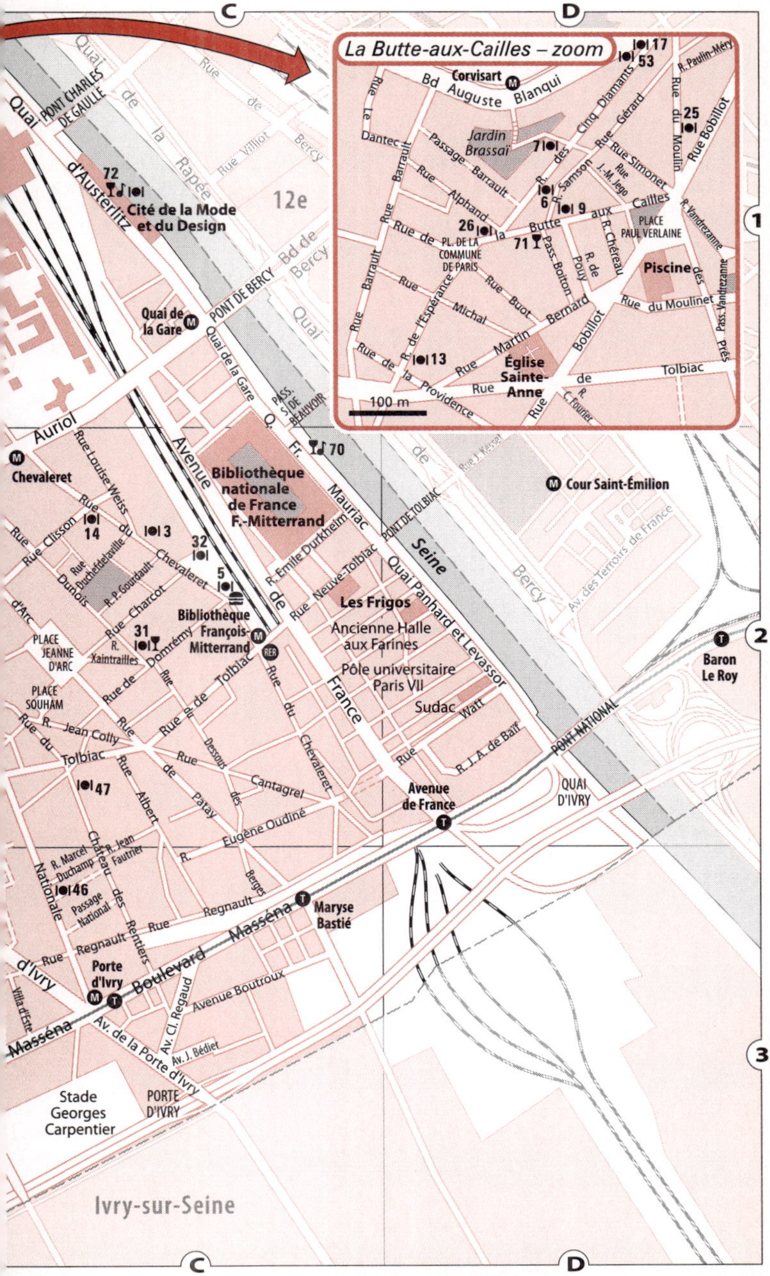
La Butte-aux-Cailles – zoom
Corvisart
Bd Auguste Blanqui
Jardin Brassaï
Piscine
PLACE PAUL VERLAINE
PL. DE LA COMMUNE DE PARIS
Église Sainte-Anne
Rue Bobillot
Rue de Tolbiac
Rue de la Butte aux Cailles
Rue des Cinq Diamants
Rue Barrault
Rue de l'Espérance
Rue Michal
Rue Buot
Rue Bernard
Rue Martin
Rue du Moulinet
100 m
Cité de la Mode et du Design
Quai de la Gare
Bibliothèque nationale de France F.-Mitterrand
Bibliothèque François-Mitterrand
Chevaleret
Cour Saint-Émilion
Les Frigos
Ancienne Halle aux Farines
Pôle universitaire Paris VII
Sudac
Avenue de France
Baron Le Roy
Maryse Bastié
Porte d'Ivry
Stade Georges Carpentier
PORTE D'IVRY
Ivry-sur-Seine
12e
Seine
PONT CHARLES DE GAULLE
PONT DE BERCY
PONT DE TOLBIAC
PONT NATIONAL
QUAI D'IVRY
PLACE JEANNE D'ARC
PLACE SOUHAM
Boulevard Masséna
Rue de Tolbiac
Avenue de France
Rue du Chevaleret
Avenue Boutroux
Av. de la Porte d'Ivry
Av. des Terroirs de France

et une poignée d'entrées, dont une salade de *nopales* (cactus), bien relevées et d'une fraîcheur indiscutable. La *cochinita pibil,* souvent desséchée, est ici particulièrement onctueuse et savoureuse, et le *pollo en salsa verde* fondant et parfumé... À accompagner d'une bière mexicaine ou d'un jus frais maison. Dépaysant !

Très bon marché

Chez Gladines *(plan zoom,* ***7****) : 30, rue des Cinq-Diamants, 75013. ☎ 09-67-31-96-46. Ⓜ Corvisart (sortie gauche, puis passer sous l'immeuble). Tlj midi et soir. Fermé 1er janv, 24-25 et 30 déc. Pas de résa. Formule déj 13 € ; plats 5-16 € ;* happy meat hour *(18h-19h30) pièce de bœuf env 10 €. Manzana offerte sur présentation de ce guide.* Cantine de quartier incontournable de la Butte-aux-Cailles, avec ses nappes à carreaux rouges et blancs et sa clientèle néobab mêlant étudiants et habitués. En cuisine, gentille tambouille du Sud-Ouest, genre salades copieuses et cassoulet maison. Service à la bonne franquette, mais attention, ici, ça défile (le soir, c'est souvent bondé).

Bon marché

La Félicità *(plan C2,* ***3****) : 5, parvis Alan-Turing, 75013. Ⓜ Chevaleret. Tlj midi et soir (en continu w-e). Pas de résa. Plats 10-18 €.* Concerts, projections de films, expos de *street art,* retransmissions d'événements sportifs... Bienvenue dans le dernier-né de la *success story Big Mamma,* qui a ouvert ses portes Station F, l'incubateur de start-up de Xavier Niel *(● stationf.co/fr/ ●)* ! Cette fois-ci, les 2 associés à la tête de la galaxie ont vu les choses au superlatif. Un véritable *food market* transalpin ; 1 000 places assises – dont une partie sur la graaaaaande terrasse –, 5 cuisines, 1 boulangerie, 1 cafétéria, 1 stand de burgers, 6 m de barbecue, 3 bars... *La Félicità* s'affiche comme le plus grand resto d'Europe, dans une déco broc et chaleureuse. Certains y font – longuement – la queue quand d'autres n'y mettront pas les pieds. Mais le fait est là : le rapport qualité-prix est bon, et l'environnement convivial et festif.

Café du Commerce *(plan zoom,* ***6****) : 39, rue des Cinq-Diamants, 75013. Ⓜ Place-d'Italie ou Corvisart. Mar-sam, le soir seulement, plus le midi w-e. Fermé lun. Le soir, carte 25-30 €.* Les caboulots comme celui-ci, on a presque envie de se les garder pour soi tant ils sont devenus rares ! Ouvert en 1927, *Le Commerce,* au décor authentique de vieux bistrot avec chaises Thonet, banquettes de moleskine et miroirs patinés, est un bon cru. Comme la cuisine maison, réalisée avec des produits frais et qu'on arrose de bons p'tits vins servis au verre à prix plancher. L'imbattable menu du jour décline entrées et plats simples mais réjouissants : bonnes viandes, pommes sarladaises, légumes de saison. Le crumble aux pommes, les glaces (maison elles aussi) et l'accueil franc du collier achèvent de nous séduire.

Station Krishna *(plan B2,* ***10****) : 16, rue du Père-Guérin, 75013. ☎ 01-45-88-69-92. Ⓜ Place-d'Italie. Tlj midi et soir. Le midi, formules et assiettes 12-14 € ; menu 20 € ; carte env 28 €.* Assurément, Vishnou, dont Krishna est l'un des avatars, veille à la bonne marche de ce petit palais, temple de la cuisine indienne. Rien de gastronomique mais les spécialités classiques y sont correctement réalisées : tandooris, *biryani,* currys, *thalis,* et des plats végétariens. Assiettes généreuses, cuisine fraîche, peu pimentée mais parfumée, service diligent et cadre coloré dépaysant. Un voyage à prix très doux !

Persillé *(plan C2,* ***5****) : 66, rue du Chevaleret, 75013. ☎ 01-45-82-98-96. Ⓜ Bibliothèque-François-Mitterrand ; Ⓣ Maryse-Bastié. ♿ Mar-sam midi et soir, plus lun midi. Fermé dim. Formules déj 15-17 € ; burgers 16-19 €, grillades à partir de 20 €.* C'est bien connu, plus elle est persillée, plus elle est tendre et goûteuse. « Elle », c'est la viande, star incontestée de ce restaurant-boucherie : bœuf, veau, agneau, porc, volailles et autres saucisses en provenance, entre autres, d'une coopérative auvergnate. Le grand panneau propose un vaste choix à consommer sur place (on paie au poids) ou à emporter (servez-vous dans les frigos).

Également de délicieux burgers et tartares, des frites maison et de petits desserts efficaces. Accueil simple, souriant et naturel. Tout ce qu'on aime...

Pasta et Basta (plan B2, **12**) : *103-105, rue de Tolbiac, 75013. ☎ 01-44-24-54-84. Ⓜ Olympiades. Sur l'esplanade des Olympiades, emprunter les escalators. Mer-ven midi et soir, plus le midi lun-mar. Fermé w-e. Congés : août et pdt les fêtes de fin d'année. Carte seulement, 25-30 €.* Romain Zagaria a pris la relève de son papa, Armando, et le moins que l'on puisse dire, c'est qu'il s'y attèle avec application. Son chef italien y concocte une fine cuisine du sud de l'Italie, plutôt axée sur les produits de la mer et qui change toutes les semaines. Fins *antipasti*, pâtes parfaitement cuites et plats riches de saveurs délicates. Superbe carte de vins de toutes les régions italiennes, qu'on peut également acheter, ainsi qu'un joli choix de produits, sur le site • *enotecaitaliana.fr* •

Piacere (plan A3, **11**) : *81, rue Bobillot, 75013. ☎ 01-45-23-53-68. Ⓜ Place-d'Italie ou Tolbiac. Tlj midi et soir. Pizzas 10,50-17 €, desserts 7-8 €.* Nichée au pied de la Butte-aux-Cailles, dans l'ombre de l'imposante église Sainte-Anne, cette pizzeria au décor bien actuel est une aubaine. Carte simple mais efficace de pizzas garnies de produits frais, plus quelques planches et salades. Incontournables tiramisù et panna cotta au rayon *dolci*. Pour accompagner, choisir un vin au verre, plus accessible que les bouteilles. Sans surprise mais bon, généreux et bien animé.

Suave (plan zoom, **13**) : *20, rue de la Providence, 75013. ☎ 01-45-89-99-27. 06-38-83-21-71. Ⓜ Corvisart ou Tolbiac. À l'angle de la rue de l'Espérance. Lun-sam midi et soir. Fermé dim. Congés : août et 1 sem fin déc. Formules déj 14-17 € ; menus 22-27 € ; carte 25-30 €. Digestif maison offert sur présentation de ce guide.* Ici, pas de carte en 3 tomes mais des spécialités vietnamiennes finement préparées et servies avec courtoisie par la famille. Le soin particulier apporté à la préparation des plats justifie les prix. De la salade de poisson, citron vert et gingembre au crabe en sauce fines herbes, la cuisine est fraîche, à l'image de la petite salle prisée par une clientèle qui y a ses repères.

Virgule (plan B2, **4**) : *9, rue Véronèse, 75013. ☎ 01-43-37-01-14. Ⓜ Place-d'Italie. Jeu-mar midi et soir. Fermé mer. Formules 15,90 € le midi, à partir de 18,50 € le soir, puis 29-36 €.* À 2 pas de la place d'Italie, cette adresse au décor banal ne désemplit pas. Le 1er menu offre un excellent rapport quantité-qualité-prix et suffisamment de choix pour que chacun y trouve son compte. Cuisine franchouillarde de très bonne tenue, bien que les patrons soient d'origine... cambodgienne. Sans prétention et avec le sourire !

Le Temps des Cerises (plan zoom, **9**) : *18, rue de la Butte-aux-Cailles, 75013. ☎ 01-45-89-69-48. Ⓜ Corvisart. Lun-sam midi et soir. Fermé dim, plus Noël et Jour de l'an. Formules déj en sem 14-17 € ; menus 21-26 €.* Voici l'un des derniers – si ce n'est le dernier – vieux bistrots de la Butte. Monté en coopérative en 1976 par une bande de potes, très anar' dans l'âme, il a toujours résisté à l'invasion des bistrots néobranchés. Et ça se ressent jusque dans l'ambiance au coude-à-coude, le décor d'un autre âge et le service plutôt bourru. Quant à votre portable, n'espérez même pas le sortir, ça dérange ! Cuisine correcte. Mais en fait, on vient ici surtout pour cette survivance d'une époque où l'on croyait dur comme fer qu'on ne se battait pas pour des queues de cerises !

Prix moyens

Chez Trassoudaine (plan B2, **16**) : *3, pl. Nationale, 75013. ☎ 01-45-83-06-45. Ⓜ Nationale ou Olympiades. Lun-ven midi et soir, plus sam soir. Fermé dim et j. fériés. Entrées 8-12 €, poissons, crustacés ou viandes à partir de 18 €, dessert 7 €.* Arakel et Haigo, 2 frères mariés l'un à une Mexicaine (Yvette) et l'autre à une Hollandaise (Mareke), tiennent ce resto spacieux avec la bonne humeur de ceux qui ont vu d'autres horizons... Les entrées changent selon l'inspiration du chef. Mais ici on vient pour les superbes viandes qui débarquent d'Argentine, d'Écosse ou des grandes plaines des USA. Petit clin d'œil hommage aux origines de maman Astrig avec l'assiette arménienne proposée en entrée. Une qualité dans les produits et une gentillesse dans l'accueil toujours de mise. Parfois, une belle fête thématique le samedi soir. *Rock is still alive !*

Marso & Co (plan A2, **8**) : *13, rue Vulpian, 75013. ☎ 01-45-87-37-00. Ⓜ Glacière. Lun-ven midi et soir. Fermé w-e. Formule déj 20 € ; menu 38 €. Café offert sur présentation de ce guide.* Et de 3 pour Tomy Gousset, ce chef virtuose qui signe là son nouveau bistrot. Le cadre contemporain chaleureux, à l'empreinte méditerranéenne évidente (les teintes de bleu et blanc, le grand poulpe qui court sur l'un des murs, les carrelages, le plafond de verdure), sert d'écrin à la cuisine métissée qui pioche ses influences dans tout le pourtour de la Méditerranée. Taboulé revu sauce créative, poulpe en salade de fenouil, maquereaux grillés aux poivrons... et chaque jour un plat de pâtes extra. Les assiettes sont colorées, créatives et savoureuses... jusqu'aux desserts. Avec un petit vin de Provence ou un petit nectar de Samos (Grèce) de derrière les fagots et l'accueil aussi chaleureux qu'un chant de cigales... on rempile pour un aller-retour !

Mauvaises Graines (plan C2, **31**) : *30, rue Domrémy, 75013. ☎ 01-43-43-64-56. Ⓜ Olympiades. Tlj midi et soir ; brunch-buffet sam-dim 11h-17h. Formule déj env 20 € ; carte env 33 €.* Le credo de la maison : « Les mauvaises graines donnent souvent les plus belles fleurs. » Servie par de sympathiques « *bad guys* », en terrasse ou dans un cadre épuré lumineux, la carte puise dans toutes les zones du globe : encornets *a la plancha, poke bowl, pull pork* en parmentier ou œuf Bénédicte dans de belles assiettes bien garnies. Sans oublier les salaisons corses, « patrie » des propriétaires, pouvant accompagner un bon cocktail maison en *afterwork*. Fraîcheur et saisonnalité des ingrédients respectées, service enjoué... et délicieux desserts (paris-brest, saint-honoré, *banofee*) réalisés par un jeune pâtissier. Une belle fleur dans ce tristounet 13e ! *NOUVEAUTÉ.*

Le Sirocco (plan A1, **18**) : *8 bis, rue des Gobelins, 75013. ☎ 01-43-31-13-13. Ⓜ Gobelins. Mar-dim midi et soir, plus lun soir. Plats 16-26 € ; carte env 35 €.* Le cadre, à lui seul, est une invitation au voyage : pierres apparentes habillées d'objets, peintures et fresques, lanternes en métal ciselé diffusant un éclairage tamisé, banquettes garnies d'épais coussins et tables faites de larges plateaux en métal. Pas de doute, vous êtes... au Maroc. Au menu, les grands classiques berbères : tajine, pastilla, grillades, et un couscous à la graine divinement fine, arrosée, selon la tradition, d'huile d'argan. Fines entrées (*chekchouka, briouats* croustillants) et bons gâteaux marocains à savourer avec le traditionnel thé à la menthe. Accueil chaleureux de serveurs vêtus de sarouels et babouches. C'est bon comme là-bas, dis !

Comme Promis (plan C2, **14**) : *5, rue Clisson, 75013. 📱 07-73-22-50-61. Ⓜ Olympiades. Lun-jeu midi et soir, plus ven midi et w-e soir. Carte 30-35 €.* Dans une rue discrète, une belle lueur gastronomique dans un quartier qui en manque quelque peu ! Immédiatement adopté dès son ouverture par les employés du quartier (penser à réserver !). Cadre intime et cosy (et table d'hôtes indépendante), pour une cuisine imaginative s'appuyant sur de hardies associations de saveurs et de très beaux produits. Carte courte, mais elle tourne à chaque caprice du temps et de la saison. Coups de cœur : le croustillant de thon aux épices et les desserts. Fine sélection de vins. *NOUVEAUTÉ.*

La Touraine (plan A2, **15**) : *39, rue Croulebarbe, 75013. ☎ 01-47-07-69-35. Ⓜ Corvisart ou Les Gobelins. ♿ Lun-sam midi et soir. Fermé dim. Congés : août. Résa conseillée, surtout pour les tables en terrasse. Beau choix de menus 14 € (jusqu'à 20h)-30 € ; carte 30-35 €.* 2 salles au discret décor rustique. Accueil tout à fait charmant. Cuisine roborative mais savoureuse : ris d'agneau flambé aux morilles, salade de rillons, poires et pruneaux confits... Plein de menus copieux et un menu gastronomique (le plus cher, bien sûr). Pour faire quelques pas et digérer, un joli jardin de l'autre côté de la rue, au pied du Mobilier national.

🍽 ☂ ***Les Cailloux*** *(plan zoom,* ***26****) : 58, rue des Cinq-Diamants, 75013. ☎ 01-45-80-15-08. Ⓜ Corvisart. Tlj midi et soir ; café-bar à partir de 15h. Résa conseillée. Formules déj en sem 15-19 € ; carte 30-35 €. Chèques refusés.* Derrière une très jolie devanture, un resto tout dédié à l'Italie, avec des menus souvent renouvelés et une belle carte des vins. Les pâtes, évidemment, sont à l'honneur et al dente (si vous ne les aimez pas trop fermes, mieux vaut le préciser !). Service particulièrement actif au déjeuner et bon point pour le verre de vin compris. L'après-midi, fait café-bar.

🍽 ***Basilic & Spice*** *(plan B3,* ***29****) : 88, av. de Choisy, 75013. ☎ 01-45-85-19-30. Ⓜ Tolbiac ou Maison-Blanche. Mar-dim midi et soir. Fermé lun. Congés : 26 juil-17 août. Menus 13,90 € (midi en sem), puis 25,90-39,90 € ; carte 30-35 €. Café offert sur présentation de ce guide.* Cadre contemporain, élégant et chaleureux tout à la fois, à découvrir le soir de préférence. D'origine cambodgienne, la propriétaire propose ici une cuisine d'aujourd'hui qui plonge ses racines dans les plats khmers d'antan (le côté basilic) tout autant que thaïs (gare au piment !). Des alliances harmonieuses d'herbes et de saveurs, à tester avec le beau plateau découverte (pour 2) en entrée et une des 100 façons d'accommoder le poisson du chef, à la vapeur ou non. Excellent accueil.

🍽 ***Berty*** *(plan B2,* ***23****) : 124, bd Vincent-Auriol, 75013. ☎ 09-80-72-16-46. Ⓜ Place-d'Italie. Mar-ven midi et soir, plus lun midi et sam soir. Fermé dim. Congés : 3-23 août. Formules déj 18,50-24 € ; le soir, carte env 35 €.* Ce petit bistrot contemporain séduit les gourmets du coin avec sa cuisine de saison, fine, créative et servie dans de belles assiettes en grès. Gage de grande fraîcheur, la carte est courte et se renouvelle au gré du marché : jarret de cochon au miel, pastilla de poulet... des plats qui changent des classiques bistrotiers et qui demandent un certain savoir-faire. Une belle surprise, en particulier au déj, dont la formule reste épatante. Accueil charmant.

🍽 ***Bekseju Village*** *(plan B1,* ***30****) : 53, bd Saint-Marcel, 75013. ☎ 01-77-11-24-37. Ⓜ Gobelins. ♿ Tlj midi et soir. Congés : 3 sem en août. Menus déj en sem 13-15 € ; carte 25-35 €.* De grandes tables de bois blond, des lampions immaculés, des calligraphies à l'encre de Chine : voilà un décor inspirant ! À quelques pas des Gobelins, cette adresse vous plongera dans l'atmosphère d'un bistrot coréen traditionnel, appelé là-bas « maison d'alcools ». Les classiques de la gastronomie du pays du Matin Calme sont au rendez-vous : *bibimbap, bulgogi, kimchi* préparé de diverses manières... Mais quelques plats plus rares surprendront les palais expérimentés, comme ces galettes *(jeon)* aux fruits de mer ou ce jarret mariné au *bekseju* (alcool de riz aux épices). Le mieux pour en profiter ? Venir à plusieurs et commander une ribambelle de petites assiettes que l'on partage entre tous les convives, à la coréenne. Pour accompagner le tout, bière Hite ou verre de *soju*. Dépaysant.

🍽 ☂ ***La Butte aux Piafs*** *(plan zoom,* ***17****) : 31, bd Auguste-Blanqui, 75013. ☎ 09-83-51-07-50. Ⓜ Corvisart ou Place-d'Italie. ♿ Lun-ven midi et soir jusqu'à minuit. Fermé w-e. Carte env 30 €.* En bas de la Butte, un cadre agréablement rétro, une grande terrasse baignée de soleil et une carte alléchante qui sait coller aux goûts du moment. Voilà une bonne équation ! Plats végétariens et plats du jour qu'on choisit à l'ardoise, aux saveurs japonaises ou méditerranéennes. Vins nature et à emporter. Cocktails signatures.

🍽 ***Restaurant EP7*** *(plan C2,* ***32****) : 133, av. de France, 75013. ☎ 01-43-45-68-07. Ⓜ Bibliothèque-François-Mitterand. Lun-ven midi et soir. Fermé w-e. Résa conseillée. Formules déj 23-27 € ; le soir, carte env 40 €.* Quel est donc ce nom de code ? Celui d'un espace culturel, un cube noir juste sorti de terre, posé telle une brique de Lego dans ce quartier encore en mutation. En façade, les écrans numériques diffusent en continu des contenus ludiques, créant ainsi un pont entre l'art et l'espace public, comme un écho à l'environnement *street art*. À l'intérieur, 3 plateaux, 3 espaces : le bar au rez-de-chaussée, où l'on peut grignoter à toute heure ; la salle de yoga (ou fumoir !) au 1er, ouverte sur l'extérieur ; et le restaurant au 2e, au mobilier contemporain en bois chaud et aux tables joliment dressées bien séparées les unes des autres contrastant avec l'écrin. Sur l'ardoise, une poignée de plats du moment réalisés avec les produits du marché et présentés avec soin. Bon accueil.

Etchegorry (plan A2, **22**) : *41, rue Croulebarbe, 75013. ☎ 01-44-08-83-51. Ⓜ Corvisart ou Les Gobelins. Mar-sam midi et soir. Fermé dim-lun. Plat 20 € ; menu découverte 36 €. Parking payant. Digestif maison offert sur présentation de ce guide.* Sous la jolie façade fleurie, juste à côté de l'*Hôtel Le Vert Galant,* on lit une vieille inscription : « Cabaret de Mme Grégoire ». Il y a près de 2 siècles se restauraient ici Victor Hugo, Béranger, Chateaubriand et bien d'autres. Depuis plus de 30 ans, l'*Etchegorry* (« maison rouge » en basque) régale une clientèle fidèle, dans la grande tradition du Sud-Ouest. Plats goûteux et assiettes généreuses. Une adresse attachante !

Chic

L'Avant-Goût (plan zoom, **25**) : *26, rue Bobillot, 75013. ☎ 01-53-80-24-00. Ⓜ Place-d'Italie. Mar-sam midi et soir. Fermé dim-lun. Résa conseillée le midi. Formules déj 18-26 € avec verre de vin ; le soir, menu 29 € et carte 37-49 €.* L'adresse a fait peau neuve ! Nouvelles cartes, nouveaux décors, plus urbains avec brique aux murs, touches contemporaines avec mobilier en bois et rampes industrielles. À l'étage, une salle propice aux grandes tablées. Dans l'assiette, même principe. Le produit brut, de saison, assaisonné simplement pour le mettre en valeur à sa hauteur, de l'entrée au dessert. Pas d'esbroufe et bon rapport qualité-prix. Service sympa.

Sellae (plan B1, **34**) : *18, rue des Wallons, 75013. ☎ 01-43-31-36-04. Ⓜ Saint-Marcel ou Gare-d'Austerlitz. Mar-sam midi et soir. Fermé dim-lun. Formules déj 22-27 € ; menu 38 € ; carte env 50 €.* L'ancien de *Top Chef* Thibault Sombardier tient les rênes de cet élégant bistrot avec terrasse, à l'angle de rues calmes. Les touches vintage et contemporaines ne renient pas le décor du bistrot d'antan avec ses stucs et miroirs au mercure. Et la carte joue la même partition en mettant à l'honneur une cuisine saisonnière de tradition agréablement allégée et réinterprétée. Tartare de veau, suprême de pintade, faux-filet de bœuf Angus... Les viandes sont goûteuses, les légumes de saison nacrés comme il faut. Les desserts sont moins enthousiasmants mais ils ont le mérite d'être faits maison ! La formule déjeuner est un vrai bon plan.

L'Hommage (plan B3, **35**) : *36, av. de Choisy, 75013. ☎ 01-44-24-38-70. Ⓜ Maison-Blanche. Lun-ven midi et soir. Fermé w-e. Formules déj 20-25 € ; le soir, menus 30-38 € et menu dégustation 54 €.* L'hommage est celui que le jeune Jonathan offre à son père en transformant, au cœur du Chinatown, le resto familial en cantine gastro branchée ! Entouré d'une belle équipe – cousins et copains de promo de l'école de cuisine, dont la moyenne d'âge n'excède pas le prix de l'épatante formule déj –, il sert une cuisine actuelle, fine et savoureuse, renouvelée au gré du marché et qui témoigne de bases solides. Cuissons, touches créatives, accompagnements de légumes... La carte est courte mais appétissante, les desserts sont pâtissiers, le tout est mis en valeur dans une superbe vaisselle en grès émaillé. Bonne sélection de vins également servis au verre. Le genre de pépite qu'on se refile sous le manteau.

Au Petit Marguery (plan A1, **27**) : *9, bd de Port-Royal, 75013. ☎ 01-43-31-58-59. Ⓜ Les Gobelins. Tlj midi et soir. Menus 26-43,50 € ; carte env 45 €. Voiturier.* Institution des Gobelins au joli décor 1900. Le service brasserie parisienne maintient la tradition, et la cuisine bourgeoise est toujours à l'honneur. Gibier en saison (lièvre à la royale, entre autres), sans oublier la vedette incontournable de la maison : le soufflé au Grand Marnier. À côté, ***Le Comptoir Marguery*** affiche une ardoise bistrotière bien plus abordable. Et, en sortant, jetez donc un œil à *L'Escurial,* un de nos cinémas parisiens préférés.

Restaurants asiatiques dans Chinatown

Sur le pouce

Pâtisserie de Saison (plan B3, **40**) : *65, av. d'Ivry, 75013. ☎ 01-45-84-37-70. Ⓜ Porte-d'Ivry. Tlj 10h30-19h. Fermé 1er janv, 1er mai et 14 juil.* Au cœur de Chinatown, cette boulangerie-pâtisserie confectionne sur place des gâteaux sucrés et salés, majoritairement chinois. Ses feuilletés fourrés (haricot rouge ou durian) sont frais et moelleux, comme les brioches fondantes (porc laqué, poulet farci pour le salé). Les sandwichs sont préparés sous vos yeux avec des ingrédients fraîchement émincés. Également quelques bons desserts, dont un fameux cake à la banane. Accueil chaleureux.

Très bon marché

Fleurs de Mai (plan B3, **42**) : *61, av. de Choisy, 75013. ☎ 01-44-24-37-71. Ⓜ Maison-Blanche ou Porte-de-Choisy. Jeu-mar 12h-23h. Fermé mer. Repas bien copieux 15-25 €.* Ce petit resto chinois grand comme votre salle à manger, récemment rénové, est une référence dans la communauté asiatique comme chez les *foodies*. On vient y déguster le succulent poulet fermier à la vapeur, à l'ail et au gingembre, goûter des raviolis de crevettes remarquables, et profiter de la rôtisserie maison (canard ou porc laqué, porc croustillant). Une foultitude d'autres plats, avec une large sélection de préparations à base de tofu (pâte de soja).

Imperial Choisy (plan B3, **35**) : *32, av. de Choisy, 75013. ☎ 01-45-86-42-40. Ⓜ Porte-de-Choisy. À l'angle de la rue de la Pointe-d'Ivry. Tlj 12h-23h. Pas de résa. Carte 15-20 €. Plats à emporter.* Petite devanture où pendent les volailles en rôtissoire. Authentique cuisine du sud-ouest de la Chine. Essayez la soupe de raviolis aux crevettes avec nouilles, le poulet fermier à la vapeur au gingembre et à la ciboulette ou le crabe en mue. Demandez que l'on vous serve tous les plats ensemble et pas à la queue leu leu. Service speedé.

Thaï Yim 2 (plan C2, **47**) : *70, rue du Château-des-Rentiers, 75013. ☎ 01-45-70-74-38. Ⓜ Olympiades. Mar-dim midi et soir. Fermé lun. Menus 13,50-16 € ; carte 9-14 €.* Une adresse discrète qu'on dépasserait sans même y prêter attention. Pourtant, ce petit resto thaï attire une clientèle de quartier friande de recettes authentiques. La fraîcheur des produits et la subtilité des arômes nous transportent immédiatement en Thaïlande. Excellent curry ! Service aux petits soins. *NOUVEAUTÉ.*

Dong Tam (plan B3, **44**) : *12 bis, rue Caillaux, 75013. ☎ 01-45-84-87-18. Ⓜ Maison-Blanche. Jeu-mar midi et soir. Fermé mer. Soupes énormes à partir de 8,50 € ; menus 12,50-15,50 €.* Dans une petite salle proprette et accueillante, on déguste une authentique cuisine vietnamienne, riche en herbes fraîches et saveurs subtiles, servie avec le sourire. De grands classiques comme le bo bun et les grillades, mais aussi des plats plus rares comme la soupe aux vermicelles et aux bulots, ou encore la salade de fleur de bananier au poulet.

Ny Hav (plan B3, **45**) : *101, av. de Choisy, 75013. ☎ 01-45-85-88-88. Ⓜ Tolbiac. Jeu-mar midi et soir. Fermé mer. Formules 11,50-13,90 €.* Ambiance familiale et carte très courte de spécialités vietnamiennes et cambodgiennes réalisées à la minute par le patron, qui fait lui-même ses feuilles de riz (celles qui entourent notamment les savoureux rouleaux de printemps), ce qui explique qu'elles soient moins fines... en épaisseur mais pas en goût ! Fraîcheur garantie, donc, et service chaleureux de son épouse, qui énonce avec fierté le contenu et l'origine des plats.

Phó Bida Vietnam (plan C3, **46**) : *36-38, rue Nationale, 75013. ☎ 01-53-79-01-61. Ⓜ Olympiades. Mar-dim midi et soir, plus lun midi. Plats 9-12,50 €.* Voici l'adresse idéale pour s'initier aux délices de la cuisine vietnamienne. De l'avis de tous, on y sert l'un des meilleurs *phó* de Paname ! Le cadre est coquet (murs en pierre, lanternes, tableaux contemporains), l'accueil alerte (en français ou en vietnamien, pour les gens du quartier) et la cuisine d'une rare fraîcheur. Outre les délicieux *phó,* fumants et copieux, les bo bun sont un choix très sûr. Attendez-vous à faire un peu la queue, la maison s'étant constitué une clientèle très fidèle.

Le Bambou (plan B2-3, **48**) : *70, rue Baudricourt, 75013. ☎ 01-45-70-91-75. Ⓜ Tolbiac, Maison-Blanche ou Olympiades. Mar-dim midi et soir. Fermé lun. Congés : 2de quinzaine d'oct. Carte env 22 €.* Cadre clair et plutôt joyeux pour découvrir l'une des bonnes tables vietnamiennes de Chinatown. Bo bun excellent parfumé à la citronnelle, salade de papaye au bœuf séché ou au porc, crevettes et méduses, brochettes grillées, *phó* généreux, etc. Que des merveilles ! Toujours bondé, attente garantie le week-end, à moins d'arriver tôt. Service expéditif.

De bon marché à prix moyens

Hoi An (plan B3, **56**) : *109, av. d'Ivry, 75013. ☎ 01-44-24-81-03. Ⓜ Tolbiac. ♿ Mar-dim midi et soir. Fermé lun. Formules 16,90-19,90 € ; plats 9-15 €.* La pimpante façade jaune est assez prometteuse, et la déco intérieure est tout aussi fraîche, avec ses boiseries et ses lampions colorés. L'équipe a voulu rendre hommage ici à l'atmosphère et à la cuisine de Hoi An, jolie ville du centre du Vietnam. Goûtez aux spécialités locales : fondantes galettes de riz vapeur aux crevettes *(Banh bèo),* croustillantes crêpes aux crevettes *(Banh khot),* fumantes soupes de pâtes de riz, poulet fermier et porc laqué (maison), et crevettes *(Cao Lau)* ou canard rôti à la sauce tamarin et ananas *(Vit Sot Me).* Également de plus classiques bo bun ou *phó,* succulents. Un vrai coup de cœur !

Lao Lane Xang (plan B2, **55**) : *102, av. d'Ivry, 75013. ☎ 01-58-89-00-00. Ⓜ Tolbiac. Ven-mar midi et soir, plus jeu midi. Fermé mer. Plateau-repas 12,80 € le midi en sem, avec verre de vin, café ou eau ; carte env 30 €.* Les spécialités laotiennes servies ici sont réputées bien au-delà du 13e ! Laissez-vous charmer par cette cuisine parfumée et subtile où les herbes apportent toute leur fraîcheur. Le bœuf séché, la saucisse laotienne mais aussi le canard au basilic ou les brochettes à la citronnelle figurent parmi les musts. Le cadre moderne distingue l'adresse des cantines du quartier, tandis que les prix, eux, restent ultra-raisonnables.

Bangkok-Thaïland (plan zoom, **53**) : *35, bd Auguste-Blanqui, 75013. ☎ 01-45-80-76-59. Ⓜ Place-d'Italie ou Corvisart. ♿ Mar-sam midi et soir. Fermé dim-lun. Congés : 2 sem en avr et 2 sem en nov. Menus max 14 € le midi en sem, 25 € le soir ; carte env 25 €. Pour une bouteille de vin français achetée, 1 verre de bois bandé offert. Parking payant.* Un peu à l'écart du cœur de Chinatown. C'est d'abord un décor original d'objets d'art, de statuettes, marionnettes, gravures, photos, dans un joyeux et romantique désordre... et des tas de recoins comme autant de boudoirs pour amoureux. Patron chaleureux et patronne discrète et souriante pour une belle cuisine thaïe pleine de saveurs et de parfums. Goûtez notamment au savoureux *tom yam,* à la salade de bœuf séché ou au riz rouge maison.

La Nouvelle Mer de Chine (plan B2, **57**) : *159, rue du Château-des-Rentiers, 75013. ☎ 01-45-84-22-49. Ⓜ Place-d'Italie ou Nationale. Tlj midi et soir. Fermé mar en basse saison. Menus 15 € le midi en sem, 25 € le soir et le w-e ; carte env 30 €.* Les intitulés, au début, peuvent rebuter : « crabes en mue à l'ail », « langues de canard sautées au sel et au poivre », « beignets de tripes », « salade de méduse au poulet émincé ». Mais pour peu qu'on ait envie de voir plus loin que le bœuf aux oignons et le poulet à l'ananas, cette adresse fait partie des immanquables, sincères et authentiques, bien loin des usines asiatiques qui pullulent dans le quartier. Pour les vrais voyageurs.

Le Nouveau Village Tao Tao (plan B2, **58**) : *159, bd Vincent-Auriol, 75013. ☎ 01-45-86-40-08. Ⓜ Nationale. Tlj midi et soir. Formule déj 15 € ; carte env 25 €.* Un asiatique réputé pour son célèbre canard pékinois, mais aussi pour ses spécialités de bœuf, d'agneau, ou encore pour ses merveilleuses crevettes flambées (devant vous !).

Chinatown Olympiades *(plan B3, **50**) : 44, av. d'Ivry, 75013. ☎ 01-45-84-72-21. Ⓜ Porte-d'Ivry. ♿ À l'étage, dans le centre commercial, plusieurs salles accessibles par un escalier depuis la rue. Mar-sam midi et soir, plus dim midi. Fermé lun. Formules déj à partir de 13,80 € ; repas 20-30 €.* Un incontournable du quartier asiatique, pour s'initier aux subtilités de la cuisine cantonaise, en pointant sur l'interminable carte les numéros des *dim sum* fondants ou la salade de méduse, les pinces de crabe farcies et le délicat canard laqué accompagné de liserons d'eau. On y vient aussi pour une vraie séquence dépaysement avec le karaoké en semaine et l'orchestre le week-end, qui fait danser l'assistance en rangs d'oignons sur des airs de crooners chinois. Service bien rodé et diligent.

Paradis Thaï *(plan B2, **60**) : 132, rue de Tolbiac, 75013. ☎ 01-45-83-22-26. Ⓜ Tolbiac. ♿ Tlj midi et soir. Formules déj 11,90-16,90 € ; menu 23,50 € ; carte env 30 €.* Voici LE resto chic et élégant de Chinatown ! Jolie déco, éclairage étudié, nappes blanches, vaisselle du pays, hôtesses en habits traditionnels... Bref, l'endroit idéal pour dîner en amoureux. La cuisine est à la hauteur du décor et de l'addition. Les saveurs de basilic, citronnelle et autres herbes aromatiques se bousculent à chaque coup de baguettes, avec des plats parfois très épicés, comme en Thaïlande (ce qui est rare en France), et d'autres plus doux pour les estomacs occidentaux susceptibles. Une très bonne adresse pour son rapport qualité-authenticité-dépaysement-déco.

Où boire un verre ?

La Dame de Canton *(plan C2, **70**) : port de la Gare (au pied de la BnF), 75013. ☎ 01-53-61-08-49. Ⓜ Bibliothèque-François-Mitterrand ou Quai-de-la-Gare. Bar et resto mar-sam 19h-minuit. Fermé dim-lun. Terrasse tlj midi et soir mai-sept. Congés : août (sauf terrasse). Entrée : env 8-12 € selon programmation. Verres à partir de 4 €.* Cette *Dame de Canton* est une authentique jonque traditionnelle construite en Chine à l'aube des années 1980. Autant dire que le lieu est magique ! Cocktails et quelques petits plats goûteux. La jonque est aussi bien ancrée dans la fête et fait entendre ses sirènes : concerts de jazz, fusion, rock ou soul... Une programmation musicale qui mise généralement sur le métissage des cultures.

La Taverne de la Butte *(plan zoom, **71**) : 13, rue de la Butte-aux-Cailles, 75013. ☎ 01-45-89-16-18. Ⓜ Corvisart ou Place-d'Italie. Tlj 17h-2h (minuit lun). Happy hours 18h-20h. Pintes 3,50-7 €.* Ambiance conviviale dans ce bar aux allures de vieux pub où se retrouvent étudiants et jeunes cadres pour écluser quelques bières et décompresser après une dure journée. Le service se fait au comptoir, mais on vient gentiment vous distribuer de petites tartines et autres assiettes de frites. Parfait pour l'apéro !

Wanderlust *(plan C1, **72**) : dans la Cité de la Mode et du Design, 32, quai d'Austerlitz, 75013. Ⓜ Austerlitz. Mai-sept, mar-dim 18h-6h ; fermé lun. Oct-avr, jeu 22h-4h, ven-sam 23h-6h ; fermé dim-mer. Consos 5-12 €. Street food 8-15 €. Possibles changements selon programmation, voir le site • wanderlustparis.com •* La plus grande terrasse de Paris : 1 600 m² surplombant la Seine, au beau milieu de la Cité de la Mode et du Design, vaisseau de béton corseté de vert. Le *Wanderlust,* c'est l'endroit idéal pour profiter du soleil, assister à des concerts, danser au son de DJs house, hip-hop ou dancehall. Également de nombreux événements et activités, comme des festivals de *street food* ou des projections. Bref, un lieu à fréquenter toute l'année, et encore plus en été. L'ancien de *Top Chef* Diego Alary s'y installe.

14e ARRONDISSEMENT

• Plan *p. 154-155*

Très étendu, le 14e arrondissement rassemble en réalité plusieurs microquartiers vivants aux caractères bien distincts : l'emblématique Montparnasse, bien sûr, avec son cimetière, sa tour (en fait administrativement dans le 15e), ses cinémas, ses théâtres, ses crêperies, sa *Coupole* et le souvenir de sa vie nocturne ; le parc Montsouris, vaste poumon vert du Sud parisien, ses belles villas et la Cité universitaire ; le secteur Denfert-Daguerre, sans doute le plus animé avec sa longue rue piétonne commerçante ; et enfin le populaire quartier Plaisance-Pernety, dont le nom sonne comme un village. Ici et là, ce ne sont pas les bons restos qui manquent ! Brasseries et cafés historiques, rades authentiquement popu, voilà un bon florilège de bistrots conviviaux où qualité rime indéniablement avec créativité !

Où manger ?

Sur le pouce

Big Fernand *(plan zoom,* ***1****)* **:** *86, bd du Montparnasse, 75014. ☎ 01-85-15-23-72 ou 70. Ⓜ Montparnasse-Bienvenüe. Tlj 11h45-22h30 (23h w-e). Formules 16,20-20,20 € ; burgers à partir de 13,20 € + 4 € pour la version « grosse faim ».* Vous mourrez d'envie d'un burger ? Ça tombe bien, ceux de *Big Fernand,* une franchise qui cartonne, se défendent plutôt bien. Rebaptisés « hamburgés », ils répondent à une vraie charte qualité : champignons de Paname, fromages au lait cru, viande hachée sur place, et sont accompagnés de frites maison. Autre bon point : parmi les desserts, on trouve le délicieux flan de la maison Savary. Une bonne option dans un secteur hyper concurrentiel.

Lokita *(plan B2,* ***21****)* **:** *36, rue Pernety, 75014. 📱 06-58-15-19-29. Ⓜ Pernety. Lun-sam 12h-21h. Fermé dim. Menus 12-15,50 € ; carte env 15 €.* Un petit traiteur sénégalais devenu une valeur sûre en termes de cuisine ouest-africaine. Pour se mettre en appétit, acras de morue ou *pastels* (beignets frits) farcis de viande, poisson ou légumes, à tremper dans une sauce douce ou plus épicée. En plat de résistance, riz rouge au poulet, mafé au bœuf ou poulet yassa. Et, pour accompagner le tout, une belle variété de jus maison, excellents pour la santé (bissap, *kinkeliba,* gingembre, etc.) ! À emporter ou à déguster sur la poignée de tables hautes à l'intérieur. *NOUVEAUTÉ.*

Très bon marché

Cà Phê Broc'Ouest *(plan B2,* ***33****)* **:** *111, rue de l'Ouest, 75014. ☎ 09-51-69-24-34. Ⓜ Pernety. ♿ Mar-ven midi et soir, plus sam midi. Fermé dim-lun. Congés : de mi-juil à mi-août. Carte 15-20 €.* Une petite cantine alternative et originale bien dans le ton du quartier. En guise de décor, une poignée de tables dépareillées et un bric-à-brac d'objets à vendre. À la carte, archi-courte, bo bun, rouleaux de printemps et un plat « éphémère » selon le marché du jour, sans oublier le *phó* (prononcer « pheu », déclinaison vietnamienne du pot-au-... *phó*), servi uniquement en hiver. De la vraie cuisine maison concoctée avec des ingrédients frais, des herbes savoureuses et sans aucun additif, avec toujours une option végétarienne et des infusions délicates pour accompagner le tout. Le genre d'endroit où l'on prend racine. Ça tombe bien, monsieur et madame reçoivent comme des amis. Sûr, on reviendra !

La Table de la Ressourcerie Créative *(plan B1,* ***7****)* **:** *68, rue de* *l'Ouest, 75014. ☎ 09-86-48-77-99. Ⓜ Pernety. Mar-mer le midi seulement, plus jeu-sam midi et soir. Fermé dim-lun. Congés : 3 sem en août. Plat 10 € ; formule 12 €.* Jeanne et Nana ont créé ce formidable resto associatif, un lieu de vie coloré et militant, engagé contre le gaspillage alimentaire. À partir d'invendus provenant de supermarchés et marchés du coin, la cheffe concocte des plats savoureux aux parfums d'Afrique de l'Ouest et d'ailleurs. Attention toutefois au piment, il est costaud ! Une poignée de propositions sur l'ardoise, dont une option végétarienne. Et pour faire glisser le tout, vins bio et bières artisanales. Des événements y sont parfois organisés.

Le Moulin à Café *(plan B2,* ***2****) : 8, rue Sainte-Léonie, 75014. ☎ 01-40-44-87-55. Ⓜ Pernety.* ♿ *Derrière le Château ouvrier. Lun-sam midi et soir. Fermé dim. Congés : fêtes de fin d'année. Formules 11-14 € ; plat env 8 €. Réduc si adhérent à l'association. Café offert sur présentation de ce guide.* Chaleureux café associatif et solidaire tenu par les habitants du quartier (dont de nombreux bénévoles), pour manger un bout, prendre l'apéro ou faire une pause dans l'après-midi. Produits principalement bio et issus de circuits courts. On peut même y faire des provisions en récupérant son panier de légumes chaque mardi et jeudi. Côté animations, c'est hyper dynamique et varié : riche programmation culturelle (soirées festives, concerts, conférences, débats, ateliers divers...), voire sportive (gym, danse et tai-chi !). Sans oublier qu'on peut offrir un plat, une soupe ou un café « suspendu » pour quelqu'un qui n'en a pas les moyens. Bravo ! Terrasse aux beaux jours.

Tripletta *(plan zoom,* ***12****) : 1, impasse de la Gaité, 75014. ☎ 01-43-20-96-34. Ⓜ Edgar-Quinet ou Gaîté. Tlj midi et soir (service continu le w-e). Résa vivement conseillée, surtout le soir. Pizzas env 9-17 €.* Née sur les hauteurs de Belleville, *Tripletta* prend ses aises dans l'impasse semi-piétonne de ce microquartier ultra-animé, siège de nombreux théâtres. Dans l'assiette, direction Naples pour déguster de fameuses pizzas fines à bordures épaisses, qui sortent brûlantes du four à bois. Sans oublier les ingrédients D.O.P., une déco chaleureuse et un petit bout de terrasse aux beaux jours. En revanche, il y a souvent foule et

Où manger ?

- **1** Big Fernand (zoom)
- **2** Le Moulin à Café (B2)
- **3** Les Pipelettes (C2)
- **4** Le Bistrot des Plantes (C2)
- **5** Les Petits Parisiens (B3)
- **6** Coriandre (B2)
- **7** La Table de la Ressourcerie Créative (B1)
- **8** Chez Joy (zoom)
- **9** Chez Victor (B1-2)
- **10** Le Vaudésir (D2)
- **11** Le Pavillon Montsouris (D3)
- **12** Tripletta (zoom)
- **13** Ti Jos (zoom)
- **14** Yaai Thaï (zoom)
- **15** Daguerre Marée (zoom)
- **16** Le Petit Baigneur (C2)
- **17** Le Smoke (zoom)
- **18** La Baraka (zoom)
- **19** Au P'tit Zinc (C2)
- **20** Indian House (zoom)
- **21** Lokita (B2)
- **22** Le Verre Siffleur (C2)
- **23** Le Bistrot des Campagnes (zoom)
- **24** Yinan & Hugo (C2)
- **25** Mian Fan et Au Bretzel (zoom)
- **26** Les Fauves (zoom)
- **27** Félicie (C2)
- **28** Dokkebi (B2)
- **30** Papy aux Fourneaux (B1)
- **32** Au Bistrot d'à Côté (zoom)
- **33** Cà Phê Broc'Ouest et La Cantine du Troquet (B2)
- **34** Bistrotters (B2)
- **36** La Cantine du Troquet Daguerre (zoom)
- **37** O Corcovado (zoom)
- **38** L'Essentiel (B2)
- **42** À Mi-Chemin (C2)
- **44** Le Plomb du Cantal (zoom)
- **47** La Cerisaie (zoom)
- **48** Le Cornichon (zoom)
- **49** Aux Plumes (C2)
- **50** L'Auberge de Venise (zoom)
- **51** Bistrot du Dôme (zoom)
- **52** Les Petits Plats (C2)
- **53** Les Petites Sorcières (zoom)
- **56** L'Assiette (C2)
- **57** La Coupole (zoom)

Où boire un verre ?

- **17** Le Smoke (zoom)
- **66** Bar-resto de l'Entrepôt (B2)
- **68** Le Rosebud (zoom)
- **69** Le Dôme (zoom)
- **70** Ker Beer (zoom)

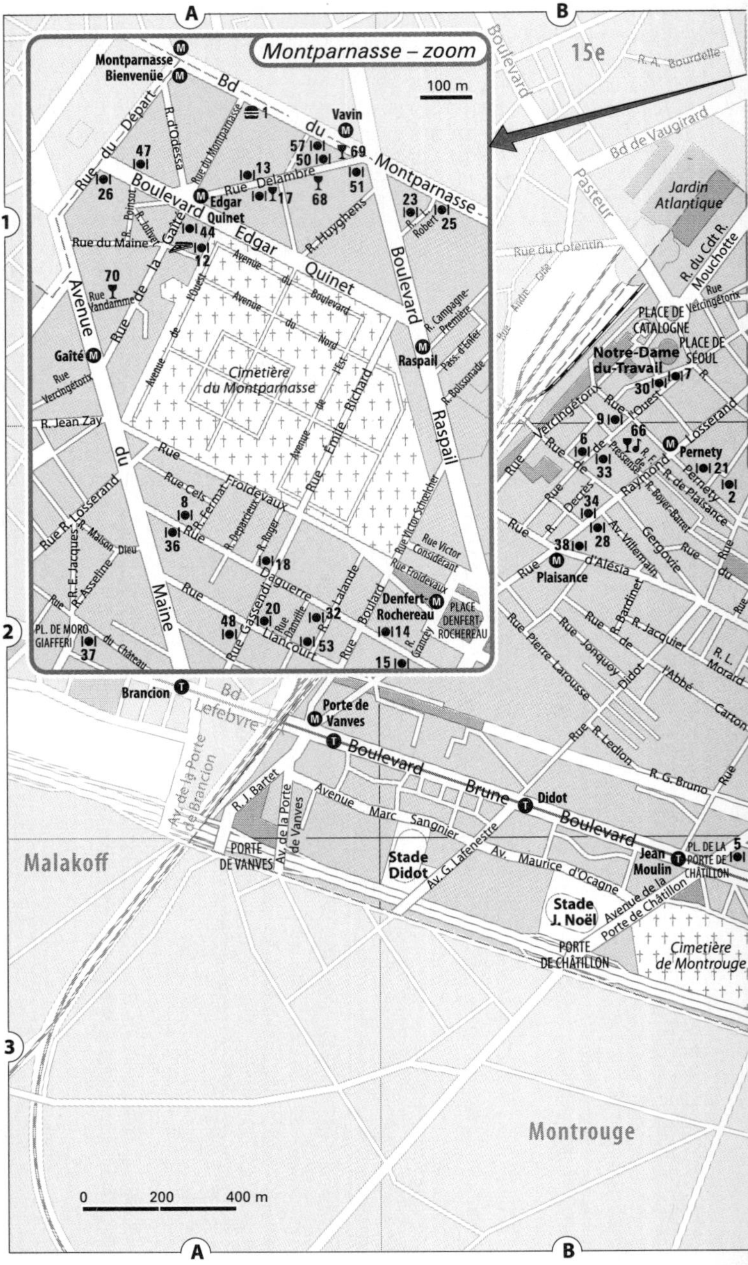
Montparnasse – zoom
100 m
Montparnasse Bienvenüe
Bd du Montparnasse
Vavin
Rue du Départ
R. d'Odessa
Rue du Montparnasse
Rue Delambre
Edgar Quinet
Boulevard Edgar Quinet
R. Poinsot
R. Jolivet
Rue du Maine
Rue de la Gaîté
R. Huyghens
R. Robert
Boulevard Raspail
R. Campagne-Première
Pass. d'Enfer
R. Boissonade
Raspail
Avenue de l'Ouest
Avenue du Boulevard
Avenue du Nord
Avenue de l'Est
Cimetière du Montparnasse
Rue Émile Richard
Rue Vandamme
Gaîté
Avenue du Maine
Rue Vercingétorix
R. Jean Zay
Rue Froidevaux
Rue Cels
R. Fermat
R. Deparcieux
R. Roger
Rue Victor Schœlcher
Rue Victor Considérant
Rue Froidevaux
Rue R. Losserand
R. Maison Dieu
R. E. Jacques
R. Asseline
Rue Daguerre
Rue Gassendi
Rue Danville
R. Lalande
Rue Boulard
Rue Liancourt
R. Grancey
Denfert-Rochereau
PLACE DENFERT-ROCHEREAU
Rue du Château
PL. DE MORO GIAFFERI
1 13 17 47 26 57 50 69 68 51 23 25 44 12 70 8 36 18 20 48 32 53 14 15 37
A B 1 2 3
15e
Boulevard Pasteur
R. A. Bourdelle
Bd de Vaugirard
Jardin Atlantique
R. du Cdt R. Mouchotte
Rue du Cotentin
Rue André Gide
PLACE DE CATALOGNE
PLACE DE SÉOUL
Rue Vercingétorix
Notre-Dame du-Travail
Rue de l'Ouest
30 7 9 66 6 33 21 2 34 28 38 5
Pernety
Rue Losserand
Rue Pernety
R. de Plaisance
R. F. de Pressensé
Rue Raymond
R. Boyer-Barret
Rue des Plantes
Rue Decrès
Av. Villemain
Gergovie
Rue d'Alésia
Plaisance
Rue du
R. Bardinet
R. Jacquier
Rue de l'Abbé Carton
R. L. Morard
Rue Didot
Rue Jonquoy
Rue Pierre Larousse
Rue R. Ledion
R. G. Bruno
Brancion
Bd Lefebvre
Porte de Vanves
Av. de la Porte de Brancion
Boulevard Brune
R. J. Bartet
Av. de la Porte de Vanves
Avenue Marc Sangnier
Didot
Boulevard
Av. G. Lafenestre
Av. Maurice d'Ocagne
Stade Didot
PORTE DE VANVES
Malakoff
Jean Moulin
PL. DE LA PORTE DE CHÂTILLON
Avenue de la Porte de Châtillon
Stade J. Noël
PORTE DE CHÂTILLON
Cimetière de Montrouge
Montrouge
0 200 400 m

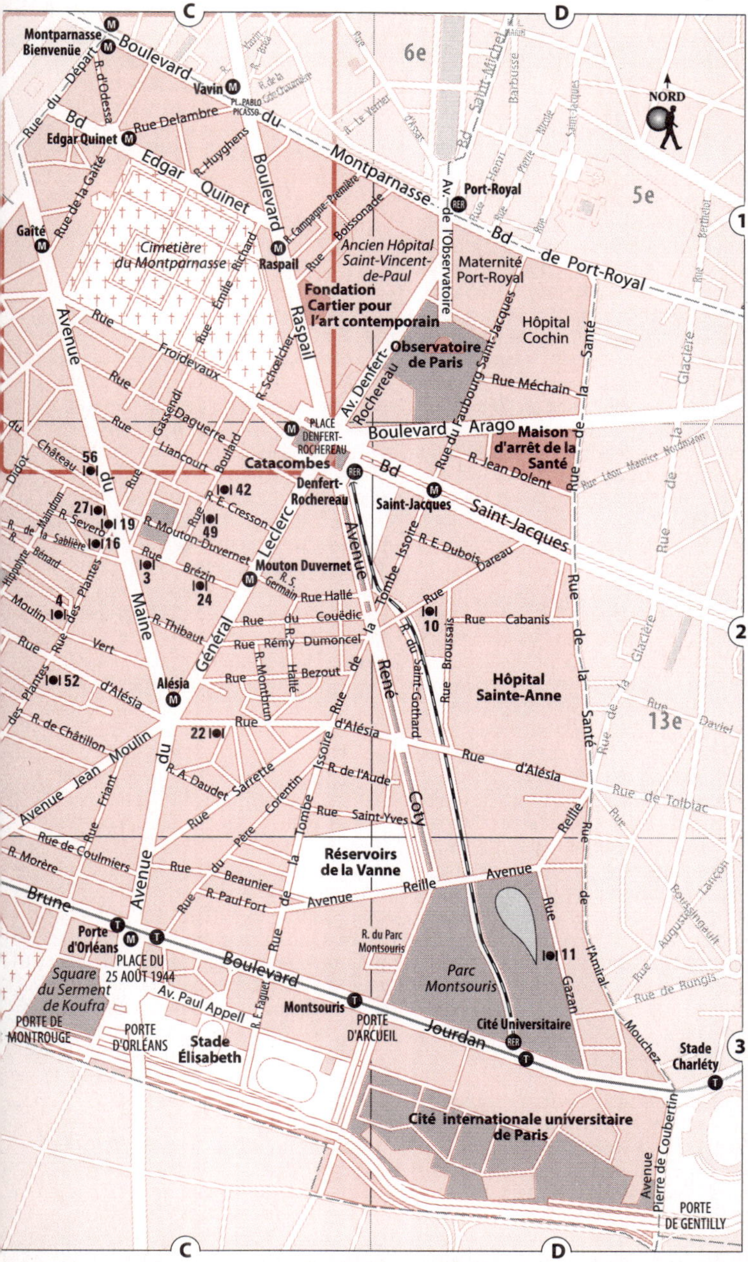

14e ARRONDISSEMENT

l'humeur dépend parfois de l'affluence. Fait aussi vente à emporter.

Coriandre (plan B2, **6**) : *104, rue de l'Ouest, 75014. 07-53-88-35-23. Pernety. Tlj midi et soir. Lunch box env 10 € ; formule déj 15 € ; le soir, menu 23 € et carte 20-25 €.* Cette petite adresse à la déco fraîche et moderne change des indiens traditionnels. La carte, elle, reste dans le classique avec les tandooris, *byrianis, khichuri* (mélange de légumes et riz, spécialité de la maison), samossas, currys, *tikka massala*... On connaît plus fin et plus relevé, mais les assiettes, généreusement servies, tiennent leurs promesses. À accompagner d'un lassi, d'une King Fisher ou d'un Grover (eh oui, en Inde, on fait du vin !). Bon point enfin pour les smoothies originaux ou encore pour l'eau détox délicatement aromatisée (offerte) et l'accueil aimable.

Les Pipelettes (plan C2, **3**) : *31, rue Brézin, 75014. 09-81-29-27-32. Mouton-Duvernet. Mar-sam 11h-18h30 ; service 12h-14h30, sam brunch 11h-15h (sur résa). Fermé dim-lun. Congés : août. Formules « dînette » servies avec soupe et salade 14,90-17,90 € ; brunch 25,50 €.* 2 copines ont créé cet adorable resto-épicerie (belle sélection de produits fins à la vente) où elles peuvent donner libre cours à leur passion culinaire. Résultat, on se régale d'une tarte salée ou d'un plat différent chaque jour, accompagnés de soupe et de salade, de goûteuses « dînettes » de saison concoctées avec une créativité et un savoir-faire confondants. Une grande partie est faite maison, le reste butiné chez d'excellents petits producteurs. Gâteaux pas en reste et intéressantes variétés de thés. Accueil alerte et souriant, mais ça, on s'en doutait !

Chez Joy (plan zoom, **8**) : *84, rue Daguerre, 75014. 01-43-20-01-68. Gaîté ou Denfert-Rochereau. Lun-ven midi et soir, plus sam midi. Fermé dim. Congés : de mi-juil à mi-août et 2de quinzaine de déc. Menus déj 10,50 € (en sem)-12,50 € (sam) ; carte env 15 €.* Ce minuscule traiteur vietnamien assure depuis des années une qualité et un sourire constants. Délicieux nems, salades fraîches aux saveurs baladeuses (citronnelle, aromates et parfums inspirés de la cuisine thaïlandaise), incontournables *phó* (la soupe traditionnelle vietnamienne), bo bun copieux et menus impeccables. Le porc au caramel est un délice... Il y a souvent foule au déjeuner !

Chez Victor (plan B1-2, **9**) : *73, rue Pernety, 75014. 09-80-97-72-60. Pernety. Mar-sam 12h-15h (10h-19h pour la boutique). Fermé dim-lun. Congés : 3 sem en août. Formules et planches 12-15 € ; goûter 9 €. Café offert sur présentation de ce guide.* Le concept est original : d'un côté, l'épicerie où sont vendus des produits sélectionnés en direct chez des producteurs travaillant en agriculture bio ou raisonnée, dans un rayon de 100 km autour de Paris (il y a même une carte avec leur localisation). De l'autre, le *coffee shop* cosy où l'on s'attable après avoir choisi sa formule au comptoir. Rien de sophistiqué, mais tout est concocté sur place le matin même : quiches, soupes, salades, petits entremets en guise de dessert. C'est bon, frais et bien dans l'air du temps. Et dans l'après-midi, le lieu se prête à la pause-café ou thé, avec un bon bouquin.

Le Vaudésir (plan D2, **10**) : *41, rue Dareau, 75014. 01-43-22-03-93. Saint-Jacques ou Denfert-Rochereau. Mar-ven midi et soir, plus lun midi et sam soir. Fermé dim. Congés : août. Pas de résa, se pointer tôt ! Plat du jour 8,30 € ; repas env 15 €. CB refusées. Café offert sur présentation de ce guide.* Un p'tit bistrot de quartier qu'on adore, un lieu de vie où les habitués plébiscitent une vraie cuisine familiale et de tradition, entre 2 parties de belote. Forcément, il y a toujours du monde dans les 2 petites salles de part et d'autre du zinc. Mais même à l'heure du coup de feu, l'ambiance reste chaleureuse et bon enfant, garantie par l'accueil adorable des patrons. Une vraie pépite !

Ti Jos (plan zoom, **13**) : *30, rue Delambre, 75014. 01-43-22-57-69. Montparnasse-Bienvenüe, Vavin ou Edgar-Quinet. Mar-sam midi et soir. Fermé dim-lun. Congés : sem du 15 août. Carte env 20 €.* Une des plus anciennes crêperies de Paris, restée quasi dans son jus avec son cadre typique, composé de panneaux sculptés de lits bretons. Des galettes classiques et généreuses faites avec de bons produits.

Bon marché

Daguerre Marée *(plan zoom,* ***15****) : 9, rue Daguerre, 75014. ☎ 01-43-22-22-52. Ⓜ Denfert-Rochereau. Mar-sam midi et soir, plus dim midi. Fermé lun. Congés : 2 janv, 1er-15 août et 26 déc. Douzaine d'huîtres 24-37 €, poisson 20-25 € selon arrivage ; formule 17 € ; carte env 30 €.* Cette poissonnerie réputée a ouvert son propre bistrot juste à côté des étals. Pour l'achalandage, impossible de les prendre en défaut. Et les bougres s'y connaissent. Ce n'est pas donné mais c'est le prix de la qualité. Privilégiez l'ardoise, c'est ce qui vient de descendre du bateau. Terrasse sur la rue piétonne.

Au P'tit Zinc *(plan C2,* ***19****) : 2, rue des Plantes, 75014. ☎ 01-45-40-45-50. Ⓜ Alésia ou Denfert-Rochereau. ♿ Lun-sam 8h30-23h ; service midi et soir. Fermé dim. Congés : 3 dernières sem d'août. Formules déj 17-20 € ; carte env 35 €.* En passant la porte de ce bistrot on ne peut plus typique, on est d'emblée séduit par l'accueil chaleureux. L'ardoise est classique : bavette à l'échalote, tartare façon *P'tit Zinc,* confit de canard et pommes sautées ou chou farci, le tout goûteux et généreux. Une adresse qui ne ment ni sur la qualité des produits ni sur le service. Elle a d'ailleurs reçu une Bouteille d'or, qui couronne ce beau travail. Avec ce genre de pépite, Paris tiendra toujours le haut du pavé (de bœuf).

Le Petit Baigneur *(plan C2,* ***16****) : 10, rue de la Sablière, 75014. ☎ 01-45-45-47-12. Ⓜ Mouton-Duvernet ou Pernety. Lun-ven midi et soir, plus sam soir. Fermé dim et j. fériés. Congés : 25 juil-25 août. Le midi en sem, formule et menu 18-28 € ; le soir, menu 29 € ; carte 20-35 €.* On aime toujours autant ce joli petit resto installé dans une ancienne épicerie au décor vintage : vieilles pubs, objets rétro... Cuisine de tradition, simple et sans prétention, à l'image des harengs-pommes à l'huile, du pâté de campagne et du bœuf décliné sous toutes les formes et à toutes les sauces. Mention spéciale pour l'excellent tartare. Une adresse qui ne désemplit pas.

Le Bistrot des Campagnes *(plan zoom,* ***23****) : 6, rue Léopold-Robert, 75014. ☎ 01-40-47-91-27. Ⓜ Vavin ou Raspail. ♿ Lun-ven midi et soir, plus sam soir ; service jusqu'à 15h30 et 23h30. Fermé dim. Congés : 2 premières sem d'août. Formules et menus 17,50-22,50 € le midi, 27,50-34,50 € le soir ; carte 20-30 €.* Dans une petite rue cachée à 2 pas du cimetière du Montparnasse, une étape revigorante ! Le nom de la maison n'est pas volé ! Ambiance chaleureuse, avec bouteilles bien alignées, tables à touche-touche, ardoise et comptoir à l'arrivée, et vue sur les cuisines ouvertes. Une carte tout aussi alléchante et fréquemment renouvelée, avec poisson du jour, viandes sous toutes leurs formes de la terrine aux sautés, confits et autres préparations en sauce. Présentation soignée, sourire au service et prix au plus juste fidélisent les gourmands !

La Baraka *(plan zoom,* ***18****) : 70, rue Daguerre, 75014. ☎ 01-43-27-28-20. Ⓜ Denfert-Rochereau ou Gaîté. ♿ Mar-sam midi et soir, plus dim midi. Fermé lun. Congés : 3 sem en août. Carte 25-30 €.* Un resto de spécialités méditerranéennes, plus particulièrement nord-africaines, qui ne joue pas la carte du folklore. La déco, sobre et moderne, est égayée par quelques touches colorées. La salle est prolongée par un joli patio arboré (chauffé en hiver). Rare à Paris ! Belle déclinaison de couscous et tajines, notamment au poisson, servis avec une semoule ultra-fine, pour des prix raisonnables. Service discret.

Le Smoke *(plan zoom,* ***17****) : 29, rue Delambre, 75014. ☎ 01-43-20-61-73. Ⓜ Vavin ou Edgar-Quinet. Lun-ven midi et soir, plus sam soir. Fermé dim. Formules déj 11-19 € ; plats 9-18 €.* Au cœur du Montparnasse artistique et littéraire cher à Hemingway, dans une rue où ont vécu tant de génies (Gauguin, André Breton, Henry Miller...), *Le Smoke* est une belle surprise. Ce beau bar jazzy avec banquettes, tables en bois, grosses poutres et musique de circonstance propose une cuisine française simple et bonne à prix doux. *Le Smoke* est parrainé aujourd'hui par l'écrivain américain Paul Auster, qui est aussi le scénariste du film *Smoke* (avec Harvey Keitel). Ce dernier a inspiré le patron Lazhar et ses fils (Moez et Talal), qui maintiennent cet esprit « brooklynien » à Montparnasse. Ambiance fort conviviale. Bien aussi pour boire un pot à l'apéro ou faire une partie d'échecs...

Yaai Thaï (plan zoom, **14**) **:** *22, rue Daguerre, 75014.* ☎ *09-81-07-85-25.* Ⓜ *Denfert-Rochereau. Tlj midi et soir. Pas de résa. Plats env 11-15 €.* Une adresse à l'image de cette rue pleine de vie qui vous propulse sans escale dans une échoppe bigarrée en Thaïlande. Coup de cœur pour la déco foisonnante avec lampes en bambou, panneaux publicitaires et objets chinés. Les classiques de la cuisine thaïe sont revenus au wok : onctueux currys rouge et vert, incontournables *pad thaï,* concluant bo bun et de fameux cocktails... *Adresse jumelle au 35, bd de Bonne-Nouvelle, dans le 2e.*

Indian House (plan zoom, **20**) **:** *27, rue Gassendi, 75014.* ☎ *01-43-20-07-64.* Ⓜ *Denfert-Rochereau, Mouton-Duvernet ou Gaîté. Tlj midi et soir. Fermé 24-25 déc. Formules déj sauf dim 12-14 € ; le soir, formule et menu 20-25 € ; carte 25-30 € ; brunch dim (12h-15h) 22 €. Café offert sur présentation de ce guide.* Dans un cadre chaleureux, on déguste ici tous les classiques de la cuisine indienne, dont bien sûr le *thali* (assortiment de légumes avec des chutneys). Délicieux lassis aux différents parfums sucrés (rose, mangue...) ou salés. Une valeur sûre !

Le Verre Siffleur (plan C2, **22**) **:** *73, rue d'Alésia, 75014.* ☎ *01-40-47-08-34.* Ⓜ *Alésia. Tlj 8h-2h ; service continu 12h-23h. Plats env 13-19 € ; brunch 19,50 €. Café offert sur présentation de ce guide.* Carrelage typique des années 1950, banquettes de moleskine, comptoir de marbre en U, luminaires rétro... Ici, on maintient la tradition côté déco, mais dans l'assiette aussi, avec une bonne cuisine de bistrot, soignée et généreuse. Clientèle d'employés et de travailleurs du coin le midi, de rêveurs l'après-midi et un poil « branchouille » le soir (bruyant !)... Belle carte des vins. Service jeune et dynamique.

Mian Fan (plan zoom, **25**) **:** *124, bd du Montparnasse, 75014.* ☎ *01-56-54-01-55.* Ⓜ *Vavin ou Raspail. Tlj midi et soir. Dim sum (5 pièces) 8 €, plats 10-24 €, dont un plat du jour à 15 €.* Une petite cantine asiatique sans prétention que l'on recommande surtout pour les *dim sum* préparés à la commande, bien garnis et savoureux. Quant aux plats *fusion,* ils lorgnent aussi bien vers le Vietnam que vers la Thaïlande ou la Chine, version tout de même occidentalisée. Reste les prix sages et le service rapide, qui en font une honorable adresse de repli à l'heure du déjeuner ou avant le ciné.

Félicie (plan C2, **27**) **:** *174, av. du Maine, 75014.* ☎ *01-45-41-05-75.* Ⓜ *Mouton-Duvernet ou Alésia. Tlj 7h30 (8h w-e)-2h ; service continu 11h-0h30. Formules déj 15,50-20 € ; repas 25-30 € ; brunch dim et j. fériés 21,50 €.* En bordure d'avenue, ce chaleureux bistrot dispose d'une terrasse couverte (chauffée l'hiver) et d'une grande salle où se retrouvent les jeunes et les moins jeunes du quartier. On y sert une bonne cuisine classique à base de produits frais et souvent bio, d'excellentes viandes de Salers, des tartares, des frites maison et des fromages au lait cru. Inutile de dire qu'on en ressort repu !

Dokkebi (plan B2, **28**) **:** *121, rue Raymond-Losserand, 75014.* ☎ *01-45-43-35-12.* Ⓜ *Plaisance. Tlj midi et soir. Menus 10-14 € le midi, 20-24 € le soir ; carte env 25 €.* Dans un cadre sobre et intime, ce petit resto discret propose un tour d'horizon des grandes spécialités coréennes : *bibimbap,* BBQ de bœuf, raviolis grillés... Des saveurs envoûtantes, un voyage culinaire d'une grande finesse, le tout généreusement servi. Et cerise sur la glace au thé vert, un accueil chaleureux, un service attentionné et des prix abordables.

Prix moyens

L'Essentiel (plan B2, **38**) **:** *168, rue d'Alésia, 75014.*

☎ 01-45-42-64-80. Ⓜ Plaisance. Tlj 8h-23h30. Formules déj 14,50-17,50 € ; carte env 35 €. Ouvert dès potron-minet pour avaler un petit noir serré, ce néobistrot aux murs de brique nue cultive le culte du « bien-manger ». Les habitués s'y pressent au déjeuner en tables serrées sur la terrasse chauffée ou, au fond, autour de la robuste table commune, pour décrypter les offres du jour sur tableau noir. Cuisine de brasserie classique et copieuse, élaborée en fonction du marché : que du frais, garanti fait maison, du simple et revigorant, servi sans délai et dans la bonne humeur. Bons vins au verre.

Papy aux Fourneaux *(plan B1, **30**) : 70, rue de l'Ouest, 75014. ☎ 01-45-49-06-12. Ⓜ Pernety. Tlj midi et soir. Formule déj 25 € ; plats 17-19 € ; cagette apéritive 15 € ; brunch 35 € ; carte 30-35 €. Digestif maison offert sur présentation de ce guide.* Le partage est à l'honneur dans ce resto-table d'hôtes hyper convivial au cadre rustico-moderne. On conseille de venir à plusieurs pour vous installer autour des grandes tablées, car ici, plus on est de fous, moins on paie ! L'idée est simple : on se met d'accord sur les propositions du jour (2 entrées, 3 plats et 3 desserts) et on partage la même cocotte. On se sert comme à la maison, à la bonne franquette, et en plus on peut saucer la marmite jusqu'à plus faim... On a aimé la courge farcie au risotto ou encore le lieu noir sauce canard fumé ! C'est simple et bon, copieux, et les produits sont frais, bio et de saison. En plus, vente de mets de producteurs locaux et coin salon avec baby-foot et jeux de société.

Le Bistrot des Plantes *(plan C2, **4**) : 34, rue des Plantes, 75014. ☎ 01-45-43-53-71. Ⓜ Alésia. Lun-sam 8h30-22h. Fermé dim. Formules déj 19,50-25 € ; carte env 36 €.* Joli petit bistrot un brin rétro, avec son vieux comptoir, des plantes pour la touche green et quand même quelques luminaires tendance pour réactualiser la déco. C'est à l'image de la cuisine : des recettes classiques, du genre faux-filet, tartare ou suprême de poulet, mais travaillées avec inventivité et présentées avec soin. C'est bon et c'est servi avec le sourire par une équipe jeune et efficace. Quelques tables en terrasse. *NOUVEAUTÉ.*

O Corcovado *(plan zoom, **37**) : 152, rue du Château, 75014. ☎ 01-43-27-50-87. Ⓜ Pernety. Mar-dim, le soir seulement. Fermé lun. Carte env 35 €.* Situé dans une rue au calme, ce petit restaurant aux couleurs du Brésil (le Corcovado, c'est le pic rocheux où s'élève la statue du Christ à Rio) a la cote auprès des expatriés et des Parisiens grisés par la chaleur de l'accueil, et par l'excellente caïpirinha parfaitement bien dosée (qui se décline avec des fruits) ! Assis au coude-à-coude, on embarque pour un voyage culinaire à travers le pays : *pão de queijo,* feijoada, *picanha, moqueca de camarão...* Tout est copieux et délicieux !

Au Bistrot d'à Côté *(plan zoom, **32**) : 18, rue Lalande, 75014. ☎ 01-43-20-00-28. Ⓜ Denfert-Rochereau. Lun-sam midi et soir. Fermé dim. Formules déj 20-25 € ; carte 30-35 €. Café offert sur présentation de ce guide.* Un bistrot, tout simplement, pour se retrouver entre amis dans un cadre chaleureux et autour d'une cuisine de terroir, consistante et bien ficelée : superbe entrecôte de salers, classique andouillette, mais aussi un robuste burger auvergnat... Toujours d'excellents produits et, surtout, de gouleyants vins de propriété. Le *Bistrot,* c'est celui qu'on souhaiterait avoir à côté de chez soi !

La Cantine du Troquet *(plan B2, **33**) : 101, rue de l'Ouest, 75014. ☎ 01-45-40-04-98. Ⓜ Pernety. Mar-sam midi et soir. Fermé dim-lun. Congés : 2 sem en août et 1 sem en déc-janv. Carte 35-40 €.* Christian Etchebest a trouvé une formule gagnante et multiplie ses joyeuses cantines dans Paris. L'ambiance est à la camaraderie, et la cuisine typée Sud-Ouest met tout le monde d'accord, avec des produits de belle qualité (boudin, poitrine de porc et oreilles de cochon à se damner) et des frites extra. Forcément, c'est vite plein !

Les Fauves *(plan zoom, **26**) : 33, bd Edgar-Quinet, 75014. ☎ 01-72-38-58-92. Ⓜ Edgar-Quinet ou*

Montparnasse-Bienvenüe. Tlj 7h (8h dim)-minuit. Formule déj en sem env 17 € ; planches apéritives 14-18 € ; carte 30-50 € ; brunchs dim et j. fériés 29-35 €. Juste en face de la tour Montparnasse, au cœur d'un trafic bourdonnant, ce joli néobistrot aux murs végétalisés propose une cuisine bien dans l'air du temps, concoctée à partir de produits frais, bio et locaux. Au menu, des plats bistrotiers revisités, savoureux, généreux et présentés avec beaucoup de soin. Le tout à des prix abordables (surtout le midi) et servi par une équipe jeune et attentive. *NOUVEAUTÉ.*

Bistrotters *(plan B2, **34**) : 9, rue Decrès, 75014. ☎ 01-45-45-58-59. Ⓜ Plaisance. Tlj midi et soir. Congés : 1 sem à Noël. Menus-carte 33-38 €.* Dans cette rue assez improbable, 2 jeunes hardis et optimistes, Manon au service et Martin au piano, imposent avec brio leur élégante cuisine créative dans un cadre sobrement rétro. Produits du marché, mise en valeur subtile des saveurs, carte courte qui bouge pas mal... Avec cependant quelques vedettes plébiscitées comme le croustillant de cochon. Poisson frais cuit à la perfection. Desserts aussi bons que graphiques. Carte des vins bien fournie, notamment en biodynamie. Globalement un bon rapport qualité-prix.

La Cantine du Troquet Daguerre *(plan zoom, **36**) : 89, rue Daguerre, 75014. ☎ 01-43-20-20-09. Ⓜ Gaîté. Mar-sam midi et soir. Fermé dim-lun. Congés : 2 sem en août. Pas de résa. Carte 35-40 €.* Voilà une autre de ces fameuses *Cantine* de Christian Etchebest. Même concept bistrotier et grands classiques du Sud-Ouest affichés sur l'ardoise (cochonnailles de « son » ami Ospital, pièces de cochon et de veau formidables, indétrônables frites maison), belle déclinaison de flacons servis également au verre, et service bien rodé. Sauf que, là, Nicolas Gras, ex-chef pâtissier chez *Ledoyen,* s'est invité (plus que ça, il gère le resto) et ajoute son grain de... sucre dans la carte des desserts. À ne pas manquer, du coup !

Yinan & Hugo *(plan C2, **24**) : 7, rue Brézin, 75014. ☎ 01-53-90-93-98. Ⓜ Mouton-Duvernet. Lun-sam midi et soir. Fermé dim. Plats 12-19 € ; canard laqué entier 64 € pour 2 (moins cher à emporter).* Proche de la mairie, ce petit resto discret et élégant sert une cuisine chinoise soignée, parfumée de notes épicées. La spécialité de la maison, c'est le fameux canard laqué de Pékin (à commander au moins 12h à l'avance), préparé selon la tradition. Sinon, on se rabat aisément sur des plats simples mais bien exécutés, à base de nouilles ou de riz. Mention spéciale pour les raviolis ! Petit bémol cela dit, le service est parfois un peu débordé : il ne faut pas être pressé... *NOUVEAUTÉ.*

À Mi-Chemin *(plan C2, **42**) : 31, rue Boulard, 75014. ☎ 01-45-39-56-45. Ⓜ Denfert-Rochereau ou Mouton-Duvernet. Mar-sam midi et soir. Fermé dim-lun. Congés : août et 1 sem en déc. Formules déj en sem 18-28 € ; carte 45-50 €.* Cadre simple de bistrot pour une cuisine puisant son inspiration entre la France et la Tunisie (à mi-chemin donc !). La carte évolue au gré du marché et des saisons : viandes tendres, poissons cuits parfaitement et bien sûr couscous. Tout de même pas donné (le prix du succès ?) mais l'accueil est au rendez-vous ! Terrasse aux beaux jours.

Au Bretzel *(plan zoom, **25**) : 1, rue Léopold-Robert, 75014. ☎ 01-40-47-82-37. Ⓜ Vavin ; RER B : Port-Royal. ♿ Mar-sam midi et soir. Fermé dim-lun. Congés : 3 sem en août. Formule déj env 18 € ; carte 25-30 €.* Loin des grandes brasseries alsaciennes, une petite winstub où la convivialité est de mise. À la carte, des plats classiques et savoureux, comme les flammekueches ou, bien sûr, l'incontournable choucroute. Le tout servi avec le sourire. On en redemande !

Le Plomb du Cantal *(plan zoom, **44**) : 3, rue de la Gaîté, 75014. ☎ 01-43-35-16-92. Ⓜ Edgar-Quinet ou Gaîté. Mer-lun 7h-minuit (1h ven-sam) ; service continu 12h-minuit. Fermé mar. Congés : Noël. Petits déj 7-9 € ; carte 30-35 €.* Une envie de plats auvergnats ou une grosse faim tardive ? 2 bonnes raisons de venir au *Plomb,* un classique dans sa catégorie, qui possède plusieurs adresses à Paris (dont une juste à côté, rue du Maine).

Ici, on ne fait pas dans le light. Parmi les musts, les saucisses, les viandes et les pommes de terre, évidemment cuisinées en truffade ou en aligot (et présentées dans un poêlon en cuivre), font l'unanimité. Ambiance rugissante dans la salle rustique, surtout en fin de spectacles lorsque c'est plein à craquer (nombreuses salles alentour). Les affamés attendent leur tour jusque sur le trottoir !

Chic

🍽 ***Les Petits Parisiens*** *(plan B3,* ***5****) : 49, av. Jean-Moulin, 75014. ☎ 01-45-43-72-97. Ⓜ Porte-d'Orléans. Mar-sam midi et soir. Fermé dim-lun. Formules déj 25-29 € ; menu-carte le soir 39 €.* Ce bistrot de toujours, élégamment relooké, renoue avec la tradition bistronomique qui avait fait sa réputation autrefois, sous la houlette du médiatique chef Camdeborde. Repris par une jeune équipe, on y retrouve les standards du grand succès d'alors : convivialité et générosité, que célèbrent la terrine posée sur la table en guise de bienvenue et l'inénarrable riz au lait, star incontestée des desserts. Reste que la cuisine bistrotière, joliment dressée dans de belles assiettes en céramique, tient toutes ses promesses, que ce soit au niveau de la qualité des ingrédients, de la cuisson, de la créativité ou encore de la présentation soignée. Avec un p'tit verre de vin qui va bien, sélectionné par madame, sommelière, c'est la fête ! Excellent accueil. Un coup de cœur. *NOUVEAUTÉ.*

🍽 ☂ ***Aux Plumes*** *(plan C2,* ***49****) : 45, rue Boulard, 75014. ☎ 01-53-90-76-22. Ⓜ Denfert-Rochereau. ♿ Mar-sam midi et soir. Fermé dim-lun. Congés : août. Menus 20 € (+ 7, 10 ou 12 € avec dessert) le midi en sem, 38 € le soir ; menu dégustation (7 tapas avec un dessert) 38 € le soir.* Dans l'imaginaire japonais, les plumes symbolisent la liberté et l'accomplissement. 2 notions chères à ce chef, qui n'a pas manqué son envol en œuvrant dans les meilleures cuisines étoilées, ni son atterrissage dans ce tout petit resto au cadre épuré, où il démontre l'étendue de son talent. Produits du marché exclusivement, travaillés avec un art certain et une inventivité qu'on n'attend pas à ces prix-là, en particulier dans l'épatante formule déjeuner. Le soir, carte plus élaborée, avec des produits plus nobles qui méritent bien une belle bouteille de vin bio. Un feu d'artifice de l'entrée au dessert !

🍽 ***Le Cornichon*** *(plan zoom,* ***48****) : 34, rue Gassendi, 75014. ☎ 01-43-20-40-19. Ⓜ Alésia, Mouton-Duvernet ou Denfert-Rochereau. Lun-ven midi et soir. Fermé w-e. Congés : août et 2 sem à Noël. Formules 31-34 € le midi, 40-41 € le soir ; menus 35 € le midi, 42 € le soir ; carte 50-55 €.* Ne cherchez pas, il n'y a ni terrine ni cornichons au menu, mais une carte succincte affichant des plats bistrotiers inventifs et appétissants, qui donnent plutôt dans le bistronomique ! Produits de prime fraîcheur et de belle qualité (excellentes viandes) pour une cuisine de marché sans fanfaronnade mais bien troussée, servie dans un élégant cadre contemporain. Côté vins, c'est du tout bio, avec de belles excursions en biodynamie et même chez les vignerons nature. Une belle adresse.

🍽 ***L'Auberge de Venise*** *(plan zoom,* ***50****) : 10, rue Delambre, 75014. ☎ 01-43-35-43-09. Ⓜ Vavin. Tlj midi et soir (service continu ven-dim). Menus 18,90 € (midi sauf dim et j. fériés, vin compris)-29,90 € (hors boisson) ; carte 35-40 €.* Ici autrefois siégeait le *Dingo's Bar,* le bistrot préféré d'Hemingway à Montparnasse. Les cinémas du quartier ainsi qu'une poignée de bonnes tables font qu'on peut encore, avec plaisir, s'amuser à y jouer les Montparnos d'un soir. Parmi ces tables, cette auberge italienne où règne Enzo, qui a l'art et la manière de vous mettre immédiatement à l'aise, sans oublier Massimo, son fiston. L'occasion de profiter d'une cuisine transalpine classique et constante.

🍽 ☂ ***Le Pavillon Montsouris*** *(plan D3,* ***11****) : 20, rue Gazan, 75014. ☎ 01-43-13-29-00. RER B : Cité-Universitaire. ♿ Accès côté parc et côté rue. Mar-sam midi et soir, plus dim midi. Fermé lun. Congés : vac scol de fév. Menu-carte 51 €.* Idéalement blotti dans le superbe parc Montsouris, un pavillon qui accueillit nombre de personnalités des lettres, des arts et de la politique. Lénine y jouait aux échecs et Mata Hari recevait de beaux officiers au 1er étage. Intérieur cossu et lumineux (grande verrière). Vue sur le parc, bien sûr, magnifique, avec accès réservé aux clients les soirs d'été... Terrasse très prisée dès les 1res chaleurs, et clientèle plutôt chic. Menu-carte offrant un choix intéressant de viandes ou de poissons. Cuisine de grande tenue, concoctée avec doigté par le chef sous l'œil malicieux du patron. *NOUVEAUTÉ.*

Les Petits Plats (plan C2, **52**) **:** *39, rue des Plantes, 75014. ☎ 01-45-42-50-52. Ⓜ Alésia. Lun-sam midi et soir. Fermé dim. Congés : 3 sem en août, Noël et Jour de l'an. Résa conseillée. Plat du jour env 14 € ; carte 45-50 €.* Un bistrot très convivial, au décor rétro, et tenu par une équipe qui mise sur la qualité. À l'ardoise, certains plats mettent à l'honneur la viande d'Aubrac, tandis que d'autres s'inspirent des produits de saison. Dans tous les cas, on déguste une cuisine savoureuse et généreuse. N'hésitez pas à opter pour les plats en « demi-portion », impeccables pour les petits appétits... ou pour les gourmands curieux ! Large gamme de bons vins, avec quelques grands crus, pour accompagner.

La Cerisaie (plan zoom, **47**) **:** *70, bd Edgar-Quinet, 75014. ☎ 01-43-20-98-98. Ⓜ Montparnasse-Bienvenüe ou Edgar-Quinet. Lun-ven midi et soir. Fermé w-e. Congés : 14 juil-15 août. Résa conseillée. Formule et menu 29-38 € ; carte env 40 €. Apéritif maison offert sur présentation de ce guide.* Voilà plus de 20 ans que le couple Lalanne porte haut les couleurs du Sud-Ouest dans ce bistrot de poche niché au pied de la tour Montparnasse. Les plats, d'une qualité constante, sont préparés avec minutie et à base d'ingrédients de saison finement sélectionnés. Croustade de pigeon, cassoulet longuement mijoté, agneau de lait des Pyrénées, palombe (en saison), régalent une clientèle de fins gourmets, qui trouve aussi son compte dans les desserts maison, franchement gourmands. Belle sélection de vins.

Les Petites Sorcières *(plan zoom,* **53***)* **:** *12, rue Liancourt, 75014. ☎ 01-43-21-95-68. Ⓜ Denfert-Rochereau. Mar-sam midi et soir. Fermé dim-lun. Congés : 2 sem en août. Résa conseillée bien à l'avance. Formule déj 26 € ; le soir, menus 39-59 €.* Ghislaine Arabian, très connue des épicuriens fortunés à l'époque où elle œuvrait chez *Ledoyen,* tient là un bistrot de quartier au cadre sobre et élégant, où il est permis de goûter à la cuisine d'une grande à prix doux (du moins le midi). Pas de fioritures ni de falbalas : la cuisine se veut sincère et rappelle parfois le Nord (pas la peine de fuir !).

Bistrot du Dôme (plan zoom, **51**) **:** *1, rue Delambre, 75014. ☎ 01-43-35-32-00. Ⓜ Vavin. Tlj midi et soir ; attention, 2 services ven-sam : à 19h et 21h30. Carte env 50 €.* L'annexe bistrotière de la célèbre brasserie de Montparnasse. La marée y est en pleine forme, la carte des vins sans houle. Au fil des arrivages, poissons et fruits de mer expriment la même franchise savoureuse que celle qui nous émeut tant à la table d'un cabanon des bords de mer. Du classique, comme l'indéboulonnable et savoureuse sole meunière.

Plus chic

L'Assiette (plan C2, **56**) **:** *181, rue du Château, 75014. ☎ 01-43-22-64-86. Ⓜ Gaîté ou Mouton-Duvernet. Mer-dim midi et soir. Fermé lun-mar. Résa indispensable. Formule déj 23 € ; carte 50-70 €.* Ancienne charcuterie de quartier, naguère le resto préféré de François Mitterrand, aujourd'hui repris par le talentueux David Rathgeber, formé par les meilleurs chefs. Dans ce lieu plein de charme, ce défenseur de la cuisine de terroir réalise des plats canailles avec un amour évident du bon produit (excellents gibiers) et un savoir-faire jamais démenti. Bons desserts bistrotiers au goût d'antan. Le chef n'a d'ailleurs pas peur de se réinventer avec l'ouverture récente d'une épicerie fine, ***L'Arrière-Cuisine*** *(mar-sam à partir de 12h),* juste à côté de son resto. On y trouve des produits fins à la vente (dont le fameux cassoulet du chef !), mais aussi de quoi grignoter un bout sur le pouce en journée pour savourer une cuisine toujours excellente, en mode casse-croûte et à bas prix !

La Coupole (plan zoom, **57**) : *102, bd du Montparnasse, 75014. ☎ 01-43-20-14-20. Ⓜ Vavin. Tlj 8h-11h pour le petit déj ; pour la brasserie, commande à la carte 12h-minuit (23h dim-lun). Formule déj 19,50 € ; carte 50-60 €.* C'est l'un des derniers dinosaures de Montparnasse, une institution mythique qui ne passe pas inaperçue ! Gigantesque « hall de gare » : c'est le plus grand resto, en surface, de France. *La Coupole* a vu le jour en 1927 dans un dépôt de bois et de charbon. Dès sa naissance, l'endroit était fréquenté par les artistes : Chagall, Man Ray, Soutine, Joséphine Baker et son guépard. C'est là qu'Aragon rencontra Elsa, que le modèle Youki quitta Foujita pour Robert Desnos, lui-même en rupture avec Breton sur le surréalisme... Impossible d'établir une liste exhaustive de tous ceux qui fréquentèrent *La Coupole* : Hemingway, Lawrence Durrell, Henry Miller, Buñuel, Dalí, Picasso, Artaud, Colette, Simone de Beauvoir, Sartre, Giacometti... Un lieu légendaire donc, qui fêtera ses 100 ans en 2027, mais le décor, lui, bien que récemment rénové, n'a pas changé : style Art déco original, colonnes surmontées de fresques et d'une superbe coupole, carrelage cubiste. En cuisine, continuité et innovation avec les recettes d'un bon chef, sans oublier l'emblématique curry d'agneau. Huîtres et crustacés en direct du banc à huîtres. Très bon accueil.

Où boire un verre ?

Le Rosebud (plan zoom, **68**) : *11 bis, rue Delambre, 75014. ☎ 01-43-35-38-54. Ⓜ Vavin ou Edgar-Quinet. Tlj 19h-2h. Congés : août. Cocktail env 14 €.* Dans les années 1950, Jean-Paul Sartre et la bande de Montparnasse venaient souvent y prendre un verre. Ce bar, au joli cadre 1930 et à l'ambiance surannée, accueille aujourd'hui une clientèle d'artistes peintres, d'écrivains et de journalistes. Les tables de style bistrot baignent dans une douce pénombre, propice aux confidences.

Ker Beer (plan zoom, **70**) : *10, rue Vandamme, 75014. ☎ 01-42-84-43-22. Ⓜ Gaîté, Edgar-Quinet ou Montparnasse-Bienvenüe. Tlj 17h-2h. Congés : 2 sem en août. Bières 4-7 € ; dégustation 4 galopins 10 €.* En plein cœur du quartier breton de Montparnasse mais nichée dans une rue au calme, cette petite adresse hisse haut le *Gwenn ha du* ! Les 3 jeunes associés ont ouvert ce bar coopératif afin de faire connaître un large éventail d'excellentes bières artisanales bretonnes (ce qui évidemment inclut le département de la Loire-Atlantique !). À la pression, une douzaine de cuvées du moment, complétées par une cinquantaine de bières bouteilles toutes différentes. Pour les allergiques au houblon, sélection de cidres et whiskies... bretons ! Quelques planches à grignoter pour rester bien accroché au bastingage.

Bar-resto de l'Entrepôt (plan B2, **66**) : *7, rue Francis-de-Pressensé, 75014. ☎ 01-45-40-07-50. Ⓜ Pernety. Bar-resto mer-sam midi et soir, plus mar midi ; fermé dim-lun. Ciné tlj (voir le programme en ligne). Bière pression 4 € ; verres de vin 5-8 € ; cocktail 9 €.* Dans une rue discrète, cette ancienne imprimerie a été reconvertie en lieu alternatif faisant preuve d'un beau dynamisme culturel : cinéma projetant des films indépendants, salle de concerts et événements divers. Mais le clou du spectacle, c'est le bar-resto presque secret, installé sous une superbe verrière prolongée par une terrasse ombragée. Parfait pour boire un verre dans l'après-midi, avant ou après un film. Le resto accueille des chefs en résidence, mais l'addition pique un peu ! *NOUVEAUTÉ.*

Le Dôme (plan zoom, **69**) : *108, bd du Montparnasse, 75014. ☎ 01-43-35-25-81. Ⓜ Vavin. Tlj midi et soir. Fermé dim-lun en juil-août. Vins au verre à partir de 9 €. Formules 39-45 € ; carte 90-160 € ! Parking payant.*

Terrasse superbe agrémentée d'une végétation foisonnante, salle de style Art déco, lampes Tiffany, chaises en osier, fresques... Un cadre d'exception pour le plus touristique et le plus chicos des grands cafés de Montparnasse. Jean-Paul Sartre (toujours lui !) aimait y venir l'après-midi. Dans l'assiette, poisson et fruits de mer travaillés avec précision par un chef japonais très talentueux (mais il faut y mettre le prix !).

Le Smoke *(plan zoom,* ***17****)* **:** *29, rue Delambre, 75014.* ☎ *01-43-20-61-73.* Ⓜ *Vavin ou Edgar-Quinet. Lun-sam 11h (15h sam)-2h. Fermé dim.* Happy hours *14h30-21h : pintes de bière 4-6 €, cocktail 5,50 €, verre de vin 3,50 €.* Voir la rubrique « Où manger ? ».

15e ARRONDISSEMENT

• Plan *p. 166-167*

À l'exception d'être l'arrondissement le plus grand et le plus peuplé de Paris, le 15e n'est pas celui de tous les superlatifs ! Et hormis ses 2 principales artères commerçantes – la rue Saint-Charles, prolongée par le très chic centre commercial *Beaugrenelle,* et la bien-nommée rue du Commerce – et ses 2 grands parcs contemporains – André-Citroën et Georges-Brassens –, pas de quoi fouetter un chat en matière d'animation. Pourtant, l'arrondissement compte aussi un des plus grands nombres de bistrots gastro de la capitale, de vrais bistrots gourmands et créatifs tenus par des chefs inspirés et soucieux de satisfaire une clientèle locale nombreuse, fidèle... et gourmande. Faites votre choix !

Où manger ?

De très bon marché à bon marché

|●| *Casa Veg'* *(plan B1,* ***28****)* **:** *54, rue du Docteur-Finlay, 75015. ☎ 09-88-40-05-35. Ⓜ Dupleix. Lun-ven midi et soir, plus sam midi. Fermé dim. Plat 10,90 € ; formules env 13-15 €. Bio, sain et gourmand,* telle est la devise de cette savoureuse petite maison spécialisée dans la cuisine végétarienne et bio. On y sert de gros bols diététiques, contenant du quinoa ou du boulgour, du fenouil, du poivron ou de l'aubergine, des concombres ou des pois chiches, le tout agrémenté de curcuma, de paprika, de sésame ou de basilic. On choisit ses protéines en plus : œuf, tofu, houmous ou bleu de brebis. Accueil diligent et service efficace. *NOUVEAUTÉ.*

|●| *Aux Artistes* *(plan D2,* ***7****)* **:** *63, rue Falguière, 75015. ☎ 01-43-22-05-39. Ⓜ Pasteur ou Falguière. Lun-ven midi et soir jusqu'à 23h30, plus sam soir. Fermé dim. Congés : août et fêtes de fin d'année. Formule déj 12 € ; menu 15 € le soir.* Ce resto est un cas ! Le jeune patron, Marvin, a repris l'affaire de ses grands-parents. Modigliani et Foujita y venaient au temps de la Cité des artistes (70, rue de Falguière), dans les années 1920-1930. L'atmosphère

|●| Où manger ?

- **1** Le Café Noisette (B3)
- **2** La Cave de l'Os à Moelle (B2)
- **3** Le Petit Pan (C3)
- **4** Pizzeria Guillaume Grasso (C3)
- **5** Fratelli Castellano (B1)
- **6** Crêperie Mad'Eo (B3)
- **7** Aux Artistes (D2)
- **8** Le P'tit Gavroche (C2)
- **9** Séoul Mama (B1)
- **11** Lylee (B1)
- **12** Le Commerce (C3)
- **13** Erawan (C1)
- **16** Le Casse-Noix (B1)
- **18** La Petite Auberge (B3)
- **20** Intuition Gourmande (C2)
- **22** La Cantine du Troquet (B1)
- **23** Croccante (D2)
- **25** Le Beurre Noisette (B3)
- **26** Le Bélisaire (C2)
- **27** L'Os à Moelle (B2)
- **28** Casa Veg' (B1)
- **29** Le Volant Basque (B1)
- **30** Sawadee (B2)
- **31** Le Café du Commerce (C2)
- **32** L'Atelier du Parc (B3)
- **33** Le Radis Beurre (C2)
- **34** Le Grand Pan (C3)
- **35** L'Accolade (B2)
- **36** Polichinelle (B1)
- **37** Afaria (B3)
- **38** Le Concert de Cuisine (B1)
- **39** Mama Shelter Paris West (B3)

Où boire un verre ?

- **51** Le Général Beuret (C2)
- **52** Le Cristal (C2)
- **53** Au Dernier Métro (B1)
- **54** Guinguette La Javelle (A2)
- **55** Le Perchoir (B3)

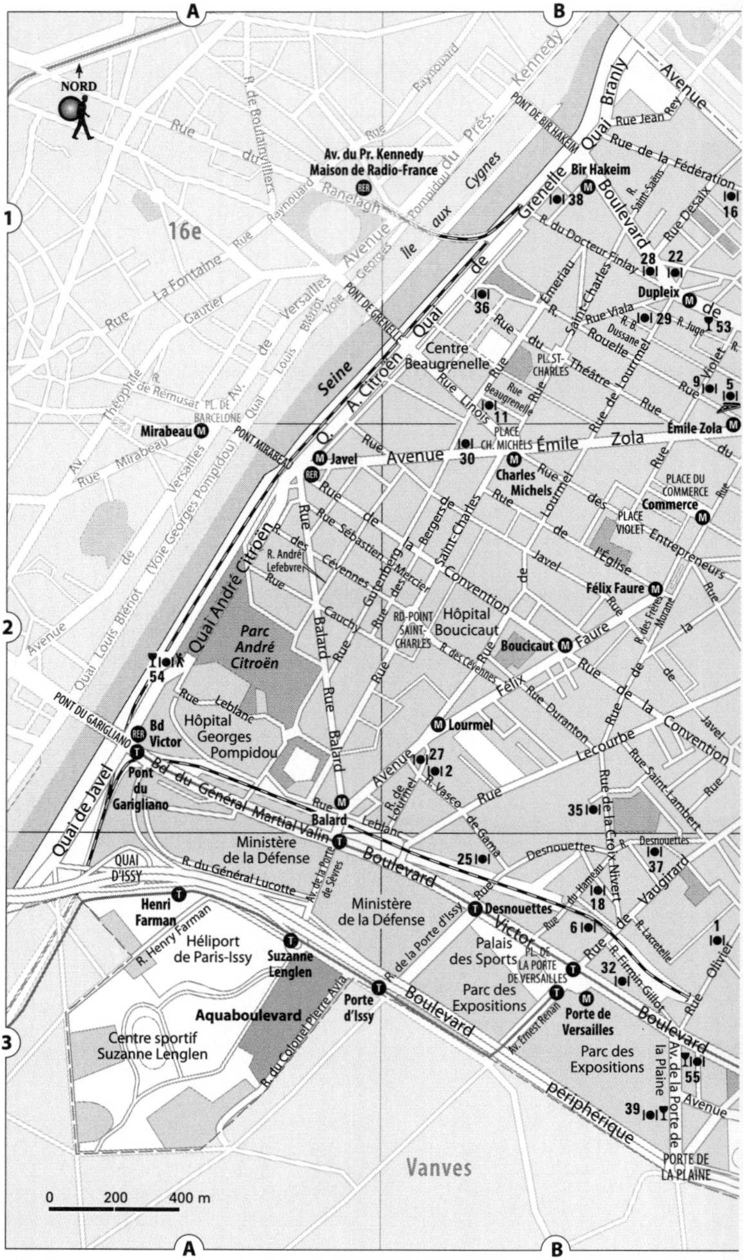
A
B
1
2
3
NORD
16e
Av. du Pr. Kennedy
Maison de Radio-France
Bir Hakeim
Dupleix
Centre Beaugrenelle
PL. ST-CHARLES
Mirabeau
PL. DE BARCELONE
PONT DE BIR HAKEIM
PONT DE GRENELLE
PONT MIRABEAU
PONT DU GARIGLIANO
Seine
Île aux Cygnes
Quai Branly
Quai de Grenelle
Quai A. Citroën
Q. A. Citroën
Quai André Citroën
Quai de Javel
Quai Louis Blériot (Voie Georges Pompidou)
Quai Louis Blériot Voie Georges Pompidou
Avenue de Versailles
Av. de Versailles
Av. Théophile Gautier
Rue La Fontaine
Rue Raynouard
R. de Boulainvilliers
Rue du Ranelagh
Avenue du Prés. Kennedy
Rue Mirabeau
R. de Rémusat
Avenue de Suffren
Rue Jean Rey
Rue de la Fédération
R. Saint-Saëns
Rue Desaix
Boulevard de Grenelle
R. du Docteur Finlay
Rue Émeriau
Rue Saint-Charles
Rue Viala
R. B. Dussane
R. Juge
Rue de Lourmel
Rue du Théâtre
Rue Violet
Rue Linois
Rue Beaugrenelle
PLACE CH. MICHELS
Émile Zola
Avenue Émile Zola
Charles Michels
Javel
PLACE DU COMMERCE
Commerce
PLACE VIOLET
Rue des Entrepreneurs
Rue de l'Église
Rue de Javel
Félix Faure
Rue Félix Faure
R. des Frères Morane
Boucicaut
Rue de la Convention
Rue Sébastien Mercier
Rue des Cévennes
R. André Lefebvre
Rue Cauchy
Rue Balard
Rue Gutenberg
Rue des Bergers
RD-POINT SAINT-CHARLES
Hôpital Boucicaut
R. des Cévennes
Rue Duranton
Parc André Citroën
Rue Leblanc
Hôpital Georges Pompidou
Bd Victor
Pont du Garigliano
Lourmel
Avenue Félix Faure
Rue Lecourbe
Rue Saint-Lambert
R. de Lourmel
R. Vasco de Gama
Balard
Bd du Général Martial Valin
Ministère de la Défense
Boulevard Victor
Rue Desnouettes
Desnouettes
Rue de la Croix-Nivert
Rue du Hameau
Rue de Vaugirard
R. Lacretelle
Rue Olivier de Serres
R. Firmin-Gillot
QUAI D'ISSY
R. du Général Lucotte
Av. de la Porte de Sèvres
R. de la Porte d'Issy
Henri Farman
R. Henry Farman
Héliport de Paris-Issy
Suzanne Lenglen
Palais des Sports
PL. DE LA PORTE DE VERSAILLES
Parc des Expositions
Porte d'Issy
Aquaboulevard
R. du Colonel Pierre Avia
Av. Ernest Renan
Porte de Versailles
Boulevard Lefebvre
Centre sportif Suzanne Lenglen
Boulevard périphérique
Av. de la Porte de la Plaine
Avenue
PORTE DE LA PLAINE
Vanves
0
200
400 m
1
2
5
6
9
11
16
18
22
25
27
28
29
30
32
35
36
37
38
39
53
54
55

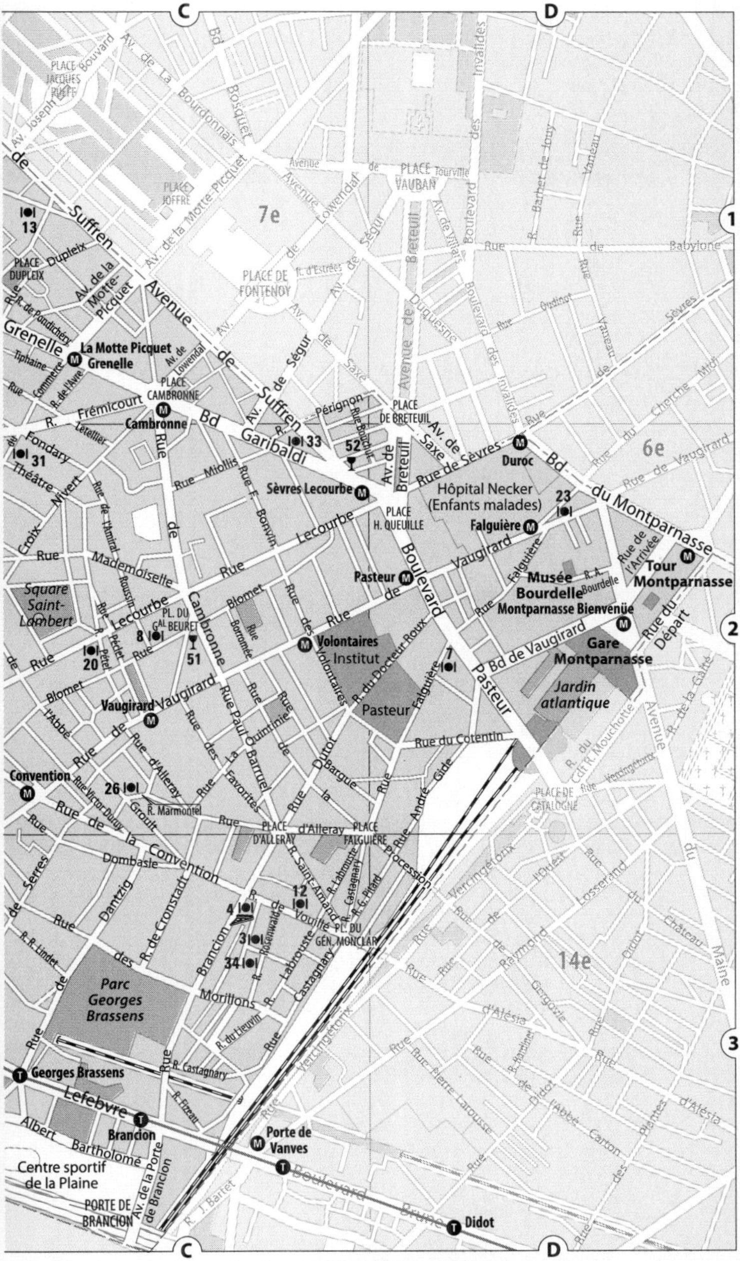

15e ARRONDISSEMENT

et le décor hétéroclite n'ont pas bougé d'un pouce : fresques, collection de plaques d'immatriculation des États-Unis, banquettes de moleskine, nappes vichy. Clientèle d'habitués mangeant au coude-à-coude des plats bien français et de bonne facture, du genre bourguignon, tartare, confit de canard, boudin noir ou grillade. Et à des prix d'avant guerre ! Les soirs de week-end, aux heures cruciales, pas mal d'attente, mais le kir au comptoir est bien bon. Service efficace et à la bonne franquette.

Le Petit Pan (plan C3, **3**) **:** *18, rue Rosenwald, 75015. ☎ 01-42-50-04-04. Ⓜ Plaisance ou Convention. Mar-sam midi et soir. Fermé dim-lun. Congés : 1 sem fin avr, 3 sem en août et 1 sem en déc. Menus midi en sem 17-22 € ; tapas 6-18 €.* Poussé par le franc succès du *Grand Pan* juste en face, le chef Benoît Gauthier, originaire du Sud-Ouest, a remis le couvert, dans le même esprit de franche convivialité, avec une formule et des prix dégraissés. Ambiance bistrot au déjeuner, atmosphère bar à vins le soir. À l'ardoise, délicieuses tapas chaudes ou froides, charcuterie de 1er choix, comme l'ensemble des produits ; le tout à dévorer sur de grandes tables. Ambiance chaleureuse.

Le P'tit Gavroche (plan C2, **8**) **:** *88, rue Blomet, 75015. ☎ 01-45-31-09-38. Ⓜ Vaugirard. À l'angle de la rue de l'Amiral-Roussin. Dès 7h, lun-sam midi et soir, plus dim midi. Congés : 3 sem en août. Menu le midi en sem env 15 € ; plats 12-19 €.* Derrière la mairie du 15e, voici un petit resto-bistrot décoré à l'ancienne, avec tables en bois, carrelage au sol et zinc. Momo, le jovial patron, va à Rungis la nuit se fournir en produits frais (viande, légumes...). La carte suit donc le rythme du marché pour une cuisine simple à prix honnêtes : tapas à partager, croques au pain bio et tartare « Bistrot » (spécialité). Vins de propriété bien choisis. Accueil attentionné.

Pizzeria Guillaume Grasso (plan C3, **4**) **:** *45, rue Brancion, 75015. ☎ 01-45-33-83-83. Ⓜ Plaisance. Lun-sam midi et soir. Fermé dim. Résa impérative. Pizzas env 8-20 €. Bons vins au verre à partir de 6 €.* Encore une pizzeria, direz-vous. Celle-ci est exceptionnelle ! Guillaume, le jeune et jovial patron-pizzaiolo, perpétue la tradition napolitaine et familiale depuis 5 générations ! Ce « puritain de la pizza » exclut les ingrédients qui ne sont pas traditionnels : saumon, merguez, œufs, huile piquante... Dans sa petite salle, il s'attache à la qualité de la farine, du pétrissage et de la cuisson au feu de bois pour confectionner la *vera pizza napoletana... Mamma mia !*

Le Café Noisette (plan B3, **1**) **:** *74, rue Olivier-de-Serres, 75015. ☎ 01-45-35-86-21. Ⓜ Convention. ♿ Mar-ven midi et soir, plus lun midi et sam soir (attention, 2 services le soir). Fermé dim. Congés : 2 sem en août. Formules déj 22-28 € ; tapas le soir 5-18 €.* Dans un décor de brique et de bois clair, au déjeuner, une cuisine de saison et de tradition réalisée avec d'excellents produits : raviolis de boudin noir, bouillon de jambon et légumes, carpaccio de pied de cochon, ravigotes de lentilles. Le soir, seulement des assiettes de tapas à partager façon apéro dînatoire. Belles ardoises de vins bien choisis servis au verre ou en 50 cl à des prix sages. Desserts dans la veine bistrotière.

La Cave de l'Os à Moelle (plan B2, **2**) **:** *181, rue de Lourmel, 75015. ☎ 01-45-57-28-28. Ⓜ Lourmel. Mar-dim midi et soir jusqu'à 23h30. Fermé lun. Congés : 3 sem en été et 1 sem en hiver. Résa conseillée. Formule déj 20 € ; menu unique 28 €.* *La Cave* est la version table d'hôtes de *L'Os à Moelle,* juste en face. On se croirait dans une maison rustique à la campagne. Le repas commence par une terrine et des crudités qui circulent sur les tables, puis chacun va se servir, en récupérant au passage une des assiettes dépareillées, de plats de tradition (sauté de veau, par exemple) dans les marmites qui mijotent sur le fourneau, au fond de la salle. Suivent les fromages et un buffet de bons desserts maison. Enfin, on choisit soi-même son nectar dans les casiers à vins. Une adresse conviviale et chaleureuse.

Crêperie Mad'Eo (plan B3, **6**) **:** *14, rue de Cadix, 75015. ☎ 01-42-50-52-43. Ⓜ Porte-de-Versailles. Mar-sam midi et soir. Fermé dim-lun. Résa préférable. Formule déj 12,50 € ; carte 15-20 €.* *Mad'eo,* en breton, signifie

« C'est bon ». Aux commandes, une Bretonne de Douarnenez, qui reçoit comme à la maison, avec force gentillesse et passion du travail bien fait. Les galettes sont fines et croustillantes, selon la bonne tradition finistérienne, et les crêpes de froment élaborées avec des œufs bio. Le tout garni d'ingrédients finement sélectionnés dans le terroir breton et de préparations cuisinées maison. Simple et authentique. Et que les recalés se rassurent, l'associé de *Mad'Eo* tient également la crêperie *Ty Fanch,* à 300 m, sur la petite place Henri-Rollet. Mêmes produits et même souci de bien faire.

Fratelli Castellano *(plan B1,* ***5****) : 43, rue Fondary, 75015. ☎ 01-45-77-61-93. Ⓜ Émile-Zola ou La Motte-Picquet-Grenelle. Mer-ven midi et soir, plus w-e midi seulement. Fermé lun-mar. Carte 9-20 €.* Il y a ces restos qu'on aime pour la cuisine, d'autres pour l'accueil. Celui-ci combine si bien les 2 qu'on ne sait plus si l'on vient pour goûter la bonne humeur des frères Castellano (originaires de Sorrente) ou pour croquer dans l'onctueuse pâte à pizza. La carte est courte : pizza... ou pizza ! Si la qualité des ingrédients est imparable, c'est la pâte, fin mélange de farines, et la pousse qui font la différence en goût, texture et digestion. Même combat pour le baba au rhum et le tiramisù. À consommer sur place sur une grande tablée de cantine ou à emporter.

Lylee *(plan B1,* ***11****) : 4, rue de Beaugrenelle, 75015. ☎ 01-45-75-17-38. Ⓜ Charles-Michels. ♿ Lun-sam midi et soir. Fermé dim. Résa conseillée. Formules déj 12-15 € ; le soir, carte env 25 €. Café offert sur présentation de ce guide.* Ce microresto à la déco zen est tout entier dédié à la cuisine maison du Sud-Est asiatique, aux doux parfums de citronnelle, curry, coriandre, basilic... Grandes salades, bo bun, crevettes marinées : la carte est courte mais d'une fraîcheur indiscutable. Du reste, les plats sont préparés à la commande, donc prévoir un peu d'attente. Kéo, le chef d'origine laotienne, est associé à son beau-frère, anciennement chef à la *Maison de la Truffe* (d'où l'étonnante présence de bricks de brie à la truffe noire). Accueil attentionné.

Séoul Mama *(plan B1,* ***9****) : 33, rue Violet, 75015. ☎ 09-51-45-37-38. Ⓜ Émile-Zola. Tlj midi et soir. Résa préférable. Petits plats 9,50-13 €, plats 17-18 € ; repas 25-30 €. Vin au verre env 6 €.* Après la vague du burger, on assiste à une déferlante coréenne qui voit fleurir de petites enseignes un peu partout. Et en particulier dans ce quartier bien résidentiel, situé non loin du *K-Mart,* lieu d'approvisionnement de la communauté coréenne. Cette petite cantine pop mise tout sur les *dumpings* (raviolis farcis), le *Dup Bap* (bol garni de riz, légumes sautés et d'une viande) et le *curry* coréen, un potage réservé aux repas familiaux. Mais mention spéciale au « KFC », le *Korean Fried Chicken,* fin, parfumé et divinement croustillant. Avec un bon dessert (délicieuse réinterprétation du tiramisù au thé vert) et une bonne *kloud* (la bière coréenne), l'expérience est savoureuse !

Le Commerce *(plan C3,* ***12****) : 45 bis, rue de Vouillé, 75015. ☎ 01-73-74-67-97. Ⓜ Plaisance. ♿ Lun-sam 11h-16h. Fermé dim. Congés : août. Formules 14,50-17,50 € ; plat du jour 11,50 €.* Bistrot de carrefour style années 1950, formica, banquettes en moleskine, clientèle joyeuse d'habitués du quartier. Sert une belle et copieuse cuisine de terroir. À notre avis, peut-être l'un des meilleurs œufs-mayo du 15e, généreuse chiffonnade de jambon, viandes tendres, pâtes fraîches et saucisse-aligot qui a ses fans. Sélection affutée de petits vins gouleyants.

Erawan *(plan C1,* ***13****) : 76, rue de la Fédération, 75015. ☎ 01-47-83-55-67. Ⓜ Dupleix. Mar-sam midi et soir. Fermé dim-lun. Congés : 3 sem en août. Entrées 8,50-10,50 €, plats 15-17 €.* Le cadre est agréable, l'accueil courtois et le service efficace. Et quelle constance pour ce pionnier des restos thaïs à Paris ! Parmi les grands classiques de la gastronomie siamoise, la *tom ka kaï* (soupe de poulet au lait de coco) est délicieuse, et la salade de seiche à la citronnelle retient notre attention. Et, l'air de rien, c'est souvent plein à l'heure du déjeuner !

La Petite Auberge *(plan B3,* ***18****) : 13, rue du Hameau, 75015. ☎ 01-45-32-75-71. Ⓜ Porte-de-Versailles.*

Lun-sam midi et soir. Fermé dim. Congés : 1 sem en mai, 3 sem en août et la dernière sem de déc. Résa impérative le soir. Plats 11-24 € ; carte env 25 €. Café offert sur présentation de ce guide. Siège des supporteurs de l'équipe de rugby du Racing, comme le montrent les murs couverts de maillots et de photos, ce resto est un lieu d'humeur et surtout une bonne adresse de quartier, avec ses habitués. Rien d'extravagant, mais de la bonne viande accompagnée de frites. Bon rapport qualité-prix pour ce resto qui tourne avec succès.

Prix moyens

Le Casse-Noix (plan B1, **16**) **:** *56, rue de la Fédération, 75015. ☎ 01-45-66-09-01. Ⓜ Dupleix ou Bir-Hakeim. ♿ Lun-ven midi et soir. Fermé w-e. Congés : 3 sem en août et 10 j. Noël-Jour de l'an. Plats 22-27 € ; menu 36 €.* Dans le décor d'un bistrot d'antan, une cuisine française bistrotière avec une carte très courte et des produits toujours frais. Les grands classiques (entrecôte, pavé de merlu, thon bleu...) sont travaillés avec soin par Pierre-Olivier Lenormand, un chef doué, également auteur de livres pour enfants ! Pour arroser la fine cuisine de saison, quelques bons flacons issus du Beaujolais.

Croccante (plan D2, **23**) **:** *138, rue de Vaugirard, 75015. ☎ 01-47-83-37-28. Ⓜ Falguière. Lun-sam midi et soir. Fermé dim. Congés : août et en principe à Noël. Résa conseillée. Carte env 35 €. Digestif maison offert sur présentation de ce guide.* Une petite trattoria avec quelques tables, qui fait le plein pour sa bonne et généreuse cuisine de famille italienne. Tout est frais et savoureux : d'appétissants *antipasti,* de goûteuses pâtes maison et de bonnes pizzas croustillantes comme on les aime. La plupart des produits viennent d'Italie. Accueil remarquable à l'italienne : patron sarde, employés napolitain et sicilien, le meilleur du Sud ! Une adresse appréciée des habitués – c'est toujours bon signe.

La Cantine du Troquet *(plan B1,* **22**) **:** *53, bd de Grenelle, 75015. ☎ 01-45-75-98-00. Ⓜ Dupleix. Tlj 7h-22h45. Fermé 1er janv et 24-25 et 31 déc. Plats 22-25 € ; menu-carte env 37 €.* Christian Etchebest a planté là sa 2e *Cantine,* au décor de bistrot chic parisien. Ambiance animée et clientèle d'ici et d'ailleurs, qui vient surtout pour le contenu de l'assiette : de savoureuses recettes du Sud-Ouest, généreuses et servies avec le sourire... qui font oublier l'attente d'une table. Délicieuses frites maison. Un troquet moderne et bien racé, comme certains flacons de la carte des vins. Belle terrasse sur rue.

Intuition Gourmande *(plan C2,* **20**) **:** *4, rue Pétel, 75015. ☎ 01-45-32-58-76. Ⓜ Vaugirard. Mar-sam midi et soir. Fermé dim-lun. Congés : 3 sem en août. Formules 29,50-36 € ; plats 24-28 €.* On aime bien ce petit bistrot de quartier au cadre chaleureux et assez intime en soirée. Au menu, cuisine bistrotière revisitée par Mathieu Sebban, un chef talentueux qui a fait ses armes chez Pierre Gagnaire. Son secret : de bons produits frais travaillés avec passion, en saupoudrant quelques saveurs inattendues. On s'est régalés ! Belle carte des vins à prix copains. Accueil familial et cordial.

Le Radis Beurre *(plan C2,* **33**) **:** *51, bd Garibaldi, 75015. ☎ 01-40-33-99-26. Ⓜ Sèvres-Lecourbe ou Ségur. Lun-ven midi et soir. Fermé w-e. Congés : 3 sem en août. Formule déj 30 € ; menu-carte 38 €.* À l'ombre de la ligne de métro aérien, ce bistrot s'est discrètement taillé une belle place dans le cœur des habitants du quartier et des touristes qui ont trouvé refuge non loin de la tour Eiffel. Le chef, originaire de Narbonne, tout aussi discret mais bien expérimenté, élabore une savoureuse cuisine bistronomique, rythmée par les saisons et rehaussée d'une pointe de créativité. De croquants radis-beurre sont posés sur la table en guise de bienvenue. Spécialité : le pied de cochon servi avec de la salade. Service diligent et attentionné.

L'Accolade *(plan B2,* **35**) **:** *208, rue de la Croix-Nivert, 75015. ☎ 01-45-57-73-20. Ⓜ Porte-de-Versailles. ♿ Mar-sam midi et soir. Fermé dim-lun. Congés : 1 sem en avr, 28 juil-19 août et 1 sem à Noël. Formules déj 19,50-24,50 € ; carte 40-50 €.* 3 amis ont décidé de mutualiser leurs compétences pour créer un bistrot tendance qui revisite le terroir avec sincérité. Point de formule pompeuse ni de plats prétentieux mais, sur l'ardoise, de belles assiettes bistrotières, généreusement garnies de produits saisonniers. On ne perd pas ses repères avec l'œuf à 63 °C façon meurette, la poitrine de cochon de 33h ou le magret à 66 °C. Tout est réussi, du cadre à l'accueil en passant par l'ambiance.

Sawadee *(plan B2,* ***30****) : 53, av. Émile-Zola, 75015. ☎ 01-45-77-68-90. Ⓜ Charles-Michels. ♿ Mar-sam midi et soir, plus lun soir. Fermé Dim. Congés : 4 sem en août. Formule déj 18,50 € ; menus 25-40 € ; carte 30-35 €.* Une des institutions thaïes de la capitale. Déco dans les tons rouges et or, rehaussée de statues et objets venant tout droit de Thaïlande. Dans l'assiette, un véritable festival de couleurs et de parfums exotiques avec tous les délicieux classiques de la cuisine thaïe, copieux et joliment présentés. Et un service comme il se doit, souriant et courtois.

Le Café du Commerce *(plan C2,* ***31****) : 51, rue du Commerce, 75015. ☎ 01-45-75-03-27. Ⓜ Avenue-Émile-Zola ou Commerce. ♿ Tlj midi et soir. Congés : 1er janv, 1er mai, août et 24-25 déc. Formule déj en sem 18 € ; carte env 35 €.* Ce *Café du Commerce*, contemporain des bouillons du XIXe s, a de nombreux atouts ; à commencer par son spectaculaire intérieur sur plusieurs niveaux, avec sa déco fleurie et son toit ouvrant aux beaux jours. Bref, une brasserie historique, qui propose une bonne cuisine française : andouillette, tête de veau, tartare de bœuf... le tout sur une carte courte. L'ambiance est là, bourdonnante le midi, conviviale le soir.

De prix moyens à chic

Le Grand Pan *(plan C3,* ***34****) : 20, rue Rosenwald, 75015. ☎ 01-42-50-02-50. Ⓜ Plaisance ou Convention. Lun-ven midi et soir. Fermé w-e. Congés : 1 sem en mai, 3 sem en août et 2 sem fin déc. Formules déj 22-31 € ; le soir, carte 40-45 €.* « Du temps que régnait le Grand Pan, les dieux protégeaient les ivrognes » : Georges Brassens. C'est la devise accrochée aux murs de ce bistrot. Le chef, Benoît Gauthier, excelle dans l'art de la bistronomie, avec juste ce qu'il faut de créativité. Sa cuisine du Sud-Ouest est élaborée à partir de produits frais de saison. Magnifiques côtes de veau ou de bœuf de Mauléon ou limousine, les vedettes de la carte. Belle sélection de vins... Et pour prendre l'apéro, *Le Petit Pan* est juste en face !

Le Volant Basque *(plan B1,* ***29****) : 13, rue Béatrix-Dussane, 75015. ☎ 01-45-75-27-67. Ⓜ Dupleix. Mar-sam midi et soir, plus lun soir. Fermé dim. Congés : août et 1 sem à Noël. Formules 25-33 € ; carte env 45 €.* Ce bistrot de quartier a conservé son nom, donné par son précédent propriétaire, ancien pilote automobile. Il a aussi conservé son ambiance tranquille, sa cuisine et ses habitués ! C'est souvent au coude-à-coude qu'on goûte à une sérieuse cuisine bistrotière, ancrée dans le Sud-Ouest. Beaux morceaux de viande et accompagnements généreux (fameuse, la polenta). Et des vins à prix encore sages. Service naturel enjoué.

Mama Shelter Paris West *(plan B3,* ***39****) : 20, av. de la Porte-de-la-Plaine, 75015. ☎ 01-70-94-14-00. Ⓜ Porte-de-Versailles ou Porte-de-Vanves. Tlj 12h-23h ; rooftop ouv avr-sept.* L'arrivée du *Mama* et de ses codes branchés qui ont fait le succès de l'enseigne dans le monde réveille les abords fonctionnels du parc des expositions ! Une aubaine à la frontière de Vanves et du 15e ! Vaste espace de restauration, prolongé par un bar accueillant et ouvert sur la cuisine. En été, il y a même une petite terrasse. Côté déco, c'est réussi et la clientèle apprécie l'ambiance joyeusement bruyante. Aux beaux jours, allez donc vous percher sur la terrasse du 8e étage qui domine les toits de la capitale pour siroter un cocktail, sur votre petit nuage. Et si la faim vous guette, le resto italien avec four à pizza est au même niveau, en intérieur. *NOUVEAUTÉ.*

L'Atelier du Parc *(plan B3,* ***32****) : 35, bd Lefebvre, 75015. ☎ 01-42-50-68-85. Ⓜ Porte-de-Versailles ; Ⓣ Georges-Brassens. En face du parc des expos. Mar-sam midi et soir. Fermé dim-lun. Congés : 1 sem en janv et 3 sem en août. Formule déj 27 € ; menus 36-85 € ; carte env 55 €.* Précédé d'une terrasse sur le boulevard, c'est un espace design et feutré où le bar lumineux et flashy donne le ton. Vraie cuisine d'artisan, à cheval sur la tradition et respectueuse des saisons, mais bourrée d'idées novatrices et mise à la portée de tous grâce à un large éventail de formules. La spécialité du chef est la bouillabaisse ou le lieu noir au quinoa servi avec des champignons. Desserts confondants et plateau de fromages labellisés ; vins au verre bien conseillés. Service courtois et attentif.

|●| ☂ ***Afaria*** *(plan B3, **37**) : 15, rue Desnouettes, 75015. ☎ 01-48-42-95-90. Ⓜ Convention. Mar-sam midi et soir. Fermé dim-lun. Congés : août et Noël-Jour de l'an. Résa indispensable. Formules déj en sem 23-27 € ; menu dégustation 45 € ; carte 35-40 € ; tapas 5-13 €.* *Afaria* signifie « à table pour le souper » en basque. C'est un très bon restaurant tenu par des jeunes femmes qui portent haut la tradition culinaire française. Cadre chaleureux avec une grande tablée idéale pour partager des tapas accompagnées d'un verre de vin. Dans l'assiette, généreuse cuisine de saison, inventive et colorée, qui sublime les bons produits frais régionaux comme la terrine d'artichaut, la spécialité de la maison.

|●| ☂ **Le Bélisaire** (plan C2, **26**) : *2, rue Marmontel, 75015. ☎ 01-48-28-62-24. Ⓜ Convention ou Vaugirard. Lun-ven midi et soir, plus sam soir. Fermé dim. Congés : 3 sem en août et 1 sem pour les fêtes de fin d'année. Formules déj 31-35 € ; le soir, menus 35-40 € ; menu découverte 50 €.* Bon à savoir avant de manger : Bélisaire est un général byzantin du Ve s. Malgré son héroïsme et ses exploits, il fut banni, victime de l'ingratitude impériale. Marmontel lui consacra un livre. Le chef talentueux Matthieu Garrel n'est pas héroïque mais méthodique : il maintient coûte que coûte la qualité de sa cuisine, inspirée de la tradition. Oursinade, quenelles de brochet, lièvre à la royale... Dans ce décor d'authentique bistrot, tous les ingrédients sont réunis pour savourer un repas sans fausse note.

|●| ☂ ***Polichinelle*** *(plan B1, **36**) : 51-53, quai de Grenelle, 75015. ☎ 01-87-44-69-14. Ⓜ Bir-Hakeim. Sur la dalle (escalier ou ascenseur). Tlj midi et soir. Résa préférable en soirée et pour le brunch. Formules 23-29 € le midi, 49 € le soir ; brunch 49 €.* Au rez-de-chaussée du *Yooma Urban Lodge* (hôtel), voici une grande salle contemporaine : banquettes garnies de coussins moelleux, tables espacées, éclairages tamisés en soirée... le cadre séduit autant les tablées de copains que les couples romantiques, qui se pressent le long de l'unique buffet à volonté. Petits appétits comme gourmands gourmets trouvent leur compte dans ces petites assiettes créatives à dominante végétarienne. Cerise sur le gâteau, les desserts sont signés Christophe Michalak, pâtissier star. Les cocktails maison sont tops et le service est adorable. Aux beaux jours, vaste terrasse installée sur la dalle hérissée de tours de verre et d'acier. Bien agréable car très calme.

Chic

|●| ☂ ***Le Beurre Noisette*** *(plan B3, **25**) : 68, rue Vasco-de-Gama, 75015. ☎ 01-48-56-82-49. Ⓜ Lourmel, Balard ou Porte-de-Versailles. Mar-sam midi et soir. Fermé dim-lun. Congés : 9-24 août. Résa indispensable. Formules déj 25-34 € ; le soir, menus 42-60 € ; menus dégustation 50-60 €.* Thierry Blanqui, chef formé à bonne école, concocte une cuisine assez classique et raffinée, qu'il réinvente au gré du marché. Pas de fausse note dans l'assiette. Il n'y a qu'à voir la mine réjouie des habitués qui savourent au coude-à-coude cette cuisine inspirée dans les salles bistrotières ou entre amis autour de la grande table d'hôtes. En face, de l'autre côté de la rue, nouvelle salle de table d'hôtes à privatiser (pour 18 convives maximum).

|●| **L'Os à Moelle** (plan B2, **27**) : *3, rue Vasco-de-Gama, 75015. ☎ 01-45-57-27-27. Ⓜ Lourmel. Mar-sam midi et soir. Fermé dim-lun. Congés : 3 sem en été et 1 sem en hiver. Menus 22 € (midi en sem)-51 € (menu dégustation le soir) ; carte env 40 €.* On revient toujours à ses 1res amours, c'est bien connu ! Thierry Faucher en est le parfait exemple, lui qui a fondé cette maison, l'a quittée pour vivre l'aventure « banlieusarde », puis l'a reprise. Ancien du *Crillon*, il joue à merveille une partition bistrotière façon

grand chef. L'ardoise, qui varie en fonction du marché et de l'inspiration du chef, est enrichie d'une carte de vins bien pensée, à des prix qui ne surchauffent pas l'addition. Côté desserts, le baba au rhum est une valeur sûre. Juste en face, *La Cave* propose une formule buffet avantageuse (voir « De très bon marché à bon marché » plus haut).

Le Concert de Cuisine *(plan B1, **38**) : 14, rue Nélaton, 75015. ☎ 01-40-58-10-15. Ⓜ Bir-Hakeim. Mar-ven midi et soir, plus lun et sam midi. Fermé dim. Résa conseillée. Menus 30-36 € le midi, 59 € le soir.* Dans un cadre gris anthracite épuré avec cuisine ouverte sur la salle, le chef japonais Naoto Matsumoto donne libre cours à son talent sur son *teppanyaki* (plaques chauffantes), composant de merveilleux petits plats inspirés et pleins de saveurs franco-nipponnes étonnantes. Attention, à notre avis, surtout un établissement pour déjeuner vu les prix du soir.

Où boire un verre ?

Le Cristal *(plan C2, **52**) : 163, av. de Suffren, 75015. ☎ 01-47-34-47-92. Ⓜ Sèvres-Lecourbe ou Ségur. Tlj 8h-2h.* Happy hours *sam-dim 19h-21h. Congés : Noël-Jour de l'an. Pinte blonde 2,90 € ; cocktail maison 5 €.* Une adresse *after work* incontournable ! Des bières au prix de la bière, des *shots* au prix d'un *shot* ; enfin un peu d'attention dans ce monde de brutes ! Ne comptez pas en revanche y passer une soirée en tête à tête ou buller tranquillement au comptoir. Le week-end, *Le Cristal* ne désemplit pas jusqu'à la fermeture. Grosse ambiance assurée jusque sur le trottoir. DJ les vendredi et samedi.

Le Général Beuret *(plan C2, **51**) : 9, pl. du Général-Beuret, 75015. ☎ 01-42-50-28-62. Ⓜ Vaugirard. Tlj 8h-2h. Pinte 5,90 € ; cocktail 7,50 €.* Dans ce décor haut en couleur assez déjanté, *Le Général* attire toutes les âmes nocturnes et festives du secteur. Ici, on sirote des mojitos sous l'œil bienveillant d'un Spiderman peint au plafond, au-dessus d'un bar circulaire, qui nous encourage même à reprendre un petit *shot,* la spécialité maison. En été, on profite de la terrasse sur rue, bien animée jusque tard. En plus, les consos sont vraiment bon marché. Tartines, burgers et quelques plats à midi. Alors, si vous êtes dans les parages, ne résistez pas à l'appel du *Général* !

Au Dernier Métro *(plan B1, **53**) : 70, bd de Grenelle, 75015. ☎ 01-45-75-01-23. Ⓜ Dupleix. Tlj 7h (6h30 mer et dim)-2h pour le bar ; cuisine 10h-1h.* Happy hours *tlj 16h-20h. Pdt l'*happy hour, *bières 2,70-4,70 €, pintes 5-9,10 €.* Un bistrot à l'ambiance et au style à part dans le quartier. On adhère à son côté rétro alignant une flopée de vieilles pubs aux murs. Tandis que les planches de charcuterie ou de fromages en direct des Pyrénées obtiennent les suffrages des habitués. On vient donc ici avant tout pour boire un verre et grignoter. Bon accueil.

Guinguette La Javelle *(plan A2, **54**) : port de Javel-Bas, 75015. Ⓜ Balard ou Exelmans. Avr-oct, tlj 12h-minuit. Env 10-15 €.* Amarrée au quai de la Seine, face au parc André-Citroën, la belle péniche ne transporte plus de marchandises mais elle transporte de joie les convives. Elle déploie tables, chaises, lumières multicolores et bonne humeur. Plusieurs *food trucks* de qualité pour nourrir les affamés, et le quai se transforme en salle de concerts (le soir à 17h ou 20h) et plancher de danse avec ou sans DJ (latino, karaoké, live...).

Le Perchoir *(plan B3, **55**) : 2, av. de la Porte-de-la-Plaine, 75015. ☎ 01-76-35-11-80. Ⓜ Porte-de-Versailles. Pavillon n° 6. Mar-sam 18h-2h. Fermé dim-lun. Plat env 25 €.* Perchée sur le toit du pavillon du parc des expositions, cette immense terrasse fait face à la plus grande ferme urbaine d'Europe (14 000 m^2 !) qui alimente le resto. Ambiance branchée le soir. On s'y attable autour d'un verre et on danse au rythme électrique du DJ. Pas mal d'attente pour être servi, prix élevés, mais évasion garantie le temps d'une soirée. *NOUVEAUTÉ.*

16e ARRONDISSEMENT

• Plan 16e nord *p. 176-177* • Plan 16e sud *p. 178-179*

Cet arrondissement chic et aéré qu'est le 16e conserve une réputation d'arrogance qui lui colle à la peau. Et pourtant il y fait bon vivre ! Une balade du bois de Boulogne jusqu'au Trocadéro le long de ses larges rues arborées vous en persuadera, et vous laissera l'estomac dans les talons. Sortez des clichés, il n'y a pas que des tables guindées fréquentées par une clientèle B.C.B.G. ! D'Auteuil à Passy, on a écumé pour vous les restos et retenu ceux qui font mouche : du troquet chaleureux au bar à vins en passant par des adresses plus créatives, ce sont de beaux restos qu'on tient là, et qu'on a hâte de vous faire découvrir.

Où manger ?

Bon marché

Honoré *(plan sud B1,* ***9****) : 13, rue Bosio, 75016. ☎ 01-42-88-12-12. Ⓜ Michel-Ange-Auteuil ou Jasmin. Lun-sam midi et soir. Fermé dim. Congés : 4 sem en août et Noël-2 janv. Formule déj 16 € ; carte env 25 €.* Dans une rue discrète du quartier d'Auteuil, ce restaurant est une aubaine. Cadre chaleureux avec tables en bois, rondes pour certaines, et un bon feu de cheminée pour se ragaillardir dès les 1ers frimas. Le menu du déjeuner n'offre pas de choix mais il est irréprochable, et le prix aussi. À la carte, prix légers pour une qualité plutôt costaude et une présentation soignée. Belle cave à vins et nombreuses références au verre. Ambiance sympa, comme l'accueil.

Baagaa *(plan nord C2,* ***4****) : 54, rue de Longchamp, 75016. ☎ 01-85-09-13-30. Ⓜ Trocadéro. Tlj midi et soir. Formule déj en sem 15 € ; burger 12 € (+ 4 € pour une double portion de viande).* Un énième burger dans la « burgosphère » parisienne ! Eh bien oui, mais pourquoi bouderait-on ce *Baagaa*-là ? Pas pour son joli décor, si différent. Pas pour l'accueil, chaleureusement amical. Pas non plus pour les frites croustillantes, qui méritent leur supplément de 3 €. Encore moins pour les savoureux burgers confectionnés avec du bœuf *wagyu* (une bête à la chair persillée qui confère à la viande un goût et une tendreté incomparables) et des sauces maison. Un vrai gastro-burger !

Schwartz's Deli *(plan nord C2,* ***6****) : 7, av. d'Eylau, 75016. ☎ 01-47-04-73-61. Ⓜ Trocadéro. ♿ Tlj midi et soir. Congés : en principe 3 premières sem d'août. Burgers 14-18 €, salades et plats 13-29 €.* Voir la rubrique « Où manger ? » dans le 4e arrondissement.

Prix moyens

Les Marches *(plan nord D2,* ***11****) : 5, rue de la Manutention, 75016. ☎ 01-47-23-52-80. Ⓜ Iéna ou Alma-Marceau. ♿ Tlj midi et soir. Fermé 1er janv et 25-26 et 31 déc. Congés : 2e-3e sem d'août. Formule déj en sem 18 € ; carte env 25 €.* Dans une petite rue qui longe le palais de Tokyo en descendant vers la Seine (au pied d'une longue volée de marches, donc), un bistrot plutôt décalé dans cet arrondissement huppé. Les sets de table à carreaux, le miroir au mur, les banquettes et les tables qui débordent sur la rue aux beaux jours, appuient l'ambiance bonne franquette. Dans l'assiette, des classiques bon teint comme le steak au poivre-frites ou les quenelles, généreusement servis et à des prix contenus. Quelques valeurs sûres côté vins, proposés aussi au verre et en carafe.

Le Petit Rétro *(plan nord C2,* ***12****) : 5, rue Mesnil, 75016.*

☎ 01-44-05-06-05. Ⓜ Victor-Hugo. Lun-sam midi et soir. Fermé dim. Congés : 3 sem en août et 1 sem à Noël. Menus midi 26-31 € ; carte env 35 €. Un superbe bistrot classé des années 1900, à la belle faïence fleurie, aux grands miroirs et aux lampes globes. La clientèle gentiment bourgeoise vient y savourer une cuisine bistrotière fraîche et inspirée, déclinée en de courtes suggestions. Bon accueil.

|●| ***Le Vieux Crapaud*** *(plan nord C1, **10**) : 16, rue Lauriston, 75016. ☎ 01-73-75-70-10. Ⓜ Charles-de-Gaulle-Étoile ou Kléber. Lun-ven midi et soir. Fermé w-e. Congés : 3 premières sem d'août. Formule 50 € ; carte 40-50 €.* En voilà un drôle de nom pour un bistrot qui fait un carton midi et soir. Ce *Vieux Crapaud* est une ode à la cuisine traditionnelle, consistante, agrémentée de sauces onctueuses qu'on finit par absorber avec du pain. Les classiques bistrotiers de saison sont déclinés chaque jour sur ardoise ; la carte, elle, célèbre le terroir avec des spécialités telles que oreilles de cochon, cuisses de grenouilles ou escargots en persillade. Sans oublier l'incontournable gibier en saison et de merveilleuses terrines maison. Une table authentique tenue par le chef Thomas Boutin et sa femme.

|●| ***Le Bistrot 31*** *(plan sud C1, **17**) : 31, av. Théophile-Gautier, 75016. ☎ 01-42-24-52-31. Ⓜ Église-d'Auteuil ou Mirabeau. Lun-sam midi et soir. Fermé dim plus 1er janv, w-e d'août, 24-25 et 31 déc. Résa conseillée le soir. Formules déj en sem 21,90-26,90 € ; carte env 35 €. Réduc de 15 % pour une commande à emporter.* Un restaurant à la lumière tamisée où règne une atmosphère décontractée et amicale. Ici, une clientèle d'amis et du voisinage aime se faire plaisir sans trop se ruiner. La carte mise sur une bonne cuisine franco-italienne, faite de produits frais et de qualité, où se croisent de copieuses assiettes de jambon San Daniele (24 mois), un tartare de bœuf à l'italienne, des poissons frais grillés, un tiramisù maison... et de bons expressos ! À noter, des pâtes originales, un vrai repas à elles seules.

De prix moyens à chic

|●| ***Le Quarante & Un*** *(plan sud C1, **15**) : 41, av. Mozart, 75016. ☎ 01-45-03-65-16. Ⓜ Ranelagh. ♿ Tlj en continu 8h-23h. Congés : 10-24 août, 24-25 déc et 31 déc-1er janv. Résa préférable aux heures pleines (midi et soir). Pas de menu ; planches 9-24 €, plats 12-23 € ; carte 40-45 €.* Un vieux troquet relooké, une terrasse chauffée... l'avenue Mozart compte quelques bistrots dans ce style. *Le N° 41* a ce truc en plus qui fait qu'au moment des repas on s'y bouscule : la qualité des produits. Outre les classiques de brasserie (œuf-mayo, omelette, croque), qui permettent de casser une graine sans casser la tirelire, la carte décline de belles planches de charcuterie ibérique, des viandes et poissons *a la plancha* impec, des plats en cocotte et un formidable semainier (lundi, c'est...).

|●| ***L'Ogre*** *(plan sud C1, **13**) : 1, av. de Versailles, 75016. ☎ 01-45-27-93-40. Ⓜ Mirabeau. Lun-ven midi et soir, plus sam soir. Fermé dim. Carte env 50 €.* Cet *Ogre* a du style, de celui qu'on aime, décontracté et décomplexé. Le personnel de Radio France en a vite fait sa cantine : il n'a qu'à traverser la rue pour se jucher sur l'une des chaises hautes, le long de la baie vitrée. L'esprit fausse vieille patine est crédible, et le bar central convivial. Pas d'extravagances à l'ardoise, des bidoches qui font saliver les carnassiers, et des poissons qui se défendent bien. Bien vu les vins de propriétaires, servis à la ficelle pour certains (chers cependant) ! À signaler également, un authentique fumoir.

|●| ***La Causerie*** *(plan nord B3, **14**) : 31, rue Vital, 75016. ☎ 01-45-20-33-00. Ⓜ La Muette ou Passy. ♿ Lun-ven midi et soir. Fermé w-e. Congés : 8-22 août. Menus-carte 2 ou 3 plats 29-37 €.* Dans un quartier plutôt dévolu aux boutiques qu'aux bons restos, on est content de croiser Gabriel et Arnaud, l'un en cuisine et l'autre en salle, dans ce bistrot chic à l'ambiance légèrement canaille. Et on n'est pas déçu ! Délicieuses spécialités comme les ris de veau croustillants, le lapin farci ou encore la cocotte de légumes, et pour finir un fameux baba au rhum et le soufflé au chocolat... une tuerie ! Les

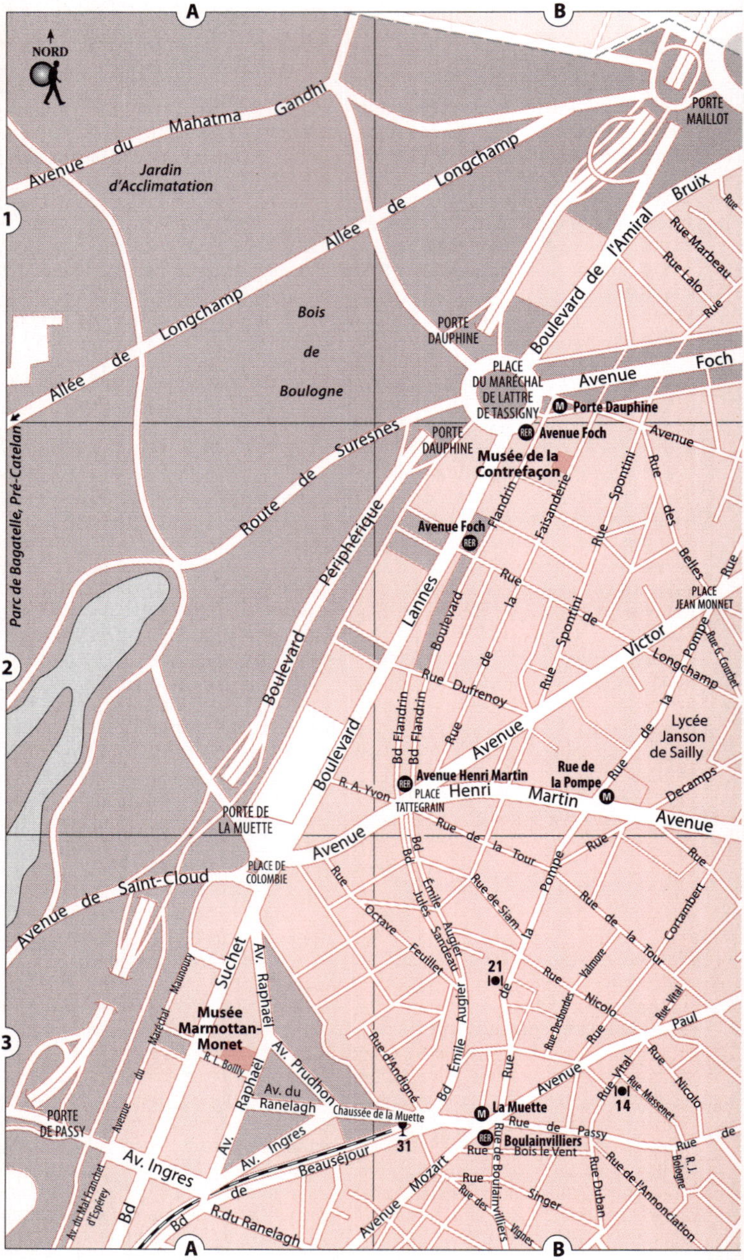
A
B
NORD
Avenue du Mahatma Gandhi
Jardin d'Acclimatation
Allée de Longchamp
Bois de Boulogne
PORTE MAILLOT
Boulevard de l'Amiral Bruix
Rue Marbeau
Rue Lalo
PORTE DAUPHINE
PLACE DU MARÉCHAL DE LATTRE DE TASSIGNY
Avenue Foch
Porte Dauphine
Avenue Foch
Musée de la Contrefaçon
Parc de Bagatelle, Pré-Catelan
Route de Suresnes
Boulevard Périphérique
Avenue Foch
Boulevard Lannes
Boulevard Flandrin
Rue de la Faisanderie
Rue Spontini
Rue des Belles Feuilles
Rue de Longchamp
PLACE JEAN MONNET
Rue de la Pompe
Rue G. Courbet
Avenue Victor Hugo
Rue Dufrenoy
Lycée Janson de Sailly
Rue Decamps
Rue de la Pompe
Bd Flandrin
Avenue Henri Martin
R. A. Yvon
PLACE TATTEGRAIN
Avenue Henri Martin
PORTE DE LA MUETTE
PLACE DE COLOMBIE
Avenue de Saint-Cloud
Rue de la Tour
Rue Octave Feuillet
Bd Jules Sandeau
Bd Émile Augier
Rue de Siam
Rue Cortambert
Rue Valmore
Rue Nicolo
Rue Vital
Rue Desbordes
Avenue Paul Doumer
21
Suchet
Av. Raphaël
Musée Marmottan-Monet
Avenue du Maréchal Maunoury
R. L. Boilly
Av. Prudhon
Av. du Ranelagh
Chaussée de la Muette
Rue d'Andigné
La Muette
Rue de Passy
Rue Massenet
14
Boulainvilliers
Rue Bois le Vent
Rue de Boulainvilliers
Rue Duban
Rue de l'Annonciation
Rue R.-J. Bologne
PORTE DE PASSY
Av. Ingres
31
Beauséjour
Avenue Mozart
Rue Singer
Rue des Vignes
Av. du Mal Franchet d'Espérey
Bd de Beauséjour
R.du Ranelagh
1
2
3

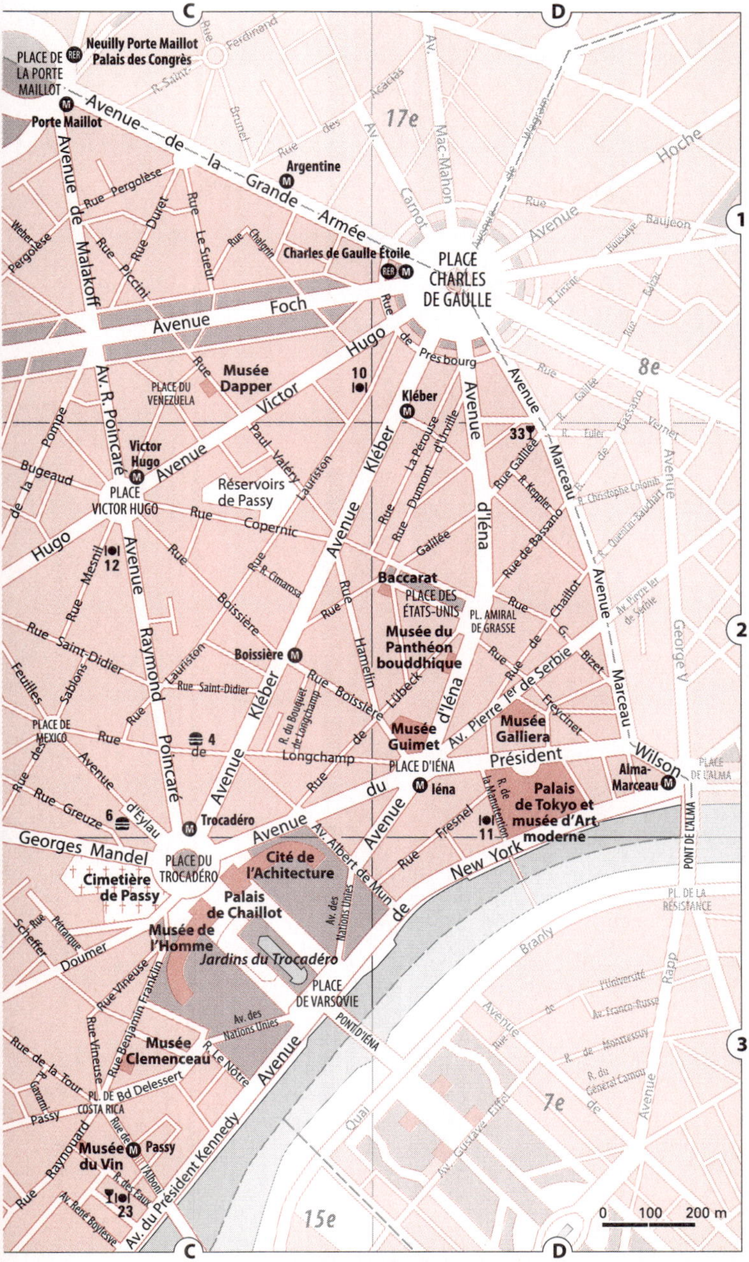

16e ARRONDISSEMENT NORD

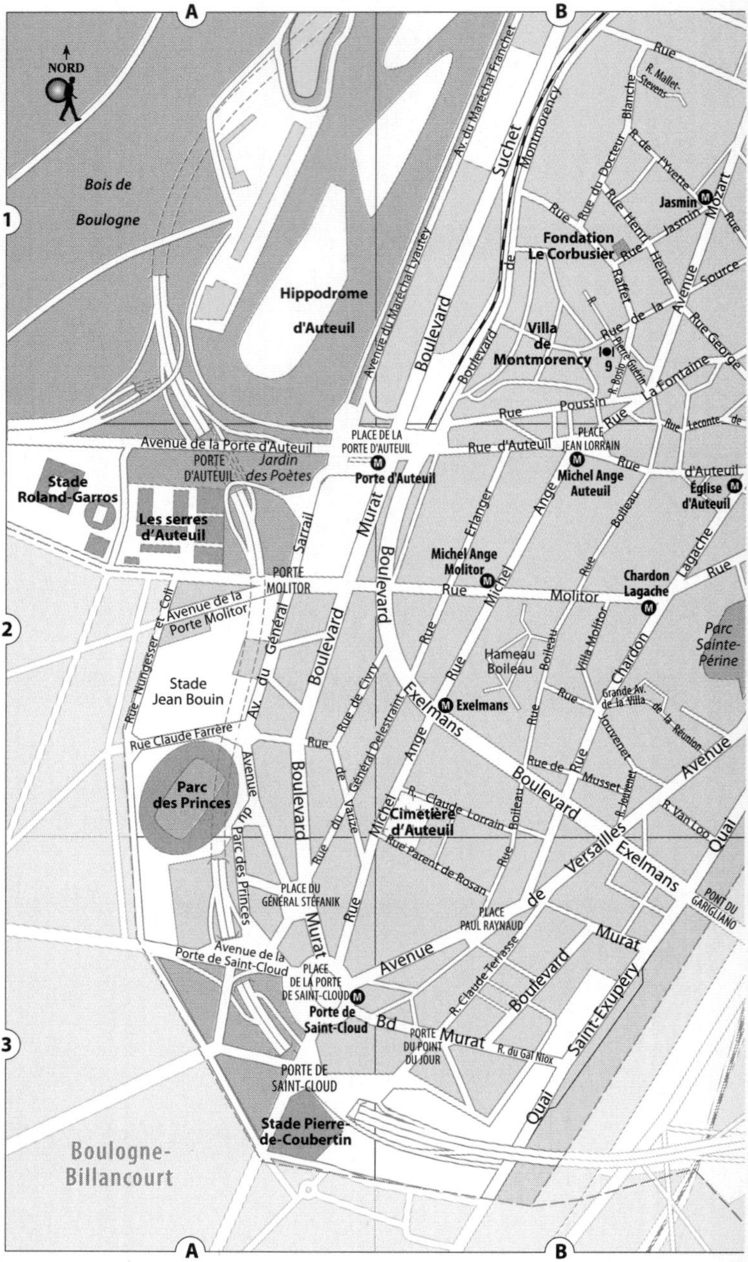
A
B
NORD
1
2
3
Bois de Boulogne
Hippodrome d'Auteuil
Avenue du Maréchal Lyautey
Av. du Maréchal Franchet
Boulevard Suchet
Boulevard de Montmorency
Fondation Le Corbusier
Villa de Montmorency
Jasmin
Rue Mozart
Rue Poussin
Rue La Fontaine
PLACE DE LA PORTE D'AUTEUIL
Porte d'Auteuil
Avenue de la Porte d'Auteuil
PORTE D'AUTEUIL
Jardin des Poètes
Rue d'Auteuil
PLACE JEAN LORRAIN
Michel Ange Auteuil
Église d'Auteuil
Stade Roland-Garros
Les serres d'Auteuil
Michel Ange Molitor
Chardon Lagache
Rue Molitor
PORTE MOLITOR
Avenue de la Porte Molitor
Parc Sainte-Périne
Hameau Boileau
Stade Jean Bouin
Av. du Général Sarrail
Boulevard Murat
Rue Erlanger
Rue Michel Ange
Rue Boileau
Villa Molitor
Rue Chardon Lagache
Exelmans
Boulevard Exelmans
Rue Nungesser et Coli
Rue Claude Farrère
Parc des Princes
Avenue du Parc des Princes
Rue de Civry
Rue du Général Delestraint
Rue de Varize
Cimetière d'Auteuil
R. Claude Lorrain
Rue Parent de Rosan
Rue Jouvenet
Rue de Musset
R. Van Loo
Avenue de Versailles
Quai Louis Blériot
PONT DU GARIGLIANO
PLACE DU GÉNÉRAL STÉFANIK
PLACE PAUL RAYNAUD
R. Claude Terrasse
Avenue de la Porte de Saint-Cloud
PLACE DE LA PORTE DE SAINT-CLOUD
Porte de Saint-Cloud
Bd Murat
PORTE DU POINT DU JOUR
R. du Gal Niox
Quai Saint-Exupéry
PORTE DE SAINT-CLOUD
Stade Pierre-de-Coubertin
Boulogne-Billancourt

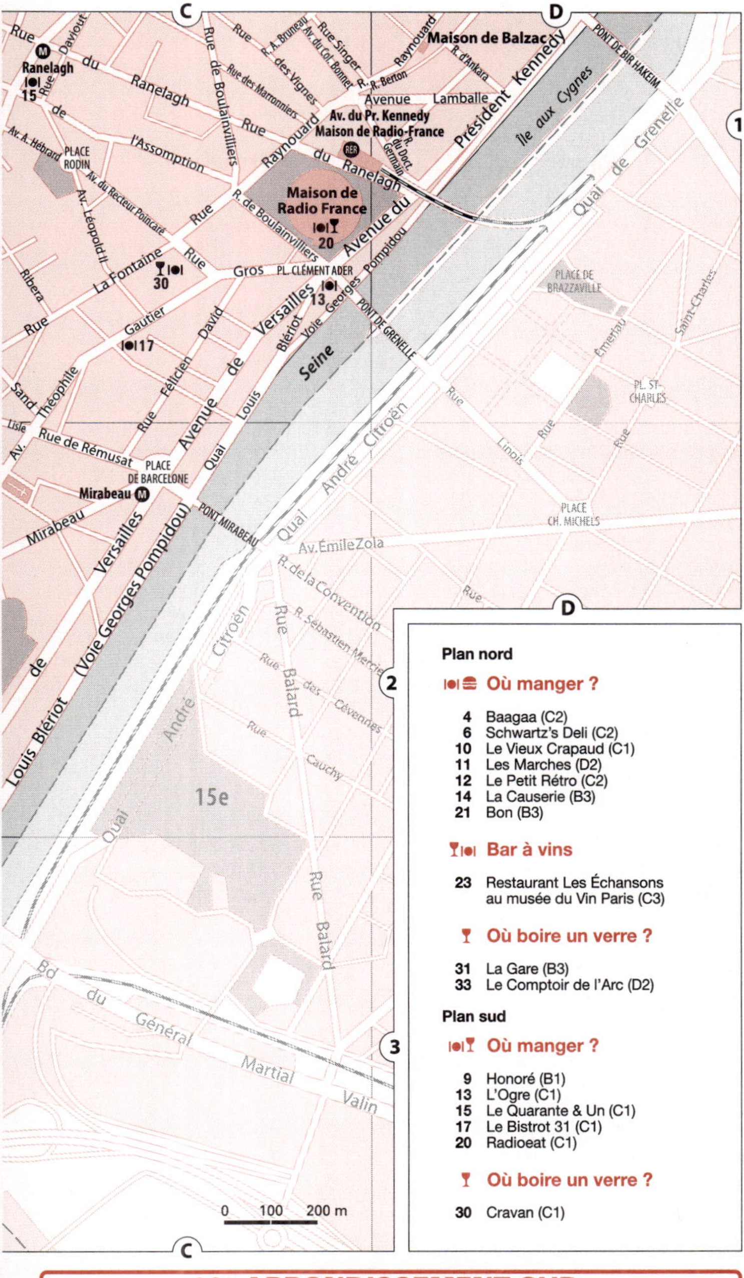

Plan nord

Où manger ?

- **4** Baagaa (C2)
- **6** Schwartz's Deli (C2)
- **10** Le Vieux Crapaud (C1)
- **11** Les Marches (D2)
- **12** Le Petit Rétro (C2)
- **14** La Causerie (B3)
- **21** Bon (B3)

Bar à vins

- **23** Restaurant Les Échansons au musée du Vin Paris (C3)

Où boire un verre ?

- **31** La Gare (B3)
- **33** Le Comptoir de l'Arc (D2)

Plan sud

Où manger ?

- **9** Honoré (B1)
- **13** L'Ogre (C1)
- **15** Le Quarante & Un (C1)
- **17** Le Bistrot 31 (C1)
- **20** Radioeat (C1)

Où boire un verre ?

- **30** Cravan (C1)

16e ARRONDISSEMENT SUD

produits viennent en direct de petits producteurs. En saison, le gibier est à l'honneur.

Plus chic

Radioeat (plan sud C1, **20**) : *116, av. du Président-Kennedy, 75016. ☎ 01-47-20-00-29. Ⓜ Passy. Accès par la porte principale de la Maison de la radio, face à la Seine. Mar-sam midi et soir, plus dim midi et lun midi ; bar jeu-sam jusqu'à 2h. Formules déj en sem 22-29 € ; mar-ven, plat du jour 15 € ; le soir, carte env 50 €.* L'équipe de l'ancien *Tokyo Eat* (autrefois dans le palais de Tokyo au Trocadéro) et sa clientèle modeuse rempilent au 1er étage de la Maison de la radio. La longue banquette ondulatoire qui rappelle l'architecture singulière du bâtiment constitue la colonne vertébrale de cette immense salle inondée de lumière. Les tables de 2, qui se raccordent entre elles tels des modules de puzzle, et les tables ovales pour les petits groupes de 4 ou 6 personnes sont toutes orientées côté Seine, pour profiter pleinement de la vue panoramique. Une invitation au voyage illustrée par une carte de brasserie *fusion* réalisée avec les bons produits du moment. Présentations soignées, assiettes généreuses et carte des vins qui ménage toutes les bourses. La formule déj est imbattable ! Bon point enfin pour le service éminemment sympathique. La soirée peut tranquillement se poursuivre au 2e étage, au bar lounge.

Bon (plan nord B3, **21**) : *25, rue de la Pompe, 75016. ☎ 01-40-72-70-00. Ⓜ La Muette. Tlj midi et soir. Formules déj 27,50-32,50 € ; le soir, carte env 55 € ; brunch-buffet dim 55 €.* Dans un superbe bâtiment à la façade Art nouveau incrustée de mosaïques, belle enfilade de salles aux atmosphères classieuses et distinctes imaginées par Starck. Passez l'étonnant fumoir pour vous rendre sur la mezzanine avec sa belle charpente et prendre place dans la petite alcôve capitonnée. Idéal pour un dîner en amoureux. Le spectacle ne se limite pas au décor, la clientèle (bon teint ultrachic) et le contenu de l'assiette étonnent tout autant. La cuisine d'inspiration asiatique se révèle fine et créative, et la formule déj particulièrement intéressante. Service sérieux et agréable. Et une terrasse verdoyante ouverte seulement le midi en semaine aux beaux jours. Bref, du beau, du bon, du bon... heur !

Bar à vins

Restaurant Les Échansons au musée du Vin Paris (plan nord C3, **23**) : *rue des Eaux, 5, sq. Charles-Dickens, 75016. ☎ 01-45-25-63-26. Ⓜ Passy. ♿ Mar-sam, le midi seulement. Fermé dim-lun. Congés : août et Noël-Jour de l'an. Menus 29,50-63 € ; planche de fromages et/ou de charcuterie ou plat 21 €.* Au cœur du 16e, un musée du vin rue des Eaux ! Caves voûtées du XVe s, creusées dans l'argile de Chaillot par des frères qui cultivaient jadis la vigne ici. L'endroit est superbe, et les plats bien mitonnés, même si le restaurant est surtout prétexte à s'asseoir, bavarder vin avec ses voisins et déguster. 5 à 8 vins sont proposés au verre, mais, par curiosité, jetez un coup d'œil sur la carte des vins (300 à 350 références). Accès payant à la collection du musée en visite libre (non guidée, mais audioguide sur demande).

Où boire un verre ?

Cravan (plan sud C1, **30**) : *17, rue Jean-de-La-Fontaine, 75016. Pas de tél. Ⓜ Jasmin. Mer-sam 18h-23h. Fermé dim-mar. Cocktail 12 € ; pas de vin ni de bière. Tapas 10-14 €.* Une petite terrasse campée devant un immeuble Art nouveau signé Hector Guimard. Un bistrot au cadre patiné, où des miroirs piqués reflètent fresques et comptoir en zinc... Bienvenue chez *Cravan*, un bar à cocktails qui secoue le 16e ! Ici, les mixtures maison flattent les palais les plus exigeants avec leurs douces liqueurs et leurs amers d'antan. Pour accompagner les libations, une poignée de tapas savoureuses (et chères), réalisées à partir de produits d'exception (couteaux, asperges...). La bande-son jazzy confère au lieu une atmosphère raffinée, à apprécier aussi en journée le temps d'un café.

La Gare *(plan nord B3,* ***31****) : 19, chaussée de la Muette, 75016. ☎ 01-42-15-15-31. Ⓜ La Muette ; RER C : Boulainvilliers. ♿ Resto tlj midi et soir jusqu'à 23h. Sodas 6-7 € ; cocktails 11-22 €.* Une ancienne gare qui joue les belles ferroviaires ! La salle des pas perdus a judicieusement été transformée en bar, où une jeunesse bien comme il faut aime siroter de très bons cocktails. La déco a été entièrement repensée par la créatrice Laura Gonzalez dans un thème mêlant l'ici et l'ailleurs très coloré. À l'arrière, belle terrasse aux airs de campagne chic, vraiment agréable pour se prélasser au soleil. Les voies et ballast au sous-sol sont devenus un resto (cher).

Le Comptoir de l'Arc *(plan nord D2,* ***33****) : 73, av. Marceau, 75016. ☎ 01-47-20-72-04. Ⓜ George-V. Lun-ven 7h-minuit ; service resto en continu 12h-23h. Fermé w-e. Cocktails à partir de 6,50 €.* À 2 pas des Champs-Élysées surpeuplés, cette vieille brasserie connaît une cure de jouvence ! De fait, sa situation stratégique, ses prix doux et son ambiance souriante attirent les 20-35 ans pétillants pour déguster une salade ou pour boire un verre avant le cinéma.

17e ARRONDISSEMENT

• Plan *p. 184-185*

De l'avenue de la Grande-Armée à l'avenue de Saint-Ouen, le vaste 17e dévoile ses différents visages. Place aux restos et bistrots assez chics entre le palais des congrès et l'Étoile, où se retrouvent au déjeuner les cols blancs des bureaux alentour. Les habitués, souvent en costume et tailleur, se réunissent dans des cadres feutrés, autour d'une cuisine traditionnelle soignée. Pour plus de fantaisie, il faut pousser du côté des Batignolles. Bars à vins, cuisines du monde et bistrots animés pas donnés se partagent les petites rues de ce quartier bien dans son temps, très couru le soir pour ses bonnes adresses branchées. Si vous souhaitez poursuivre votre soirée, une seule route : celle de la populaire place de Clichy. D'ici au métro Rome, les bars se suivent mais ne se ressemblent pas. Bars à vins, bars à matchs, bars populaires... faites vos jeux !

Où manger ?

Sur le pouce

Kebab des Batignolles *(plan zoom,* ***2****)* **:** *43, rue des Batignolles, 75017. Ⓜ Rome. Lun-sam 11h-21h. Fermé dim. Menus 8-13 €.* À l'intérieur de l'étroite échoppe de 3 m², ni tables ni chaises mais 3 Turcs très sympa, tout sourire pour vous servir. Ici, c'est à emporter. Ah, le bon p'tit kebab qu'on va manger au soleil, sur un banc, au square des Batignolles ! La clientèle, fidèle et nombreuse, accourt... y a qu'à voir la queue sur le trottoir ! À juste titre : selon le patron, c'est le meilleur kebab de la capitale. On conseille en toute simplicité le « classique » sandwich *döner* (sauce et garniture au choix) avec frites bien sûr !

Bio Logis *(plan C3,* ***3****)* **:** *3, rue de Phalsbourg, 75017. ☎ 01-79-25-21-45. Ⓜ Monceau. Lun-ven, le midi seulement. Fermé w-e. Congés : 3 sem en août et 1 sem Noël-Jour de l'an. Compter 15-20 €.* La culture, ça ne nourrit pas l'estomac, alors cette petite cantine située à 2 pas de la Cité de l'économie, et fréquentée par les cadres du coin, paraît tout indiquée en fin de visite (ou pour s'y préparer). Chaque jour, plats, soupes, quiches, gratins, salades variées composent des assiettes généreuses et colorées, saupoudrées de graines pour la touche oméga 3. Eau détox et jus frais pour la touche fraîcheur. On est servi au comptoir et l'on s'assoit en salle ou sur les quelques tables en terrasse. Sinon, demander à emporter : le parc Monceau est à 2 enjambées. Sur le plan économique, c'est une bonne affaire !

Chez Sam *(plan D2,* ***4****)* **:** *118, av. de Clichy, 75017. ☎ 09-86-12-71-44. Ⓜ Brochant. Tlj 11h-minuit. Sandwichs env 7-8 € (env 12,50 € en menu) ; assiette env 15 € ; menu 20 €.* Une échoppe de poche devant laquelle on passerait sans même lever le nez. Heureusement, nos papilles nous ont rappelé à l'ordre. Chez Sam, on goûte une cuisine syrienne pleine de fraîcheur et de notes méditerranéennes, servie avec générosité. Taboulé d'herbes fraîches, caviar d'aubergine fumée à la crème de sésame, chaussons au fromage et épinards, feuilles de vigne farcies... on arrête là avant de saliver ! À déguster avec un verre de lait fermenté, l'*ayran,* avant de mordre dans un baklava et de finir en léchant ses doigts pleins de miel.

De très bon marché à bon marché

La Table Verte *(plan B3,* ***1****)* **:** *6, rue Saussier-Leroy, 75017. ☎ 01-42-27-80-63. Ⓜ Ternes. Lun-ven 10h-19h,* *sam 10h-16h. Fermé dim. Formules du jour 10,50-14 €.* Un resto végétarien goûteux, à 2 pas de l'effervescence du marché Poncelet, pour se restaurer rapidement d'une tarte salée ou d'un plat du jour à base de produits naturels et biologiques. En dessert, quelques tartes, du fromage blanc et des gâteaux sans gluten, histoire que les gueules sucrées ne restent pas sur leur faim. En face, au nº 5, *La Petite Table* propose des formules analogues.

La Crèmerie du 17e *(plan zoom, **10**) : 106, rue Legendre, 75017. ☎ 09-73-28-72-91. Ⓜ La Fourche ou Brochant. Tlj 9h-20h30. Compter 15-20 € au déj ; brunchs 18-24 € (résa conseillée le w-e).* Brie à la truffe, chèvre aux fleurs séchées, gouda à la lavande... mais qui aurait l'idée de s'attabler au milieu des vitrines de fromages ? Nous ! Ah, la bonne idée de la laitière qui a installé une poignée de tables pour accueillir les Batignollais amateurs de crème ! Si l'on vient s'y ravitailler en produits laitiers, on peut aussi y déguster quiches maison et salade au déjeuner, ou une généreuse part de gâteau au goûter. Cheese-cake, tarte au citron meringuée, gâteau au fromage blanc, on tourne toujours autour du pot... de lait ! Excellent brunch aux saveurs campagnardes, les plus gloutons s'attaqueront au brunch version raclette...

La Phyliale *(plan B3, **8**) : 12, rue Bayen, 75017. ☎ 01-82-09-64-29. Ⓜ Ternes. Lun-sam midi et soir. Fermé dim. Plats 12-15 €.* Difficile de dégotter une adresse économique dans ce très chic quartier. Mais nous, nous l'avons trouvée ! À la pause déjeuner, ça défile et ne désemplit pas dans cette cantine vietnamienne. Bo bun généreux, *phó* relevés ce qu'il faut (facile, le jeu de mots !), raviolis et nems croustillants, on cuisine ici les plats populaires de la *street food* vietnamienne, avec beaucoup de fraîcheur. Service express et accueil gentil. Fait aussi à emporter pour les archi-pressés. Une perle rare dans le quartier !

Chez Maxence *(plan zoom, **6**) : 52, rue Legendre, 75017. ☎ 01-47-54-04-91. Ⓜ Rome ou Villiers. Tlj midi et soir. Formules déj en sem 15-19 € ; carte 20-25 €.* Des Batignolles à la Bretagne, il n'y a qu'un pas avec cette excellente crêperie ! Rien de surjoué dans la déco, sobre et fraîche. La carte offre un large choix de galettes au bon goût de sarrasin, des plus classiques aux spéciales terroir ou mer, et toujours une galette du moment. Toutes sont généreuses, croustillantes et fondantes à la fois, garnies de produits frais et bien travaillés. En dessert, les sarrasins sucrées (la caramel au beurre salé est un régal) ou les froments tiennent également leurs promesses. Merci, Maxence !

Brutus *(plan C2, **14**) : 99, rue des Dames, 75017. ☎ 09-86-53-44-00. Ⓜ Rome. Lun-sam midi et soir (en*

17e

Où manger ?

- **1** La Table Verte (B3)
- **2** Kebab des Batignolles (zoom)
- **3** Bio Logis (C3)
- **4** Chez Sam (D2)
- **5** Le Bistrot des Cinéastes (D2)
- **6** Chez Maxence (zoom)
- **7** James Bún (D2)
- **8** La Phyliale (B3)
- **9** La Cantine du 17 (B3)
- **10** La Crèmerie du 17e (zoom)
- **11** Cucuzza (zoom)
- **12** La Cantina Chic (B3)
- **13** Aux Dés Calés (D2)
- **14** Brutus (C2)
- **15** Chez Gladines (D2)
- **16** Buzkashi (D2)
- **17** Sole di Sardegna (zoom)
- **21** Ripaille (zoom)
- **23** Le Café d'Angel (B3)
- **25** La Cantine de Mémé (zoom)
- **26** La Rucola (B2)
- **30** Le Relais de Venise – L'Entrecôte (A3)
- **31** Gare au Gorille (zoom)
- **32** Kirane's (A3)
- **33** Rural (A3)
- **34** Comme chez Maman (zoom)
- **37** Coretta (C2)
- **38** Le 975 (D1-2)
- **39** Le Tourbillon (C2)
- **40** Restaurant Vatel (zoom)

Bars à vins

- **45** Les Domaines qui montent (B3)
- **46** Le Rouge et le Verre (A3)
- **47** L'Établi (zoom)

Où boire un verre ?

- **18** Irène et Bernard (D1)
- **50** Le 3 Pièces Cuisine (C2)
- **51** Le Café des Petits Frères (zoom)
- **52** Les Caves Populaires (zoom)
- **53** Le Cyrano (D2)

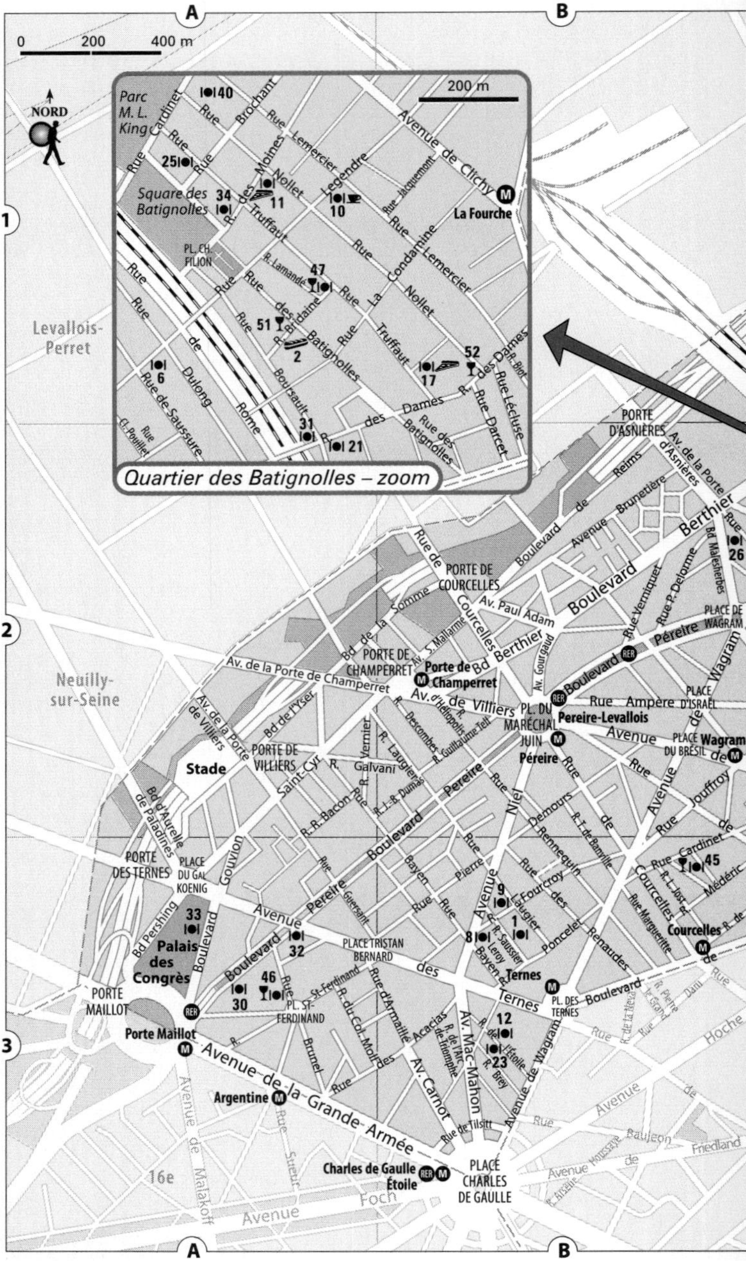
A
B
0 200 400 m
NORD
1
2
3
Quartier des Batignolles – zoom
200 m
Parc M. L. King
Square des Batignolles
PL. CH. FILION
Rue Cardinet
Rue Brochant
Rue Lemercier
Avenue de Clichy
La Fourche
Rue des Moines
Rue Nollet
Rue Legendre
Rue Jacquemont
Rue Truffaut
R. Lamandé
Rue La Condamine
Rue des Batignolles
Rue Boursault
Rue de Rome
Rue Dulong
Rue de Saussure
Rue Cl. Pouillet
Rue des Dames
Rue Lécluse
Rue Darcet
R. Biot
Levallois-Perret
Neuilly-sur-Seine
PORTE D'ASNIÈRES
Av. de la Porte d'Asnières
Boulevard de Reims
Avenue Brunetière
Boulevard Berthier
Bd Malesherbes
PORTE DE COURCELLES
Rue de Courcelles
Av. Paul Adam
Rue de la Somme
Av. S. Mallarmé
PORTE DE CHAMPERRET
Porte de Champerret
Av. de la Porte de Champerret
Bd Berthier
Av. Gourgaud
Rue Verniquet
Rue P. Delorme
PLACE DE WAGRAM
Boulevard Pereire
Av. de Villiers
Rue Ampère
PLACE D'ISRAËL
Pereire-Levallois
PL. DU MARÉCHAL JUIN
Pereire
Avenue de Wagram
PLACE DU BRÉSIL
Wagram
Av. de la Porte de Villiers
Bd de l'Yser
PORTE DE VILLIERS
Stade
Rue Saint-Cyr
R. Galvani
R. Vernier
R. Descombes
R. d'Héliopolis
R. Guillaume Tell
R. Laugier
R. A. Dumas
R. Bacon
Bd d'Aurelle de Paladines
Rue Gouvion
Rue Demours
Rue Rennequin
R. T. de Banville
Rue Jouffroy
Rue Cardinet
Rue Médéric
R. L. Jost
Rue Marguerite
Courcelles
PORTE DES TERNES
PLACE DU GAL KOENIG
Bd Pershing
Palais des Congrès
Boulevard Gouvion
Rue Guersant
Rue Bayen
Rue Pierre
Avenue Niel
Rue Laugier
Rue Fourcroy
Rue des Renaudes
Rue Poncelet
R. Saussier Leroy
PLACE TRISTAN BERNARD
Avenue des Ternes
Ternes
PL. DES TERNES
Boulevard de Courcelles
Rue Daru
Rue Pierre le Grand
R. de la Néva
Avenue Hoche
PORTE MAILLOT
Porte Maillot
Boulevard
PL. ST-FERDINAND
Rue St-Ferdinand
Rue d'Armaille
R. du Col-Moll
Rue des Acacias
R. de l'Arc de Triomphe
Av. Mac-Mahon
R. de l'Étoile
R. Brey
Av. Carnot
Rue Brunel
Avenue de la Grande-Armée
Argentine
Avenue de Malakoff
Rue Studer
Rue de Tilsitt
Charles de Gaulle Étoile
PLACE CHARLES DE GAULLE
16e
Avenue Foch
Avenue de Friedland
Rue Balzac
R. Arsène
1
2
6
8
9
10
11
12
17
21
23
25
26
30
31
32
33
34
40
45
46
47
51
52

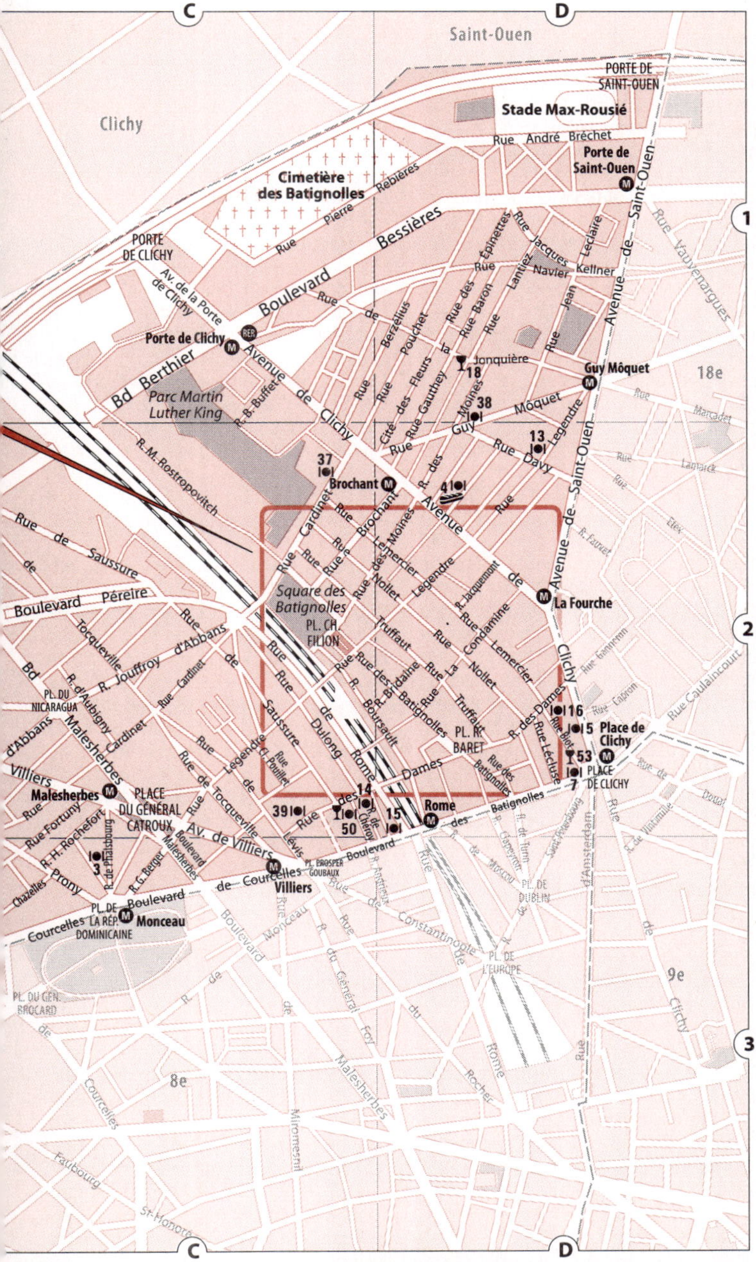

17e ARRONDISSEMENT

continu sam), plus dim midi. Formule déj en sem 15 € ; carte 20-25 €. Dans une salle aux volumes étudiés dans les tons blancs et bleus, éclairée par de larges baies vitrées, l'équipe majoritairement originaire de Normandie (et un peu de Bretagne) redonne ses lettres de noblesse aux crêpes et au cidre. Les galettes *kraz* (dentelles) sont confectionnées avec une touche de miel pour les rendre plus croustillantes, et les préparations tant salées que sucrées se révèlent aussi originales que délicieuses. Plus de 25 cidres à la carte : vieilli en fût de calvados, au gingembre, aux fines bulles façon champagne, du Pays basque... Les proprios en parlent comme de grands crus, en cidrologues passionnés.

|●| ***Sole di Sardegna*** *(plan zoom,* ***17****) : 7, rue de Bizerte, 75017. ☎ 01-43-87-77-10. Ⓜ Place-de-Clichy ou Rome. Lun-ven midi et soir, plus w-e soir. Pâtes et pizzas 10-12 €.* Un petit caboulot sarde inattendu dans ce quartier branché. Cadre désuet, décor anachronique parsemé de souvenirs personnels, nappes à carreaux, atmosphère intime pour une cuisine sarde familiale de bon niveau : pizzas croustillantes (ah, l'onctueuse 4-fromages) et pâtes cuites parfaitement. Mon tout nimbé d'une musique d'opéra et de vénérables tubes italiens. Sympathique patron quasiment seul en cuisine et au service. Et ça fonctionne, et on s'attend presque à voir arriver Totò ou Alberto Sordi !

|●| ***James Bún*** *(plan D2,* ***7****) : 10, bd des Batignolles, 75017. ☎ 01-43-87-90-13. Ⓜ Place-de-Clichy. Tlj 11h30-23h. Sandwichs et plats 8-13 € ; carte env 20 €.* Et si on s'attablait dans une cantine de quartier d'Hanoï, à 2 pas de la place de Clichy ? Cuisine ouverte, étagères chargées de produits asiatiques et une poignée de tables dans un décor coloré : bienvenue dans un vrai marché couvert, avec les odeurs et les saveurs *ad hoc* ! Aux fourneaux, une équipe vietnamienne mijote des bo bun, *banh mi* (sandwichs) et *phó* frais et savoureux, élaborés avec des produits d'origine France livrés chaque matin. On a trouvé notre *street food* de haute volée dans cette cantoche fraîche et colorée.

|●| ***Cucuzza*** *(plan zoom,* ***11****) : 14, rue des Moines, 75017. ☎ 01-42-28-71-75. Ⓜ Brochant. Tlj midi et soir. Pizzas 10-19 € ; carte env 25 €.* Rassurez-vous, les pizzas sorties tout droit du four à l'entrée sont grandes, leur pâte est légère et généreusement garnie de fort bons produits, dont on peut avoir un aperçu dès l'entrée avec les légumes grillés à partager. À vous de choisir entre les classiques ou les signatures (plus élaborées et plus chères), à accompagner d'un vin italien bien sûr, issu de la jolie petite sélection proposée. Et si on n'aime pas les pizzas ? Lasagnes et *parmigiana* d'aubergines se défendent bien aussi. S'il vous reste de la place, laissez-vous tenter par le tiramisù, tout à fait honorable.

|●| ***La Cantina Chic*** *(plan B3,* ***12****) : 14, rue de l'Étoile, 75017. ☎ 01-43-80-41-09. Ⓜ Ternes. Lun-ven midi et soir. Fermé w-e. Formules déj en sem 15,50-17,50 € ; carte 25-30 €.* On passerait devant sans le remarquer. Quelle erreur ! Un sympathique couple franco-italien est aux commandes de ce resto sobre de cuisine bistrotière et familiale de la Botte. Une carte courte – idem côté vins –, qui change un peu toutes les semaines, sauf les *pappardelle* champignons et crème de truffe et les penne *alla sorrentina,* fidèles au poste et attendues par les habitués ! Occasionnellement un plat de viande. Une escale d'un bon rapport qualité-prix et une aubaine dans ce quartier chic et cher.

|●| ***Chez Gladines*** *(plan D2,* ***15****) : 74, bd des Batignolles, 75017. ☎ 01-55-30-08-84. Ⓜ Rome. Tlj midi et soir. Plats 9-20 €.* On ne change pas une formule qui gagne. La maison mère de la Butte-aux-Cailles a pondu un petit vers la place de Clichy. Des plats basques sympa, des salades maxi gourmandes, des patates ensevelies sous le fromage et le jambon, et des petits vins du Sud-Ouest pour faire passer l'ensemble. Déco amusante, très fifties, avec bar en formica et juke-box à l'entrée. Portions plus que généreuses et prix franchement raisonnables : rapport qualité-prix difficile à concurrencer.

|●| ***Le Bistrot des Cinéastes*** *(plan D2,* ***5****) : 7, av. de Clichy, 75017.*

☎ 09-67-55-40-34. Ⓜ Place-de-Clichy. ♿ Tlj 18h-minuit. Congés : août. Carte env 25 €. Il fallait le dégotter celui-là, bien planqué à l'étage d'un ancien cabaret devenu cinéma d'art et essai ! Là-haut se cache un secret jalousement gardé, un petit bistrot à l'image du quartier : coloré et bohème. La déco suit les tendances du moment. La surprise en revanche est dans l'assiette. Une cuisine teintée d'exotisme et d'originalité où se mêlent sucré et salé, aigre et doux, épices et herbes aromatiques. Un conseil : piochez à la carte, partagez entre copains et arrosez le tout d'un p'tit ballon de rouge.

Prix moyens

|●| ☂ ***Aux Dés Calés*** *(plan D2, **13**) : 181, rue Legendre, 75017. ☎ 01-47-70-01-09. Ⓜ Guy-Môquet. ♿ Tlj midi et soir. Le midi en sem, formule et menu 13-19 € ; carte 24-32 €.* Une brasserie de quartier, qui justifie bien un petit tour vers les Épinettes. La preuve par 3 : accueil chaleureux, cuisine familiale et jeux de société par centaines, la maison mise tout sur la convivialité ! À l'ardoise, des plats traditionnels qui évoluent avec le marché et les saisons. Ici, on mise sur une cuisine sincère et sans artifice : pas de triche, que du bon ! Œuf en cocotte, terrine de campagne, tartare au couteau ou poisson du jour, gardez une p'tite place pour la tatin ou le brownie à la fleur de sel. En un mot comme en 1 000 : généreux !

|●| ***Buzkashi*** *(plan D2, **16**) : 7, rue des Dames, 75017. ☎ 09-53-41-92-30. Ⓜ Place-de-Clichy. Mar-sam, le soir seulement. Fermé dim-lun. Plats 15-18 €. Buzkashi,* c'est le sport national en Afghanistan, une compétition équestre collective. Rassurez-vous, point de cheval dans votre assiette mais bien de savoureuses spécialités afghanes. Les raviolis vapeur, à la viande ou aux légumes, offrent une introduction tout en saveurs de cette cuisine riche en grillades, légumineuses, épices et produits laitiers. On a aimé les *kofta* (boulettes de bœuf) marinées dans une sauce aux épices et tomates, accompagnées de riz sauté aux raisins, pistaches et carottes, et de *dhal* (purée de lentilles corail). Installez-vous en tailleur côté traditionnel pour parfaire l'expérience culinaire. Accueil tout en gentillesse. Une belle découverte.

|●| ☂ ***La Cantine du 17*** *(plan B3, **9**) : 11, rue Fourcroy, 75017. ☎ 01-73-73-23-41. Ⓜ Ternes. Lun-ven midi seulement, plus mer-ven soir. Fermé w-e. Formules 19 € le midi, 24 € le soir ; carte 40-45 €.* On y déguste de bons plats terroir de style bistronomi accompagnés d'une sélection de vins très abordables. Desserts maison à se damner, notamment le cheese-cake et le croustillant praliné-chocolat. Dans un style bistrot-boutique, avec une petite terrasse au calme pour prendre le café en fin de repas. À l'épicerie, on peut acheter vins, champagnes, foie gras, charcuterie, plats cuisinés, condiments... Un concept qui fleure bon la France qu'on aime.

|●| ***Ripaille*** *(plan zoom, **21**) : 69, rue des Dames, 75017. ☎ 01-45-22-03-03. Ⓜ Rome. Lun-ven midi et soir ; w-e sur résa seulement. Formules déj 12-20 € ; menu le soir 35 € ; carte env 40 €.* Un nom bien rustique pour une cuisine de saison fine et inventive ! La courte carte change souvent et fait la part belle au poisson. Le plaisir est prolongé par des portions généreuses. Tous les jours, 1 ou 2 suggestions à l'ardoise. Bons vins de petits propriétaires proposés aussi à la ficelle. Accueil et service sympa. À savoir quand même, le resto est d'un format de poche, et on n'y est pas au large.

|●| ***Le Café d'Angel*** *(plan B3, **23**) : 16, rue Brey, 75017. ☎ 01-47-54-03-33. Ⓜ Charles-de-Gaulle-Étoile ou Ternes. Lun-ven midi et soir. Fermé w-e et j. fériés. Menus 28-36 € ; carte env 50 €.* Le cadre rétro cache un élégant bistrot réputé parmi les gens du quartier. Une salle chaleureuse avec, en toile de fond, les fourneaux visibles derrière le bar, et une délicieuse cuisine qui revisite le terroir comme chez les grands (normal, le chef, Jean-Marc Gorsy, est un ancien du *Jules Verne*), avec un zeste de fantaisie en sus. Menus d'un remarquable rapport qualité-prix.

La Cantine de Mémé *(plan zoom, **25**)* : *11, rue Brochant, 75017. ☎ 01-58-59-36-91. Ⓜ Brochant. Mar-sam 12h (12h30 sam)-22h. Fermé dim-lun. Formules déj en sem 20-25 € ; le soir, carte env 50 €.* Dans un cadre chaleureux et intime, il faut découvrir la cuisine de Marie Lemoine, une jeune cheffe pleine d'inspiration, créatrice d'harmonieuses associations de saveurs et de télescopages culinaires inédits. Produits d'une rigoureuse fraîcheur et desserts d'anthologie.

Rural *(plan A3, **33**)* : *2, pl. de la Porte-Maillot, 75017. ☎ 01-72-69-03-03. Ⓜ Porte-Maillot. Accès au rdc du palais des congrès, côté bd des Maréchaux. Tlj 10h30-22h30. Formules 30-55 € ; brunch dim 36 €.* Les vacances à la montagne sont terminées mais l'appel des cimes se fait toujours sentir ? Qu'à cela ne tienne, c'est la montagne qui vient à vous avec ce qu'elle a de meilleur. Dans un décor de chalet d'alpage (version XXL) avec peaux de bêtes et mobilier en épaisses boiseries blondes, Marc Veyrat, le médiatique chef alpin au chapeau noir, propose de généreuses planches de charcutailles et fromages, des croques et salades, et des plats tradi revisités, servis en cocotte. Les becs sucrés reluqueront vite le buffet de desserts, entre recettes de montagne et de famille. On en salive encore !

Le Relais de Venise – L'Entrecôte *(plan A3, **30**)* : *271, bd Pereire, 75017. ☎ 01-45-74-27-97. Ⓜ Porte-Maillot. Tlj midi et soir. Formule unique 28 €.* L'entrée est facile à repérer à la file d'attente qui se forme avant chaque service. Depuis plus de 50 ans, ce resto traditionnel, au décor de brasserie mâtiné de touches vénitiennes, propose la même formule : une salade aux noix servie d'office, suivie d'un contre-filet de bœuf accompagné de frites fines et croustillantes et d'une sauce dont la recette est toujours tenue secrète. Le tout servi 2 fois. Ne demandez pas autre chose, il n'y a pas ! Desserts très classiques pour conclure. Service efficace, voire expéditif.

Kirane's *(plan A3, **32**)* : *85, av. des Ternes, 75017. ☎ 01-45-74-40-21. Ⓜ Porte-Maillot. Tlj midi et soir. Formule déj en sem 16,50 € ; le soir et le w-e, menu 35 €.* La déco très appuyée fait illico voyager : tissus et sculptures évoquent les splendeurs de l'Inde du Nord. La cuisine, goûteuse et pleine de parfums subtils, vient de cette région. À côté d'une riche carte classique (poulet tandoori, *tikka saag* ou *vindaloo,* currys), on découvre la cuisine *dum* (à l'étuvée), une rare déclinaison de la cuisine d'Inde du Nord. Une escale sereine et gourmande, bienvenue dans la tumultueuse avenue des Ternes.

Le Tourbillon *(plan C2, **39**)* : *116, rue des Dames, 75017. ☎ 09-83-01-10-81. Ⓜ Villiers. Mar-sam midi et soir. Fermé dim-lun. Formules déj 24-28 € ; carte env 40 €.* 3 salles en enfilade à la déco épurée dans lesquelles le service est assuré avec efficacité. Aux fourneaux, le chef concocte une cuisine bien tournée et inventive, à base de produits de saison, bien entendu. Assiettes joliment présentées et saveurs bien dosées, où le terroir a toute sa place. Un peu cher le soir toutefois.

La Rucola *(plan B2, **26**)* : *198, bd Malesherbes, 75017. ☎ 01-44-40-04-50. Ⓣ Porte-d'Asnières. Lun-ven, le midi seulement, plus sam soir. Fermé dim. Formules déj 19-25 € ; carte env 35 € (plus cher pour les viandes et poissons).* Si le quartier n'est pas franchement le plus sexy de l'arrondissement, ce resto italien, à 2 pas de la porte d'Asnières, mérite le détour. Dans un cadre très classique (un peu tristoune peut-être), le chef réinvente les régions tous les 15 jours : Pouilles, Ombrie, Campanie, Lombardie... pour le plus grand bonheur des habitués. Parmi les grands classiques : assortiment d'*antipasti,* carpaccio de bœuf au basilic... On apprécie la constance de la cuisine et l'accueil de toute l'équipe. Et on en redemande !

De chic à plus chic

Le 975 *(plan D1-2, **38**)* : *25, rue Guy-Môquet, 75017. ☎ 09-53-75-67-71. Ⓜ Brochant. Lun-ven midi et soir. Fermé w-e. Formule déj (sauf j. fériés) 19 € ; menu dégustation 38 € ; carte env 55 €.* À la proue de 2 rues, tout en baies vitrées ponctuées par une palissade : le cadre s'apprécie en toute transparence dès l'extérieur. Petite cuisine ouverte précédée d'une poignée de places au comptoir (un peu dans le passage) et décor industriel dépouillé. La formule déjeuner est une aubaine et laisse entrevoir le talent du chef Taiki, qui distille quelques touches nippones dans sa cuisine. Des plats délicieux et raffinés, soigneusement présentés, sans préciosité pour autant. Accueil et service pro et charmants. Jolie sélection de whiskies et de vins au verre.

Restaurant Vatel (plan zoom, **40**) : *122, rue Nollet, 75017. ☎ 01-42-26-26-60. Ⓜ Brochant. Lun-ven midi et soir. Fermé w-e. Résa obligatoire. Menus 26 € (midi), puis 42-54 €.* Ce resto d'application, lié à l'école hôtelière du même nom, se révèle une bonne escale. Salle moderne et chaleureuse sous une verrière, nappage de coton beige, sièges confortables... On se pique au jeu, d'autant que tout ça est bien bon et raffiné, et ce dès le 1er menu. Ceux du soir garantissent un dessert princier : vous serez carrément cerné par 3 chariots (si, si...), soit plus d'une quinzaine de douceurs. Pendant ce temps, les élèves sont notés, mais l'atmosphère n'est pas guindée.

Comme chez Maman (plan zoom, **34**) : *5, rue des Moines, 75017. ☎ 01-42-28-89-53. Ⓜ Brochant. Tlj midi et soir. Menus 25 € (midi)-48 € ; carte env 55 €.* Il y a de jeunes chefs qui donnent la rassurante impression d'avoir extirpé leurs savoureuses recettes du grimoire de leurs mamans chéries. Pari gagné : Wim Van Gorp, qui a officié chez les plus grands à Paris et à l'étranger, propose des recettes savoureuses et traditionnelles, entre l'auberge de campagne et le bistrot parisien. Les produits sont impeccables, les cuissons justes et le plaisir garanti.

Gare au Gorille (plan zoom, **31**) : *68, rue des Dames, 75017. ☎ 01-42-94-24-02. Ⓜ Rome. Lun-ven midi et soir. Fermé w-e. Résa vivement conseillée. Menus déj 29-39 € ; carte env 50 € (le soir, quelques petits plats à prix modérés et de gros plats de viande, compter alors 50-60 €).* Déjà, cadre fort sobre et pas d'enseigne, c'est donc qu'on mise sur la notoriété avant tout... En outre, pas de titres ronflants pour les plats (seulement le nom des produits !), le chef joue sur de fines associations de saveurs et des cuissons parfaites. Les plats, colorés et joliment présentés, évoluent avec le marché et les envies derrière les fourneaux. Tout cela plaît beaucoup aux hipsters, « startupeurs » et gens du quartier, qui composent la clientèle volubile et réjouie. Bon choix de vins nature et grande table conviviale au fond, dans la partie la plus lumineuse.

Coretta (plan C2, **37**) : *151 bis, rue Cardinet, 75017. ☎ 01-42-26-55-55. Ⓜ Brochant. ♿ Tlj midi et soir. Menus 30 € (midi), puis 37-68 €.* Un bistrot-gastro adossé au parc Martin-Luther-King. Grandes baies vitrées donnant sur rue et jardin, fourneaux ouverts sur le rez-de-chaussée (autre grande salle à l'étage), carrelages graphiques, parquets, boiseries, éclairages : la déco répond à un design étudié. Même précision dans les assiettes, avec une cuisine de marché, fine et particulièrement inventive. La cheffe mexicaine insuffle à ses plats d'exaltantes notes d'exotisme. Excellente formule déj. Service impeccable.

17e

Bars à vins

Les Domaines qui montent (plan B3, **45**) : *22, rue Cardinet, 75017. ☎ 01-42-27-63-96. Ⓜ Courcelles ou Wagram. Boutique ouv lun 11h-19h, mar-sam 10h-19h30 (20h jeu-sam) ; service 12h-14h seulement. Fermé dim. « Formule du caviste » env 17 € ; carte env 25 €.* Avec sa double casquette de boutique et table d'hôtes, cette adresse conviviale réunit les amateurs de bonnes bouteilles. Le menu unique n'offre pas d'alternative, mais la cuisine de terroir ne blouse pas les épicuriens avertis. Un tour de France et de ses caves qui n'impose pas un choix entre la bourse ou le verre, puisque, ici, on consomme au prix boutique, sans droit de bouchon, et que l'on peut repartir avec sa bouteille entamée.

Le Rouge et le Verre *(plan A3, **46**)* **:** *33, rue Brunel, 75017. ☎ 01-45-72-69-98. Ⓜ Argentine ou Porte-Maillot. Lun-sam midi et soir. Fermé dim. Plat 16 € ; planches de charcuterie ou de fromages 10-22 €.* Pour commencer, on prend place parmi les tables dispersées entre les rayonnages bien garnis et les caisses de grands crus. Ensuite, on choisit un vin à la bouteille, en pot lyonnais ou au verre parmi ces cuvées issues des domaines de petits vignerons qui « montent à Paris ». Enfin, on se sustente au choix d'une planche de charcuterie ou de fromages à l'apéro ou d'un plat souvent basque. Bons conseils sur les vins (à emporter ou à consommer sur place au même prix) et service fort sympathique.

L'Établi *(plan zoom, **47**)* **:** *4, rue Bridaine, 75017. ☎ 01-44-90-05-04. Ⓜ Rome ou La Fourche. Tlj sauf sam midi, dim soir et lun midi. Formules déj 15-19 € ; planches 16-22 €.* Dans un joli bistrot de poche à la façade vert bouteille (ça s'annonce bien !), le binôme aux commandes propose une carte simple et réussie (planche de charcuterie ou de fromages, foie gras, andouille...) pour accompagner la découverte de bons petits crus, vedettes de la maison. Sous les conseils avisés, accoudé à l'épaisse table de bois, la soirée se prolonge sous les meilleurs auspices. Addition un poil élevée, dommage.

Où boire un verre ?

Le 3 Pièces Cuisine *(plan C2, **50**)* **:** *101, rue des Dames, 75017. ☎ 01-44-90-85-10. Ⓜ Rome. Tlj 9h (10h w-e)-2h.* Convivial, ludique, coloré... ce bar-resto (le « 3PC » pour les intimes) à la déco brocante seventies se la joue annexe du salon de votre appart. C'est là que vous croiserez des amoureux autour d'un backgammon, des bandes de potes rieurs et de tendres loups en quête de compagnie. En été, les grandes baies vitrées s'ouvrent et tout ce petit monde déborde joyeusement sur la terrasse. Bonne carte de bistrot (burgers, salades...) pour éponger un peu !

Irène et Bernard *(plan D1, **18**)* **:** *58, rue Gauthey, 75017. ☎ 01-42-29-56-16. Ⓜ Guy-Môquet. Tlj 8h (9h dim)-2h.* Papier peint à l'anglaise, photos en noir et blanc, abat-jour à frange et plaques émaillées, chez *Irène et Bernard,* c'est la version jeune et décontractée du *Café des Amis.* Les habitués sont nombreux à fréquenter ce bistrot convivial où l'on sirote son p'tit noir le matin au comptoir et où l'on siffle son p'tit rouge en terrasse à l'heure de l'apéro. Fait aussi resto (burgers et quiches entre autres), mais on n'a pas été convaincus.

Les Caves Populaires *(plan zoom, **52**)* **:** *22, rue des Dames, 75017. ☎ 01-53-04-08-32. Ⓜ Place-de-Clichy. Tlj 8h30 (11h dim)-2h.* Un troquet ultra-fréquenté et bon enfant du quartier des Batignolles. Quand certains ont joué la carte du néobobo, *Les Caves Populaires* proposent leur ambiance parigote, mélangée et bruissante. À l'ardoise : petits crus au pichet ou à la bouteille (vins bio et nature), mousses pression artisanales et bonnes planches mixtes ravissent une clientèle d'habitués forcément conquise. Prix fort démocratiques. Populaire, on vous dit !

Le Café des Petits Frères *(plan zoom, **51**)* **:** *47, rue des Batignolles, 75017. ☎ 01-42-93-84-41. Ⓜ Rome ou La Fourche. Lun-sam. Fermé dim. Congés : août. Les prix sont solidaires : café 0,45 € ; formule petit déj 1,70 €.* Le *Café des Petits Frères* est un espace ouvert à tous, convivial et culturel, favorisant la mixité sociale et générationnelle. Il est animé par des bénévoles de l'association Les Petits Frères des Pauvres, qui lutte depuis 1946 contre l'isolement et l'exclusion. Le cadre est simple et chaleureux : ici on discute, là on bouquine autour d'un café ou d'un verre (sans alcool). Journaux et livres à disposition.

Le Cyrano *(plan D2, **53**)* **:** *3, rue Biot, 75017. ☎ 01-45-22-53-34.*

Ⓜ *Place-de-Clichy. Tlj 9h (10h sam)-1h.* C'est une vraie perle, située quasiment sur la place de Clichy, pas vraiment réputée pour ses bonnes adresses. Ce qui frappe quand on déboule ici, c'est le magnifique décor Art nouveau daté de 1914, avec miroirs ovales, mosaïques dorées et peintures de mousquetaires. Si le bar a pris le nom de Cyrano, c'est parce qu'il ouvrit le soir d'une première de la pièce d'Edmond Rostand. Depuis, on garde le cap (ou la péninsule) et il faut se faufiler parmi la foule installée en terrasse pour accéder au comptoir. Un vrai coup de cœur !

18e ARRONDISSEMENT

• Plan *p. 194-195*

Riche de son héritage des Années folles et d'une importante immigration, le 18e offre une diversité gastronomique aussi variée que parfumée. Les guinguettes de Montmartre se sont muées en petits restos français où l'on chouchoute la cuisine de bistrot. Mais on aime aussi ses rades de quartier pour siroter un p'tit ballon de rouge autour d'une planche de charcuterie et finir en beauté en s'encanaillant dans les bars de Pigalle. Plus populaires, les quartiers de la Goutte-d'Or, de la Chapelle, Marx-Dormoy et Clignancourt fourmillent de marchés et de restos aux effluves épicés, d'influence maghrébine ou africaine. En pleine reconversion, les gares et entrepôts de ces coins de la périphérie offrent aujourd'hui d'immenses et agréables points de chute pour boire un verre, loin de l'agitation parisienne !

Où manger ?

Sur le pouce

Marché de l'Olive **(La Chapelle** *; plan D2,* **1) :** *10, rue de l'Olive, 75018.* Ⓜ *Marx-Dormoy. Mar-sam 8h-19h30, dim 8h-13h30. Fermé lun.* Cette belle halle de style Baltard accueille, outre les traditionnels primeurs, charcutiers, fromagers, bouchers et poissonniers, quelques traiteurs gourmands d'ici et d'ailleurs. Saveurs sénégalaises, italiennes (pizzas, *pasta* et *antipasti*), thaïlandaises (moins convaincantes), marocaines, avec un bel alignement de tajines et de couscous, mais aussi un traiteur portugais et son étal de charcuterie... Pour un cadre nettement plus coquet, on opte pour ***Télumée*** *(1, rue de l'Olive ; ☎ 01-84-17-03-06 ; dans la rue piétonne qui longe le marché ; congés : août ; miniplats 6-14 €)* et sa jolie terrasse, pour une burrata sur le pouce, un petit plat métisse tendance méditerranéenne/caraïbe, ou tout simplement une citronnade maison, à siroter – longuement vu son tarif ! – en pianotant sur son ordi. Oh, les beaux jours !

Buffet Sandwicherie Fine *(plan B2,* **21***) :* *11, rue Muller, 75018. ☎ 09-88-06-68-08.* Ⓜ *Château-Rouge. Mar-sam midi et soir. Fermé dim-lun. Sandwichs env 4,50-9 €.* Nous épater avec un croque-monsieur ? Pari risqué ! Mais la 1re bouchée nous rabat vite le caquet. La devise chez *Buffet* : *local, saison, maison* ! La carte varie donc en fonction du marché, mais on retrouve toujours le classique sandwich jambon-beurre ou le gourmand hot dog (saucisse au couteau, ketchup artisanal et mayo maison s'il vous plaît !). Haute qualité et prix plancher, on aime cette petite cantoche de quartier, au décor émaillé et à l'accueil chaleureux.

Birdie Num Num *(plan A2,* **5***) :* *87, rue Lamarck, 75018. ☎ 01-42-58-07-29.* Ⓜ *Lamarck-Caulaincourt. Lun-sam 11h-15h30 (17h sam). Fermé dim. Sandwichs env 7-8 €, plats env 10-13 €.* C'est une minuscule cantine de quartier top niveau, un lieu de vie où l'énergique patronne accueille tout le monde comme des amis. Le temps d'une courte parenthèse, on se serre dans la bonne humeur pour savourer des sandwichs généreux, des assiettes végétariennes ou agrémentées de pastrami fleurant bon la Méditerranée et l'Asie, à moins de craquer pour le bol du jour. Dans tous les cas, c'est maison, bio et fait avec amour !

Bob's Bake Shop *(plan D2,* **2***) :* *halle Pajol, 12, esplanade Nathalie-Sarraute, 75018. ☎ 09-84-46-25-26.* Ⓜ *Marx-Dormoy ou La Chapelle. Tlj 8h-15h (16h w-e). Petits déj 7-9 € ; bagels salés ou sucrés 4-9 €.* Sur la populaire esplanade de la halle Pajol, prenez le temps de vous installer dans ce café à la mode *US* au cadre de *diner* américain. Excellente adresse pour prendre le petit déj ou pour engloutir une généreuse pâtisserie made in America : cookies, cheese-cake ou *pecan pie,* ils sont tous là ! Le midi, on peut goûter à l'un des bagels tout juste sortis du four : saumon bio, houmous, *cream cheese,* avocat... Irrésistible et sain. Et tous les jours une option végane.

Raffinati *(plan C2,* ***7****)* **:** *74 ter, rue de Clignancourt, 75018. ☎ 09-83-54-57-29. Ⓜ Marcadet-Poissonniers. Mar-sam 10h-21h. Fermé dim-lun. Le midi en sem, sandwich env 10 €, assiette env 15 € ; carte 25-30 €.* Des prix presque démocratiques pour des produits aristocratiques. C'est le credo de l'accueillant patron, un Italien intraitable sur les ingrédients qu'il fait venir des quatre coins de la Botte. Accoudé au comptoir de son épicerie fine ou attablé face aux caves d'affinage où vieillissent charcuteries et fromages d'exception, on se régale d'un sandwich haut de gamme, ou carrément d'une assiette de dégustation garnie de légumes, jambons et fromages aussi bons que beaux. Avec un tiramisù maison et un vrai café, c'est l'extase.

Il Brigante *(plan B2,* ***3****)* **:** *14, rue du Ruisseau, 75018. ☎ 01-44-92-72-15. Ⓜ Lamarck-Caulaincourt ou Jules-Joffrin. Lun-sam midi et soir, plus dim midi. Résa conseillée. Pizzas 10-18 €.* Salvatore, un grand gaillard d'origine calabraise, manie la pâte à la perfection et concocte de délicieuses pizzas fines et croustillantes. Ses atouts ? Des ingrédients étonnants et 100 % italiens comme la *nduja* (mélange de porc et de poivrons), la *suppressata* (saucisson aux piments), la *scamorza* (mozzarella fumée), sans oublier tous les légumes qu'il importe de sa région ! En revanche, le minuscule local ne fait pas dans le glamour : quelques tables devant le four ou alignées dans un couloir.

Sohan Café *(plan D3,* ***4****)* **:** *30, bd de la Chapelle, 75018. ☎ 01-42-40-15-66. Ⓜ La Chapelle. ♿ Mer-dim 10h-18h (23h ven-sam). Fermé lun-mar. Congés : 3 sem en août. Formules déj en sem 10-16 € ; assortiment de mazzehs 12 € ; brunch dim 24 € (à volonté ; résa conseillée).* Un joli petit lieu à la déco moderne gaie et acidulée pour découvrir une cuisine iranienne maison, concoctée sur place par une équipe

18e

Où manger ?

- **1** Marché de l'Olive (La Chapelle ; D2)
- **2** Bob's Bake Shop (D2)
- **3** Il Brigante (B2)
- **4** Sohan Café (D3)
- **5** Birdie Num Num (A2)
- **6** Chez Foucher – Mère & Fille (C1)
- **7** Raffinati (C2)
- **8** Le Café d'ICI (C2)
- **9** À la Bonne Franquette (zoom)
- **10** Bouillon Pigalle (B3)
- **11** Jimmy 2 Fois (B1)
- **12** In Bocca al Lupo (B2)
- **13** Étsi (A2)
- **14** Le Ruisseau (B1)
- **15** Le Colchide (C2)
- **17** Chez Pradel (A1)
- **19** Gemüse (B2)
- **20** Soul Kitchen (B2)
- **21** Buffet Sandwicherie Fine (B2)
- **22** Café de Luce (B3)
- **23** La Boîte aux Lettres (zoom)
- **24** Chez Foucher – Mère & Fille Pajol (D2)
- **25** Le Sanglier Bleu (A3)
- **26** B.O.U.L.O.M (A1-2)
- **28** La Traversée (B2)
- **29** Fichon (B2)
- **31** La Part des Anges (zoom)
- **32** Montcalm (B2)
- **33** La Vache et le Cuisinier (zoom)
- **34** Les Inséparables (B2)
- **35** Vava (zoom)
- **37** Le BAL Café (A2)
- **38** Seç (B2)
- **40** Le Coq Rico (zoom)
- **41** L'Esquisse (B2)
- **42** Le Bouclard (A2)
- **43** L'Atelier Ramey (B2)

Bar à vins

- **50** Au Bon Coin (B2)

Où boire un verre ?

- **60** Le Bar à Bulles (zoom)
- **61** Le Bar Fondamental (B3)
- **62** La Fourmi (B3)
- **63** Nord Nord (D2)
- **67** La REcyclerie (B1)
- **69** Chez Camille (zoom)
- **70** Brasserie Barbès (C3)
- **71** Sunset (B2)
- **73** Le Hasard Ludique (A1)
- **74** Marlusse et Lapin (zoom)
- **76** Le Très Particulier (A2)
- **77** Kiez Biergarten (A1-2)

18e

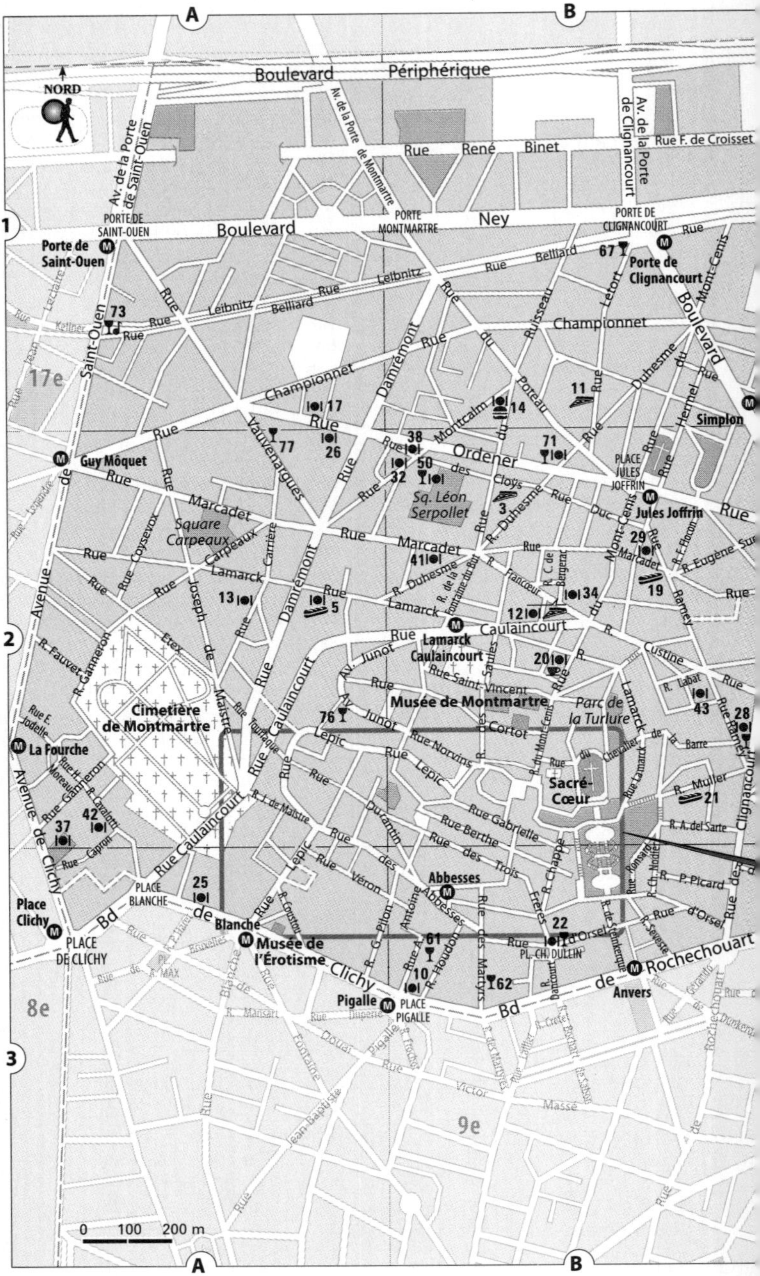
NORD
Boulevard Périphérique
Boulevard Ney
Porte de Saint-Ouen
Porte de Clignancourt
Guy Môquet
Simplon
Jules Joffrin
Lamarck Caulaincourt
La Fourche
Place Clichy
Blanche
Pigalle
Abbesses
Anvers
Cimetière de Montmartre
Musée de Montmartre
Sacré-Cœur
Parc de la Turlure
Square Carpeaux
Sq. Léon Serpollet
Musée de l'Érotisme
PLACE DE CLICHY
PLACE BLANCHE
PLACE PIGALLE
PLACE JULES JOFFRIN
Rue Ordener
Rue Marcadet
Rue Championnet
Rue Lamarck
Rue Caulaincourt
Rue Damrémont
Rue Lepic
Bd de Clichy
Bd de Rochechouart
17e
8e
9e
0 100 200 m

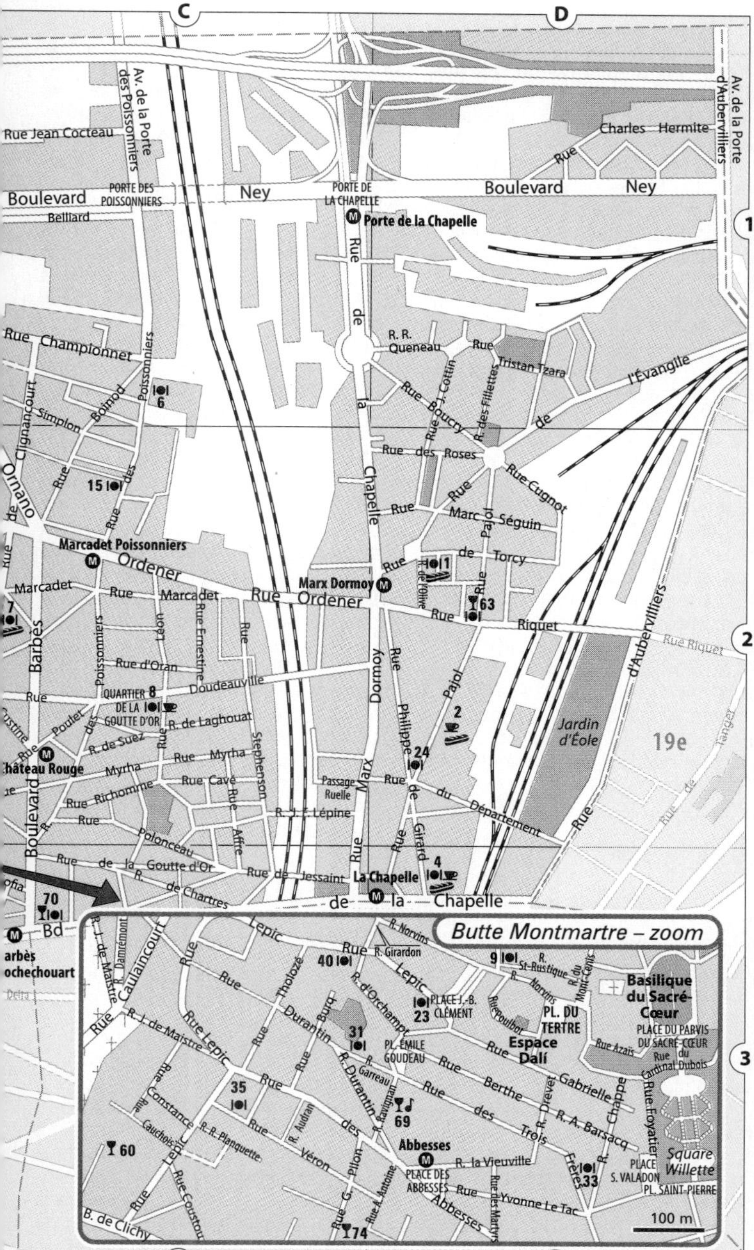

18e ARRONDISSEMENT

féminine enjouée. Des salades, des sandwichs pour les budgets serrés, et toujours un plat du jour (en fait 2, puisqu'il est doublé d'une proposition végétarienne). À goûter absolument, le riz basmati safrané. Le soir, on se partage la ronde des *mazzehs* aux subtilités toutes persanes ! Délicieux desserts. Et le dimanche, on goûte un peu tout au brunch varié. Prolongez la découverte : épices et artisanat iranien en vente !

Gemüse *(plan B2,* ***19****) : 61, rue Ramey, 75018. Ⓜ Jules-Joffrin. Lun-sam midi et soir. Fermé dim. Kebabs 6-8 € ; menu 12 €. Thé maison offert pour l'achat d'un kebab sur présentation de ce guide.* Un kebab, oui, mais qui s'inspire de ceux qu'on trouve à Berlin (*Gemüse* signifie « légumes » en allemand), une capitale qui a vu naître le *döner kebab* grâce à l'immigration turque. On choisit entre un pain *pide* ou une galette, garni(e) de légumes grillés croquants, de poulet parfumé (qui a longuement rôti sur sa broche) et d'un peu de fromage. Options végétarienne et sans gluten également. Chaque mois, un kebab spécial s'invite au menu et fait honneur à un pays du monde. À la 1re bouchée, on comprend pourquoi il connaît un tel succès dans le quartier, sur place comme à emporter...

Très bon marché

Chez Foucher – Mère & Fille *(plan C1,* ***6****) : 118, rue Madeleine-Rebérioux, 75018. ☎ 09-54-33-16-66. Ⓜ Marcadet-Poissonniers ou Simplon. Lun-ven 8h30-17h30. Fermé w-e. Sandwichs et plats 7,50-9 € ; formules 9,50-13 €.* Comme à la cantine, la salle est haute de plafond, et on choisit sa tablée plateau en main. Mais, comme à la maison, le bois, le vaisselier et les fleurs fraîches réchauffent l'atmosphère. Et, surtout, le plat unique dans sa grosse marmite de fonte, les belles salades ou les sandwichs sont préparés du jour, avec des produits choisis, fermiers, de saison et aussi locaux que possible (même la bière vient de la Goutte-d'Or !). Mère et fille s'activent avec le sourire et proposent, toute la journée, œufs à la coque, gâteaux d'enfance et jus de fruits frais. Un très bon plan !

Chez Foucher – Mère & Fille Pajol *(plan D2,* ***24****) : 60, rue Philippe-de-Girard, 75018. ☎ 09-63-63-66-71. Ⓜ La Chapelle. Lun-ven 8h30-17h30. Fermé w-e. Sandwichs et plats 7,50-9 € ; formules 9,50-13 €.* Le succès du 1er établissement (voir ci-avant) est tel que la maman a dépêché sa 2e fille pour ouvrir une annexe plus à l'est. Le cadre est plus sobre (une salle lumineuse en proue frangée de bancs et de tables communes), mais les plats sortent des mêmes cuisines !

Le Café d'ICI *(plan C2,* ***8****) : 19, rue Léon, 75018. 06-58-96-29-52. Ⓜ Château-Rouge. Dans l'Institut des cultures d'Islam. Tlj sauf lun 11h-19h. Congés : août. Formules déj 11-13 € ; plat 8 €.* Oh, la belle surprise que voilà ! Cachée derrière la façade ingrate de l'Institut des cultures d'Islam, une agréable cantine décorée d'affiches orientales vintage et de pochettes de disques nostalgiques. Le midi, on adore y prendre le menu du jour, qui propose des plats frais, copieux et parfumés : *harira, chorba,* tajines, pastillas, couscous... Un sympathique patio andalou, où se déroulent parfois des concerts et des spectacles, permet de prendre le soleil en sirotant un thé à la menthe accompagné d'une pâtisserie.

Bon marché

Bouillon Pigalle *(plan B3,* ***10****) : 22, bd de Clichy, 75018. ☎ 01-42-59-69-31. Ⓜ Pigalle. Tlj en continu 12h-minuit. Plats 8-14 € ; carte 16-20 €.* Les « bouillons » sont nés à Paris au XIXe s. Qualité des plats et addition douce ont fait leur succès, jamais démenti. Celui-ci reprend cette grande tradition. Sur 2 niveaux et avec à l'étage une terrasse chauffée ouverte sur la place Pigalle. Au menu, du simple, du concret, du bon : poireaux-vinaigrette, agneau de 7 heures, bœuf bourguignon... et le fameux œuf-mayonnaise (champion du monde 2019) ! Que des plats qui font la réputation de notre cuisine. Quant aux desserts, on salive déjà avec la profiterole au chocolat ou le baba au rhum. Le tout fait maison. Pour le vin, c'est vous qui choisissez la quantité (on dit « à la verse »). Chapeau !

Jimmy 2 Fois *(plan B1, **11**) : 15, rue Letort, 75018. ☎ 09-81-22-80-84. Ⓜ Jules-Joffrin. Mar-dim midi et soir. Fermé lun. Pizzas 9-18 €.* « Et Jimmy 2 fois, parce qu'il répétait tout 2 fois. » Les fans du film de Scorsese *Les Affranchis* reconnaîtront ! Pour les autres, concentrez-vous plutôt sur les excellentes pizzas. *Formaggi, prosciutto,* burrata et autres plaisirs méditerranéens sont importés d'Italie par les 2 potes à la tête de ce petit resto de quartier bien chaleureux. De la qualité à prix sages, ça se fait rare dans le coin. On a adoré l'accueil souriant et le plaisir des proprios à partager leur amour de la bonne bouffe. Alors, on se répète 2 fois aussi : foncez, foncez !

In Bocca al Lupo *(plan B2, **12**) : 14, rue Francœur, 75018. ☎ 01-42-64-57-92. Ⓜ Lamarck-Caulaincourt. Mar-sam midi et soir. Fermé dim-lun. Antipasti et salades 6-16 €, pizzas et plats 10-19 €.* Véritable ode aux saveurs de la Botte, ce resto de quartier s'est forgé une solide réputation. Appétits d'oiseau, s'abstenir : ici, qualité rime avec quantité. Les pizzas sont garnies de produits frais sourcés avec soin (AOP et IGP à foison) : fromages, charcuterie et légumes confits font voyager. Le tout est servi avec beaucoup d'attention, dans une salle simple et sobre.

Le Ruisseau *(plan B1, **14**) : 65, rue du Ruisseau, 75018. ☎ 01-42-23-31-23. Ⓜ Jules-Joffrin. Tlj midi et soir (en continu w-e). Burgers 13-16 €.* Aux dires des habitués, sûrement le meilleur burger du 18e. On a vérifié. Buns et frites maison, viande de qualité et sauces bien tournées, on empile le tout et on mord à pleines dents. Verdict : on s'en lèche encore les babines et les doigts ! Salle aux tons noirs et bois, pas bien grande, alors on se retrouve à jouer des coudes avec ses voisins sur les banquettes, les tables hautes, ou sur le trottoir aux beaux jours.

Étsi *(plan A2, **13**) : 23, rue Eugène-Carrière, 75018. ☎ 01-71-50-00-80. Ⓜ Lamarck-Caulaincourt. Mar-sam, le soir seulement, plus w-e midi. Mezze à partager 9-14 € ; carte env 35 €.* Poussez la porte de ce joli bistrot aux couleurs des Cyclades pour goûter à une cuisine grecque moderne et délicate. La jeune cheffe, Mikaela Liaroutsos, a fait ses gammes chez Michel Rostang et Cyril Lignac avant d'ouvrir ici le resto de ses rêves. Les *mezze* sont d'une rare finesse et les plats marient habilement bistronomie de Paname et saveurs de la mer Égée.

18e

Soul Kitchen *(plan B2, **20**) : 33, rue Lamarck, 75018. ☎ 01-71-37-99-95. Ⓜ Lamarck-Caulaincourt. Lun-ven 8h30-18h. Fermé w-e. Formules déj 12,50-14,50 €.* Ce petit *coffee shop* d'angle a bien une âme, celle d'une équipe qui décline avec talent et simplicité le beau, le bio et le bon ! Ambiance de cafet' californienne baignée de lumière et animée dès le matin. Formule du jour avec des plats « métisses » ou végétariens et de bons desserts maison. La pause petit déj ou goûter est aussi une fête : muffin, *carrot cake, key lime pie,* scones, crumble, etc. Parfois sans gluten et à se damner ! Un poil cher quand même (ingrédients bio obligent ?).

Le Colchide *(plan C2, **15**) : 97, rue des Poissonniers, 75018. ☎ 09-80-94-09-68. Ⓜ Marcadet-Poissonniers. Lun-sam midi et soir. Fermé dim. Repas 20-25 €.* Cette charmante famille géorgienne nous fait découvrir sa cuisine traditionnelle dans une toute petite cantine aux allures de loft new-yorkais qui ne désemplit pas. *Kharcho, chanakhi* et autres plats mijotés délicieusement parfumés, *kinkhali* le vendredi (raviolis farcis) accompagné du typique pain au fromage *kachapuri* et de différents *pkhali* (caviars de légumes) à partager. Une cuisine populaire généreuse servie avec douceur et à petits prix, et une cave à proximité pour se laisser tenter par un bon vin géorgien…

Chez Pradel *(plan A1, **17**) : 168, rue Ordener, 75018. ☎ 01-42-64-24-97. Ⓜ Guy-Môquet, Jules-Joffrin ou Porte-de-Saint-Ouen. Mar-dim midi et soir. Fermé lun. Le midi en sem, formule et menu 13,50-16,50 € ; le soir, carte 35-40 €.* Aux nostalgiques des bistrots populaires, de la bonne bouffe française et des desserts de grand-mère,

Pradel offre une cuisine réconfortante et généreuse. Zinc patiné, mosaïques au sol et suggestions du chef à l'ardoise, on est plongé dans une chaleureuse ambiance de quartier. Au menu, les grands classiques de la cuisine bistrotière : terrine de campagne, bavette, gratin dauphinois, paupiette de veau, purée maison... à arroser d'un p'tit ballon de rouge. Ne zappez pas les desserts, le clafoutis ou la crème brûlée finiront de vous convaincre que, chez *Pradel,* on se sent comme à la maison.

La Boîte aux Lettres *(plan zoom,* ***23****) : 108, rue Lepic, 75018. ☎ 01-42-51-76-84. Ⓜ Abbesses ou Lamarck-Caulaincourt. Lun-sam midi et soir. Fermé dim. Menus 16,50-20 € le midi en sem, 25-35 € le soir.* Voilà une chouette adresse où s'attabler en toute confiance. Ambiance bistrot, de la déco à l'assiette, à base de bons plats traditionnels : potages, terrines, burgers, pièce du boucher, risotto... Service souriant.

Prix moyens

Café de Luce *(plan B3,* ***22****) : 2, rue des Trois-Frères, 75018. ☎ 01-42-58-00-44. Ⓜ Anvers. Tlj 10h (8h w-e)-minuit. Formules déj 24-28 €.* Au pied du Sacré-Cœur, l'essence même du café parisien avec son joli mobilier bistrotier, sa terrasse... et sa carte ouverte à toutes les faims, du petit déj au grignotage tardif. Aux manettes, la top cheffe Amandine Chaignot, qui rend hommage à sa grand-mère, Luce, avec ses plats bon marché délicieusement rassurants : œufs coque, croissants fourrés aux escargots, cuisses de grenouilles, tartare de Salers et autres plats bien tournés. Mentions spéciales aux frites, à la pâte à tarte et à la carte des apéros d'antan ! *NOUVEAUTÉ*.

B.O.U.L.O.M *(plan A1-2,* ***26****) : 181, rue Ordener, 75018. ☎ 01-46-06-64-20. Ⓜ Guy-Môquet ou Jules-Joffrin. ♿ Tlj midi et soir. Résa conseillée. Formules buffet à volonté (sans les boissons) 29 € le midi en sem, 39 € le soir ; formule lunch express 19 € (donne droit au buffet pdt 35 mn) ; brunch à volonté le w-e 43 €. B.O.U.L.O.M* (la Boulangerie OÙ L'On Mange), c'est 3 en 1 : passez la superbe boulangerie, derrière laquelle se cache l'immense salle façon loft champêtre, avec sa verrière, ses longues tables d'hôtes et son buffet à volonté. Un concept imaginé par Julien Duboué, un chef landais talentueux. Les papilles se baladent entre les excellentes terrines maison, le roulé de jambon-macédoine de légumes, les plateaux de fruits de mer, les asperges landaises, le jarret de bœuf bourguignon ou la daurade en croûte de pain et l'immanquable polenta, selon les saisons. Les amateurs de fromages et les becs sucrés ne seront pas en reste. Seul bémol, la salle bruyante.

Le Sanglier Bleu *(plan A3,* ***25****) : 102, bd de Clichy, 75018. ☎ 01-42-51-40-53. Ⓜ Blanche. Lun-sam midi et soir. Fermé dim. Formule déj env 20 € ; carte 25-40 €.* Cette institution des années 1950, à 2 pas du Moulin-Rouge, lieu incontournable pour les gens du quartier, s'est offert un lifting. Le jeune couple qui s'y est installé, monsieur en cuisine et madame en salle, lui a donné une nouvelle jeunesse. La carte suit les saisons, et les plats concoctés par le chef sont issus d'une cuisine familiale revisitée, raffinée et créative. En salle, l'accueil est jeune et sympathique.

La Traversée *(plan B2,* ***28****) : 2, rue Ramey, 75018. ☎ 09-54-86-79-95. Ⓜ Château-Rouge. Mar-sam midi et soir, plus lun soir. Fermé dim. Menus déj en sem 17-22 € ; tapas 7-14 € ; carte env 35 €.* Un super resto dans l'air du temps, où les copains du 18e se retrouvent pour partager d'excellents plats de saison en descendant un cru bio ou nature, ou une bière parisienne. Belle formule au déjeuner, et le soir courte carte d'assiettes à partager inspirées selon le marché et les influences méditerranéennes : kefta, ravioles de légumes, burrata, brochette de volaille... Tout est parfait, jusqu'aux dressages soignés. Et comme les affaires marchent fort, la maison s'est offert une annexe voisine, ***À Côté,*** où l'on propose une restauration sur le pouce simplifiée mais de qualité.

Fichon *(plan B2,* ***29****) : 98, rue Marcadet, 75018. ☎ 09-70-94-52-14. Ⓜ Jules-Joffrin. ♿ Mar-sam midi et soir. Fermé dim-lun. Congés :*

3 premières sem d'août et Noël-Jour de l'an. Formule et menu déj 18-22 € ; le soir, carte env 40 €. Fichtre ! Pêchons du *fish* chez *Fichon* ! La carte, évoluant selon l'arrivage, décline les saveurs de la mer en version crue (tartare ou carpaccio), en marinades (ceviche) ou en cuisson instantanée (au bouillon, au chalumeau, etc.). Une cuisine fraîche, légère et moderne, aux produits en général bien mis en valeur. Et toujours une proposition carnée et une autre végétarienne. Joli choix de vins bio ou naturels, bières artisanales et cocktails colorés. On aime le décor sobre, style poissonnerie revisitée !

|●| ***À la Bonne Franquette*** *(plan zoom,* ***9****) : 18, rue Sainte-Rustique (et rue des Saules), 75018. ☎ 01-42-52-02-42. Ⓜ Anvers (puis funiculaire) ou Lamark-Caulaincourt. ♿ Tlj midi et soir jusqu'à 22h. Menus 19 € (le midi)-27 € ; carte 35-40 €.* Dans une ancienne demeure du XVIe s chargée d'histoire, une des plus emblématiques et authentiques auberges de Montmartre. Aristide Bruant, la Goulue et Valentin le Désossé y avaient leurs habitudes. À l'entrée, le bistrot et son superbe zinc ; derrière, 2 grandes salles style guinguette. Bien sûr, vu l'environnement, atmosphère inévitablement touristique, mais ici les clients ne sont pas considérés comme des gogos de passage. Devise de la maison : *Aimer, manger, boire et chanter.* Accueil ouvert et sympa et, surtout, une généreuse cuisine digne de ce nom (producteurs nommés). De beaux poissons d'une fraîcheur absolue, viandes tendres, très grand choix à la carte et une remarquable liste de vins (patron sommelier, en beaujolais : bac + 12 !). Grande spécialité : l'estouffade carottes et miel. Dans ce Montmartre hyper touristique, une belle alternative ! *NOUVEAUTÉ.*

|●| ***La Part des Anges*** *(plan zoom,* ***31****) : 10, rue Garreau, 75018. ☎ 01-55-79-98-53. Ⓜ Abbesses. Mer-sam le midi, et mar-sam le soir. Fermé dim. Menu déj en sem 14,50 € ; plats 16-20 € ; carte env 35 €.* Cadre chaleureux pour ce petit bistrot aux pierres apparentes où trône un beau zinc. La carte est à son image, traditionnelle et généreuse. Pâtés, terrines et belles pièces de viandes donnent le sourire à tous, d'autant que les vins n'assèchent pas le porte-monnaie.

|●| ***Montcalm*** *(plan B2,* ***32****) : 21, rue Montcalm, 75018. ☎ 01-42-58-71-35. Ⓜ Jules-Joffrin ou Lamarck-Caulaincourt. Mar-sam midi et soir. Fermé dim-lun. Formule et menu déj 18-22 € ; le soir, carte 40-45 €.* Si la déco de bistrot à peine relooké fait dans le rétro, la cuisine pointe son viseur vers le futur. Les bobos trentenaires ne s'y trompent pas et se pressent ici pour profiter de la très courte carte, offrant des plats créatifs (2 le midi, 3 le soir, pas un de plus !), travaillés avec soin selon le marché. Alliances parfois déroutantes de textures et de goûts, mais le résultat est là. Une prise de risque qu'on apprécie.

|●| ***La Vache et le Cuisinier*** *(plan zoom,* ***33****) : 18, rue des Trois-Frères, 75018. ☎ 01-42-62-22-15. Ⓜ Abbesses ou Anvers. Tlj, le soir seulement. Plats 20-25 € ; carte 35-40 €.* Ce charmant petit resto évoque évidemment le célèbre film avec Fernandel, et on retrouve ce sympathique esprit dans les assiettes. Une cuisine française de tradition parfaitement exécutée, le tout évoluant au gré du marché et des saisons. On termine par de remarquables profiteroles, phare de la partie desserts. Une adresse de qualité, de bout en bout, qui a posé son empreinte néobistrotière dans le quartier, sourire compris.

|●| ⛱ ***Le BAL Café*** *(plan A2,* ***37****) : 6, impasse de la Défense, 75018. ☎ 01-44-70-75-51. Ⓜ Place-de-Clichy. ♿ Mer-dim 12h (11h w-e)-19h. Fermé lun-mar. Formules déj en sem 18-22 € ; brunch sam-dim (pas de résa) env 20 € ; carte env 30 €.* Le BAL, c'est d'abord un espace d'exposition dédié à l'image. Mais c'est aussi un excellent petit café au cadre sobre et contemporain, bien caché dans une impasse tranquille, hors du tumulte de l'avenue de Clichy. À la carte, une cuisine de saison sans frontière, qui voyage au gré du marché. Parfait aussi pour une pause-café l'après-midi, surtout en terrasse, en face du petit jardin des Deux-Nèthes. Clientèle bobo montmartro-batignollaise.

|●| **Seç** *(plan B2,* ***38****) : 165, rue Ordener, 75018. ☎ 01-42-51-18-46. Ⓜ Jules-Joffrin. Lun-sam midi et soir. Fermé*

dim. Formule et menu déj en sem 13-16,50 € ; le soir, menu découverte 29 € ou carte env 30 €. Apéritif maison offert sur présentation de ce guide. Souvent réduite à sa plus simple expression – le *döner kebab* –, la cuisine turque prouve ici qu'elle est aussi riche et variée. Beau choix de viandes – et quelques poissons – grillées au feu de bois, et plats en sauce accompagnés de yaourt. Bien bon, et servi avec le sourire dans une jolie salle.

De chic à plus chic

Le Coq Rico (*plan zoom,* **40**) **:** *98, rue Lepic, 75018. ☎ 01-42-59-82-89. Ⓜ Lamarck-Caulaincourt. Tlj midi et soir. Plat du jour 18 € le midi en sem ; carte 20-30 € le midi, env 50 € le soir.* Juste en face du *Moulin de la Galette,* la cantine néochic d'Antoine Weistermann fait courir le Tout-Paris ventre à terre, malgré les côtes, dans l'espoir de trouver encore une table de libre. La carte est tout entière dédiée aux plats d'antan et surtout aux belles volailles d'aujourd'hui. On ne se pose pas de questions existentielles, on savoure poulets, canettes et pintades cuits à la perfection (pochés au bouillon avant d'être rôtis, hmm) et on redemande un cornet de frites maison à manger avec les doigts. Service chic décalé, on adore.

L'Esquisse (*plan B2,* **41**) **:** *151 bis, rue Marcadet, 75018. ☎ 01-53-41-63-04. Ⓜ Lamarck-Caulaincourt ou Jules-Joffrin. Mar-sam midi et soir. Fermé dim-lun. Formule et menu 18-23 € ; le soir, carte 45-50 €.* Bien planquée dans ce petit coin branché-bobo juste ce qu'il faut, cette exquise *Esquisse* cumule les atouts. Cadre de bistrot vintage, parquet, bancs et chaises en bois, joli comptoir ouvrant sur la cuisine. L'ardoise suit les saisons et l'humeur du chef, avec de belles combinaisons qui réveillent les classiques d'une pointe d'originalité. Détonnant ! On se laisse guider pour les vins, là aussi surprenants et toujours convaincants. Même la sélection de bières et eaux-de-vie invite au voyage... Chapeau, l'artiste !

Vava (*plan zoom,* **35**) **:** *42, rue Véron, 75018. ☎ 01-53-41-15-40. Ⓜ Blanche ou Abbesses. Mar-sam midi et soir, plus lun soir et dim midi. Résa impérative. Formules déj en sem env 18-20 € ; carte env 50 €.* Un bistrot tendance qui fait le buzz auprès des gourmets. D'emblée, le regard est attiré par la luminosité de la cuisine ouverte, contrastant avec l'éclairage tamisé et l'atmosphère intimiste de la petite salle. Les propositions sont comptées sur les doigts d'une main, avec juste ce qu'il faut de surprises dans les associations de saveurs, plutôt méditerranéennes. Du très bon, servi par une présentation soignée. Accueil et service enjoués, pro et sympa.

Les Inséparables (*plan B2,* **34**) **:** *12, rue Francœur, 75018. ☎ 01-42-55-42-41. Ⓜ Lamarck-Caulaincourt. ♿ Mar-sam, le soir seulement, plus w-e pour le brunch. Fermé lun. Carte 40-50 € ; brunch w-e env 28 €.* S'il continue comme ça, ce resto et nous allons vraiment devenir inséparables ! Dans un décor chaleureux et reposant, on sert une cuisine de saison et de marché où seuls les produits frais ont leur place dans l'assiette. Carte courte, pour des plats colorés et soigneusement travaillés, servis avec brio par une équipe tout sourire. Une excellente adresse.

L'Atelier Ramey (*plan B2,* **43**) **:** *23, rue Ramey, 75018. ☎ 01-42-51-04-78. Ⓜ Château-Rouge. ♿ Tlj midi et soir. Formule déj burger + dessert du jour 19 € ; menu-carte 39 € ; carte env 45 €.* Briques, longues banquettes et chaises en zinc, un cadre tendance juste ce qu'il faut pour ce néobistrot. C'est moderne et chaleureux à la fois, à l'image de la cuisine. On se régale avec des plats qui fleurent bon les produits de terroir et de saison. À côté, *Le Petit Atelier Ramey* propose une belle sélection de vins et des planches de charcuterie et de fromages.

Le Bouclard (*plan A2,* **42**) **:** *1, rue Cavalotti, 75018. ☎ 01-45-22-60-01. Ⓜ Place-de-Clichy. Mar-ven midi et soir, plus lun soir et sam soir. Fermé dim. Menus 25 € (midi et soir jusqu'à 19h30)-49 € ; carte env 60 €.* L'extérieur de cette vieille institution locale ne paie pas de mine, mais dès la porte poussée, le cadre rustique chaleureux et l'accueil tout sourire mettent à l'aise. Quant à la cuisine, rendant hommage au terroir et à la tradition, elle est préparée avec les meilleurs ingrédients et remporte tous les suffrages. Le menu du midi et celui pré-spectacle le soir sont d'un bon rapport qualité-prix. Passé 19h30, l'addition grimpe vite...

Bar à vins

Au Bon Coin (plan B2, **50**) : *49, rue des Cloÿs, 75018. ☎ 01-46-06-91-36. Ⓜ Jules-Joffrin. Tlj. Carte 20-25 €. Cave à vins à côté.* On l'aime bien, ce bistrot à vins au cadre patiné, ancien bougnat dans la même famille depuis les années 1930. Des vins judicieusement choisis accompagnent sans façon des plats de brasserie traditionnels simples et solides, du genre boudin-purée, confit, ou de bonnes pièces de viande. Les desserts maison (crèmes, tartes aux fruits) sont tout simplement excellents. Une ambiance d'habitués réjouis, la clientèle mélangée d'un authentique petit resto de quartier, des plats généreux dont les prix ont su rester sages : qui dit mieux ?

18e

Où boire un verre ?

Le Bar à Bulles (plan zoom, **60**) : *4 bis, cité Véron, 75018. Pas de tél. Ⓜ Blanche. Mar-ven dès 18h, w-e dès 11h. Fermé lun. Cocktails 8-14 €. Tapas 6-13 € ; brunch (w-e 11h-15h) 24 €.* Qui n'a jamais rêvé d'apercevoir les coulisses du Moulin-Rouge ? Caché derrière les ailes du plus célèbre moulin parisien, ce bar aux couleurs acidulées offre une pause estivale dans un Paris qui fait parfois grise mine. Sous une belle collection d'abat-jour loufoques, le cadre rétro-bobo impose son style : chaises dépareillées, profonds fauteuils, carrelage à motifs et papier peint à damier noir et blanc. Mais la pépite, c'est cette vaste et superbe terrasse en hauteur, bien cachée à l'abri du boulevard. En été, on sirote son cocktail à l'abri d'un parasol en piochant parmi les tapas originales et fraîches (mais pas données). On se croirait à la campagne, sauf que ce moulin-là clignote !

La REcyclerie (plan B1, **67**) : *60, rue Belliard, 75018. ☎ 01-42-57-58-49. Ⓜ Porte-de-Clignancourt. ♿ Lun-ven dès 8h, w-e dès 12h.* Un must ! Entre l'agitation des puces et l'effervescence de la porte de Clignancourt, cette ancienne gare réhabilitée est une formidable oasis. Dans une salle de plus de 500 m² surmontée d'une mezzanine cosy, les plantes se mêlent aux poutres métalliques, meubles en formica, vélo d'appartement et autres originalités. Ici se retrouvent les hipsters et les bohèmes du quartier autour d'une bonne bière, de *mezze,* ou à l'occasion d'un marché, d'un atelier ou d'une conférence. Mais sur le mode écolo. Car *La REcyclerie,* c'est d'abord un projet vert. On y recycle donc, mais on y achète aussi des fruits et légumes de producteurs d'Île-de-France *(inscription sur • laruchequiditoui.fr •),* on y bricole... et on peut même y jardiner ! Sur les anciens quais, au bout de l'une des plus belles terrasses de Paname, s'étendent les potagers d'une vraie ferme urbaine. Il y a même des ruches et un poulailler !

Le Hasard Ludique (plan A1, **73**) : *128, av. de Saint-Ouen, 75018. ☎ 01-42-28-35-91. Ⓜ Porte-de-Saint-Ouen. ♿ Lun-ven 17h-23h, sam 12h-23h, dim 12h-22h. Concerts, soirées et spectacles env 15 €.* Décidément, les gares de l'ancienne Petite Ceinture ont le goût de la fête ! La dynamique équipe du *Hasard Ludique* s'est installée dans celle de l'avenue de Saint-Ouen, où on était plus habitué aux sons des klaxons qu'à ceux des guitares. La rénovation est particulièrement réussie : la salle des pas perdus accueille concerts et spectacles, le bar jaune canari satisfait les assoiffés, et la jolie véranda, avec vue imprenable sur les rails, permet de se poser tranquillement. À la belle saison, déballage de chaises longues sur les anciens quais le long des voies ferrées...

Nord Nord (plan D2, **63**) : *80, rue Riquet, 75018. ☎ 01-42-41-12-95. Ⓜ Marx-Dormoy. ♿ Lun-sam 8h30 (9h30 sam)-2h, dim 9h-minuit. Cocktails 8-12 €. Plats 6-25 €.* On ne perd pas le nord dans ce bar de quartier vivant, devenu un repère du Paris septentrional : il attire une foule hétéroclite, du petit matin au creux de la nuit. Petits déjeuners sains et gourmands *(avocado toast, matcha latte...)*, lunchs légers et savoureux (*burratina*, aloyau d'Angus...), cocktails bien balancés ou carte des vins futée, il y a tout pour avoir envie de revenir ! Le cadre soigné, avec son sol en terrazzo, ses comptoirs en bois et ses murs de brique, tranche agréablement avec les adresses du coin.

Le Très Particulier (plan A2, **76**) : *23, av. Junot, 75018. ☎ 01-53-41-81-40. Ⓜ Lamarck-Caulaincourt. Tlj (sauf dim-lun en août) 18h-2h. Cocktails 14-18 €.* Non, nous ne vous jouons pas un mauvais tour. Cette grande grille noire défend une pépite que seuls les initiés savent dénicher. Sonnez à l'interphone et pénétrez dans cette belle impasse privée bordée de jardins. Là, noyé dans la verdure, se dissimule un hôtel particulier. On entre par le grand salon, où un resto-bar dans le style des années 1930 prend ses aises, avant de descendre dans le *speakeasy* caché au sous-sol. Jardin d'hiver coiffé d'une verrière, terrasse d'un romantisme exquis : quelle classe ! Les cocktails maison, variés, inventifs et pas donnés sont vraiment exceptionnels.

Marlusse et Lapin (plan zoom, **74**) : *14, rue Germain-Pilon, 75018. ☎ 01-42-59-17-97. Ⓜ Abbesses ou Pigalle. Tlj 16h-2h.* Insolite, voire excentrique, ce petit bar ne laisse pas indifférent avec sa déco façon appartement rétro, avec machine à coudre, lit et même une baignoire ! Un rade sympa comme tout, qui brasse une clientèle hétéroclite venue goûter aux nombreux *shots* ou à l'absinthe. On y retourne quand, mon lapin ?

Sunset (plan B2, **71**) : *100, rue Ordener, 75018. ☎ 01-71-28-99-33. Ⓜ Jules-Joffrin. Tlj 9h-2h. Tapas et petits plats 7-15 € ; formules déj sauf dim 15-18 €.* Le soleil ne se couche jamais sur ce bar à manger du 18e ! Pas étonnant, puisque c'est un Californien qui en est le proprio... On se retrouve à toute heure sur la terrasse, au comptoir ou dans la salle arrière très cosy, à la déco fifties. Que ce soit pour un café, un apéro ou un p'tit creux, *Sunset* est toujours d'attaque. Les petits plats savoureux, de style tapas améliorées, sont particulièrement réjouissants.

Kiez Biergarten (plan A1-2, **77**) : *24, rue Vauvenargues, 75018. ☎ 01-46-27-78-46. Ⓜ Guy-Môquet ou Larmack-Caulaincourt. Tlj 15h (10h w-e)-minuit (2h ven-sam). Fermé fêtes de fin d'année. Snacks 8-10 €, plats 13-16 €.* Avec le *Kiez* (le « quartier »), Niklas et Maxime, son acolyte (français), ont voulu recréer l'ambiance d'outre-Rhin. Au coude-à-coude dans une petite salle chaleureuse façon taverne, on sirote des pintes allemandes en dévorant des saucisses, comme dans une bonne brasserie bavaroise, ou un robuste plat à partager. À l'arrière, un *Biergarten* dans la cour, avec fûts de bière et lanternes, qui s'insère au milieu des immeubles du quartier, et grande terrasse côté rue. *Prost ! Autre adresse sur le canal de l'Ourcq, au 90, quai de Loire, dans le 19e, et nouvelle boutique au 41, rue Popincourt, dans le 11e.*

Chez Camille (plan zoom, **69**) : *8, rue Ravignan, 75018. ☎ 01-42-57-75-62. Ⓜ Abbesses. Tlj 18h-1h30 (minuit dim).* Quelques touristes rusés se glissent parfois parmi la clientèle d'habitués, et pour cause... Depuis la minuscule terrasse en bois de ce petit bar rétro, on admire Paris au coucher du soleil en sirotant de bons cocktails. Bonne ambiance, simple et authentique, qui s'échauffe à la nuit tombée sur un son résolument rock, blues et rockabilly. Soirées 45 tours et concerts acoustiques tous les dimanches.

Brasserie Barbès (plan C3, **70**) : *2, bd Barbès, 75018. ☎ 01-42-64-52-23. Ⓜ Barbès-Rochechouart. ♿ Tlj 8h-2h. Plats 15-20 €.* Dominant le métro, pile en face du magnifique cinéma *Louxor*, la *Brasserie Barbès* est un grand vaisseau sur 4 niveaux. Le décor industriel est vraiment superbe, de la cave au formidable toit-terrasse. Trop beau ? L'ouverture de la brasserie fait polémique, certains trouvant l'établissement et ses tarifs trop loin de la réalité du quartier. Si le repas ne s'impose pas, trop cher, un apéro dans le patio du 1er ou une session danse au 2d, où l'on se croirait au sommet d'un phare, vaut quand même le coup pour le cadre.

La Fourmi *(plan B3,* ***62****) : 74, rue des Martyrs, 75018. ☎ 01-42-64-70-35. Ⓜ Pigalle. Tlj 8h (9h sam, 10h dim)-2h (4h ven-sam).* Un ancien bistrot de quartier un brin remis au goût du jour – murs patinés, bar en étain, chaises de récup, lustre façon porte-bouteilles... – pour une clientèle Paris-Paname décidément courtisée ces temps-ci. Les libellules sont jolies, les garçons conquis et la playlist vintage comme on l'aime. On feuillette le journal, on s'échauffe au baby, on se refile le tuyau de la prochaine soirée sous un pont, dans une impasse ou sous les étoiles, et on apprécie à sa juste valeur l'accent chantant de la table voisine : « *I love Paris !* »

Le Bar Fondamental *(plan B3,* ***61****) : 6, rue André-Antoine, 75018. 07-66-89-57-96. Ⓜ Pigalle. Lun-sam 18h (15h sam)-2h. Fermé dim.* La *Brasserie Fondamentale,* qui élabore ses bières artisanales dans le 11e arrondissement, a ouvert sa *tap room* en plein Pigalle. C'est une foule ravie qui envahit chaque soir ce chalet de style néobavarois, venue déguster les rafraîchissantes bières maison, toutes non filtrées et non pasteurisées. Blonde, blanche ou brune, avec des notes d'amertume ou d'acidité... elles sont toutes différentes ! Pas moins de 15 variétés à la pression. Une adresse fondamentale pour les fans de houblon.

18e

19e ARRONDISSEMENT

• Plan p. 206-207

De Belleville au parc de la Villette, cet arrondissement est, sans aucun doute, le poumon vert du nord de Paris. Truffé de petits bistrots de quartier vers le parc des Buttes-Chaumont ou de cantines asiatiques vers Belleville, il est aussi parsemé de bars à vins conviviaux du côté des métros Jourdain et Pyrénées. Les habitants et habitués du coin aiment s'y retrouver, loin de l'agitation parisienne. Quel meilleur endroit pour se ressourcer que le splendide parc des Buttes-Chaumont ou encore le bassin de la Villette ? Quand les quais de Seine vers Notre-Dame grouillent de monde, réfugiez-vous ici. Entre amis, on aime y boire un verre le long du bassin de la Villette, voire à bord d'une péniche. Et pourquoi ne pas entamer une petite partie de pétanque sur les quais avant de se diriger vers le parc de la Villette pour un concert ou une soirée enflammée ?

Où manger ?

De très bon marché à bon marché

Le Coup de Tête (plan C3, **7**) : *107, rue de Belleville, 75019. ☎ 01-48-03-31-36. Ⓜ Pyrénées. Mar-sam midi et soir. Fermé dim-lun. Congés : août. Formule déj 15,50 € ; assiettes 6-16 € ; carte env 30 €.* Nous, on a un coup de cœur pour toutes les couleurs de ce bistrot : le bleu du carrelage de l'ancienne poissonnerie, le jaune des banquettes, et surtout les assiettes arc-en-ciel. Un choix restreint, signe de fraîcheur, des produits respectés et magnifiés par des cuissons ou traitements impeccables, des notes épicées signées Alvaro Martinez, chef fraîchement arrivé de Colombie, des vins nature, un service un peu débordé mais aux petits soins : des rushes que Lorraine Sourdille, ancienne monteuse de cinéma, articule dans le film d'une chouette soirée. Excellent rapport qualité-prix pour couronner le tout. *NOUVEAUTÉ.*

Zoé Bouillon (plan B3, **3**) : *66, rue Rébeval, 75019. ☎ 01-42-02-02-83. Ⓜ Pyrénées. Lun-ven midi et soir, plus sam midi. Fermé dim. Formules et menus 12,50-20 €.* Parmi les bars à soupes qui fleurissent à Paris, celui-ci est certainement l'un des plus sympathiques. Pour preuve, ses formules honnêtes, qui ne manquent pas de saveur « comme à la maison » : tous les jours, des soupes, des cakes sucrés et salés savoureux, ainsi que quelques légumes grillés, salades et sandwichs. Sans oublier bien sûr la personnalité des propriétaires du lieu, qui distillent avec humour une ambiance copain-copain.

La Trattoria by Gustu (plan A2, **2**) : *6-8, pl. de la Bataille-de-Stalingrad, 75019. ☎ 01-80-48-33-40. Ⓜ Stalingrad ou Jaurès. Lun-sam midi et soir, plus dim soir. Tapas et plats 9-19 €, pizzas 12-16 € ; brunch dim env 27 €.* Coiffé par la coupole de la Rotonde, un bistrot italo-corse bien dans l'air du temps. Le bâtiment néoclassique a été repensé comme un lieu de vie cosy avec mobilier dépareillé et lumière tamisée. Dans l'assiette, des produits sourcés, de saison, locaux (certains légumes poussent sur le toit !) et, bien sûr, italiens et corses. Cochon de lait, pizza au *brocciù, mozzarella fior di latte...* Tout est sélectionné avec soin, jusqu'aux vins des copains restés sur l'île de Beauté. Très bien aussi pour siroter un cocktail au *Refuge,* le bar attenant, ou sur l'agréable terrasse de la Rotonde. Et pour couronner le tout, le brunch est vraiment généreux. À côté, une vaste terrasse avec vue sur le bassin, entourée de stands : smoothies, cuisine géorgienne, burgers... et une serre pour déguster des pizzas à l'abri en cas de pluie. Parfait pour chiller.

|●| ☂ ***Le Bastringue*** *(plan B2,* ***5****) : 67, quai de la Seine, 75019. ☎ 01-42-09-89-27. Ⓜ Riquet. Tlj 8h (9h w-e)-2h. Formules déj en sem 13,80-17 € ; plats 11-18 € le soir.* Face au canal, ce bistrot fraternel a tout pour plaire : un cadre de troquet parisien à l'ancienne mode (parquet usé, comptoir patiné, mobilier vintage...), une équipe dynamique et tout sourire au service, et des petits plats sans esbroufe qui mettent tout le monde d'accord. Avec des produits frais et une ardoise qui change tous les jours, la maison tourne à plein régime. Mieux vaut prévoir de boire l'apéro au comptoir en attendant sa table !

|●| ***Bar Fleuri*** *(plan B3,* ***1****) : 1, rue du Plateau, 75019. ☎ 01-42-08-13-38. Ⓜ Buttes-Chaumont ou Botzaris. Lun-sam 6h30-21h ; service 12h-15h uniquement. Fermé dim et j. fériés. Plats 7-18 € ; carte 20-25 €.* Voilà un petit bistrot de quartier qui reste (peut-être plus pour longtemps, hélas !) le seul témoin de l'activité qui régnait ici du temps des studios de la SFP. Ce bar date de 1920, et son décor n'a guère changé, pas plus que son nom, sûrement dû au vieux carrelage qui orne les murs. Ici, pas de carte, mais une ardoise posée devant vous. Une cuisine simple, généreuse, traditionnelle et familiale, qui fidélise une ribambelle d'habitués et les curieux attirés par cette adresse vintage. Accueil chaleureux.

|●| ☂ ***Le Bellerive*** *(plan B2,* ***8****) : 71, quai de la Seine, 75019. ☎ 01-40-36-56-77. Ⓜ Riquet. Tlj 9h-2h. Formule déj en sem 13 € ; menu 15 € ; plats 13-16 € ; brunch 14 € ; carte env 25 €.* Mieux qu'une terrasse : 2 terrasses ! Une sur le canal et une sur la rue mais assez calme. À l'intérieur, les tons bleus et jaunes du décor vous mettent d'emblée de bonne humeur. Orientation méridionale de la carte, avec fougasse maison et fritures. Elles cohabitent avec des classiques réjouissants – planches, charolaise en star – et des spécialités de coquillages (huîtres en particulier). Résultat honorable. Clientèle branchouille sympa 25-50 ans, atmosphère déliée, service efficace et aimable... Que demander de plus ? On vous prête même les boules de pétanque !

|●| ***Au Cochon de Lait*** *(plan B1,* ***6****) : 23, av. Corentin-Cariou, 75019. ☎ 01-40-36-85-84. Ⓜ Porte-de-la-Villette. Lun-sam 11h-minuit (2h ven-sam). Fermé dim. Repas 20-25 €.* Ce petit établissement de la porte de la Villette revendique sa place de dernier bistrot des anciens abattoirs, et ce malgré son décor en faux formica... Quoi qu'il en soit, coincé entre ses concurrents, il affiche une bonne humeur familiale. Bonne petite carte, à base de plats bien franchouillards : œufs-mayo, magret de canard, entrecôte ou pavé de rumsteck... à engloutir avec une fournée de patates sautées ! Simplicité et efficacité côté desserts : mousse au chocolat, crème brûlée ou tarte maison. Emballé, c'est pesé ! Une option au sortir de la Cité des sciences et de l'industrie.

|●| ***L'Atlantide*** *(plan B2,* ***12****) : 7, av. de Laumière, 75019. ☎ 01-42-45-09-81. Ⓜ Laumière. Ouv le soir tlj, plus le midi sam-dim. En juil-août, fermé lun et ts les midis. Congés : vac scol de Noël. Plats 15-25 €.* On est ici dans une sorte d'ambassade de la cuisine berbère, tout en élégance et raffinement, qui contribue, avec la langue, à l'identité d'un peuple. Décor soigné d'objets authentiques, motifs géométriques des tissus et de la surprenante vaisselle. Quant à la cuisine, variée, elle se hisse bien au-dessus des sempiternels couscous : fine, savoureuse, elle surprend nos papilles point encore blasées. Service courtois et sympathique.

|●| ☂ ***Yaya Halle Secrétan*** *(plan B3,* ***9****) : 33, av. Secrétan, 75019. ☎ 01-42-41-12-86. Ⓜ Bolivar. Tlj midi et soir. Mezze 8-16 € ; carte env 30 €.* Belle idée que de redonner vie à cette ancienne halle lumineuse ! Le blanc, le bleu, l'huile d'olive, un olivier au milieu de la pièce... ça a un petit goût de Grèce, tout ça, non ? Bingo ! *Yaya* signifie « Mamie » dans la langue d'Homère. À la carte, donc, quelques belles recettes de grand-mère, sans

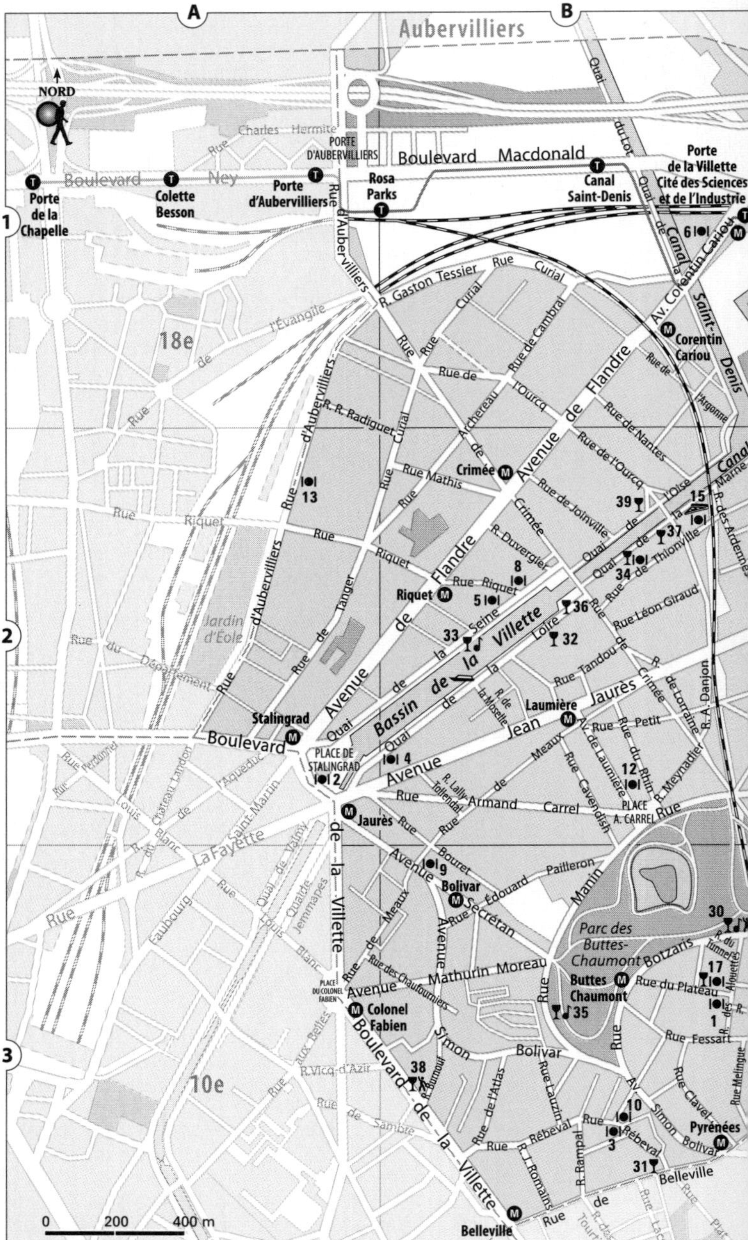
A
B
Aubervilliers
NORD
Charles Hermite
PORTE D'AUBERVILLIERS
Boulevard Macdonald
Boulevard Ney
Porte de la Chapelle
Colette Besson
Porte d'Aubervilliers
Rosa Parks
Canal Saint-Denis
Porte de la Villette Cité des Sciences et de l'Industrie
Quai du Lot
Quai de la Gironde
Canal Saint-Denis
1
2
3
R. Gaston Tessier
Rue Curial
Rue de Cambrai
Av. Corentin Cariou
Corentin Cariou
Rue de l'Argonne
18e
Rue de l'Évangile
Rue d'Aubervilliers
R. R. Radiguet
Rue de l'Ourcq
Rue Archereau
Avenue de Flandre
Rue de Nantes
Crimée
Rue Mathis
Rue de Crimée
Rue de Joinville
Canal de l'Ourcq
Quai de la Marne
R. des Ardennes
Quai de l'Oise
Rue de Thionville
13
39
15
37
34
8
6
Rue Riquet
R. Duvergier
Riquet
5
36
33
32
Jardin d'Éole
Rue de Tanger
Quai de la Seine
Quai de la Loire
Bassin de la Villette
Rue Léon Giraud
Rue Tandou
Rue du Département
R. de la Moselle
Laumière
Avenue Jean Jaurès
R. de Lorraine
R. A. Danjon
Rue Petit
Stalingrad
Boulevard
PLACE DE STALINGRAD
2
4
Av. de Laumière
Rue du Rhin
Rue Cavendish
Rue de Meaux
12
R. Meynadier
Rue Perdonnet
Rue Château Landon
Rue de l'Aqueduc
Rue Louis Blanc
R. Lally Tollendal
Rue Armand Carrel
PLACE A. CARREL
Jaurès
Rue Bouret
Rue Saint-Martin
Rue La Fayette
Quai de Valmy
Quai de Jemmapes
Boulevard de la Villette
Avenue Secrétan
9
Bolivar
Rue Édouard Pailleron
Rue Manin
Rue du Faubourg
Parc des Buttes-Chaumont
30
R. du Tunnel
Rue Botzaris
17
Rue des Alouettes
PLACE DU COLONEL FABIEN
Avenue Mathurin Moreau
Rue des Chaufourniers
Buttes Chaumont
Rue du Plateau
35
1
Colonel Fabien
Rue Simon Bolivar
Rue Fessart
Rue Mélingue
10e
R. Vicq-d'Azir
Rue de Sambre
38
R. Burnouf
Rue de l'Atlas
Rue Lauzin
Rue Rébeval
10
3
Av. Simon Bolivar
Rue Clavel
Pyrénées
31
Belleville
R. Rampal
R. J. Romains
Rue de Belleville
R. des Tourtilles
Rue Lacroix
Rue du Plat
Belleville
0
200
400 m

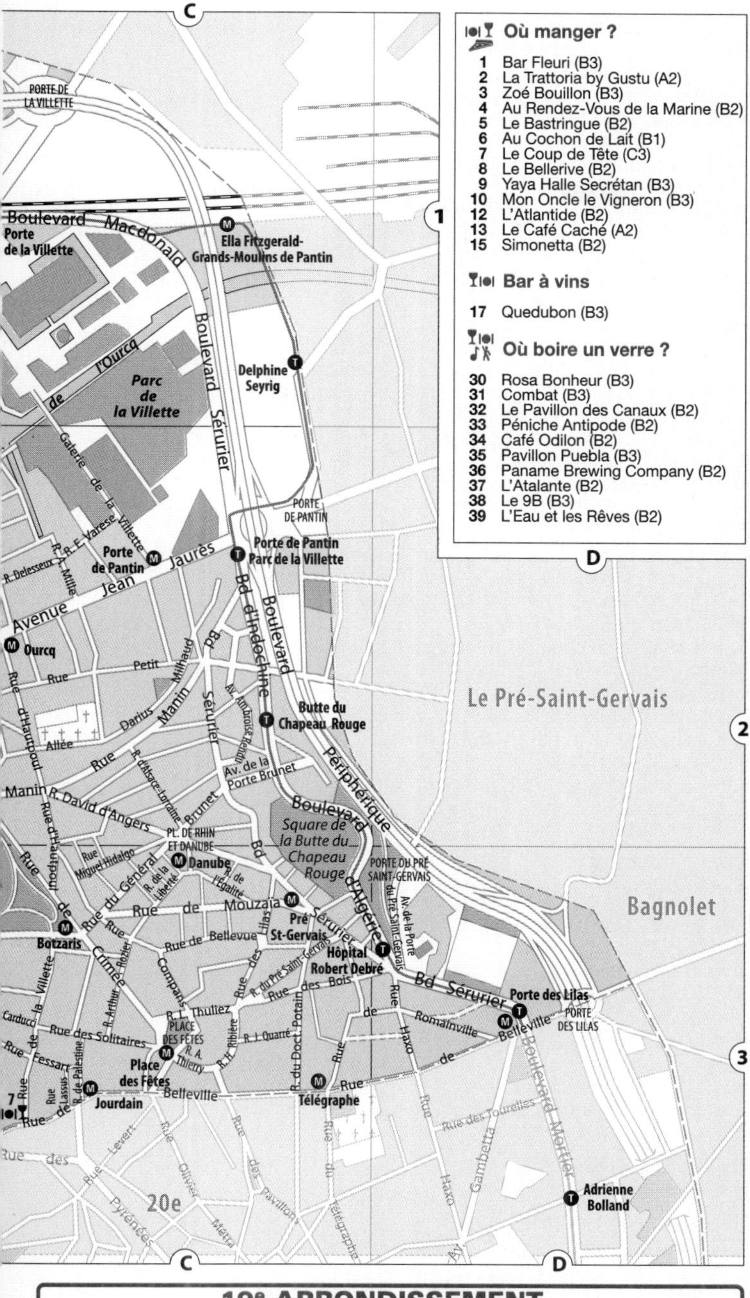

Où manger ?

1 Bar Fleuri (B3)
2 La Trattoria by Gustu (A2)
3 Zoé Bouillon (B3)
4 Au Rendez-Vous de la Marine (B2)
5 Le Bastringue (B2)
6 Au Cochon de Lait (B1)
7 Le Coup de Tête (C3)
8 Le Bellerive (B2)
9 Yaya Halle Secrétan (B3)
10 Mon Oncle le Vigneron (B3)
12 L'Atlantide (B2)
13 Le Café Caché (A2)
15 Simonetta (B2)

Bar à vins

17 Quedubon (B3)

Où boire un verre ?

30 Rosa Bonheur (B3)
31 Combat (B3)
32 Le Pavillon des Canaux (B2)
33 Péniche Antipode (B2)
34 Café Odilon (B2)
35 Pavillon Puebla (B3)
36 Paname Brewing Company (B2)
37 L'Atalante (B2)
38 Le 9B (B3)
39 L'Eau et les Rêves (B2)

19e ARRONDISSEMENT

doute inscrites par *Yaya* dans un vieux cahier à spirales, pour perpétuer la tradition. Ainsi le tzatziki met en appétit, le *kleftiko* (agneau cuit à l'étouffée) est fondant et goûteux, quant au *namelaka* (crémeux au chocolat-huile d'olive), on déguste, on ferme les yeux et on entend la mer...

Au Rendez-Vous de la Marine (plan B2, **4**) : *14, quai de la Loire, 75019.* ☎ *01-42-49-33-40.* Ⓜ *Jaurès. Mar-sam midi et soir. Fermé dim-lun. Plats 16-21 € ; carte env 31 €.* On se presse dans ce bistrot, un ancien bougnat de plus d'un siècle, avec photos de vedettes aux murs. Ambiance bruyante, surtout le midi. Aux beaux jours, tables en terrasse, avec vue sur le bassin de la Villette. Plats copieux et abordables, d'honnête facture.

Le Café Caché (plan A2, **13**) : *104, rue d'Aubervilliers, 75019.* ☎ *01-42-05-38-40.* Ⓜ *Riquet.* *Entrée bien cachée (ce n'est pas de la blague !) à l'intérieur du 104, côté rue d'Aubervilliers. Mar-ven midi et soir. Fermé sam-lun. Repas 12-18 €.* Directement inspirée du design scandinave des années 1950-1960, cette cantine bobo arbore un mélange de bois brut et laqué de noir qui lui donne une petite touche presque chic. On s'y sustente d'une carte principalement axée sur la cuisine africaine avec également quelques plats végétariens. Aux beaux jours, belle terrasse verdoyante dans la cour pavée.

Prix moyens

Simonetta (plan B2, **15**) : *32, quai de la Marne, 75019.* ☎ *01-42-81-32-63.* Ⓜ *Ourcq ou Crimée. Tlj midi et soir (en continu le w-e). Pizzas et pâtes 13-18 €.* Jolie patine, déco soignée, plantes vertes aux murs et cuisines ouvertes, d'emblée le lieu nous plaît ! Concentrons-nous sur l'assiette. Des pizzas à la pâte généreuse et aux garnitures franches, des pâtes al dente aux sauces à s'en lécher les doigts, le tout cuisiné avec de savoureux produits de la Botte. Un bémol pour les *antipasti*, un peu chiches. Mais la terrasse au bord du canal redonne le sourire.

Mon Oncle le Vigneron (plan B3, **10**) : *71, rue Rébeval, 75019.* ☎ *01-42-00-43-30.* Ⓜ *Pyrénées. Tlj 11h-minuit. Restauration le soir seulement. Menu env 30 € selon plat (unique) proposé.* Ce sont des assiettes aux accents du Sud-Ouest qui arrivent devant les heureux convives : piperade du pays, cassoulet, confit de canard... Vous pouvez acheter conserves et vins (bio) côté épicerie, avant de vous installer dans la salle rétro comme on aime, flanquée de meubles vintage, de caisses de pinard et de plantes vertes.

Bar à vins

Quedubon (plan B3, **17**) : *22, rue du Plateau, 75019.* ☎ *01-42-38-18-65.* Ⓜ *Buttes-Chaumont. Lun-ven midi et soir. Fermé w-e. Menus env 17,50-20 € le midi ; carte env 45 €. Quedubon...* avec un nom pareil, il faut tenir ses promesses ! Pari réussi pour ce néobistrot-cave à vins, à 2 enjambées des Buttes-Chaumont. Sur l'ardoise, une poignée de plats bistrotiers et saisonniers, sans esbroufe et bien troussés, ainsi que des assiettes de fromages. Côté vins, tous naturels, on a le choix (environ 150 références). Laissez-vous guider par le sommelier ! On a aussi apprécié l'accueil souriant et décontracté, et la déco contemporaine (sans être trop étudiée). Que du bon, on vous dit !

Où boire un verre ?

L'Eau et les Rêves (plan B2, **39**) : *9, quai de l'Oise, 75019.* ☎ *09-51-55-08-75.* *06-82-14-02-33.* Ⓜ *Crimée ou Ourcq. Librairie mar-dim 10h-19h ; café mar-jeu 10h-23h, ven-sam 10h-minuit, dim 10h-22h. Fermé lun. Plats au déj 13-15 €, tapas le soir env 6-8 €.* Un nom parfait (merci, Gaston Bachelard) pour un lieu parfait : une péniche-librairie verdoyante, à la sobriété élégante. Sur le pont, on prend un verre qu'on peut accompagner le soir de tapas honorables (tartinades, planches) ; on peut aussi y déjeuner dans une atmosphère sereine, au milieu des plantes – très important, les plantes, car la cale abrite une agréable librairie dédiée aux thèmes du jardinage, de l'écologie et du voyage. Un lieu qui nourrit à la fois le corps et l'esprit. On y est parfaitement bien, point. Accueil et service attentionnés qui participent à ce sentiment. *NOUVEAUTÉ.*

Paname Brewing Company *(plan B2, **36**) : 41 bis, quai de la Loire, 75019. ☎ 01-40-36-43-55. Ⓜ Laumière ou Riquet. Tlj 10h-1h (2h ven-sam, minuit dim).* Une terrasse flottante ! L'argument est assez alléchant pour attirer les foules. Un conseil : arrivez tôt pour y profiter des belles soirées d'été. On découvre avec curiosité cette magnifique microbrasserie, posée sur le canal de l'Ourcq, installée les pieds dans l'eau. À défaut de place en terrasse (ou de soleil !), investissez la vaste salle industrielle envahie par les cuves, où l'on goûte avec plaisir aux crus maison (5 bières à l'année et d'autres qui changent au fil des saisons). Rassurons les allergiques à la cervoise, la maison a une belle carte des vins et manie le shaker avec dextérité.

Péniche Antipode *(plan B2, **33**) : face au 55, quai de la Seine, 75019. 06-69-09-55-10. Ⓜ Riquet. Tlj 12h-2h.* Bienvenue à bord de la péniche « polyvaillante », comme on aime dire ici ! Salle de concerts, de spectacle pour enfants ou lieu de rencontre associatif, les loupiottes multicolores de l'embarcation attirent les oiseaux de nuit à l'heure de l'apéro et les curieux en journée. On sirote ici des bières artisanales ou des thés glacés maison. Petite carte à prix serrés de soupes et tartines concoctées avec des produits issus de circuits courts. Ça rigole fort sur le pont, comme dans un petit bistrot de quartier mais les pieds dans l'eau !

Rosa Bonheur *(plan B3, **30**) : dans le parc des Buttes-Chaumont, 2, allée de la Cascade, 75019. ☎ 01-71-60-29-01. Ⓜ Botzaris. Quand le parc est fermé, on accède alors par la grille en face du 74, rue Botzaris. Ouv ven-dim en hiver, mer-dim en été : mer-ven 17h-minuit, sam-dim 12h-minuit.* Au milieu du parc des Buttes-Chaumont, voici une guinguette chaleureuse et branchée, qui fait briller le soleil toute l'année. Le soir venu, un vent de folie souffle sur le pavillon : on déguste alors quelques tapas accompagnées de vins naturels ou de cocktails, puis on danse sur des DJ sets. La clientèle est éclectique, et comme c'est souvent archiplein, mieux vaut arriver tôt. En été, la terrasse et le parc nous feraient presque oublier qu'on est à Paris !

Le Pavillon des Canaux *(plan B2, **32**) : 39, quai de la Loire, 75019. ☎ 01-73-71-82-90. Ⓜ Laumière ou Riquet. Tlj 9h-minuit (2h jeu-sam, 23h dim). Le midi, plats 11-13 €.* Traîner dans sa baignoire, inviter une dizaine de potes à dîner, buller en terrasse, boire un coup les pieds dans l'eau… Imaginez la vie à Paris dans une maison de famille ! Planté au bord du bassin de la Villette, *Le Pavillon,* c'est chez vous mais en plus grand. Chambres, salons, cuisine et même salle de bains, chaque pièce est ouverte aux Parisiens en manque d'espace. Mobilier vintage, papier peint coloré, abat-jour loufoques et céramiques à motifs plantent un décor rétro et convivial. Parfait pour le p'tit noir du matin, pour se restaurer le midi avec le plat du jour, pour un thé (avec pâtisserie) dans l'aprèm, et enfin pour siroter en soirée un cocktail ou une bière accompagné(e) de tapas.

Le 9B *(plan B3, **38**) : 68, bd de la Villette, 75019. ☎ 01-80-50-77-75. Ⓜ Colonel-Fabien. Lun-sam 9h (15h sam)-2h. Fermé dim.* Pas de doute, *Le 9B* est le digne héritier du mythique *9 Billards,* qui avait secoué le bas Belleville au début des années 2000. On adore y aligner les pintes dans un décor de rade 100 % parigot, avec baby et pochoirs de Miss.Tic. Vaste terrasse, où la foule se masse au moindre rayon. En fin de semaine, des DJs aussi pointus qu'éclectiques se succèdent dans la cave. Un bar qui a une âme… et aussi un énorme succès ! Même genre d'ambiance un peu plus bas sur le boulevard au ***Café Chéri*** *(44, bd de la Villette),* où l'on pousse les

19e

tables et où l'on joue des coudes pour danser sur des sons plutôt commerciaux mais toujours efficaces.

🍷 ⛱ ***L'Atalante*** *(plan B2, **37**) : 26, quai de la Marne, 75019. ☎ 01-45-26-13-82. Ⓜ Crimée ou Ourcq. ♿ Tlj 16h (12h w-e)-1h30.* Un grand bar à bières ouvert sur le canal de l'Ourcq, qui installe sa superbe terrasse à une enjambée de l'eau. Quand le ciel fait grise mine, on se rapatrie dans la vaste salle au style indus' un peu dénudé et décorée d'une fresque colorée de Da Cruz, *street artist* actif dans le quartier. Au comptoir, une vingtaine de pompes à bières, pour trouver et déguster sa mousse préférée, de la *pilsner* à la stout en passant par les *IPA* ou les *cask ales* à l'anglaise. Elles sont sélectionnées au gré des saisons et des coups de cœur de la maison.

🍷 ♪ ⛱ ***Pavillon Puebla*** *(plan B3, **35**) : parc des Buttes-Chaumont, av. Darcel, 75019. ☎ 01-42-39-34-20. Ⓜ Buttes-Chaumont. Mer-sam 18h-minuit, dim 12h-22h. Brunch dim sur résa. Fermé lun-mar.* Niché dans le très anglais parc des Buttes-Chaumont, un pavillon du XIXe s avec fonte et verrière de rigueur, qui étale sa terrasse colorée et de bois été comme hiver. De nombreux événements organisés, à suivre sur leurs pages Facebook et Instagram. Soirées déguisées, bal populaire, concert ou barbecue... on ne rate pas une occasion de s'y pointer en bande.

🍷 ⛱ ***Combat*** *(plan B3, **31**) : 63, rue de Belleville, 75019. ☎ 09-80-84-78-60. Ⓜ Pyrénées. ♿ Tlj 18h-minuit (2h mer-sam). Cocktails 11-13 €.* Ce bar à cocktails réputé, étape bienvenue dans la pente de la rue de Belleville, est le rendez-vous préféré des amateurs de *drinks* pointus qui ne veulent pas renoncer à l'esprit festif. Ses délicates créations liquides recherchent autant l'originalité que l'harmonie ; et la carte change tous les 6 mois, histoire de ne pas céder à la routine. Pour s'installer, une salle animée et ouverte sur la rue (non, le cocktail n'est pas forcément élitiste !).

🍷 🍽 ⛱ ***Café Odilon*** *(plan B2, **34**) : 16, quai de la Marne, 75019. ☎ 01-40-36-18-22. Ⓜ Crimée ou Ourcq. ♿ Tlj 10h-2h. Plats et pizzas 10-17 €.* Un café chaleureux et cosy, comme le canal de l'Ourcq en a vu pousser ces dernières années. On profite de la belle terrasse au bord de l'eau, le temps de voir le pont levant en action, ou on s'installe confortablement en salle, où la déco colorée invite à la détente. Le soir, l'apéro fait honneur aux vins bio, aux pintes de bière locale et aux pizzas maison à partager avec la bande de copains. Pour combler les faims, *power bowls* et plats du jour carnés ou végétariens.

20e ARRONDISSEMENT

• Plan *p. 212-213*

Ce quartier encore populaire par endroits distille une atmosphère gentiment cosmopolite, vers la porte de Montreuil notamment, où les restos bobos et autres cafés intellos cèdent du terrain aux boucheries halal et épiceries exotiques. Riche de son mélange de cultures, le 20e est tout indiqué pour un tour du monde gastronomique au gré de petites adresses confidentielles à la gestion familiale et informelle. Mais c'est aussi le royaume des bons bistrots de quartier, avec leurs généreux plats franchouillards, et des adresses plus hype. Du petit rade discret aux belles salles Empire, l'offre est variée ! Et pour continuer la soirée, rendez-vous en terrasse ou bien au troquet du coin, où les pintes s'écoulent à des prix défiant toute concurrence.

Où manger ?

Sur le pouce

Pâtisserie-boulangerie par Benoît Castel *(plan B1,* ***1****)* ***:*** *150, rue de Ménilmontant, 75020. ☎ 01-46-36-13-82. Ⓜ Pelleport ou Saint-Fargeau. Mer-ven 7h30-20h, sam 8h-20h, dim 8h-18h. Fermé lun-mar. Brunch-buffet w-e (10h30-15h) 35 € ; petit déj 9,90 €.* Après avoir fait ses armes dans les plus grandes maisons, le pâtissier Benoît Castel s'est installé dans ce bel atelier, offert aux regards curieux des clients et des passants. Et il est difficile de ne pas passer la porte une fois que l'œil s'est porté sur les baguettes croustillantes et la cohorte d'alléchantes douceurs alignées dans la vitrine. Le week-end, on s'installe aux tables de bois brut, devant les énormes et intrigants fours à bois des années 1970, pour déguster un brunch de compétition : superbes viennoiseries, salades composées, mais aussi plats chauds et desserts, le tout à volonté. Sinon, en semaine, le petit déj est servi toute la journée... 2 autres boutiques en ville *(11, rue Sorbier, dans le 20e, et 72, rue Jean-Pierre-Timbaud, dans le 11e).*

De très bon marché à bon marché

Dame Jane *(plan A1,* ***2****)* ***:*** *39, rue Ramponeau, 75020. ☎ 01-80-06-45-64. Ⓜ Belleville. Mar-ven midi et soir, plus lun midi et sam soir. Fermé dim. Le midi, formule et menu 14-19 € ; le soir, menu 28 €.* On retrouve beaucoup d'habitués dans la salle discrète de cet étonnant resto, ravis de l'aubaine offerte par le menu du déjeuner et à l'aise dans ce décor sobre de bric et de broc. La cheffe est de ceux qui ont su redécouvrir les légumes oubliés et s'enthousiasmer pour les plats de pauvres. Résultat, radis, persil, pois chiches finissent par voler la vedette à la daurade ou au cochon, ce qui permet aussi de maintenir des prix doux (y compris le soir, ce qui est assez rare pour être souligné). C'est à la fois simple, raffiné, très goûteux, joliment dressé et d'un rapport qualité-prix remarquable. Belle carte des vins (mais les verres plombent un peu l'addition).

Peppe *(plan C2,* ***3****)* ***:*** *2, pl. Saint-Blaise, 75020. ☎ 01-45-35-59-13. Ⓜ Porte-de-Bagnolet ou Alexandre-Dumas. Mar-dim midi et soir. Fermé lun. Résa impérative. Pizzas 12-20 €.* Peppe a été sacré champion du monde de la meilleure pizza en 2019, quelques mois avant d'ouvrir sa propre enseigne au cœur de l'ancien village de Charonne... Et, depuis, elle ne désemplit pas. Les garnitures sont généreuses, volontiers originales (à l'image de la pizza lauréate, composée de tomates

Où manger ?

1 Pâtisserie-boulangerie par Benoît Castel (B1)
2 Dame Jane (A1)
3 Peppe (C2)
4 Rond — Sarrazin et Calvados (A1)
5 Aux Petits Oignons (B1)
6 La Petite Fabrique (B3)
7 Le Bistrot du Poinçonneur (C1)
8 Primeur (A1)
9 Pavillon aux Pivoines (A1)
10 Moncœur Belleville (A1)
11 Le Zéphyr (A1)
12 Chez Ramona (A1)
13 Petit Navire (A1)
14 À la Vierge de la Réunion (B3)
15 Le Pinceau (A1)
16 Bistro Chantefable (B2)
17 Lou Tíap (B2)
19 Galerna (B2)
20 Monsieur Culbuto (B1)
21 Le Baratin (A1)
22 Le Jourdain (A1)
23 Le Grand Bain (A1)
24 Les Canailles – Ménilmontant (A2)
25 Le Lieu-Dit (B1)

Bar à vins

30 L'Avin Première (C3)

Où boire un verre ?

40 Les Pères Populaires (B3)
41 Lou Pascalou (A2)
42 La Laverie (B1)
43 Les Mondes Bohèmes (B3)
44 Les Ours (B2)
45 La Commune (A1)
46 Floréal Belleville (A1)

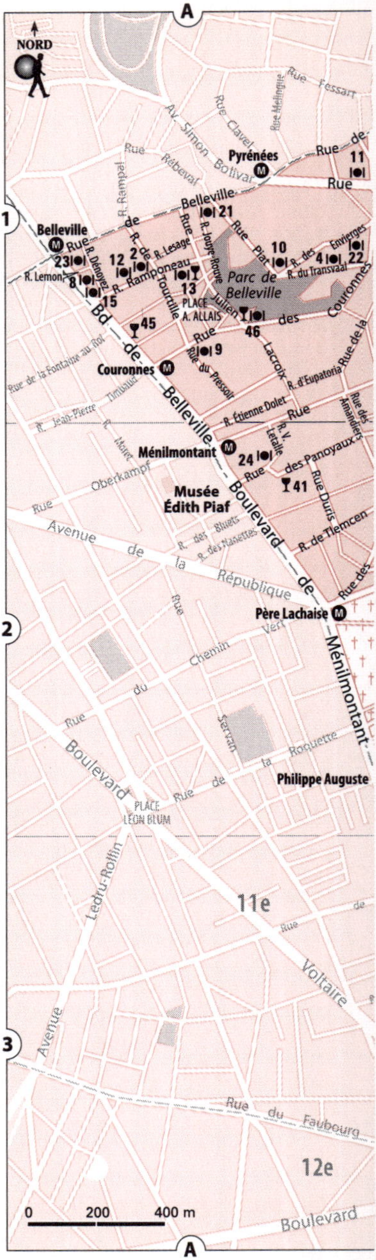

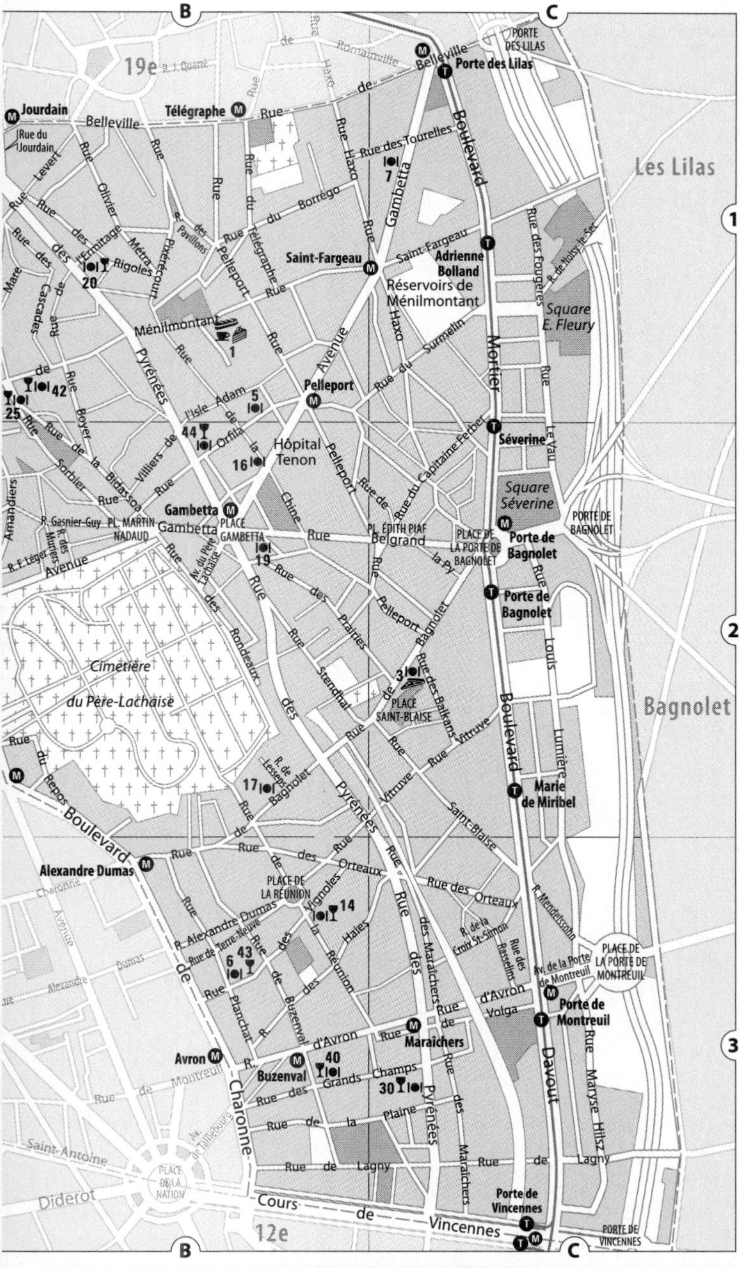

20e ARRONDISSEMENT

jaunes, de jambon de Parme, d'amandes toastées, de provolone, de *bufala* et de... confiture de figues) et changent au fil des saisons. Le tout sur une pâte irrésistiblement charnue. Nous, on a craqué pour la *calzone* garnie de *guanciale,* de burrata et de truffe. *Viva Peppe ! NOUVEAUTÉ.*

Rond – Sarrazin et Calvados *(plan A1,* ***4****) : 21, rue du Transvaal, 75020. ☎ 09-87-58-75-06. Ⓜ Pyrénées. Mar-dim jusqu'à 23h. Fermé lun. Formule déj 10 € ; galettes 8-12 €, crêpes 3,50-7 €, plus quelques suppléments.* Un petit bistrot dans les hauteurs de Belleville, au cadre rétro et chaleureux... voilà qui ne ressemble pas à 1re vue à une crêperie. Mais il ne faut jamais se fier aux apparences, c'est même une excellente crêperie ! On peut s'y régaler à toute heure de galettes et de crêpes bien tournées, bien beurrées et généreusement garnies. Un grand soin est porté à la qualité et à la provenance des ingrédients, essentiellement bio... avec une attention toute particulière à la carte des cidres de petits producteurs. *NOUVEAUTÉ.*

Aux Petits Oignons *(plan B1,* ***5****) : 11, rue Dupont-de-l'Eure, 75020. ☎ 01-43-64-18-86. Ⓜ Pelleport. Tlj midi et soir. Fermé 24-25 déc et 31 déc-1er janv. Plats 15-25 € ; carte env 35 €.* Carrelage à damier, chaises bistrot, zinc flanqué de tabourets hauts et banquettes rouges entretiennent l'âme et le charme de cette brasserie de quartier. Les plats suivent la tradition : rillettes, saucisse au couteau et sa purée maison, bonnes viandes et desserts classiques mais efficaces comme la mousse au chocolat ou la crème renversée. De la tradition pur jus, du cadre à l'assiette.

La Petite Fabrique *(plan B3,* ***6****) : 15-17, rue des Vignoles, 75020. ☎ 01-43-73-57-88. Ⓜ Avron ou Buzenval. Mar-sam midi et soir, plus dim midi. Fermé lun. Le midi en sem, formule 15,90 € et menu 17,50 € ; plats 15-20 € ; repas complet env 30 € ; brunch dim 23 €.* Dans cette petite *Fabrique*-là, on prépare tout maison, avec des produits frais, bio et de saison. La carte qui ne fait pas dans les longs discours et la cuisine ouverte sur la chaleureuse salle décorée de bois confirment ce gage de qualité. Soupes, ravioles, mais aussi quelques viandes et poissons plus élaborés... Les assiettes sont colorées et généreuses. Un conseil : gardez un peu de place pour les desserts maison gourmands. Une réussite qui fleure bon la campagne et les repas de famille. Accueil charmant, pour ne rien gâcher.

Le Bistrot du Poinçonneur *(plan C1,* ***7****) : 229, av. Gambetta, 75020. ☎ 01-43-61-38-47. 📱 06-61-34-40-54. Ⓜ Porte-des-Lilas. Lun-ven midi et soir. Fermé w-e. Congés : août. Burgers 14-20 € ; formules déj en sem 14,20-16,90 € ; carte env 25 €.* Les plaques de métro, les carreaux blancs biseautés et le nom du resto sont évidemment un hommage appuyé à Gainsbourg, dont le poinçonneur perçait tristement « des p'tits trous, des p'tits trous, toujours des p'tits trous ». Le patron a bien meilleur moral et sa cuisine traditionnelle fait honneur à notre belle gastronomie. Ne manquez pas, le lundi, les soirées carnivores, où la bidoche tient le haut du pavé ! Plein de vins bio ou naturels. Une adresse qui fleure bon Paris.

Primeur *(plan A1,* ***8****) : 4, rue Lémon, 75020. ☎ 01-71-70-95-28. Ⓜ Belleville. Tlj midi et soir. Congés : 3 sem en août et 23 déc-2 janv. Plats 12-14 €.* Cette ruelle piétonne et discrète accueille une jolie petite cantine végétalienne. Un bout de salle très sobre et quelques tables sur le pavé, où le bio, le local, le veg et le végan font la loi. Même les plus carnivores de nos lecteurs rendront les armes devant les lasagnes végétariennes.

Pavillon aux Pivoines *(plan A1,* ***9****) : 21, rue des Couronnes, 75020. ☎ 01-43-64-89-79. Ⓜ Couronnes. Mar-dim midi et soir. Fermé lun. Plat 12 € ; carte env 20 €.* Ce nom fleuri est emprunté à un célèbre opéra chinois tout en sophistication. La salle, elle, fait dans le théâtral, limite kitsch mais pas désagréable, avec profonds fauteuils, bois sombre, aquarium et dorures. À la carte, une poignée de plats raffinés : des viandes aussi laquées que le mobilier, des poissons relevés servis avec des légumes croquants. Plus grand-chose à voir avec le buffet passe-partout que l'adresse fut autrefois. Un secret bien gardé à 2 pas du tumulte de Belleville. *NOUVEAUTÉ.*

Moncœur Belleville (plan A1, **10**) : *1, rue des Envierges, 75020. ☎ 01-43-66-38-54. Ⓜ Couronnes ou Pyrénées. Lun-sam (sauf lun de mi-nov à début fév) 10h-2h, dim 11h-minuit ; service midi et soir. Congés : 23 déc-10 janv. Plat du jour 12 € ; formule déj 17 € ; carte env 30 € ; brunchs dim 15-25 €. Café offert sur présentation de ce guide.* Attention les yeux, la terrasse de ce turbulent bistrot, nichée au sommet du belvédère de Belleville, surplombe tout Paris ! On vient d'ailleurs ici plutôt pour le cadre que pour la cuisine, assez banale. Cela dit, chacun trouvera son bonheur dans la carte variée. Et les fauchés pourront se contenter d'un sandwich ou d'une assiette de frites. De temps en temps, des concerts jazz mettent l'ambiance. Et le dimanche, place au sacro-saint brunch !

Le Zéphyr (plan A1, **11**) : *1, rue du Jourdain, 75020. ☎ 01-46-36-65-81. Ⓜ Jourdain. ♿ Tlj 9h30-2h (1h en hiver) ; cuisine jusqu'à 23h. Congés : août. Plats 13-22 € ; formule 14,50 € ; brunch 20 €.* Avec son décor Art déco superbement conservé, *Le Zéphyr* s'intègre bien dans ce quartier populaire et rétro connaissant des « faims de mois » parfois difficiles. Que les gourmets se rassurent, midi et soir on y propose en service continu une ardoise de plats maison, une sélection de vins de producteurs à prix doux et de jolis desserts. On a rarement vu un lieu qui allie aussi bien cuisine juste et bonne gouaille dans un tel cadre !

Chez Ramona (plan A1, **12**) : *17, rue Ramponeau, 75020. ☎ 01-46-36-83-55. Ⓜ Belleville ou Couronnes. Mar-dim, le soir seulement. Fermé lun. Paella sur commande 36,60 € pour 2 et à partir de 16 €/pers pour 4 ; carte 20-30 €.* La salle de resto se trouve au 1er étage de cette épicerie de poche encombrée, en haut d'un escalier étroit. Là, on déboule au royaume du kitsch, dans un incongru magasin de souvenirs à 3 pesetas ! D'emblée, on vous reçoit sans faire de manières, en vous tutoyant. L'emblématique paella maison et les plats traditionnels manquent un peu de finesse, mais les parts sont généreuses. Une adresse dépaysante et authentique.

De prix moyens à chic

Petit Navire (plan A1, **13**) : *85, rue Julien-Lacroix, 75020. ☎ 01-43-58-79-64. Ⓜ Couronnes ou Belleville. Mar-sam midi et soir. Fermé dim-lun. Formules déj 18-22 € ; assiettes 7-19 €. Verres de vin à partir de 5 €.* Cap sur la Méditerranée ! Au pied du parc de Belleville, un coquet bistrot de bleu vêtu, de la façade aux assiettes, où l'iode est en vedette. Le bardage en bois clair, le bar tendu d'une voile de bateau, tout ici invite à la croisière. Si la carte est constamment renouvelée, elle n'a de cesse de surfer sur la vague d'associations audacieuses, à grand renfort d'ingrédients originaux et triés sur le volet. Tartare de bar à la verveine et criste marine, cabillaud au fenouil et émulsion citronnée, sont à accompagner de vins en majorité nature, du petit cru à la bouteille des grandes occasions. Un spot encore confidentiel où barbote une clientèle bobo bien dans son quartier. *NOUVEAUTÉ.*

À la Vierge de la Réunion (plan B3, **14**) : *58, rue de la Réunion, 75020. ☎ 01-43-67-51-15. Ⓜ Maraîchers ou Avron. Lun-sam midi et soir, plus dim midi. Formule et menu déj 19-22 € ; le soir, assiettes 7-15 €.* Dissimulé aux regards, ce resto-caviste est un secret bien gardé du 20e. La devanture bordeaux annonce la couleur ! Une fois la porte poussée, on pénètre dans une petite salle sobre tapissée de bouteilles. On laisse volontiers le sommelier nous guider parmi la foule de références de quilles à dominante nature, sans même avoir à casser sa tirelire. Au déjeuner, le menu est un sacré bon calcul. Le soir, place à la valse des petites assiettes à partager, dont les recettes sont constamment renouvelées. Des traditionnels bulots-mayo à la burrata plantureuse avec petits pois frais, les influences sont multiples derrière les fourneaux de cet admirable troquet. Et la Vierge dans tout ça ? Vous la croiserez... aux toilettes ! *NOUVEAUTÉ.*

Le Pinceau (plan A1, **15**) : *3, rue Dénoyez, 75020. ☎ 09-81-08-30-35.*

Ⓜ Belleville. Ven-mar midi et soir. Fermé mer-jeu. Résa conseillée. Le midi en sem, formule et menu 18-21 € ; le soir, carte 30-40 €. Café offert sur présentation de ce guide. L'ardoise, succincte, change tous les jours – c'est bon signe. À prix bridés le midi, un peu plus délurés le soir quand le chef se lâche et ose des recettes plus sophistiquées. Légumes de saison, viandes et volailles fermières, pêche durable... Ici, rien ne se perd, tout se transforme. Ainsi les magnifiques noix de Saint-Jacques seront réservées aux clients du soir, tandis que le corail sera servi au déjeuner... C'est malin, créatif et, par-dessus tout, délicieux. D'ailleurs, on reviendrait bien à chaque service se serrer joyeusement dans ce resto de poche. Surtout que la carte des vins (nature essentiellement) s'avère tout aussi pertinente, et l'accueil exquis. Bref, on adore !

20e

Bistro Chantefable *(plan B2, **16**) : 93, av. Gambetta, 75020. ☎ 01-46-36-81-76. Ⓜ Gambetta. Tlj 7h (8h dim)-minuit ; service 12h-23h45 en continu. Plats 14-39 €.* Dans une grande salle Empire couverte d'immenses miroirs et de reproductions de tableaux du début du XXe s s'affairent des serveurs très pro. Mais sous ses airs de ronflant bistrot de gare se cache un restaurant où l'on se délecte d'excellentes viandes ou d'assiettes de fruits de mer. Les produits sont frais, les plats copieux, et l'ardoise change tous les jours. La grande terrasse, chauffée en hiver, est prise d'assaut aux 1ers rayons du soleil.

Lou Tíap *(plan B2, **17**) : 81, rue de Bagnolet, 75020. ☎ 01-43-70-77-93. Ⓜ Porte-de-Bagnolet ou Alexandre-Dumas. À l'angle de la rue de Lesseps. Mar et jeu-sam midi et soir, plus mer soir. Fermé dim-lun. Congés : 1 sem en hiver, 1 sem au printemps et 4 sem en août-sept. Le midi, formule et menu 19-24 € ; autres menus 29-41 € ; carte env 50 €. Lou Tíap,* en gascon, c'est non seulement le repas, mais aussi la convivialité de ce moment que l'on partage à table. C'est certain, ce chaleureux resto porte bien son nom. Derrière la devanture orangée, dans la cuisine ouverte, on « tíape » une cuisine maison préparée avec des produits frais et assaisonnée de l'accent du Sud-Ouest. En vedette, le cassoulet aux 4 viandes (un monument !), la canette de Barbarie, le cochon basque et même le pigeon. Excellent accueil. Le menu du midi est une réelle aubaine. Chouette carte des vins genre « copains-paysans », à prix d'ami.

Galerna *(plan B2, **19**) : 7, rue du Cher, 75020. ☎ 09-81-29-27-12. Ⓜ Gambetta. Lun-ven midi et soir. Fermé w-e. Congés : 3 sem en août et 23 déc-3 janv. Résa conseillée le soir. Le midi, formule 17 € et menu 20 € ; carte env 30 €. Café offert sur présentation de ce guide.* Cette impétueuse tempête (*garlena* !) ibérique réveille les papilles, inspirée qu'elle est par les racines (et les *raciones*) du chef (Logroño, en pleine Rioja). Que du « frais maison » créatif, exprimé dans de délicieux petits plats à partager (comptez-en 3-4 par convive – mais pas toujours très simples à diviser, en réalité), déclinés en une courte carte saisonnière qui réconcilie terre et mer. Courtes encore les propositions au déjeuner, et plus françaises, mais toujours bien dans le vent gourmet. Les plus curieux se percheront au bar pour profiter du spectacle de la cuisine ouverte, les autres apprécieront la salle claire et les bons conseils de la sommelière (quitte à y laisser leur chemise !).

Monsieur Culbuto *(plan B1, **20**) : 294, rue des Pyrénées, 75020. ☎ 01-47-97-32-02. Ⓜ Pyrénées ou Jourdain. Tlj 7h-2h. Plats 14-22 € ; petits déj 7,50-13 €. Monsieur Culbuto,* c'est un lieu couteau-suisse : refuge intimiste percé d'un puits de lumière, grandes tablées pour les bandes de potes remuantes, comptoir pour les pressés... À cela s'ajoute une déco vintage, un baby-foot et un accueil gentil comme tout. Bref, un chouette troquet de quartier où tout ce beau monde se mélange joyeusement ! À la carte, de traditionnels plats de bistrot, servis à toute heure, parfois piqués d'une touche d'exotisme : burger, entrecôte, ceviche et tartines évoluent au fil du marché et des saisons. Un conseil : gardez une petite place pour les desserts, hyper gourmands ! Une adresse chaleureuse et généreuse, à fréquenter du soir au matin.

Le Baratin *(plan A1, **21**) : 3, rue Jouye-Rouve, 75020. ☎ 01-43-49-39-70. Ⓜ Belleville. Mar-ven midi et soir. Fermé sam-lun. Congés : 2 sem en fév, 2 sem en août et 2 sem en sept. Résa conseillée. Menu déj 20 € ; carte env 40 €. Café offert sur présentation de ce guide.* Un vrai bistrot de quartier, où Raquel cuisine avec simplicité et virtuosité en fonction du marché. Pas d'école, un art spontané où on lit la volonté de faire plaisir. Résultat, des cuissons d'une grande justesse et des recettes sans chichis, une maîtrise parfaite des jus et des produits. Pour les vins, Philippe Pinoteau, « Pinuche » pour les intimes, s'occupe de tout : ses choix sont excellents et à prix corrects.

Le Jourdain *(plan A1, **22**) : 101, rue des Couronnes, 75020. ☎ 01-43-66-29-10. Ⓜ Pyrénées. Lun-ven midi et soir. Fermé w-e. Congés : 3 premières sem d'août. Le midi en sem, formule 16 € et menu 19 € ; le soir, assiettes 5-15 €, dessert 6 €.* Une jolie découverte que ce bistrot à la déco faussement nonchalante. Si la formule du midi, avec sa cuisine du marché, est d'un excellent rapport qualité-prix, les fins gourmets ne manqueront pas de venir le soir se régaler de petites assiettes pleines d'idées, fraîches et toniques, à partager entre amis. Les poissons et viandes, du plus classique au plus exotique, sont déclinés en ceviche, tartare, mais aussi croquettes ou ravioles. Bons desserts gourmands. Vins naturels de petits producteurs que l'on vous fera gentiment goûter avant de choisir. Accueil à la fois pro et souriant.

Le Grand Bain *(plan A1, **23**) : 14, rue Dénoyez, 75020. ☎ 09-83-02-72-02. Ⓜ Belleville. Tlj 19h-1h30. Résa obligatoire sur Internet 18h30-20h30, puis sans résa après 21h30. Tapas 6,50-10 €, plats 14-21 €.* Non, il n'y a pas que des restos chinois à Belleville ! Pour preuve, ce *Grand Bain* où l'on ne peut que vous encourager à venir vous noyer (rue Dénoyez, le jeu de mots n'est pas de nous !), une adresse bobo-hipster, jeune et arty. Derrière sa baie vitrée, le chef, londonien, donne ses ordres en anglais et concocte des plats en petites portions, à enchaîner et à partager sur le principe des tapas et des *pintxos*. La touche british créative associée à de bons produits bien de chez nous garantit une jolie cuisine dans l'air du temps.

Les Canailles – Ménilmontant *(plan A2, **24**) : 15, rue des Panoyaux, 75020. ☎ 01-43-58-45-45. Ⓜ Ménilmontant. Lun-ven midi et soir. Fermé w-e et j. fériés. Congés : août. Le midi en sem, formule 19,50 € et menu 22 € ; autre menu 37 € ; carte env 40 €.* On joue ici sur la moleskine et le bois pour renouer avec un Paris d'antan. Les canailles, c'est dans les assiettes qu'on les trouve : une cuisine de bistrot contemporain, qui fait la part belle aux abats et autres produits bien terroir, et qui réconcilierait tout un chacun avec la langue de bœuf ! Du fait maison sur une carte courte qui suit gentiment les saisons et ne dédaigne pas quelques incursions vers un exotisme épicé. Du côté des vins, le portefeuille a le vertige, mais la qualité, l'accueil et le service – au poil – font vite oublier l'addition.

Le Lieu-Dit *(plan B1, **25**) : 6, rue du Sorbier, 75020. ☎ 01-40-33-26-29. Ⓜ Ménilmontant ou Gambetta. ♿ Mar-dim 17h-2h ; service 19h-23h30. Fermé lun. Congés : 15-31 déc. Menu 18,50 € ; plats 10-25 €.* Coup de cœur pour ce lieu éclectique, à la fois bon resto de quartier et café culturel engagé. Dans un cadre sans chichis, on déguste une cuisine traditionnelle bien tournée et à prix attractifs. Bon choix de copieux petits plats, assiettes à partager, excellents desserts. Juteux hamburger et frites maison. Vins pas chers et gouleyants. En prime, plusieurs fois par semaine, une des salles accueille des rencontres littéraires, des débats, des concerts, des expos... Un spot qui a conquis les intellos, affublé d'une vaste terrasse de surcroît.

20e

Bar à vins

L'Avin Première *(plan C3, **30**) : 43, rue des Pyrénées, 75020. ☎ 01-43-73-43-15. Ⓜ Maraîchers. Lun-sam 11h-2h.* Happy hours

17h-21h. Fermé dim. Tapas 5-15 €, plats 15-19 €. La devanture de ce discret bar à vins fait dans la sobriété : une poignée de tables sur le trottoir, un tonneau, quelques ardoises... Passé la porte, c'est tout aussi classique : nappes à carreaux, tables de bistrots, étagères chargées de bouteilles... Simple et authentique, à l'image de l'accueil du patron, jamais avare de bons conseils et toujours le mot pour rire. On y écluse avec plaisir des verres de vin sélectionnés avec soin, tout en se repaissant d'une bonne tranche de pâté ou de sardines grillées. Une adresse sympathique où l'on se sent comme à la maison. *NOUVEAUTÉ.*

Où boire un verre ?

Les Pères Populaires *(plan B3,* ***40****) : 46, rue de Buzenval, 75020. ☎ 01-43-48-49-22. Ⓜ Buzenval. Tlj 8h30 (10h30 dim)-2h. Tapas 3,50-8 € ; le midi, formule et menu 15,50-19 €.* Dans un quartier résidentiel du 20e, ce sympathique café-bistrot fait le plein toute la semaine. Il en faut, pourtant, du monde pour le remplir ! Dans ce bastion gentiment intello-bobo, on s'installe au bar coloré ou dans la salle à la déco seventies avec ses tables en formica, pour bosser la journée et descendre joyeusement quelques verres le soir. Après l'effort, le réconfort ! Bonnes planches, tapas et quelques plats en cas de fringale. Vivant et bouillonnant.

Lou Pascalou *(plan A2,* ***41****) : 14, rue des Panoyaux, 75020. ☎ 01-46-36-78-10. Ⓜ Ménilmontant. Tlj 16h-2h.* Une clientèle mélangée vient se retrouver dans ce grand café culturel un peu en retrait du boulevard de Ménilmontant. On aime ce lieu pour son atmosphère bon enfant, sa charmante terrasse qui déborde en été, ses concerts... mais aussi pour ses spectacles d'improvisation, ses soirées courts-métrages et ses bœufs musicaux mensuels. Un vrai relais d'initiatives locales !

La Laverie *(plan B1,* ***42****) : 1, rue Sorbier, 75020. ☎ 01-43-66-39-64. Ⓜ Ménilmontant. Tlj 9h (10h w-e)-2h. Plats 9-13 € ; le soir, planches seulement.* Tambours de lave-linge reconvertis en luminaires et paquets de lessive en appliques murales, la déco est bien sentie jusque dans les plus menus détails. Ambiance sixties, meubles de récup et vieux tubes dans les enceintes. Au choix : on squatte la mezzanine, le comptoir, les salles au sous-sol ou la super terrasse. On vient ici rincer non pas ses fringues mais son gosier, à grand renfort de mousses ou de cocktails. On relance un cycle ?

Les Mondes Bohèmes *(plan B3,* ***43****) : 31, rue des Vignoles, 75020. ☎ 01-43-48-69-38. Ⓜ Avron ou Buzenval. Tlj 9h-minuit (12h-23h30 pour la cuisine). Cocktails 7,50-10 € ; verres de vin 5-8 €. Formules 14-18 € ; plats 16-20 €.* On place ce café dans notre top 10 des terrasses les plus agréables de Paris. Dans une rue calme, on s'installe sous une tonnelle habillée de verdure : fleurs en pots suspendues, bambous et gloriette plantent un décor de guinguette à portée de métro. Un cadre parfait pour déjeuner, bosser au vert en journée, savourer un *teatime,* dîner ou boire un cocktail le soir, loin du tumulte de la capitale.

Les Ours *(plan B2,* ***44****) : 236, rue des Pyrénées, 75020. ☎ 01-46-36-78-76. Ⓜ Gambetta ou Pelleport. Tlj 7h-2h ; service midi et soir jusqu'à 23h30. Happy hours 17h-22h. Résa indispensable les soirs et w-e. Formule et menu déj en sem 13-15 € ; plats 15-20 € ; brunch dim 19,90 €.* Un bar-brasserie qui fait le plein à toute heure de la journée, de l'expresso du matin à l'apéro entre copains en passant par le déjeuner avec les collègues. Burgers, salades et tartares affichent des prix démocratiques et contentent une clientèle d'habitués venus descendre pintes et cocktails dans une joyeuse ambiance. Chaises à touche-touche ou grande tablée où l'on case les clients au coude-à-coude : on ne vient pas ici pour un moment de calme ou une parenthèse romantique. D'autant que le spot est le rendez-vous des joyeux lurons qui n'ont pas sommeil...

La Commune *(plan A1,* ***45****) : 80, bd de Belleville, 75020. ☎ 01-42-55-57-61. Ⓜ Belleville ou Couronnes. Tlj 18h-2h. Saladier de punch à partir de 13 €/pers ; cocktails 8-15 €.* Hommage aux communards de Montmartre ou à la commune de Belleville ? On vous laisse enquêter. Derrière le plastique ondulé se cache une magnifique et discrète terrasse façon jardin d'hiver, doublée d'un bar intime et chic : le décor est soigné. Mais la véritable raison de votre venue ici, ce sont les délicieux punchs et cocktails maison. Également une large sélection de rhums 100 % français (cocorico !). Original : les plantes en déco entrent aussi dans la composition des cocktails !

Floréal Belleville *(plan A1,* ***46****) : 43, rue des Couronnes, 75020. ☎ 01-43-61-94-66. Ⓜ Couronnes. Mer-dim 10h-minuit, voire 1h selon affluence. Fermé lun-mar. Bières à partir de 3,50 € ; verres de vin dès 3 €. Formules déj 13-16 € ; assiettes 6-11 € ; brunch dim 22 €.* En lieu et place d'une galerie photo qui a marqué le quartier Belleville, ce superbe café, dont la devanture verte est couverte de boiseries Art nouveau, distille une ambiance séduisante. La déco est au diapason, avec meubles vintage, canap' confortables, grands miroirs et luminaires choisis. Une clientèle un brin artiste s'y retrouve pour échanger les dernières nouvelles, autour d'un verre ou de bons petits plats privilégiant les circuits courts. Expos régulières dans la galerie attenante.

BANLIEUE DE PARIS

À l'heure où il est question du Grand Paris, les banlieues limitrophes de Paris sont devenues le prolongement naturel des 20 arrondissements historiques. Les Parisiens qui considéraient autrefois le périph' comme de larges douves séparant 2 mondes le franchissent désormais sans presque s'en rendre compte en métro, à scoot', à vélo, à trottinette électrique et en voiture en autopartage, pour aller voir enfants ou copains installés dans le 92, le 93 ou le 94. Bref, Paname s'agrandit, ce qui n'empêche pas la banlieue de conserver jalousement son bonus de chlorophylle. D'ailleurs, certains restos sont dotés de terrasses verdoyantes ! On a donc naturellement traîné nos estomacs creux dans les bonnes petites adresses qui se cachent aux portes de Paris pour vous faire partager nos coups de cœur.

ASNIÈRES-SUR-SEINE

Bon marché

Rosa Bonheur sur Seine à l'Ouest : *20, quai du Docteur-Dervaux, 92600. Transilien J et L : Asnières-sur-Seine. Port-Bas, sous le pont d'Asnières. Mer-dim 12h-0h30 (20h dim). Fermé lun-mar. Verre de vin env 4 € ; cocktail 10 €. Brunch.* L'équipe des *Rosa Bonheur* à Paris, au pied du pont Alexandre-III et dans le parc des Buttes-Chaumont (voir les rubriques « Où boire un verre ? » dans les 7e et 19e arrondissements), reprend ses aises dans une charmante péniche, amarrée dans un cadre champêtre. Au moindre rayon de soleil, on s'installe truffe à l'air pour déguster une bière fraîche et/ou grignoter une pizza cuite au four à bois. Parfait en été, mais vous ne serez évidemment pas seul à avoir eu la bonne idée de venir ici.

BOULOGNE-BILLANCOURT

Prix moyens à chic

Mano : *46, rue de l'Ancienne-Mairie, 92100. 07-88-62-81-49. Ⓜ Boulogne-Jean-Jaurès. Mar-sam midi et soir. Fermé dim-lun. Plats 20-24 € ; le soir, menus dégustation « P'tit kiff » et « Grand kiff » 42-58 €.* Un petit bistro(nomique) qui a fait surface en temps de Covid. Pas simple, mais le concept convivial d'une cuisine ouverte sur une petite salle meublée de bois blond et de plats savoureux portant l'empreinte des nombreux voyages du chef et de son apprentissage dans le giron de Juan Arbalaez a déjà séduit les habitants du quartier. Comme chez le maître, le ceviche est en bonne place sur la carte, mais toutes les semaines et au gré du marché, le chef laisse parler sa créativité avec des produits majoritairement locaux et sourcés (tourte de gibier en saison, tête de veau). Pour accompagner, vins soigneusement sélectionnés auprès de petits vignerons. *NOUVEAUTÉ.*

CHÂTILLON

Prix moyens

Le Barbezingue : *14, bd de la Liberté, 92320. ☎ 01-49-85-83-50. Ⓜ Châtillon-Montrouge. Ⓣ Châtillon-Centre. Bus nos 195 et 295, arrêt Paul-Bert, ou nos 194 et 394, arrêt Châtillon-Centre. ♿ Mar-sam midi et soir. Fermé dim-lun. Congés : août et Noël. Résa indispensable. Formule table d'hôtes midi et soir 28 € ; menu dégustation 56 € ; carte env 38 €.* Le propriétaire de *L'Os à Moelle* à Paris, Thierry Faucher, tient cette adresse atypique qu'il a conçue comme un vrai lieu de vie. À l'étage du *Barbezingue*, on s'assoit devant de grandes tablées où l'on partage avec les voisins des entrées et des desserts à volonté, en plus des bons petits plats de résistance concoctés en bas, dans la cuisine visible depuis l'autre salle de resto. Là, on se tape la cloche avec le menu dégustation dans une atmosphère pas plus guindée qu'en haut. Dans l'assiette, une excellente cuisine de terroir, assez élaborée, avec des associations savoureuses de bons produits. Et après le festin, on file dans le jardin faire une petite pétanque ! À moins que vous ne préfériez taquiner les bouteilles de la cave à vins. Le 2e vendredi du mois, le resto organise une jam-session.

ISSY-LES-MOULINEAUX

Bon marché

La Poudrière : *58, promenade du Verger, 92130. ☎ 01-46-45-87-29. Ⓜ Mairie-d'Issy puis 15 mn de marche ; bus gratuit TUVIM, arrêt Parc-Henri-Barbusse. Tlj midi et soir (en continu w-e). Congés : 1 sem autour du 15 août et 1 sem à Noël. Formules déj en sem 18-21 € ; plats env 18-24 €.* Près de l'ancien fort militaire, le coup de canon de cette adresse nichée dans les vestiges d'une poudrière a résonné jusqu'à la capitale ! Bistrot, cave à vins, un lieu vraiment plaisant pour laisser les heures s'étirer, depuis l'apéro sur la vaste terrasse jusqu'au repas sous les pierres voûtées. Des plats malins, qui mettent en avant le terroir, mâtiné de touches exotiques. Les légumes viennent du potager et les viandes, en direct des producteurs, sont triées sur le volet. Côté cave, c'est informel avec tapas et petits vins de producteurs. Très bon accueil.

De prix moyens à chic

Restaurant Manufacture : *20, esplanade de la Manufacture, 92130. ☎ 01-40-93-08-98. Ⓜ Corentin-Celton. Lun-ven midi et soir. Fermé w-e. Congés : 15 j. en août. Résa vivement conseillée. Formules 31-39 €.* C'est une forte personnalité que ce chef qui s'est formé chez quelques pointures avant d'investir le rez-de-chaussée de l'ancienne Manufacture des tabacs, relooké en loft. Beaux volumes, décoration contemporaine, et un menu-carte consensuel qui égrène les classiques revus au goût du jour ou les plats de saison préparés avec une touche de modernité. Les nombreux jeunes cadres dynamiques qui en ont fait leur luxueuse cantine au déjeuner ne s'y sont pas trompés.

LE KREMLIN-BICÊTRE

Prix moyens

L'Ardoise : *2, rue Edmond-Michelet (angle av. du Repos), 94270. ☎ 01-45-21-06-46. 📱 06-34-12-48-92. Ⓜ Kremlin-Bicêtre. À 100 m du métro. Lun-ven midi et soir. Fermé w-e. Formules déj 13-14 €.* À l'angle d'une impasse tranquille – et pour cause, elle mène au cimetière parisien d'Ivry –, voici un petit bistrot de quartier sympa comme tout. On s'y sustente d'une cuisine de bistrot classique, sans prétention mais de bonne facture. Déco intérieure cosy et terrasse appréciable qui remporte tous les suffrages. *NOUVEAUTÉ.*

LEVALLOIS-PERRET

Prix moyens

Le Petit Poucet : *4, rond-point Claude-Monet, 92300. ☎ 01-47-38-61-85. Ⓜ Pont-de-Levallois. Sur l'île de la Jatte, dans le virage de la rue qui en fait le tour, extrémité est. Tlj midi et soir. Fermé dim soir* *en hiver, 24-26 déc et 31 déc-4 janv. Formule déj en sem 26 € ; menu 34 € ; carte env 50 €. Animations pour enfants dim 14h-15h.* Une adresse presque centenaire où, au début du XXe s, les prolétaires en goguette venaient avec leurs gigolettes se taper une friture en buvant du guinguet dans ce caboulot champêtre. Devenu l'un des restos bobos de l'île de la Jatte, ce *Petit Poucet,* avec sa belle déco où le bois domine, offre une ambiance chaleureuse et chic. 3 belles terrasses dont l'une en bord de Seine, vraiment romantique dès les 1ers rayons du soleil. Bonne cuisine française classique remise au goût du jour, et parfois quelques fantaisies du chef. Service jeune, efficace et ultra-rapide.

|●| ⛱ ***Au Petit Sud-Ouest :*** *4, rue Baudin, 92300. ☎ 01-47-59-03-74. Ⓜ Pont-de-Levallois. Lun-ven midi et soir jusqu'à 23h30. Fermé w-e. Plats du jour 16-20 € ; carte env 35 €. Apéritif maison offert sur présentation de ce guide.* À la fois boutique, épicerie fine, caviste et restaurant de spécialités du Sud-Ouest. Dès l'entrée, on tombe sur une vitrine garnie de fromages de brebis, de jambon de pays, de conserves gourmandes... Aux murs, des étagères pleines de bonnes bouteilles et, à la carte, les incontournables du terroir : cèpes, foie gras, cassoulet, brouillade (truffes ou cèpes), magret et confit... La Gascogne à 2 pas du front de Seine. Terrasse sous les platanes dans une grande cour et véranda pour la mi-saison, voici une adresse qui sonne comme une invite à la détente.

MALAKOFF

Prix moyens

|●| ***Le Timbre Poste :*** *1, rue Rouget-de-Lisle, 92240. ☎ 01-46-56-79-69. Ⓜ Porte-de-Vanves. À 300 m du métro. Tlj 9h-2h. Résa conseillée. Formule déj 13,50 € ; menu 28 €.* À 2 pas de la « frontière » du périph', déjà une adresse hors norme par son foisonnant décor, festival de plaques émaillées, affiches de cinoche, objets de brocante et couleurs criardes... Cuisine du Sud-Ouest plantureuse, généreuse et qui tient au corps : cassoulet toulousain en marmite, garbure « royale », viandes et confits à la fête. Accueil à hauteur de la flamboyance du décor. Remarquable carte de bières.

MONTROUGE

Prix moyens

|●| ***Aubergine et Cie :*** *36, av. Henri-Ginoux, 92120. ☎ 01-40-84-00-00. Ⓜ Porte-d'Orléans ou Mairie-de-Montrouge. Bus n°s 68, 126 ou 128, arrêt Gabrielle-de-Guerchy. Mar-sam midi et soir. Fermé dim-lun et j. fériés. Congés : 3 sem en août et 1 sem à Noël. Formules déj 22-28 € ; le soir, menu 35 € ; carte env 40 €.* C'est à Montrouge, à 2 pas de la porte d'Orléans, que ce chef amoureux des bons produits s'est installé. Fidèle aux petits producteurs, il propose une cuisine de saison savoureuse et variée, renouvelée toutes les semaines. La carte des vins bénéficie de la même sélection attentive. Décor sobre et moderne. Une adresse qui allie qualité et convivialité.

MONTREUIL

Bon marché

|●| ⛱ ***Le Caoua :*** *38, rue Carnot, 93100. ☎ 01-48-31-03-84. Ⓜ Croix-de-Chavaux. Lun-ven midi et soir. Fermé w-e.* Une toute nouvelle adresse à Montreuil, gérée par une équipe jeune qui assure ! La cuisine inspirée par le marché du jour livre quelques pépites qui ne vous décevront pas...

Très vite, vous reviendrez pour profiter de l'une des 2 terrasses, sur la petite place ou juste devant, aux beaux jours. Tapas le soir, pour l'apéro qui dure... *NOUVEAUTÉ.*

L'Atelier : *60 bis, rue Robespierre, 93100. ☎ 01-42-87-25-27. Ⓜ Robespierre. Lun-sam jusqu'à minuit. Fermé dim. Formule déj en sem 14 € ; carte env 25 €.* De bois, de brique et de fer, les murs, au rez-de-chaussée comme au sous-sol, développent une rhétorique industrielle. Dans l'assiette, on a rendez-vous avec l'Italie, et en particulier avec la région du Frioul, d'où sont originaires les patrons. Risottos variés, pâtes ou bruschettas côtoient les bonnes viandes grillées ou quelques spécialités étonnantes, comme ce goulasch à la frioulane (en hiver). C'est efficace et sans chichis, tout comme le service.

Prix moyens

L'Amourette : *54, rue Robespierre, 93100. ☎ 01-48-59-99-94. Ⓜ Robespierre. Lun-sam midi et soir. Fermé dim. Congés : fin août. Le midi, formule 16 € et menu 20 € ; carte 40-45 €.* Au cœur de ce quartier un tantinet branchouille et bobo, ce bistrot chic a bien trouvé sa place. Un bel espace, repensé de manière moderne et épurée, accueille une clientèle d'habitués, ravie de trouver, à prix honnêtes, une alternative aux restos exotiques et sans âme qui pullulent dans le coin. Dans une atmosphère à la fois chic et décontractée s'inscrivent à l'ardoise, au gré du marché, des plats de bistrot revisités plutôt réjouissants. Nombreux vins au verre. Belle cheminée à l'étage, dans une salle plus tranquille, avec poutres apparentes. Jolie terrasse.

La Cave : *45, rue de Paris, 93100. ☎ 01-42-87-09-48. Ⓜ Croix-de-Chavaux. Lun-sam midi et soir jusqu'à 23h. Fermé dim, 1er janv, 1er mai et 25 déc. Résa conseillée. Carte env 30 €. Café offert sur présentation de ce guide.* Géographiquement montreuillois mais d'esprit parigot, ce caviste cache au fond de son échoppe une salle de resto brute de décoffrage prolongée par une terrasse (abritée et chauffée en hiver) et joyeusement animée de tableaux et de photos sur des murs colorés. Une ambiance de franche camaraderie pour des plats plutôt inventifs, des mélanges malins, canailles et exotiques à la fois. Tout cela passe allègrement, accompagné par de bien jolies bouteilles sorties tout droit des casiers magiques du patron. Et la maison fait fureur depuis qu'elle a investi l'arbre voisin pour une terrasse perchée (10-12 personnes). De quoi prendre réellement de la hauteur !

Chic

La Villa 9Trois : *28, rue Colbert, 93100. ☎ 01-48-58-17-37. Ⓜ Croix-de-Chavaux ou Mairie-de-Montreuil. Accès par le 71, rue Hoche (pour le parking). Lun-sam midi et soir, plus dim midi. Menu unique 59 €.* Cette maison de maître, construite sur les hauteurs de Montreuil, vous emmènera bien loin de Paris. Aux beaux jours, la terrasse sur l'arrière est un havre de paix. En hiver, un beau feu crépite dans le grand salon. Le genre d'adresse où l'on se sent bien en toute saison ! La cuisine est à l'unisson, se jouant des modes mais sachant jouer avec les arrivages, proposant des recettes fines et créatives qui côtoient de bons petits plats de toujours. Jolie carte des vins, dont certains servis au verre. Pas donné, mais le lieu est vraiment hors du commun.

NEUILLY-SUR-SEINE

Prix moyens

Chez Papinou : *26, rue du Château, 92200. ☎ 01-55-24-90-40. Ⓜ Pont-de-Neuilly. Lun-ven midi et soir, plus sam soir. Fermé dim. Congés : 3 sem en août et Noël-Jour de l'an. Plats du jour 14-18 € ; ardoise 30-35 €.* Avec son côté canaille, cette ancienne institution neuilléenne a été reprise avec brio. Toujours ce décor chaleureux de briques et de broc agrémenté de photos de vedettes, dans lequel on se sent bien. Terrine maison, cochonnailles, harengs en entrée ; côte de bœuf pour 2, foie de veau à la vigneronne, confit : du simple, du rustique, mais du bon et même du très bon. Les desserts sont du même tonneau, un tantinet régressifs avec du riz au lait et du pain perdu. Quant aux divins flacons, on va les chercher soi-même à la cave : les prix sont affichés, et on ne tombe pas à la renverse. Accueil tout sourire, bien en accord avec l'atmosphère du lieu. Vive *Papinou* !

Chic

Bistrot Quai : *6, bd du Général-Leclerc, 92200. ☎ 01-47-45-24-57. Ⓜ Pont-de-Neuilly ; RER A : La Défense. Lun-ven 12h-14h30. Fermé w-e. Congés : août et Noël. Formule 27 € ; carte env 34 €.* Les vieilles tables chinées, les assiettes dépareillées et le mélange de chaises d'école et d'autres provenant de chez la grande-tante donnent du style à ce lieu fréquenté par des trentenaires moulés dans le même costard-cravate. La Défense est à 2 pas, mais ici on déboutonne la chemise pour profiter d'une jolie cuisine française sur le fond, simple et copieuse, joyeuse et sans chichis. À chaque jour son plat de saison. Service pro et souriant.

Restaurant Foc Ly : *79, av. Charles-de-Gaulle, 92200. ☎ 01-46-24-43-36. Ⓜ Les Sablons. Lun-sam midi et soir. Fermé dim. Congés : 3 sem en août. Formule déj en sem sauf j. fériés 25,50 € ; carte env 42 €.* Vous ne pourrez pas manquer *Foc Ly,* avec son toit en forme de pagode. La décoration épurée et élégante constitue un cadre parfait pour savourer une cuisine chinoise et thaïe aux subtils parfums. *Dim sum* ultra-frais et soupes thaïes divines. Terrasse ouverte sur une placette arborée. À Neuilly, voici un incontournable !

PANTIN

Prix moyens

Les Pantins : *6, rue Victor-Hugo, 93500. ☎ 01-57-14-38-74. Ⓜ Hoche. Lun-sam midi et soir. Fermé dim. Congés : 10 j. en août. Formules déj 19-22 € ; le soir, carte 25-40 €.* Face au Centre national de la danse, à quelques pas du canal de l'Ourcq, une adresse animée devenue rapidement la coqueluche des Pantinois. Cuisine de bistrot moderne, fraîche et de saison, qui cultive un goût pour les légumes et les compositions colorées. Produits de 1re qualité, à l'image de la charcuterie ibérique ou des viandes de Salers, ultra-fondantes. Également quelques touches maritimes bienvenues, en provenance des criées de Bretagne ou du Pays basque. Pour accompagner, une bonne sélection de flacons de style nature, qui peuvent aussi s'emporter. Une chouette adresse, qui aimante les gourmands de tout le Nord-Est parisien.

SAINT-MANDÉ

Prix moyens

Ceprano : *44, av. du Général-de-Gaulle, 94160. ☎ 01-70-25-47-35. Ⓜ Saint-Mandé-Tourelles. Mar-sam midi et soir. Fermé dim-lun. Pizzas 10-18 € ; carte 25-30 €.* Voici de jeunes *pizzaioli* 100 % italiens, Ludovico et Lello, un ex du groupe *Big Mamma,* installés à l'orée du bois de Vincennes, dans un local à la devanture facilement reconnaissable avec sa couleur bleu turquoise. Délicieuses pizzas napolitaines (celles à gros bord), savoureuses et généreuses, cuites dans un magnifique four à bois artisanal. Ingrédients rigoureusement sélectionnés et acheminés d'Italie toutes les semaines ! Possibilité de *pizze* à emporter que l'on peut déguster dans le bois, à 2 pas... *NOUVEAUTÉ.*

SAINT-OUEN

Bon marché

La Péricole : *2, rue Jules-Vallès, 93400. ☎ 01-40-12-44-80. Ⓜ Porte-de-Clignancourt ou Garibaldi. Tlj, le midi seulement. Résa conseillée dim. Formule en sem 16,90 € ; menu 21 € ; carte env 25 €. Apéritif maison offert sur présentation de ce guide.* Bonne ambiance dans un cadre à l'esprit rustique mais soigné. Accueil sympathique comme tout. Ça fuse entre le personnel et les clients, habitués ou acheteurs étrangers en négociation dès 6h du mat autour du petit déj ! Bonne petite cuisine classique, sans prétention mais bien ficelée et sans déception. Une des adresses préférées des puciers, qui se laissent rarement rouler dans la farine.

Yaya : *7 bis, rue Frida-Kahlo, 93400. ☎ 01-44-04-27-65. Ⓜ Mairie-de-Saint-Ouen. Lun-sam midi et soir jusqu'à minuit ; dim 12h-23h. Carte env 25 €. Cocktails 9-14 € le soir.* Les frères Chiantzos, à l'origine des succulentes huiles d'olive Kalios, ont eu le bon goût d'ouvrir ce vaste *kafenion* moderne dans le quartier des Docks de Saint-Ouen. Installés dans une superbe halle industrielle où Alstom construisait ses TGV, ils mettent à l'honneur la cuisine des *yayas,* les grands-mères du monde hellénique, avec l'aide du chef Juan Arbalaez. La carte, courte et séduisante, change à chaque saison : les salades grecques éclipsent naturellement les robustes *stifados* quand l'été approche. Nous, on a totalement craqué pour le poulpe grillé (servi en hiver seulement) ! Autres classiques, les délicieux *mezze,* servis accompagnés de pita maison, légère et croustillante. 2 superbes terrasses pour déjeuner au soleil ou profiter des cocktails durant l'*happy hour* : de quoi retrouver le goût des vacances en plein 93. *2de adresse dans la halle Secrétan, dans le 19e.*

Prix moyens

Ma Cocotte : *marché Serpette, 106, rue des Rosiers, 93400. ☎ 01-49-48-00-44. Ⓜ Porte-de-Clignancourt. Voiturier. Jeu-lun midi et soir. Fermé mar-mer. Formules 19,90-29,90 € (sauf dim) ; carte 30-40 €. Parking payant.* À l'entrée du marché Serpette, le plus beau des puces, un bistrot branché, dessiné par le célèbre designer Philippe Starck, dont on repère vite la patte. Ambiance moderne et chic, avec carreaux de céramique d'autrefois, mobilier chiné et meubles ultra-design joyeusement mélangés. Plats traditionnels, du *fish & chips,* clin d'œil aux puces anglaises de Portobello, au poulet fermier rôti à la broche derrière les cuisines, grandes ouvertes. Toilettes à ne pas louper. Terrasses aux beaux jours. Prévoir de l'attente.

BANLIEUE DE PARIS

VANVES

Bon marché

La Girafe : *6, rue de la République, 92170. ☎ 01-75-49-73-38. Ⓜ Corentin-Celton ou Malakoff-Plateau-de-Vanves. Mar-jeu 12h-22h, ven-sam 11h-22h30, dim 12h-18h. Fermé lun. Congés : 3 sem en août et Noël-Jour de l'an. Formules déj 12,50-16,50 € ; galettes 9-15 € ; brunch dim (tte la journée) 21,50 €. Digestif maison offert sur présentation de ce guide.* Une sympathique crêperie à côté de l'église Saint-Rémy, dans un quartier qui a gardé un aspect village avec ses rues pavées et ses terrasses qui débordent sur le trottoir. Ambiance décontractée dans la salle chaleureuse, où les enfants prennent vite leurs marques au coin jeux en attendant leurs assiettes. Les galettes de sarrasin, comme les crêpes, sont évidemment préparées minute avec des produits de qualité made in Bretagne (saucisses aux algues et salicorne) ! Également de grandes salades et beaucoup de produits bio. L'accueil enjoué, François Feroleto et son équipe le réservent aussi aux enfants (lectures pour enfants le 3e mercredi du mois...).

De prix moyens à chic

Villa Vanves : *8, rue Larmeroux, 92170. ☎ 09-88-34-63-59. Mar-dim 11h-23h. Fermé lun. Carte 25-30 € ; pizzas 12-19 €.* La dolce vita s'invite aux portes de Paris, dans cette nouvelle adresse dont la magnifique terrasse en zellige turquoise s'étire devant le parc Pic. De quoi faire perdre la boule aux Vanvéens qui commencent l'apéro autour d'un terrain de pétanque situé à l'abri des regards ! Quant à la cuisine transalpine, elle tient ses promesses sans jouer l'esbroufe : les amateurs apprécient les délicieuses pizzas soufflées garnies de produits de qualité qu'on retrouve dans les autres classiques de la Botte : *pasta, antipasti,* charcuterie, tiramisù... Il flotte comme un air de vacances ! *NOUVEAUTÉ.*

Au Petit Vanves : *34, av. Victor-Hugo, 92170. ☎ 01-46-42-13-46. Ⓜ Vanves-Malakoff. Mar-ven midi et soir, plus lun midi et sam soir. Fermé dim. Congés : 3 sem en août. Formule déj 19,50 € ; repas complet à l'ardoise env 40 € avec verre de vin.* Dans un cadre bistrotier tendance Art déco, un resto d'habitués mené de main de maître par Jean-Pierre Anselem, un patron fort accueillant. Et on les comprend, ces fidèles clients venus se faire bichonner avec une hampe de veau de lait aux girolles, une enthousiasmante joue de bœuf confite aux épices ou une poêlée de calamars à la basque (attention, les plats changent) ! Et l'ardoise, variant au fil des saisons, réserve de belles surprises. Produits de qualité, cuissons sans fausse note, service efficace, cadre agréable... que désirer de plus ?

VILLEJUIF

Très bon marché

Show Devant : *38, rue Georges-Lebigot, 94800. ☎ 01-49-60-61-70. Ⓜ Villejuif-Paul-Vaillant-Couturier. ♿ Mar-sam midi et soir, plus lun midi. Fermé dim. Congés : août. Formules déj en sem 14-16 € ; plat 15,50 €.* En voilà une belle surprise à laquelle on ne s'attend pas ! C'est l'adresse qui cartonne dans le coin. Il faut dire que le cadre est séduisant : une salle moderne colorée, haute de plafond façon loft, avec sa cuisine ouverte et ses baies vitrées donnant sur une belle et vaste terrasse, face à l'église. Quant à l'assiette, elle fait le show avec ses plats de bistrot dans l'air du temps. Sympa, tout comme l'équipe.

VINCENNES

De prix moyens à chic

La Rigadelle : *23, rue de Montreuil, 94300. ☎ 01-43-28-04-23. Ⓜ Château-de-Vincennes ; RER A : Vincennes. ♿ Mar-sam midi et soir. Fermé dim-lun. Congés : 15 août-14 sept et vac scol de Noël. Résa conseillée. Formule déj sauf dim et j. fériés 28 € ; menus 29-59 € ; carte env 65 €.* La belle adresse bourgeoise de la ville est toujours dans la course, entraînant dans son sillage une clientèle de gourmands réjouis par sa cuisine de la mer classique, sérieuse, préparée avec des produits d'une fraîcheur absolue (poissons sauvages essentiellement). Déco élégante, toute de sobriété, et accueil soigné.

VITRY-SUR-SEINE

Bon marché

|●| 🍷 ⛱ ***L'Imprévu :*** *94, av. Anatole-France, 94400. ☎ 01-46-72-38-01. RER C : Vitry ; bus nº 180, arrêt Rue-de-la-Baignade. Mar-jeu midi et soir, plus lun midi et ven midi. Fermé w-e. Résa conseillée. Formules 12,80-14,30 € ; plat du jour 10,70 €, plat env 15 €.* Cuisine d'anthologie à forte connotation aveyronnaise servie dans un vaste et agréable cadre contemporain ou en terrasse à l'arrière-cour, à l'ombre des vignes et à l'abri des regards... Laurent, le patron, derrière sa bonhomie truculente, se révèle un véritable monument à la gloire de l'authentique cuisine de terroir. Vénérables recettes revisitées avec bonheur : aligot, chou farci, charcuteries et viandes d'Aubrac, mon tout servi généreusement. Desserts au diapason. Remarquable sélection de vins de propriété. Une expédition en banlieue qui se révèle une grande expérience bistrotière... Attention, beaucoup de monde le midi (arriver très tôt ou tard). Accueil fort chaleureux.

|●| ⛱ ***Le Casanova :*** *57, av. Danielle-Casanova, 94400. ☎ 01-71-36-57-16. Mar-sam midi et soir. Fermé dim-lun. Congés : 3 premières sem d'août. Formules déj en sem 15-19,50 € ; carte env 30 €.* À 2 pas de la place de l'église, pas bien loin du *MacVal* non plus, dans un vieux bar-épicerie qui a conservé moulures et peintures murales d'origine. On y sert une cuisine de marché inspirée, avec toujours un petit vin bien choisi pour accompagner son plat. Véritable lieu de vie sociale du quartier (expos, soirées musicales, lectures...), rendez-vous des copains et des familles, c'est le bistrot gourmet et chaleureux comme on les aime. Agréable terrasse, vite convoitée aux beaux jours.

PETITS TRUCS ET ASTUCES POUR ÉVITER LES ABUS ET MAUVAISES SURPRISES

Un routard informé en vaut 2 ! Pour éviter les désagréments en tous genres, voici un petit pense-bête destiné à parer aux coûts et aux coups de bambous.

Bien sûr, nos enquêteurs veillent au grain, et les établissements qui ne répondent plus à nos critères ou abusent sont vite supprimés de nos guides. La réciproque est aussi valable. N'oublions pas que les hôteliers et restaurateurs font un métier difficile, et que la pandémie liée au Covid n'a pas amélioré les choses. S'ils se doivent de toujours garder le sourire, nous nous devons de les respecter en n'arrivant pas chez eux en terrain conquis.

À L'HÔTEL

1 – Arrhes ou acompte ? : dans les 2 cas, il s'agit de sommes versées au moment de la réservation, à titre d'avance sur l'occupation d'une chambre ou d'une location saisonnière, et faisant office de garantie réciproque. On préfère parler d'arrhes plutôt que d'acompte considéré comme définitif, c'est-à-dire sans dédit possible. Légalement, aucune règle ne précise le montant des arrhes, mais il est d'usage de verser ***25 à 30 % du prix total au moment de la réservation.*** Cette somme ne pourra pas être remboursée en cas d'annulation de la réservation, sauf cas de force majeure qu'il vous faudra justifier (maladie ou accident) ou en accord avec l'hôtelier si l'annulation est faite dans des délais jugés raisonnables. Si, au contraire, l'annulation est le fait de l'hôtelier, il doit vous rembourser le double des arrhes versées. Enfin, si vous avez réservé une chambre (sans avoir rien versé) et que vous avez un empêchement, ***passez un coup de téléphone pour annuler,*** c'est la moindre des politesses.

2 – Numéro de carte à la réservation : qu'elle se fasse sur Internet ou par téléphone, il est de plus en plus courant de fournir son numéro de carte bancaire pour garantir la réservation de la chambre. Le client peut alors annuler sa réservation jusqu'à 24h avant l'arrivée dans l'hôtel. Au-delà, l'hôtelier est en droit de débiter la totalité du montant de la 1re nuit.

3 – Subordination de vente : les hôteliers ont interdiction de pratiquer la subordination de vente. C'est-à-dire qu'***ils ne peuvent pas vous obliger à réserver plusieurs nuits d'hôtel si vous n'en souhaitez qu'une.*** Dans le même ordre d'idées, on ne peut vous obliger à prendre votre petit déjeuner ou vos repas dans l'hôtel. Ce principe, illégal, est cependant toléré en pratique, surtout en haute saison, dans les zones touristiques où la demande est bien plus importante que l'offre.

4 – Les réservations en ligne : elles se sont généralisées. Si les centrales de réservation en ligne sont devenues incontournables, sachez qu'elles garantissent rarement de meilleurs prix qu'en direct, sauf promos exceptionnelles, évidemment. C'est d'ailleurs souvent l'inverse. En effet, la plupart des établissements font payer la commission versée aux sites internet à leurs clients, en augmentant leurs tarifs d'autant. ***N'hésitez donc pas à réserver en direct auprès de l'hôtel, de bonnes surprises vous attendent.*** Autre avantage de la résa en direct, vous pouvez préciser le type de chambre souhaité (sur mer, sur jardin) et obtenir des renseignements fiables sur l'établissement.

5 – Responsabilité en cas de vol : un hôtelier ne peut en aucun cas dégager sa responsabilité pour des objets volés dans la chambre d'un de ses clients, même si ces objets n'ont pas été mis au coffre. En d'autres termes, les éventuels panonceaux dégageant la responsabilité de l'hôtelier n'ont aucun fondement juridique.

AU RESTO

1 – Les prix : ils sont libres, mais ***l'affichage est obligatoire*** à l'extérieur de l'établissement, de manière visible. Tous les menus doivent être affichés, même le moins cher. Ils doivent être identiques à ceux que l'on vous présente à l'intérieur.

2 – Formule ou menu ? Généralement, la formule est une proposition écourtée comprenant entrée + plat ou plat + dessert. Avec parfois un verre de vin et/ou le café. De fait, elle est moins chère que le menu, en principe complet (entrée + plat + dessert). Très souvent, les formules et les 1ers menus (les moins chers) ne sont ***servis qu'en semaine et/ou seulement au déjeuner,*** et plus rarement avant certaines heures (12h30 et 20h environ). C'est parfaitement légal, à condition toujours que ce soit clairement indiqué sur le panneau extérieur et sur le menu que l'on vous présente à table. Il arrive qu'il disparaisse comme par enchantement (humm, mauvais signe…). Vous êtes en droit de le demander.

3 – Le « fait maison » : pour parer au sous-vide et tout congelé, et parallèlement valoriser le travail de restaurateurs scrupuleux, le « fait maison » (logo d'une casserole surmontée d'un toit de maison avec cheminée) apparaît comme un faire-valoir évident et rassurant. Même s'il ne garantit pas le 100 % maison (la loi est un peu tordue sur le sujet et il n'y a pas de contrôle), ni la qualité du chef ! Cela dit, c'est un bon début.

4 – La carte en dit long ! Voici, foi d'enquêteur, quelques trucs très simples pour analyser un menu : tout d'abord la ***brièveté de la carte*** est un bon gage de fraîcheur ; quand les produits sont locaux et de saison, c'est encore mieux ! On peut aussi questionner le serveur. Sa franchise (ou son embarras) vous en dira long (le bar, il est sauvage ou d'élevage ?). Autre indice : si la carte n'est composée que de plats passe-partout dont certains peuvent nécessiter des cuissons très longues (parmentier de canard, suprêmes de volaille en sauce, souris d'agneau, bourguignon...), ce n'est pas forcément bon signe, surtout s'ils sont servis trop rapidement. Même topo avec les desserts bistrotiers type tarte Tatin, mi-cuit ou mousse au chocolat, crème brûlée, panna cotta, tiramisù qui sortent soit du congélateur, soit d'une brique ! Tout comme les mignardises qui accompagnent le café gourmand souvent surfacturé. Un bon chef n'est pas forcément un bon pâtissier. Et il a rarement le temps de préparer 36 desserts ! Enfin, en dehors des zones côtières, on évite les poissons et fruits de mer le lundi… les livraisons ayant rarement lieu le week-end !

5 – Commande jugée insuffisante : sachez qu'il est illégal de pousser le client à la consommation. Une attitude parfois un peu insistante de la part du serveur est indigne d'un bon établissement.

6 – *Doggy bag :* la lutte anti-gaspi a du bon ! Depuis le 1er juillet 2021, les restaurateurs ne peuvent vous refuser de partir avec ce que vous avez laissé dans votre assiette. Alors, n'hésitez pas à le demander, c'est une bonne occasion de terminer votre repas… à la maison !

7 – Eau : une carafe d'***eau du robinet*** est ***gratuite*** à condition qu'elle accompagne un repas. On ne peut pas vous la refuser, sauf si elle est jugée impropre à la consommation par décret. Dans certains restos, on vous l'apporte d'office en guise de bienvenue. Un vrai bon point ! La bouteille d'***eau minérale*** doit, quant à elle, comme le vin, être ouverte devant vous. L'arnaque consiste parfois à proposer d'emblée une eau minérale, facturée au prix fort. À la question du serveur : « Et pour l'eau, plate ou gazeuse ? », vous pouvez répondre sans rougir : « Une carafe me conviendra ».

8 – Vins (et autres alcools) : la marge la plus importante des restaurateurs ! Et certains en abusent… Le vin au verre s'est généralisé. Tant mieux. Sinon, au-delà de 2 verres (gare aux prix exorbitants et à l'interdiction de conduire), il peut être plus intéressant de commander une bouteille, quitte à l'emporter en fin de repas si elle n'est pas terminée. Sinon, ne pas hésiter à demander un ***petit vin de pays en pichet,*** l'occasion de découvrir ainsi des petites cuvées locales et bon marché.

les ROUTARDS sur la FRANCE 2022-2023

(dates de parution sur • *routard.com* •)

Découpage de la FRANCE par le ROUTARD

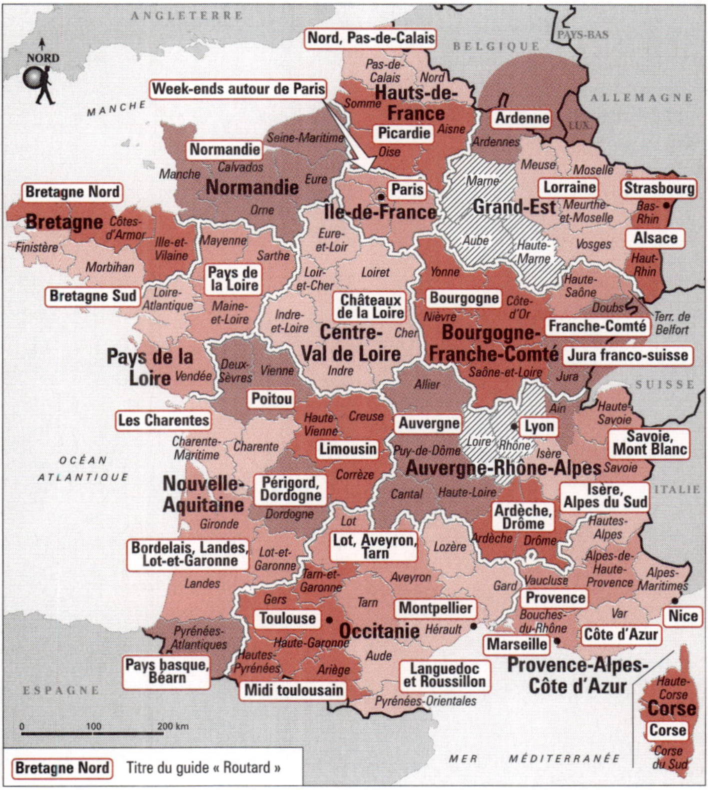

Autres guides sur la France

- Nos meilleurs campings en France
- Nos meilleures chambres d'hôtes en France

Autres guides sur Paris

- Paris
- Paris balades
- Restos et bistrots de Paris
- Le Routard des amoureux à Paris
- Week-ends autour de Paris

Le Routard à vélo

- EuroVelo6
- La Bourgogne du Sud à vélo
- La Flow Vélo
- La Loire à Vélo
- La Vélo Francette
- La Vélodyssée (Roscoff-Hendaye)
- Le Canal des 2 mers à vélo
- Paris Île-de-France à vélo
- ViaRhôna
- Les plus belles escapades à Vélo en France

les ROUTARDS sur l'ÉTRANGER 2022-2023

(dates de parution sur • **routard.com** •)

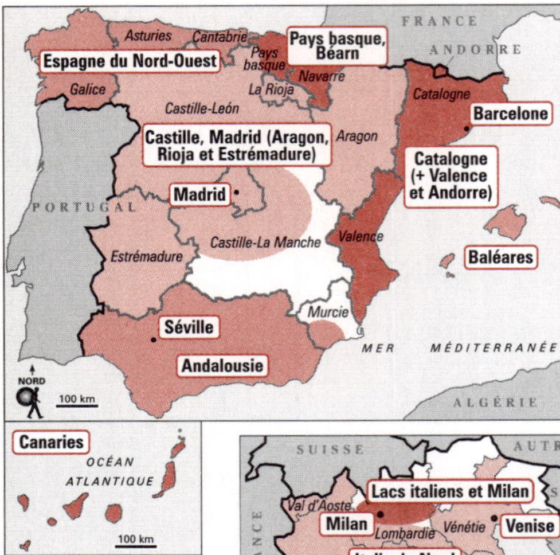

Découpage de l'ESPAGNE par le ROUTARD

Découpage de l'ITALIE par le ROUTARD

Autres pays européens

- Allemagne
- Angleterre, Pays de Galles
- Autriche
- Belgique
- Bulgarie
- Crète
- Croatie
- Danemark, Suède
- Écosse
- Finlande
- Grèce continentale
- Hongrie
- Îles grecques et Athènes
- Irlande
- Islande
- Madère
- Malte
- Norvège
- Pays baltes : Tallinn, Riga, Vilnius
- Pologne
- Portugal
- République tchèque, Slovaquie
- Roumanie
- Suisse

Villes européennes

- Amsterdam
- Berlin
- Bruxelles
- Budapest
- Copenhague
- Dublin
- Lisbonne
- Londres
- Moscou
- Naples
- Porto
- Prague
- Saint-Pétersbourg
- Stockholm
- Vienne

les ROUTARDS sur l'ÉTRANGER 2022-2023

(dates de parution sur • ***routard.com*** •)

Découpage des ÉTATS-UNIS par le ROUTARD

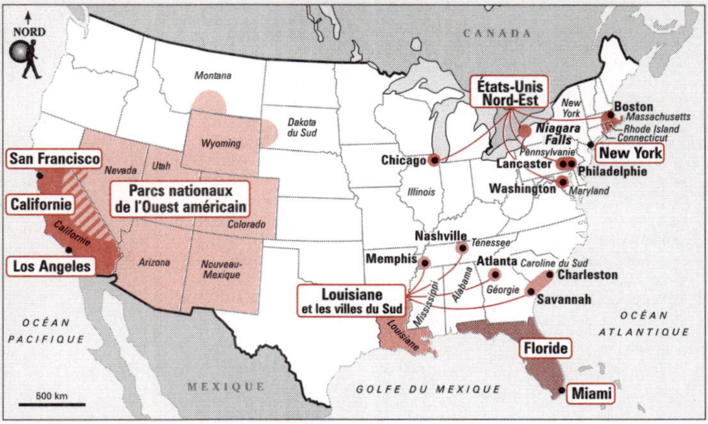

Autres pays d'Amérique

- Argentine
- Brésil
- Canada Ouest
- Chili et île de Pâques
- Colombie
- Costa Rica
- Équateur et les îles Galápagos
- Guatemala, Belize
- Mexique
- Montréal
- Pérou, Bolivie
- Québec et Ontario

Asie et Océanie

- Australie côtes est et nord + Red Centre
- Bali, Lombok
- Bangkok
- Birmanie (Myanmar)
- Cambodge, Laos
- Chine
- Hong Kong, Macao, Canton
- Inde du Nord
- Inde du Sud
- Israël et Palestine
- Istanbul
- Jordanie
- Malaisie, Singapour
- Népal
- Shanghai
- Sri Lanka (Ceylan)
- Thaïlande
- Tokyo, Kyoto et environs
- Turquie
- Vietnam

Afrique

- Afrique du Sud
- Égypte
- Kenya, Tanzanie et Zanzibar
- Maroc
- Marrakech
- Sénégal
- Tunisie

Îles Caraïbes et océan Indien

- Cuba
- Guadeloupe, Saint-Martin, Saint-Barth
- Île Maurice, Rodrigues
- Madagascar
- Martinique
- République dominicaine (Saint-Domingue)
- Réunion

Guides de conversation

- Allemand
- Anglais
- Arabe du Maghreb
- Arabe du Proche-Orient
- Chinois
- Croate
- Espagnol
- Grec
- Italien
- Japonais
- Portugais
- Russe
- G'palémo (conversation par l'image)

Livres-photos/Livres-cadeaux

- 50 voyages à faire dans sa vie
- 52 escapades nature en France (**nouveauté**)
- 52 week-ends coups de cœur en Europe (city trips)
- 52 week-ends coups de cœur en France
- 120 coins secrets en Europe
- 1 200 coups de cœur en France
- 1 200 coups de cœur dans le monde
- Cahier de vacances du Routard
- La France de Stéphane Bern
- Nos plus belles balades et randos en France (**nouveauté**)
- Road Trips Monde
- Road Trips en France
- Sacré : 100 lieux d'inspiration divine (**nouveauté**)
- Voyages
- Voyages : États-Unis
- Voyages : France
- Voyages : Italie

Nous tenons à remercier tout particulièrement Loup-Maëlle Besançon, Thierry Bessou, François Chauvin, Grégory Dalex, Fabrice Doumergue, Cédric Fischer, Carole Fouque, Nicolas George, Michelle Georget, David Giason, Claude Hervé-Bazin, Emmanuel Juste, Dimitri Lefèvre, Fabrice de Lestang, Romain Meynier, Éric Milet, Pierre Mitrano, Jean-Sébastien Petitdemange, Thomas Rivallain et Jean Tiffon pour leur collaboration régulière.

Guillem Aurenche
Jean-Jacques Bordier-Chêne
Gérard Bouchu
Camille Campet
Philippe Coupy
Agnès Debiage
Jérôme Denoix
Tovi et Ahmet Diler
Clélie Dudon
Agustina Ernesta
Alain Fisch
Hermine Frachon
Adrien et Clément Gloaguen
Simon Hafi
Chloé Iacono
Thelem Jolliot-Curie
Maeva Libessart
Marine Lucas
Lise Machu
Louis Nagot
Martine Partrat
Odile Paugam et Didier Jehanno
Orianne Pouchard
Alexia Poulain
Marva Prevost
Alexia Rambaud
Prakit Saiporn
Lara Tantawi
Sarah Toson
Emma Vadillo Quesada

Direction : Sidonie Chollet
Direction éditoriale : Élise Ernest
Édition : Matthieu Devaux, Olga Krokhina, Gia-Quy Tran, Julie Dupré, Amélie Ramond, Margaux Lefebvre, Lucie Léna et Joséphine Bonneau
Ont également collaboré : Magali Vidal et Jeanne Labourel
Cartographie : Frédéric Clémençon et Aurélie Huot
Contrôle de gestion : Jérôme Boulingre et Yannis Villeneuve
Secrétariat : Julia Lorrain
Fabrication : Nathalie Lautout et Liza Sacco
Relations presse : COM'PROD, Fred Papet. ☎ 01-70-69-04-69.
• *info@comprod.fr* •, Martine Levens (Belgique) et Maureen Browne (Suisse)
Marketing : Clotilde Tougeron et Élise Sylvestre
Couverture : le-bureau-des-affaires-graphiques.com
Silhouette du Routard : Clément Gloaguen (d'après Solé)
Maquette intérieure : le-bureau-des-affaires-graphiques.com, Thibault Reumaux et npeg.fr
Contact Partenariats : Jérôme Denoix • *jeromedenoix@gmail.com* •
Contact Partenariats et régie publicitaire : Florence Brunel-Jars
• *fbrunel@hachette-livre.fr* •

INDEX DES RESTOS PAR THÈMES

SANDWICHERIES

HISTORIQUES

BRANCHÉS

CUISINE CRÉATIVE

CARNIVORES

CUISINE DE LA MER

VÉGÉTARIENS

FAIM TARDIVE

OUVERT LE DIMANCHE

BRUNCHS

TERRASSES

ENTRE POTES

EN AMOUREUX

AVEC LES Z'ENFANTS !

INDEX DES RESTOS PAR SPÉCIALITÉS

CUISINE DU MONDE

CUISINE FRANÇAISE

Cuisine traditionnelle

Cuisine alsacienne

Cuisine auvergnate

Cuisine basque

Cuisine bourguignonne

Cuisine bretonne

Cuisine corse

Cuisine de la Lozère

Cuisine lyonnaise

Cuisine du Midi

Cuisine normande

Cuisine des pays de la Loire

Cuisine provençale

Cuisine de la région Rhône-Alpes

Cuisine du Sud-Ouest

CUISINE EUROPÉENNE

Cuisine européenne traditionnelle

Cuisine allemande

Cuisine anglaise

Cuisine arménienne

Cuisine basque espagnole

Cuisine danoise

Cuisine écossaise

Cuisine espagnole

Cuisine géorgienne

Cuisine grecque

Cuisine irlandaise

Cuisine italienne

Cuisine méditerranéenne

Cuisine polonaise

Cuisine portugaise

Cuisine russe

CUISINE AFRICAINE

Cuisine africaine traditionnelle

Cuisine éthiopienne

Cuisine malienne

Cuisine sénégalaise

CUISINE NORD-AFRICAINE ET PROCHE-ORIENTALE

Cuisine d'Afrique du Nord

Cuisine algérienne

Cuisine iranienne

Cuisine juive

Cuisine libanaise

Cuisine marocaine

Cuisine syrienne

Cuisine tunisienne

Cuisine turque

CUISINE ASIATIQUE

Cuisine asiatique traditionnelle

Cuisine du Proche-Orient

Cuisine afghane

Cuisine cambodgienne

Cuisine chinoise

Cuisine de Hong-Kong

Cuisine coréenne

Cuisine indienne

Cuisine japonaise

Cuisine kurde

Cuisine laotienne

Cuisine thaïlandaise

Cuisine tibétaine

Cuisine vietnamienne

CUISINE DES AMÉRIQUES

Cuisine américaine traditionnelle

Cuisine nord-américaine

Cuisine d'Amérique centrale

Cuisine argentine

Cuisine brésilienne

Cuisine chilienne

Cuisine colombienne

Cuisine cubaine

Cuisine jamaïcaine

Cuisine mexicaine

Cuisine péruvienne

Cuisine américaine

Cuisine uruguayenne

VIVE LA BANLIEUE !

INDEX DES LIEUX OÙ BOIRE UN VERRE

BARS À VINS

OÙ BOIRE UN VERRE ?

INDEX DES LIEUX OÙ BOIRE UN VERRE

INDEX GÉNÉRAL PAR ORDRE ALPHABÉTIQUE

C

INDEX GÉNÉRAL PAR ORDRE ALPHABÉTIQUE

INDEX GÉNÉRAL PAR ORDRE ALPHABÉTIQUE

INDEX GÉNÉRAL PAR ORDRE ALPHABÉTIQUE

LISTE DES PLANS

Remarque importante aux hôteliers et restaurateurs

Les enquêteurs du *Routard* travaillent dans le plus strict anonymat. Aucune réduction, aucun avantage quelconque, aucune rétribution n'est jamais demandé en contre-partie. Face aux aigrefins, la loi autorise les hôteliers et restaurateurs à porter plainte.

Avis aux lecteurs

Le Routard, ce n'est pas comme le bon vin, il vieillit mal. On ne veut pas pousser à la consommation, mais évitez de partir avec une édition ancienne. Les modifications sont souvent importantes.

Les réductions accordées à nos lecteurs ne sont jamais demandées par nos rédacteurs afin de préserver leur indépendance. Les hôteliers et restaurateurs sont sollicités par une société de mailing, totalement indépendante de la rédaction, qui reste donc libre de ses choix. De même pour les autocollants et plaques émaillées.

Avec routard.com, choisissez, organisez, réservez et partagez vos voyages !

✓ Rejoignez la plus grande communauté francophone de voyageurs : **plusieurs millions d'internautes.**

✓ Échangez avec les routarnautes : forums, photos, avis d'hôtels.

✓ Retrouvez aussi toutes les informations actualisées pour choisir et préparer vos voyages : près de 300 guides destinations, une centaine de dossiers pratiques et un magazine en ligne pour découvrir tous les secrets de votre destination.

✓ Enfin, comparez les offres pour organiser et réserver votre voyage au meilleur prix.

Les **Routards** *parlent aux* **Routards**

Faites-nous part de vos expériences, de vos découvertes, de vos tuyaux et de vos coups de cœur. Aidez-nous à remettre l'ouvrage à jour. Indiquez-nous les renseignements périmés. Faites profiter les autres de vos adresses nouvelles, combines géniales... On adresse un exemplaire gratuit de la prochaine édition à ceux qui nous envoient les meilleurs courriers, pour la qualité et la pertinence des informations.
Quelques conseils cependant :

– Envoyez-nous votre courrier le plus tôt possible afin que l'on puisse insérer vos tuyaux sur la prochaine édition.

– N'oubliez pas de préciser l'ouvrage que vous désirez recevoir, ainsi que votre adresse postale.

– Vérifiez que vos remarques concernent l'édition en cours et notez les pages du guide concernées par vos observations.

– Quand vous indiquez des hôtels ou des restaurants, pensez à signaler leur adresse précise et, pour les grandes villes, les moyens de transport pour y aller. Si vous le pouvez, joignez la carte de visite de l'hôtel ou du resto décrit.
En tout état de cause, merci pour vos nombreux mails.

122, rue du Moulin-des-Prés, 75013 Paris

• ***guide@routard.com*** • ***routard.com*** •

Routard Assurance *2022*

Enrichie au fil des années par les retours des lecteurs, *Routard Assurance* reste l'assurance voyage référence des globe-trotters. Tout y est inclus, même la **Covid** : frais médicaux, assistance rapatriement, bagages, responsabilité civile... Avant votre départ, appelez *AVI* pour un conseil personnalisé. Besoin d'une **attestation Covid,** d'un avis médical, d'une prise en charge dans un hôpital ? Téléchargez l'appli mobile *AVI International* pour garder le contact avec *AVI Assistance* et disposer d'un vaste réseau médical à travers le monde. *AVI Assistance* est disponible 24h/24 pour une réponse en temps réel. De simples frais de santé en voyage ? Envoyez les factures à *AVI* dès votre retour, ils vous remboursent sous une semaine. *Le Colisée Gardens, 10 avenue de l'Arche, CS 70126, 92419 Courbevoie Cedex. ☎ 01-44-63-51-00. • avi-international.com • Ⓜ La Défense.*

Édité par Hachette Livre (58, rue Jean-Bleuzen, CS 70007, 92178 Vanves Cedex, France)
Photocomposé par Jouve (1, rue du Docteur Sauvé, 53100 Mayenne, France)
Imprimé par Dupliprint (Quai n° 2, 733, rue Saint-Léonard, BP 3, 53101 Mayenne Cedex, France)
Achevé d'imprimer : décembre 2021
Collection n° 15 - Édition n° 01
55/4329/4
I.S.B.N. 978-2-01-712956-1
Dépôt légal : décembre 2021

PAPIER À BASE DE FIBRES CERTIFIÉES